國家社科基金重大委托項目“《子海》整理與研究”成果
山東省社科規劃重大委托項目成果

子海精華編

主编 王承略 副主編 聶濟冬

沖虛至德真經四解

[周] 列　子 撰　[晋] 張　湛 注
[唐] 盧重玄 解　[宋] 趙　佶 訓
[宋] 范致虚 解　[金] 高守元 集
孔德凌 點校

鳳凰出版社

圖書在版編目（ＣＩＰ）數據

沖虛至德真經四解 /（周）列子撰 ；（晉）張湛注 ；（唐）盧重玄，（宋）范致虛解 ；（宋）趙佶訓 ；（宋）高守元集 ；孔德凌點校. -- 南京 ：鳳凰出版社，2016.6（2024.11重印）
（子海精華編 / 王承略主編）
ISBN 978-7-5506-1745-2

Ⅰ. ①沖… Ⅱ. ①列… ②張… ③盧… ④范… ⑤趙… ⑥高… ⑦孔… Ⅲ. ①道家②《沖虛至德真經》—注釋 Ⅳ. ①B223.24

中國版本圖書館CIP數據核字(2016)第090335號

書　　名　沖虛至德真經四解
著　　者　(周)列子 撰　(晉)張湛 注　(唐)盧重玄　(宋)范致虛 解
　　　　　(宋)趙佶 訓　(宋)高守元 集　孔德凌 點校
責任編輯　林日波
出版發行　鳳凰出版傳媒股份有限公司
　　　　　鳳凰出版社(原江蘇古籍出版社)
　　　　　發行部電話025-83223462
出版社地址　南京市中央路165號，郵編:210009
出版社網址　http://www.fhcbs.com
經　　銷　鳳凰出版傳媒股份有限公司
照　　排　江蘇鳳凰製版有限公司
印　　刷　唐山楠萍印務有限公司
　　　　　唐山市蘆臺經濟開發區場部
開　　本　890×1240毫米　1/32
印　　張　10.25
字　　數　222千字
版　　次　2016年6月第1版　2024年11月第3次印刷
標準書號　ISBN 978-7-5506-1745-2
定　　價　89.00圓
(本書凡印裝錯誤可向承印廠調換，電話:022-69381996)

國家社科基金重大委托項目“《子海》整理與研究”成果之一

《子海精華編》

執行編纂(按姓氏筆畫排列):

王　皓　王軍傑　布吉帥　吕倩嵐　李　飛　李　濤

李才朝　李秋丹　宋　凱　宋豔麗　馬常録　高金霞

陳旭寧　陳恒新　孫　娟　許建立　康廷山　葛洪春

蔡　喆　鞏玉婷　劉婷婷

編　　務:張　櫻　鄭珺霞　劉　端　孫紅苑

《子海精華編》出版説明

“子海”,即“子書淵海”的簡稱。“《子海》整理與研究”課題係國家社科基金重大委托項目、山東省社科規劃重大委托項目。該課題分《珍本編》、《精華編》、《研究編》、《翻譯編》四個版塊,力圖把子部珍稀文獻、精華文獻進行深層次的整理、研究和譯介,挖掘子部文獻的價值,促進子學研究的發展。

山東大學向來以文史見長。古籍整理與子學研究,是其中的傳統研究方向。“《子海》整理与研究”,是在山東大學前輩學者高亨先生積 30 年之力陸續做成的《先秦諸子研究文獻目録》的基础上,由已故著名古籍整理與研究專家董治安先生参與策劃、設計的大型綜合研究課題。課題立項後,得到了中宣部、教育部、財政部、山東省政府和山東大學的大力支持,學界同仁踴躍参與。《精華編》的整理研究團隊近 200 人,來自海内外 48 所高校和研究機構。在組織管理上,《精華編》努力探索傳統文化研究協同創新的新體制、新機制,現已呈現出活力和實效。

華夏文明是由多元文化構築而成的。中國古代子部典籍,以歷代士人個性化作品的形式,系統性地展示了華夏民族的世界觀和方法論,立體性地反映了中華民族對世界文明發展的貢獻。其中,無論是宏篇大論,還是叢殘小語,都激蕩著歷史的聲音，閃爍著智慧的光芒，構成中國古代思想、藝術、科技和生活方式的主體内容。《精華編》通過對子部最优秀的典籍的整理，一方面擷英取粹，爲華夏文明的傳播提供可靠的資源和文本；另一方面以古鑒今，爲當下社會的發展提供智力支持和精神支撑。并希望進而梳理中華傳統文化的多元結構，繼承中華優秀傳統文化的一貫文脈。

根據漢代以後子學發展和子部典籍的實際情況，參照官私目録的分類與著録，《精華編》選取先秦諸子、儒學、兵家、法家、農家、醫家、曆算、術數、藝術、雜家、小説家、譜録、釋道、類書等十四個類目的要籍幾百種，編爲目録，作爲整理的依據，而在成果展現上則不出現具體的類目。爲統一體例，便於工作，《精華編》編有詳細的《整理細則》，并有簡明的《整理要則》，供整理者遵循使用。

《精華編》整理原則是，對每種子書的整理，突出學術性、資料性和創新性，力求吸納已有的整理成果，推出更具參考價值、更方便閱讀的整理文本。所採用的整理方式，大體有三種：一、部頭較大且前人未曾整理者，採用標點、校勘的方式整理；二、前人曾經標點、校勘者，或採用抽换更好或别具學術特色底本的方式整理，或採用集校、集注的方式整理，或採用校箋、疏證的方式整理，或綜合使用以上方式；三、前人已有較好的注本者，則採用集注、彙評、補正等方式整理。

《精華編》採用五次校審、遞進推動的管理程式，即：一、初校全稿。子海編纂中心組織碩、博研究生，修改文稿錯别字，規範異體字，調整格式，發現并標明校點中的不妥之處。二、初審文稿。子海編纂中心的编纂人員根據情況，解決初校时發現的问題，并判斷書稿的整體質量。三、匿名評審。

聘請資深教授通審全稿,全面進行學術把關,消滅硬傷,寫出審稿意見。四、修改文稿。子海編纂中心及時把專家審稿意見反饋給整理者。整理者根據審稿意見修改,做出新文稿。五、終審文稿。待新文稿返回子海編纂中心后,總編纂作最后的學術質量把關。五步程序完成後,將文稿交付出版社。

五次校審的目的是爲了保證學術質量,提高整理水平,減少錯訛硬傷。但校書如塵埃落葉,隨掃隨有,《精華編》雖經多道程序嚴加把關,仍難免有錯,懇請方家不吝指教。子海編纂中心將及時總結經驗,吸取教訓,把工作做得更好,以實現課題設計的初衷。

目　録

整理説明

列子，姓列，名禦寇，或作圄寇，亦作圉寇，戰國時鄭國人。據《莊子》載，他曾師事壺子，崇虚極，尚無爲，可以御風而行，因此成爲道家重要代表人物之一。《列子》一書，據傳爲列子所撰作，由漢代劉向整理成書，《漢書・藝文志》著録曰："《列子》八篇。名圄寇，先莊子，莊子稱之。"現有劉向《列子書録》傳世，有學者以爲是僞作。在西晋末年戰亂中，《列子》傳本散佚。

現行《列子》全書共八篇，即《天瑞》、《黄帝》、《周穆王》、《仲尼》、《湯問》、《力命》、《楊朱》、《説符》，已非班固所著録之原書，但其中保留了相當多的先秦文獻，亦羼雜人一些漢魏晋的史料，對了解先秦、漢魏晋思想狀況尤爲重要。全書都是通過寓言故事表達觀點，闡釋思想，思想内容雖然駁雜，卻以道家思想爲主，近于《莊子》，因此張湛《自序》稱此書"明群有以至虚爲宗，萬品以終滅爲驗"，宋濂《諸子辨》亦謂此書"本黄老言……《天瑞》、《黄帝》二篇雖多設辭，而其離形去智，泊然虚無，飄然與大化游，實道家之要言"。

唐宋尊崇道教，屢次對列子進行加封。天寶元年(742)唐玄宗詔封列子爲沖虚真人，尊《列子》爲《沖虚真經》。景德四年(1007)宋真宗加贈列子"至德"二字，因此此書又名《沖虛至德真經》。金高守元始集晋張湛注、唐盧重玄解、宋徽宗趙佶訓、宋范致虛解四家注爲一編，故稱《沖虛至德真經四解》，共二十卷。書前有《毛麾序》，作於大定己酉春季月，據此可知高守元編成此書約在金世宗大定己酉年(1189)春。

晋代張湛字處度，高平(今山東金鄉)人，仕至中書侍郎、光禄勛，撰有《列子注》。其《自序》稱，其祖父少時曾在外祖家抄録奇書，後遭永嘉之亂，南行途中所携《列子》八篇僅存《楊朱》、《説符》、《目録》三卷，又在劉正輿家得四卷，復從王輔嗣女婿趙季子家得六卷，參校有無，始得全備。張湛爲之作注，此爲目前所存最早的《列子》注。現存《列子》八篇即爲東晋張湛注本，但後世學者多以其爲僞作。唐代柳宗元已懷疑《列子》乃後人僞作，宋代高似孫疑列禦寇並非實有其人。清人汪繼培、近人馬叙倫力證《列子》是僞書。今人多從僞作説。但《四庫全書總目》以爲確有列禦寇其人，《列子》確爲先秦之書，並非僞造，不過其内容當爲列子後學所追記。

唐代盧重玄，范陽(今河北涿州)人，官司勛郎中，繼張湛後又爲《列子》作解。宋徽宗趙佶(1082—1135)，尊信道教，也親爲此書作訓。宋代范致虛(？—1137)，字謙叔，建陽(今福建南平)人，哲宗元祐三年(1088)進士，因宋代皇帝皆好道家學説，希時好，亦爲《列子》作解。

《沖虛至德真經四解》頗有資料價值，集晋張湛注、唐盧重玄解、宋徽宗趙佶訓、宋范致虛解於一體，於正文後依次列出四家注，唯有張湛不著名氏，其餘三家皆以姓氏列於注前。《續修四庫全書總目提要》稱此書："按《列子》注本，傳世極稀，其存於今日者，僅張湛注，殷、陳二家釋文，及林希逸、江遹、吴澄、朱得之、焦竑諸家之解。然林、朱二氏及焦氏之注，皆失之淺陋。唯張湛注得其玄旨,此外無一存者。幸有是編,出於金人之手,因得存四家之解,且注皆精,是則留心文學之士所不容忽視者也。”

明代重修《道藏》,於正統十年(1445)刻成。《沖虚至德真經四解》傳世頗罕,因存於明刊正統《道藏》,得以保全。《沖虚至德真經四解》收於《道藏》洞神部玉訣類。本書《沖虚至德真經四解》即以《續修四庫全書》據 1923 至 1926 年間上海涵芬樓所影印的明正統十年所刻《道藏》本《沖虚至德真經四解》爲底本。

本書所選校本包括:1971 年藝文印書館影印明刊正統道藏《列子》白文本(簡稱道藏白文本)、鐵琴銅劍樓藏北宋刊本《沖虚至德真經》(即中華再造善本,簡稱北宋本)、日本尊經閣文庫藏南宋刊本《沖虚至德真經》(簡稱南宋本)、清嘉慶十八年刊湖海樓叢書本《列子》(簡稱汪本)及其所附《釋文》(稱《釋文》本)、明嘉靖九年世德堂刊《六子全書》本《列子》(簡稱世德堂本)、清嘉慶八年秦恩復雕印石硯齋本盧重玄所作《列子注》(簡稱秦本)、明刊正統道藏宋徽宗趙佶《沖虚至德真經義解》(簡稱《義解》本)、明刊正統道藏江遹《沖虚至德真經解》(簡稱江本)、明刊正統道藏林希逸《列子鬳齋口義》(簡稱林本)。

本書所參考校文包括:藝文印書館影印盧文弨《群書拾補》、洪頤煊《讀書叢録》、孫詒讓《札迻》、俞樾《諸子平議》、于鬯《香草續校書》、陶鴻慶《讀諸子札記》、王重民《列子校釋》、胡懷琛《列子張注補正》、于省吾《列子新證》、陶光《列子校釋》、任大椿《列子釋文考異》。此外,還包括台聯國風出版社 1948 年出版的王叔岷《列子補正》、中華書局 1979 年出版的楊伯峻《列子集釋》等。

毛麾序

列子，姓列，名禦寇，鄭人也。居鄭圃，四十年人無識者。初事壺丘子，後師老商氏，友伯高子，進二子之道，九年而後能御風而行。弟子嚴恢問曰："所爲問道者爲富乎？"列子曰："桀、紂唯輕道而重利，是以亡。"其書凡八篇。列子蓋有道之士，而莊子亟稱之。今汴梁鄭州圃田列子觀，即其故隱。唐封沖虚至德真人，書爲《沖虚至德真經》。

太史公叙黄老而先六經，蓋知崇道術矣，何偶遺列子？劉向乃校勘成書，其言明内外，證死生，齊物我，大抵與蒙莊合。至於謂不知我之乘風、風之乘我，周之爲蝶、蝶之爲周，若出一口矣。然後世注説傳者俱少《列子》，在晋有張湛，唐有盧重玄。方之《南華》，湛則郭象，盧則成玄英也。逮宋，政和有解，而左轄范致虚謙叔亦有説。當是時，天下立道學，與三舍進士同教養法。儒臣王禮上言："《莊》、《列》二書，羽翼老氏，猶孔门之有顔、孟，微言妙理，啓迪後人，使黄帝之道粲然復見，功不在顔、孟之下。宜詔有司，講究所以崇事之禮。"從之，故其書大行。平陽逸民高守元善長收得二解，并張、盧二家，合爲一書，誠增益於學者，因之得以叩玄關，探聖閾，致廣大而盡精微，顧不韙歟。竊嘗謂：訓詁之義，自昔爲難。盧序曰"千載一賢，猶如比肩；萬代有知，不殊朝暮”，可爲喟然嘆息也。大定己酉春季月，承務郎前同知沁州軍州事雲騎尉賜緋魚袋致仕毛麾序。

劉向列子書録

右新書定著八章。護左都水使者光禄大夫臣向言：所校中書《列子》五篇，臣向謹與長社尉臣參校讎太常書三篇、太史書四篇、臣向書六篇、臣參書二篇，内外書凡二十篇，以校除復重十二篇，定著八篇。中書多，外書少。章亂布在諸篇中，或字誤，以盡爲進，以賢爲形，如此者衆。及在新書有棧，校讎從中書已定，皆以殺青，書可繕寫。

列子者，鄭人也，與鄭穆公同時，蓋有道者也。其學本於黄帝、老子，號曰道家。道家者，秉要執本，清虚無爲，及其治身接物，務崇不競，合於六經，而《穆王》、《湯問》二篇迂誕恢詭，非君子之言也。至於《力命》篇一推分命，《楊子》之篇唯貴放逸，二義乖背，不似一家之書，然各有所明，亦有可觀者。孝景皇帝時貴黄老術，①此書頗行於世。及後遺落，散在民間，未有傳者，且多寓言，與莊周相類，故太史公司馬遷不爲列傳。謹第録。臣向昧死上。護左都水使者光禄大夫臣向所校《列子書録》，永始三年八月壬寅上。

---

① "貴"字，原脱，據藝文印書館影印清嘉慶十八年刊湖海樓叢書汪繼培整理本《列子》（以下簡稱汪本）、藝文印書館影印明嘉靖九年世德堂本《列子》（以下簡稱世德堂本）補。

晋張湛注解并序

湛聞之先父曰：吾先君與劉正輿、傅穎根，皆王氏之甥也，並少游外家。舅始周、始周從兄正宗、輔嗣，皆好集文籍，先並得仲宣家書幾將萬卷。傅氏亦世爲學門。三君總角，競録奇書。及長，遭永嘉之亂，與穎根同避難南行，車重各稱力，並有所載，而寇虜彌盛，前途尚遠。張謂傅曰："今將不能盡全所載，且共料簡世所希有者，各各保録，令無遺棄。"穎根於是唯齎其祖玄、父咸子集，①先君所録書中有《列子》八篇。及至江南，僅有存者，《列子》唯餘《楊朱》、《説符》、《目録》三卷。比亂，②正輿爲揚州刺史，先來過江，復在其家得四卷。尋從輔嗣女婿趙季子家得六卷。參校有無，始得全備。

其書大略明群有以至虚爲宗，萬品以終滅爲驗，神慧以凝寂常全，想念以著物自喪，生覺與化夢等情，巨細不限一域，窮達無假智力，治身貴於肆任，順性則所之皆適，水火可蹈，忘懷則無幽不照。此其旨也。然所明往往與佛經相參，大歸同於《老》、《莊》，屬辭引類特與《莊子》相似。《莊子》、

---

① "子"，盧文弨所據本作"予"，云："道藏本是'子'字。"

② "比亂"下，盧文弨曰："脱一'定'字。"

《慎到》、《韓非》、《尸子》、《淮南子》、《玄示》、[①]《指歸》多稱其言，遂注之云爾。

① “玄示”，原作“互示”，據北京圖書馆出版社影印國家圖書馆所藏北宋刻本《沖虚至德真經》（以下簡稱北宋本）、藝文印書館影印日本尊經閣藏南宋刊本《沖虚至德真經》（以下簡稱南宋本）、汪本、世德堂本改。

唐通事舍人盧重玄叙論

劉向云："列子者，鄭人也，與鄭穆公同時，蓋有道者也。其學本於黄帝、老子，號曰道家。道家者，秉要執本，清虚無爲，及其理身接物，務崇不競，合於六經，而《穆王》、《湯問》二篇迂誕恢詭，非君子之言也。至於《力命》篇一推分命，《楊子》篇唯貴放逸，①二義乖背，不似一家之書，然各有所明，亦頗有可觀者。② 且多寓言，與莊周相類，故太史公司馬遷不爲列傳。"張湛序云："其書大略明群有以至虚爲宗，萬品以終滅爲驗，神慧以凝寂常全，想念以著物自喪，生覺與化夢等情，巨細不限一域，窮達無假智力，理身貴於肆任，順性則所之皆適，水火可蹈，忘懷則無幽不照。此其旨也。然所明往往與佛經相參，大歸同於《老》、《莊》。"重玄以爲黄、老論道久矣，代無曉之者，咸以情智辯其真宗，則所論雖多，同歸於不了；所詮雖衆，但詳其糟粕。莫不以大道玄遠，遥指於太虚之中；道體精微，妙絶於言詮之表。遂使真宗幽翳，空傳於文字；至理虚無，但存其言説。曾不知道之自我，假言以爲詮；得意忘言，離言以求證。徒以是非生滅之思慮，因情動用之

① "篇"上，前所録劉向《列子書録》有"之"字。

② "頗"，前所録劉向《列子書録》無。

俗心，矜彼道華，求名喪實。我開元聖文神武皇帝知道爲生本，至德非言，廣招四方，傍詢萬宇，冀有達其玄理，將欲濟於含生。小臣無知，偶慕斯道；再承聖旨，重考微言。謹尋《列子》之書，輒詮注其宗要，竊懷智此，[①]非欲指南。儻默契於希夷，猶玄珠於象罔，是所願也，非敢望焉。

論曰：夫生者何耶？神與形會也。死者何耶？神與形離也。形有生死，神無死生，故《老子》曰"谷神不死"，"死而不亡者，壽也"。然此之死生，但約形而説耳，若於神用，都無死生。神本虚玄，契真者爲性；形本質礙，受染者爲情。至人忘情歸性則近道，凡迷矜性殉情則喪真。是故隳支黜聰，道者之恒性；貪生惡死，在物之常情。不矜愛以損生，不祈名而棄寶，故《莊子》曰"爲善無近名，爲惡無近刑，緣督以爲經，可以養生，可以盡年"也。代人以不求於名，則縱心爲惡，此又失之遠矣。何則？人笑亦笑，人號亦號，人之所畏，不可不畏，復安得爲不善耶？是知神爲生主，形報神功；神有濟物之功，形有尊崇之報；神有害物之用，報有賤陋之形。故神運無窮，形有修短；報盡則爲死，功著則别生。亦由清白者遷榮，貪殘者降黜。約位而説也，形不變則位殊；約神而辯也，神不易而形改。至人了知其道，故有而實真。真神無形，心智爲用；用有染淨，凡聖所以分。在染溺者則爲凡，居清淨者則爲道。道無形質，但離其情，豈求之於冥漠之中，辯之於恍惚之外耳？故《老子》曰"吾道甚易知，甚易行"，而不能知，不能行，其故何也？代人但約形以爲生，

---

① "智此"，秦恩復曰："案：'此'字疑誤。"汪萊曰："'智此'作'知北'，《莊子》有《知北游》篇。"見《續修四庫全書》影印清嘉慶八年秦恩復雕印石硯齋本《列子》（以下簡稱秦本）。

不知神者爲生主；約氣以爲死，不知神者爲氣根。繫形則有情，迷神則失道。封有惑本，溺喪忘歸。聖人嗟其滯執之如此也，乃嘆夫知道者不易逢矣，故曰“千里一賢，猶如比肩；萬代有知，不殊朝暮”者，惜之深矣。豈不然耶？儻因此論以用心，去情智以歸本，損之又損，爲於無爲，然後觀《列子》之書，斯亦思過之半矣。

政和解序

道行于萬物，物囿於一曲。世之人見物而不見道，聖人則見物之無非道者。真僞立而夢覺分，有無辯而古今異。得者不以智，失者不以愚，而窮達之差生于力命之不對；爲我者廢仁，爲人者廢義，而楊朱、墨翟之言見笑於大方之家。子列子方且冥真僞而兩忘，會有無於一致，得喪、窮達付之自爾，爲我、兼愛通於大同，而深憫斯民之迷，見利而忘其真，如彼爲盜，如彼攫金，迷而不反，馳而不顧，故著書八篇，以明妙物之神獨往獨來于範圍之外，而常勝之道持後守柔於不爭之地。其説汪洋大肆，籍外之論托言於黄帝、孔子，要其歸皆原於《道德》之指。然考其言，賾其意，究其所造，至其見神巫而心醉，觀伯昏無人之射而伏地，卒其所以進乎道者，止於乘風而歸，則其去莊周也遠矣。《莊子》曰："列子御風而行，猶有所待也。"嗚呼，不疾而速，不行而至，惟天下之至神，老氏之實體。朕萬機之餘，既閲五千言，爲之訓解，又嘗注《莊子·内篇》，而子列子之書不可以無述也。聊釋以所聞，以俟後聖之知我者。政和戊戌閏九月朔日序。

范左丞解吴師中撰序

世之所貴者，書也，書不過語；語之所貴者，意也，意有所隨。得其意者，雖忘言可也；不明其意，非唯貴非所貴，且又族坐錯立而共排之，烏足與言大方之家？列子蓋鄭國有道之士，觀其立教坐議，闡揚性命之理，而救世發藥之言，超越諸子。言意之表大抵以混元爲宗，而屬辭設喻駸駸乎與《莊子》並駕而馳矣。俗學世師窘束於名物，不能越拘攣之見而尋其閫閾，遂相與拒之於聖智之外。若司馬遷尤尊道家之學，而獨不與爲列傳；劉向博物洽聞，校讎群書，乃指《穆王》、《湯問》之篇爲迂誕恢詭，非君子之言。其排而斥之若此，豈非不明其意之所隨而失其所貴哉？伏見政和訓解，知其解於萬世之後恢崇道教，將欲引天下之人反其性命之情而還太古，賜至渥也！乃命廱泮之儒兼習道經，而《老》、《莊》之書一經大手，焕若日星，觀而化者得所法象，不復可置議論矣。至《列子》書，張湛嘗爲之注，而舛駁尤甚，非特不得立言之法，抑亦失經之旨，故士每患之。則得是書之意者，雖欲忘言，其可得耶？左丞范公太初先生，比於燮理之餘，親爲訓釋，推其意若出於列子之心，究其説足以解學者之蔽，微言妙道歷數千百年間，一旦廓然，若披雲霧而睹青天，俾讀其書者不待降席而得於目擊之際，則所以上裨吾君道化之方，其利博哉！爰因摹刻，以廣其傳，謹題編之首云。宣和元年孟秋望日序。

卷之一

晉張湛　唐通事舍人盧重玄解

宋政和訓　宋左丞范致虛解

和光散人高守元集

天瑞

張曰：夫巨細舛錯，修短殊性，雖天地之大，群品之衆，涉於有生之分，關於動用之域者，存亡變化，自然之符。夫唯寂然至虛、凝一而不變者，非陰陽之所終始，四時之所遷革。**盧曰**：夫群動之物，無不以生爲主，徒愛其生，不知生生之理。生化者，有形也；生生者，無象也。有形謂之物，①無象謂之神。迹可用也，類乎陰陽；論其真也，陰陽所不測，故《易》曰："陰陽不測之謂神。"豈非天地之中大靈瑞也？故曰"天瑞"。**政和釋云**：物有生化，道無古今，惟體道者爲能不化而常今，所以應物無容心焉，故《天瑞》始言生化，而終於國氏之爲盜。**范曰**：天地雖大，萬物雖多，一流於生死之境，一墮於出入之機，終始相循，變化相禪，死生壽夭，損益成虧，無非自然之符也。體道之人，超出物表，即萬形流轉之域，冥一性不遷之宗，晝夜不能役使，陰陽不能陶鑄，故能物物而不物於物。

---

① "謂"，原作"爲"，據秦本改。"有形謂之物"與下句"無象謂之神"相對成文。

子列子○載子於姓上者，首章或是弟子之所記故也。居鄭圃，○鄭有圃田。四十年人無識者。○非形不與物接，言不與物交，不知其德之至，則同於不識者矣。國君、卿大夫視之，猶衆庶也。○非自隔於物，直言無是非、行無軌迹，則物莫能知也。**政和**：古之善爲士者，微妙玄通，深不可識。**范曰**：古之善爲士者，微妙玄通，深不可識，故體性抱神以游世俗之間，與物委蛇而同其波，曷常飾智驚愚、務爲離世異俗之行哉？國不足，○年饑。將嫁於衛。○自家而出謂之嫁。**盧曰**：不足，年饑也。嫁者，往也。弟子曰："先生往無反期，弟子敢有所謁，**盧曰**：謁，請也。先生將何以教？先生不聞壺丘子林之言乎？"①○壺丘子林，列子之師。子列子笑曰："壺子何言哉？○四時行，百物生，豈假於言哉？**范曰**：壺則空虛而不毁，丘則安固而不動，子林則出道之母以君天下者。道無問，問無應。體道者，默而識之，無所事言。多言數窮，離道遠矣。雖然，夫子嘗語伯昏瞀人，②吾側聞之，試以告汝。○伯昏，列子之友，同學於壺子。不言自受教於壺子者，列子之謙者也。③ **政和**：道不可言，言而非也，則壺子何言哉？不得已而有言，故聞而告之。**范曰**：道不可言，言而非也。卒不免於言者，蓋其不言之言，未之嘗言，於此言之，特爲汝言其大略而已。伯昏瞀人則體道而爲物，長葆光襲明，無所用見，或謂之無人，自其畸人而侔天者言之，此壺丘子林所以語之歟？道不可聞，亦不可告也，故聞則曰"吾側聞之"，告則曰"試以告汝"。其言曰：'有生不生，有化不化。○今塊然之形也，生物而不自生者也。今存亡變改，化物而不自化者也。④ **盧曰**：不因物生，不爲物化，故能生於衆生，化於群化者矣。不生者能生生，○

① "先生將何以教先生不聞壺丘子林之言乎"，陶光曰："光按：'先生將何以教'下接言'先生不聞壺丘子林之言乎'，語意不屬，疑有脱誤。"

② "語"，藝文印書館影印清嘉慶十八年刊湖海樓叢書汪繼培整理本《列子》所附殷敬順《釋文》（以下簡稱《釋文》）云："'語'，一本作'詔'。"

③ "者"，盧文弨曰："疑'言'。"

④ "者"，原脱，據北宋本、南宋本、汪本、世德堂本補。

不生者，固生物之宗。不化者能化化；○不化者，固化物之主。生者不能不生，化者不能不化，○生者非能生而生，化者非能化而化也，直自不得不生、不得不化者也。**盧曰**：凡有生則有死，爲物化者常遷，安能無生無死、不化不遷哉？故常生常化。○涉於有動之分者，不得暫無也。常生常化者，無時不生，無時不化，○生化相因，存亡復往，①理無間也。② **范曰**：神機氣母，出入升降，蠕蠕肖翹，無非生化之宇。惟不物而物物者，乃能生生而不生於生，化化而不化於化。彼生之所生者，待是而生，不得不生，故能常生，亦無時不生也；彼化之所化者，待是而化，不得不化，故能常化，亦無時不化也。烏能踐形而上脱生化之域哉？不生不化，與道玄同，是謂真人。陰陽爾，四時爾，○陰陽四時，變化之物，③而復屬於有生之域者，皆隨此陶運四時改而不停、萬物化而不息者也。**盧曰**：爲陰陽所遷，順時轉者，皆有形之物也。念念遷化，生死無窮，故常生常化矣。不生者疑獨，○不生之主，④豈可實而驗哉？疑其冥一而無始終也。**盧曰**：神無方比，故稱獨也，《老子》曰"獨立而不改"也。疑者，不敢決言，以明深妙者也。不化者往復。往復，⑤其際不可終；○代謝無間，形氣轉續，其道不終。疑獨，其道不可窮。○亦何以知其窮與不窮哉？直自疑其獨立而不改，周行而不殆也。**盧**

---

① "復往"，盧文弨曰："此二字倒，當依後文。"
② "間"，原作"聞"，據北宋本、南宋本、汪本、世德堂本改。
③ "變化"上，北宋本、南宋本、汪本、世德堂本有"節"字。
④ "主"，原作"生"，據北宋本、南宋本、汪本、世德堂本改。
⑤ "往復"二字，原脱，據吉府本補。盧文弨曰："下句當叠'往復'二字。"陶鴻慶曰："盧氏《群書拾補》云'往復二字當叠'，是也。張注云'代謝無間，形氣轉續'，正釋'往復'之義，是其所見本未誤。"王重民曰："盧、陶二説是也。吉府本正叠'往復'二字。"王叔岷曰："案諸説並是。'往復，其際不可終'與下文'疑獨，其道不可窮'對言，今本脱'往復'二字，既不耦，意亦不完矣。盧重元注'四時變化不可終也'，'四時變化'正以釋'往復'之義，是所見本'往復'二字未脱。宋徽宗《義解》'泛應而不窮，故不化者往復。往復，其際不可終，蓋莫知其端倪也'，是所見本亦叠'往復'二字。"

曰：四時變易不可終也，神用變化亦不可窮也。**政和**：生自無而適有，化自有以之無。有生有化者，物也；不生不化者，道也。物麗於數，故生者不能不生，化者不能不化；道行乎物，故常生常化，而無時不生，無時不化。獨立萬物之上，故不生者疑獨；泛應而不窮，故不化者往復。往復，其際不可終，蓋莫知其端倪也；疑獨，其道不可窮，蓋不可測究也。物無得而耦之者，豈真知其所以然哉？疑焉而已。**范曰**：陰陽相照、相蓋、相治，四時相代、相生、相殺，孰主張是？孰維綱是？意者其有機緘而不已耶？其運轉而不能自止耶？陰陽不離乎氣，四時不逃乎數，故未能脱乎生化之域也。道之真體，獨立而不改，以其不自生也，故能長生。道之妙用，周行而不殆，日與物化者，一不化者也。夫化物而不化者，雖命物之化而獨守其宗，故不際之際，始終反乎無端，孰知其所終耶？生物而不生者，雖先天地生而不爲久，故無物之象，彼是莫得其耦，孰知其所窮耶？

《黄帝書》曰：'谷神不死，○古有此書，今已不存。夫谷虚而宅有，亦如《莊子》之稱環中。至虚無物，故謂谷神；本自無生，故曰不死。是謂玄牝。○《老子》有此一章，王弼注曰："無形無影，無逆無違，處卑不動，守静不衰，谷以之成而不見其形，①此至物也，處卑而不可得名，故謂之玄牝。"玄牝之門，是謂天地之根。綿綿若存，用之不勤。'○王弼曰："門者，玄牝之所由也。本其所由，與太極同體，故謂天地之根也。欲言存耶，不見其形；欲言亡耶，萬物以生，故曰綿綿若存。無物不成而不勞也，故曰不勤。"**盧曰**：谷虚而氣居其中，形虚而神處其内。玄者，妙而無體；牝者，應用無方。出生入死，無不因之，故曰門也。有形之本，故曰根也。視之不見，用之無窮，故曰若存者也。**范曰**：黄帝、老氏，皆體神而明乎道者也。道一而已，言豈有異哉？故谷神、玄牝之説見於老氏，而列子以爲《黄帝書》也。谷之用無相，神之體無方，萬物所受命也。玄者，天之色；牝者，地之類。萬物所賦形也，命名不同，其實一物。夫天地者，

① "之成"，原誤倒，據北宋本、南宋本、汪本、世德堂本乙正。

萬物之上下也，而玄牝之門又爲天地之所從出入也。自本自根，自古以固存，如火之傳，而不知其盡。以生生則不生，化化則不化，動而愈出，何勤之有？**故生物者不生，化物者不化。**○《莊子》亦有此言。向秀注曰："吾之生也，非吾之所生，則生自生耳。生生者豈有物哉？故不生也。① 吾之化也，非物之所化，則化自化耳。化化者豈有物哉？無物也，故不化焉。若使生物者亦生，化物者亦化，則與物俱化，亦奚異於物？明夫不生不化者，然後能爲生化之本也。"**盧曰**：此神爲生之主，能生物化物，無物能生化之者。**自生自化，自形自色，自智自力，自消自息。**○皆自爾耳，豈有尸而爲之者哉？**謂之生化、②形色、智力、消息者，非也。"**○若有心於生化、形色，則豈能官天地而府萬物，贍群生而不遺乎？**盧曰**：神之獨運，非物能使。若因情滯有，同物生化，皆非道也。**政和**：陰陽之運，四時之行，萬物之理，俄生而有，忽化而無。形實色彰，智謀力作，消息盈虛，終則有始，無動而不變，無時而不移。雖皆道之所寓，而運轉不止，咸其自爾。**范曰**：天下之物生於有，有生於無，則物未有不生者；隱化而顯，顯化而隱，則物未有不化者。惟不生不化，然後爲能生生化化，故盈於天地之間，生者自滋，化者自禪。形分於太始，色兆於太素，智有大小，力有強弱，或消而消，或息而息，咸其自爾，使之者其誰耶？一將有心，是謂非道。

子列子曰："昔者，聖人因陰陽以統天地。○天地者，舉形而言；陰陽者，明其度數統理。**盧曰**：夫有形之物，皆有所生以運行之。舉其所大者，天地也；運天地者，陰陽也。陰陽，氣之所變，無質無形，天地因之以見生殺也。陰陽易辯，神識難明，借此以喻彼，以爲其例，然後

---

① "故"上，王叔岷曰："案注'故'上疑脱'無物也'三字。'無物也，故不生也'與下文'無物也，故不化焉'相對而言。"

② "謂"，俞樾曰："樾謹按：'謂'當作'爲'。古書'謂'、'爲'通用，説詳王氏引之《經傳釋詞》。上文云'自生自化，自形自色，自智自力，自消自息'，故此云'爲之生化、形色、智力、消息者，非也'。張湛注上文云'皆自爾耳，豈有尸而爲之者哉'，正得其義。"

知神以制形，無以有其生也。**范曰**：統物者謂繫屬之，爲所統者充入之。天運乎上，地處乎下，聖人位乎兩間。果何足以統之耶？於此有道焉，上際於天，下蟠於地，裁成輔相，彌綸圍範，無不可者。故因陰陽統之，則天地雖大，將不出乎吾之度内矣。楊子曰："崇天普地，分群偶物，使不失其統者，莫若乎辟。"夫有形者生於無形，○謂之生者則不無，無者則不生，故有無之不相生，理既然矣，則有何由而生？① 忽爾而自生。忽爾而自生，而不知其所以生；不知所以生，生則本同於無；本同於無，而非無也。此明有形之自形，無形以相形者也。則天地安從生？○天地無所從生而自然生。**盧曰**：天地，形之大者也。陰陽者，非神識也。有形若生於無形者，天地豈有神識心性乎？若其無者，從何而生耶？假設此問者，將明萬物者有生也。**范曰**：天地者，空中之細物，有中之最巨者，故與萬物同囿於形，原其所始，必有先天地生者焉，《易》所謂太極是已。《莊子》曰："昭昭生於冥冥，有倫生於無形。"故曰：有太易，有太初，有太始，有太素。○此明物之自微至著變化之相因襲也。**范曰**：無體也，無數也，冥於氣，形質未相離之先，故曰太易。若太初，則已兆於氣矣；若太始，則已分於形矣；若太素，則已著於質矣，豈無始之可原耶？刀所以製其衣，方其用刀，未有衣也，是衣之初而已，故於氣之始，則以太初命之。有初然後有始，女受始而生之，台倡始而成之，生之者左也，成之者右也，故於形之始，則以太始命之。素未受采，無所與雜，即染而淨，不與物爭，故於質之始，則以太素命之。是四者，自微至著，既已離於無矣，故以有言之也。太易者，未見氣也；○易者，不窮滯之稱。凝寂於太虛之域，將何所見耶？② 如《易・繫》之太極、老氏之渾成也。**范曰**：有陽氣焉，有陰氣焉，有沖氣焉，是皆無動而生之也。太易之先，氣且未見，況形質乎？太初者，氣之始也；○陰陽未判，即下句所謂渾淪也。**范曰**：

---

① "而"，原脱，據北宋本、南宋本、汪本、世德堂本補。

② "耶"，原作"即"，據南宋本、世德堂本、汪本（汪本作"邪"）改。王叔岷曰："案元本、世德堂本注'見'下並有'邪'字，文意較完。"

太初有無，無有無名，雜乎芒忽之間，變而有氣，故太初爲氣之始。太始者，形之始也；〇陰陽既判，則品物流形也。**范曰**：《易》曰："乾知太始。"夫有始也者，有未始有始也者。謂之太始，則未始有始，故形之所形莫不資始於此。太素者，質之始也。〇質者，性也。既爲物矣，則方員、剛柔、静躁、沉浮，各有其性。① **范曰**：有氣有形，質幹斯具，色之所色，將自此而彰焉。氣形質具而未相離，②〇此直論氣形質，不復説太易。太易爲三者宗本，於後句别自明之也。③ **范曰**：太極元氣，函三爲一，故氣形質具而未相離，則命之曰渾淪，《老子》所謂混成者是已。貌象聲色，有萬不同，莫不含蓄於此。故曰渾淪。渾淪者，言萬物相渾淪而未相離也。〇雖渾然一氣，不相離散，而三才之道實潛兆乎其中。淪，語之助也。視之不見，聽之不聞，循之不得，故曰易也。易無形埒，④〇不知此下一字。《老子》曰："視之不見，名曰希。"而此曰易，易亦希簡之别稱也。太易之義，如此而已，故能爲萬化宗主，冥一而不變者也。**范曰**：渾淪之中，三者不可致詰。色之所色者彰矣，而色色者未嘗顯，故視之不見；聲之所聲者聞矣，而聲聲者未嘗發，故聽之不聞；形之所形者實矣，而形形者未嘗有，故循之不得。若是者，吾不知其名，字之曰易。易變而爲一，〇所謂易者，窈冥惚恍，不可變也；一氣恃之而化，⑤

---

① "其"，原脱，據北宋本、南宋本、汪本、世德堂本補。

② "氣"下，王叔岷曰："案《路史·前紀》一引'氣'下有'與'字。"

③ "後句"，王叔岷曰："案《御覽》一引注'後句'作'下句'。"

④ "埒"，北宋本、汪本作"畤"，南宋本作"畤"。《釋文》作"捋"，云："《淮南子》作'形埒'，謂兆朕也；《乾鑿度》作'形畤'。今從乎者轉謂誤也。"陶光曰："光按：字當從《釋文》作'畤'。張注云'不知此下一字'，則張所據本必不作'埒'。今道藏諸本、世德堂本作'埒'者，蓋據《淮南》屢言'形埒'而改之耳。《淮南·要略》篇莊逵吉云'埒，一本作埒'，正宜與此北宋本作'畤'者爲比，皆形誤耳。然'畤'與'埒'實同字異體。"

⑤ "惚恍不可變也一氣恃之而"，王叔岷曰："案《御覽》一引注'惚'作'忽'，'恃'作'持'，'而'下有'變'字。"

故寄名變耳。**一變而爲七，七變而爲九，九變者，究也；**[1]〇究者，窮也。一變而爲七、九，不以次數者，全舉陽數，領其都會也。**乃復變而爲一，一者，形變之始也。**〇既涉於有形之域，理數相推，自一之九；九數既終，乃復反而爲一；反而爲一，歸於形變之始。此蓋明變化往復而無窮極。**范曰**：大象無形，孰分高下，降而墮數，變自此生。故易變而爲一，所謂道生一也。一之所起，有一未形，雖涉於數，去道未遠。然既已爲一矣，且得有變乎？既已謂之一矣，且得無變乎？故七也、九也，又自一而分，變之所以無窮者也。七，少陽之數；九，老陽之數。數終必窮，故九變者，究也。窮則變，變則通，故九復而爲一。一者，形變之始也。終始反復，如環無端，自此以往，巧曆不能計。[2] **清輕者上爲天，濁重者下爲地，**[3]〇天地何邪？直虛實清濁之自分判者耳。此一章全是《周易乾鑿度》也。**范曰**：渾淪既判，三才肇分。天穹窿而周乎上，地磅礴而向乎下，人昏昏而處乎中。天，積氣耳，清輕而屬乎陽；地，積塊耳，濁重而屬乎陰；人受天地之中以生，故負陰抱陽，沖氣以爲和。**沖和氣**

---

① "九變者究也"，俞樾曰："樾謹按：上'變'字衍文，本作'九者，究也，乃復變而爲一'。因涉上文'一變'、'七變'而誤爲'九變'，則於詞贅矣。"孫詒讓曰："案此章與《易緯乾鑿度》文同。'九變者，究也'，緯作'九者，氣變之究也'，與下'一者，形變之始也'文正相對，此書當亦與彼同。今本'變'字誤移著'者'字上，又脱'氣'、'之'二字耳。"王重民曰："案孫説是也。《御覽》一引作'九變者之究也'，亦有舛誤。蓋《御覽》所據本已脱'氣'字，又因'一變'、'七變'而誤移'變'字於'者'上，後人以'之'字爲贅，遂以意削之也。幸所引尚存'之'字，足證《列子》原文當同於《易緯》。俞氏以'變'字爲衍文，誤矣。"王叔岷曰："案孫説是也。《法苑珠林》七引作'九者，變之究也'，僅脱一'氣'字。《路史·前紀》一引'九'下無'變'字。《御覽》一引'究'上有'之'字，亦略存其舊。"

② "巧曆"，據《力命》篇范解當作"巧歷"。

③ "清輕者上爲天濁重者下爲地"，王叔岷曰："案《文選》潘安仁《西征賦》注引'清輕'作'輕清'，'濁重'作'重濁'。僞《慎子·外篇》同。《鶡冠子·泰鴻》篇陸佃注引'濁重'亦作'重濁'，《淮南·天文》篇同。《路史·前紀》一引作'清輕而騫者爲天，濁重而墜者爲地'。"陶光曰："光按：《文選》王簡《栖頭陀寺碑文》注引作'重濁'，《關尹子·四符》篇'輕清者上天，重濁者入地'，《廣雅·釋天》'輕清者上爲天，重濁者下爲地'，《淮南子·天文》篇亦言'清陽者薄靡而爲天，重濁者凝滯而爲地'，疑'清輕'、'濁重'字並當乙轉。"

者爲人，故天地含精，萬物化生。"○推此言之，則陰陽氣遍交會而氣和，氣和而爲人生，人生則有所倚而立也。**盧曰**：一、三、五、七、九，陽之數也，極則反一，運行無窮。《易》曰："本乎天者，親上；本乎地者，親下。"親下者，草木之類是也；親上者，含識之類是也，故動物有神，植物無識。無識者，爲氣所變；有神者，爲識所遷。故云太易、大初以至渾淪，言氣之漸也。其中精粹者，謂之爲神；神氣精微者，爲賢爲聖；神氣雜濁者，爲凡爲愚。乃至含生差别，則多品矣。**政和**：陰陽者，氣之大；天地者，形之大。氣變而有形，則有陰陽，然後有天地，而道者爲之公；聖人者，道之管，此聖人所以因陰陽以統天地也。"易有太極，是生兩儀"，《莊子》所謂"道在太極之先"者是也，故太易者，未見氣也；雜乎芒忽之間，變而有氣，故太初者，氣之始也；氣變而有形，故太始者，形之始也；形辯而有質，故太素者，質之始也。氣形質具而未相離，則道之全體於是乎在，故曰渾淪，《老子》所謂"有物混成"者是也。無所用其明，故視之不見；無所施其聰，①故聽之不聞；無所致其力，故循之不得。此三者，不可致詰，故混而爲一。然既已謂之一矣，且得無其言乎？此所以強名之曰易也。易無形埒者，無體也。易況之陽，則一之所起，故變而爲一；數起於一，故變而爲七，則屈而未申也；七變而爲九，則交而有變也；數窮於九，故復變而爲一。一爲形變之始，則天、地、人皆得此以生，故曰"清輕者上爲天，濁重者下爲地，沖和氣者爲人"。② 精者，一也，一生二，二生三，三生萬物，故天地含精，而萬物化生矣。**范曰**：陰陽專精爲天地，散精爲萬物。天地者，萬物之上下也。物與天地，本無先後，明大道之序，則有天地而後萬物生焉，故《易》曰："天地感而萬物化生。"

子列子曰："天地無全功，聖人無全能，萬物無全用，○

---

① "聰"，原作"聽"，據明刊正統道藏本宋徽宗趙佶《沖虛至德真經義解》（以下簡稱《義解》本）改。

② "氣"，原脱，據正文、《義解》本補。"沖和氣"，王叔岷曰："案《文選·西征賦》注引'沖和'下有'之'字。"陶光曰："林本'和氣'作'氣和'。光按：《老子》第四十二章'萬物負陰而抱陽，沖氣以爲和'，是此文所本，林本作'氣和'是。'氣和'字不經見，故誤。"

全，猶備也。**范曰**：道之大全，裂於上下，天地之所以設位也。成天地之能者爲聖人，盈天地之間者爲萬物。彼其覆載之功、輔相之能、散殊之用，未嘗不相待也，烏能備其大全？故天職生覆，地職形載，聖職教化，物職所宜。○職者，主也。生各有性，性各有所宜者也。**范曰**：有職者當聽上，故三才奠位，萬物散殊，皆有常職。若乃造形而上，觀天地，俯萬物，而不與聖人同憂，音之所不能該聽，無與焉，果且奚所受職耶？然則天有所短，地有所長，聖有所否，物有所通。①○夫體適於一方者，造餘塗則閡矣。王弼曰："形必有所分，聲必有所屬。若温也，則不能涼；若宫也，則不能商。"**范曰**：三才具而萬物分，其用未嘗不相待也，故有所短者有所長，有所通者有所否。何則？生覆者不能形載，形載者不能教化，教化者不能違所宜，○順之則通也。宜定者不出所位。② ○皆有素分，不可逆也。**范曰**：天穹然而剛健，無不覆燾，未必能形載也；地隤然而止静，無不持載，未必能教化也。聖人位乎其中，仰觀俯察，與天地參，教自我設，化自我行，斯能贊天地之化育矣。然教化之用，亦豈能違物之所宜哉？物無常宜，宜在隨時。吾則順其自然，而無汩其陳焉，俾萬物之生各得其宜而已。故教出於不言，化成於不宰，其不違物之所宜，是乃所以輔相天地之宜者耶。故天地之道，非陰則陽；聖人之教，非仁則義；萬物之

---

① "聖有所否物有所通"，陶光曰："光按：《釋文》出'天地所否'一則，與今本異。檢上文以天地與物並列，不言聖人，至'聖人無全能'一句，與'天地無全功'、'萬物無全用'不叶，失韻，'聖職教化'亦與'無全能'之義未協。下文'聖人之教，非仁則義'又與'天地之道，非陰則陽'、'萬物之宜，非柔則剛'不叶，失韻，且與後文言'事之破礙而後有舞仁義者，弗能復也'之義相迕，尤失道家之旨。細味此語，'天有所短，地有所長'實兼'地有所短，天有所長'而言，若依《釋文》作'天地所否，物有所通'，正與上文'清輕者上爲天，濁重者下爲地，沖和氣者爲人'相應。疑今本經後人羼易也。"

② "不"下，楊伯峻曰："伯峻案：'不出所位'，'不'下疑脱'能'字。'不能出所位'與'不能形載'等三句句法一律。下句'不能出所位者也'，有'能'字，可證。張《注》云云，似其所見本尚未誤脱。"

宜，非柔則剛，①**此皆隨所宜而不能出所位者也。**②○方員、靜躁，理不得兼，然尋形即事，則名分不可相干；任理之通，③方員未必相乖。故二儀之德，聖人之道，焘育群生，澤周萬物，盡其清寧貞粹而已。④則殊塗融通，動靜澄一，蓋由聖人不逆萬物之性，萬物不犯聖人之化。凡滯於一方者，形分之所閡耳；道之所運，常冥通而無待。**盧曰：**氣運者能覆載，神運者能教化，然則天地生萬物，聖人隨狀而用之。**政和：**天位乎上，地位乎下，聖人位乎天地之中，凡以成變化而已。變化代興，萬物異宜。天地之與聖人，豈能違其所宜哉？蓋聖人之於天地，相辯則爲三極，相通則爲三才。生覆者不能形載，形載者不能教化，教化者不能違所宜，⑤所宜定者不出所位，此言職之有分也，故以其所辯者言之。若夫聖人之道，上際於天，下蟠於地，化育萬物，不可爲象，則上下同流而無間，安有長短之相形、通否之相異者哉？**范曰：**天有陰陽，地有陰陽，故天地之道陰陽，必貴其相交也；不仁則不生，不義則不成，故聖人之教仁義，必貴其相濟也；動靜有常，剛柔斷矣，故萬物之宜剛柔，必貴其相雜也。然天地體道，故擅覆載之功，萬物待之以生，而未嘗留道；聖人體道，尸教化之任，故物待之以成，而未嘗容心。是皆隨物之宜，亦不出所位而已。鵬、鷽之小大，何足以相笑？夔、蚿之多寡，何足以相憐？不浴鵠而黔烏，不續鳧而斷鶴，因其常然，付之自然爾。**故有生者，有生生者；有形者，有形形者；有聲者，有聲聲者；有色者，有色色者；有味者，有味味者。**○形、聲、色、味皆忽爾而

---

① “非柔則剛”，王叔岷曰：“案《治要》引‘柔’、‘剛’二字互錯。”

② “宜定者不出所位”與“此皆隨所宜而不能出所位者也”，于省吾曰：“二‘位’字本應作‘立’，古文字以‘立’爲‘位’，有‘立’無‘位’，‘位’乃後起字。……此文即襲《莊子·天下》與《説卦》之語而篡改者，《説卦》既云‘立天地人之道’，故應以‘不出所立’爲言也。”

③ “任”，原作“在”，據北宋本、南宋本、汪本、世德堂本改。

④ “貞”，原作“真”，據北宋本、汪本、世德堂本、《釋文》本改。

⑤ “違”，原脱，據《義解》本補。

生，不能自生者也。夫不能自生，則無爲之本；無爲之本，則無當於一象，①無繫於一味，故能爲形氣之主，動必由之者也。**盧曰**：有形之始謂之生，能生此生者謂之神。② 能形其形、能聲其聲、能色其色、能味其味者，皆神之功，以無制有。生之所生者死矣，而生生者未嘗終；形之所形者實矣，而形形者未嘗有；聲之所聲者聞矣，而聲聲者未嘗發；色之所色者彰矣，而色色者未嘗顯；味之所味者嘗矣，而味味者未嘗呈：○夫盡於一形者，皆隨代謝而遷革矣，③故生者必終，而生生物者無變化也。皆無爲之職也。○至無者，故能爲萬變之宗主也。**盧曰**：神所運用，有始必終。形、聲、色、味，皆非自辯者也，所以潛運者，乃神之功高焉，無爲而無不爲也。**政和**：生、形、聲、色、味，皆物之化，故隱斯顯，往斯返。生生者，形形者，聲聲者，色色者，味味者，皆道之妙，孰原其所始？孰要其所終？道常無爲而無不爲，謂是故也。**范曰**：疑獨者不生，不生者能生生，故形、聲、色、味皆有待而生也。然太虚之中，物成生理，而形者自呈。太山、秋毫，彼奚自而形耶？惟大象無形，乃能形形。吹萬不同，而聲者自應。雷震、蚋飛，彼奚自而生耶？惟大音希聲，乃能聲聲。留動而後生色，彼固不能自色也；賁而無色，蓋有爲之色色者。物成而後有味，彼固不能自味也；淡乎無味，蓋有爲之味味者。形形而我無形也，故如鑑之寂，妍醜畢現，而鑑實無形，豈與形者俱有？聲聲而我無聲也，故如谷之虚，美惡皆赴，而谷實無聲，豈與聲者俱發？色之所色者彰矣，故探其本，要其末，推其色，逆其數，期其極，色雖不同，而色色者未嘗顯；味之所味者嘗矣，故感於鹹，作於酸，化於苦，窮於甘，變於辛，味雖不同，而味味者未嘗呈。然則生生之妙，豈固與生之所生者偕終耶？自非無爲而無不爲者，④疇克

① “當”，南宋本、世德堂本作“留”。
② “神”上，原衍“形”字，據汪説删。汪萊曰：“‘形’字衍。”
③ “矣”，原作“是”，據北宋本、汪本、世德堂本改。
④ “不”，原訛作“而”，原文作“無爲而無而爲”殊爲費解，據下段范解所云“是乃道之無爲而無不爲者”改。

尸此？故曰皆無爲之職也。能陰能陽，能柔能剛，能短能長，能圓能方，能生能死，能暑能涼，能浮能沉，能宫能商，能出能没，能玄能黄，能甘能苦，能羶能香。無知也，無能也，而無不知也，而無不能也。"○知盡則無知，能極則無能，故無所不知，無所不能。何晏《道論》曰："有之爲有，恃無以生；事而爲事，①由無以成。夫道之而無語，名之而無名，視之而無形，聽之而無聲，則道之全焉，故能昭音響而出氣物，包形神而章光影。玄以之黑，素以之白，矩以之方，規以之員，員方得形而此無形，白黑得名而此無名也。"**盧曰**：《老子》曰"吾不知誰之子，象帝之先"，言此神也。先天先地，神鬼神帝，無能知者，無能證者；若能體證兹道，則天地之内無不知、無不能矣。**范曰**：幽無形、深不測之謂陰；瑩天工、明萬物之謂陽。能陰能陽，則陰陽所不能測也。曲直以立本，致曲以趨時，是之謂柔；敦實以爲體，斷制以爲用，是之謂剛。能柔能剛，則柔剛所不能定也。長短之相形，尺寸是已，道則能短能長；圓方之相研，規矩是已，道則能方能圓。能生能死，則不涉於數；能暑能涼，則不囿於時。物之在水也，沉者不能以浮，浮者不能以沉，能沉能浮者，殆猶日光之在水歟；物之有聲也，鼓宫而宫動，叩商而商應，能宫能商者，殆猶天籟之自鳴歟。出於機者俄入於機，出於冥者俄入於冥，惟不轉於機冥者，乃所以能出能没；玄於天爲小而妙之道，黄於地爲中而光之色，惟不域於天地者，乃所以能玄能黄。能甘能苦，則以淡乎其無味故也；能羶能香，則以漠乎其無臭故也。是乃道之無爲而無不爲者，如此。故無知也，周萬物而無所遺，乃無不知；無能也，②雕衆形而不爲巧，乃無不能也。**政和**：有所知，有所能，在道一偏，非全之盡之者也；而無知而無不知，無能而無不能，則無不該也，無不遍也，何

① "爲"，原作"無"，據北宋本、南宋本、汪本、世德堂本改。

② "無"下，原衍"不"字，據正文改。德凌按：范解這兩句正釋正文"無知也，無能也，而無不知也，而無不能也"，故每句句首先徵引正文"無知也"、"無能也"，因此"無知也，周萬物而無所遺，乃無不知"正與下句"無能也，雕衆形而不爲巧，乃無不能也"兩兩相對成文，故"無不能也，雕衆形"中的"不"字當爲衍文。

所不能哉？陰陽，氣也；柔剛，材也；短長，形也；圓方，器也；生死，數也；暑涼，時也；浮沉，勢也；宫商，聲也；出没，迹也；玄黄，色也；甘苦，味也；羶香，臭也。變化所爲，皆在是矣。古之人，其備乎六通、四闢、小大、精粗，其運無乎不在，烏往而不暇？

卷之二

天瑞

子列子適衛，食於道，從者見百歲髑髏，[1]攓蓬而指，[2]○攓，拔也。顧謂弟子百豐曰："唯予與彼知，而未嘗生，未嘗死也。[3] ○俱涉變化之塗，則予生而彼死；推之至極之域，則理既無生，亦又無死也。**盧曰**：形則有生有死，神也無死無生。我如神在，彼如神去。

---

① "食於道從者"，《釋文》作"食於道徒"，云："司馬彪云：'徒，道旁也。'一本或作'從'。"陶光曰："《釋文》曰'食於道徒'，司馬彪云：'徒，道旁。'光按：此下一事見《莊子·至樂》篇。此文當作'子列子適衛，食於道徒，見百歲髑髏'。《釋文》云云，是殷本如是作也。後人不達'徒'字之義，易爲'從'，沾出'者'字耳。"楊伯峻曰："從當依《釋文》作徒，字之誤也。……徒與涂通，古同音也。食於道徒，即食於道路(或訓道旁，於古無徵)。郭慶藩《莊子集釋·至樂》篇注云'《列子·天瑞》篇正作食於道徒'，是郭所見《列子》有作徒者矣，當據改。者字後人所加，陶説是。"

② "指"下，王叔岷曰："案《藝文類聚》八二引……'指'下有'之'字……《莊子·至樂》篇'指'下亦有'之'字。"

③ "顧謂弟子百豐曰唯予與彼知而未嘗生未嘗死也"，陶光曰："光按：《莊子》無'顧謂弟子百豐'六字，'彼'作'女'。……疑此句當從《莊子》作'顧謂弟子百豐曰：唯予與女知，而未嘗生，未嘗死也'，言唯我二人足以知此髑髏未嘗生死也。《莊子》脱'顧謂弟子百豐'六字，是以列子與髑髏言；此書改'汝'爲'彼'，則是惟列子與髑髏知百豐之未嘗生死也，其誤滋甚。"

髑髏與我，生死不同；若悟，其神未嘗生死。此過養乎？此過歡乎？① ○遭形則不能不養，遇生則不能不歡，此過誤之徒，非理之實當也。**盧曰**：既受其形，則歡養失理，以至於死耳。種有幾：○先問變化種數凡有幾條，然後明之於下。若蛙爲鶉，○事見《墨子》。得水爲㡭，得水土之際則爲蛙蠙之衣，○衣，猶覆蓋。生於陵屯○陵屯，高潔處也。則爲陵舄；○此隨所生之處而變者也。陵舄得鬱栖則爲烏足，○此合而相生者也。烏足之根爲蠐螬，其葉爲胡蝶，○根，本也；葉，散也。言烏足爲蠐螬之本，其末散化爲胡蝶也。胡蝶胥也○胥，皆也，言物皆化也。化而爲蟲，生竈下，其狀若脱，其名曰鴝掇；○此一形之内變異者也。鴝掇千日○千日而死。化而爲鳥，其名曰乾餘骨，乾餘骨之沫爲斯彌，○沫，猶精華生起。斯彌爲食醯頤輅；食醯頤輅生乎食醯黄軦，食醯黄軦生乎九猷，九猷生乎瞀芮，瞀芮生乎腐蠸。○此皆死而更生之一形者也。羊肝化爲地皋，馬血之爲轉鄰也，②人血之爲野火也。○此皆一形之内自變化也。鷂之爲鸇，鸇之爲布穀，布穀久復爲鷂也。③ 燕之爲蛤也，④田鼠之

① "此過養乎此過歡乎"，陶光曰："道藏白文本、林本無'此'字。光按：《莊子》作'若果養乎？予果歡乎'，陸德明云：'元嘉本果作過。''果'、'過'聲近相假，此文疑當作'此過養乎？予過歡乎'。上文言'未嘗生，未嘗死'，推而至於我亦然，故設此兩問也。"

② "爲轉鄰"，胡懷琛曰："'鄰'，即今'磷'字，俗謂鬼火也。張湛於'轉'字無注。按'轉'字疑在'爲'字上，'轉爲磷'與上文'化爲地皋'對文。"

③ "鷂之爲鸇鸇之爲布穀布穀久"，王叔岷曰："案《御覽》八八七引《莊子》有此文，'鷂之爲鸇'上有'大'字，'久'作'之'。……《六帖》九五、《合璧事類别集》六四引'久'並作'又'，當從《莊子》作'之'，與上下文句法一律。'久'、'又'疑並'之'之形誤。宋徽宗《義解》'或因性而反復，則鷂之爲鸇，鸇之爲布穀，布穀之復爲鷂是也'，是所見本正作'之'。"

④ "燕"，原作"鷰"，據《釋文》本、盧重玄本、元本、世德堂本、道藏白文本、林希逸本改。下同。王叔岷曰："案《釋文》本、盧重元本、元本、世德堂本、道藏白文本、林希逸本'鷰'並作'燕'，當從之。"

爲鶉也，朽瓜之爲魚也，①老韭之爲莧也，②老羭之爲猨也，○羭，牝羊也。③ 魚卵之爲蟲。④ ○此皆無所因感，自然而變者也。亶爰之獸自孕而生曰類，○亶音蟬。⑤《山海經》云："亶爰之山有獸，其狀如貍而有髮，其名曰類，自爲牝牡相生也。"河澤之鳥視而生曰鶂。○此相視而生者也。《莊子》曰："白鶂相視，眸子不運而風化之也。"⑥純雌其名大腰，純雄其名稚蜂。○大腰，龜鱉之類也。稚，小也。此無雌雄而自化。上言蟲獸之理既然，下明人道亦有如此者也。思士不妻而感，思女不夫而孕。○《大荒經》曰："有思幽之國，思士不妻，思女不夫，精氣潛感，不假交接而生子也。"此亦白鶂之類也。后稷生乎巨迹，○傳記云："高辛氏之妃名姜原，見大人迹，好而履之，如有人理感己者，遂孕，因生后稷。長而賢，乃爲堯佐，即周祖也。"伊尹生乎空桑。○傳記曰："伊尹母居伊水之上，既孕，夢有神告之曰：'臼水出而東走，無顧！'明日，視臼水出，告其鄰，東走十里而顧其邑，⑦盡爲水，身因化爲空桑。有莘氏女子采桑，得嬰兒於空桑之中，故命之曰伊

---

① "朽"，王叔岷曰："案《釋文》本'朽'作'殄'，音朽。作'殄'是故書，《湯問》篇'其親戚死，殄其骨（德凌按：北宋本作"肉"）而棄之'，《釋文》音朽，與此同例。"

② "莧"，《釋文》作"莞"，云："一本作'莧'，侯辨切，轉寫誤也。"陶光曰："《釋文》'莧'作'莞'。光按：作'莞'者是也，形誤爲'莧'。《爾雅·釋草》：'莞，苻蘺，其上蒚。'郭注：'今西方人呼蒲爲莞蒲，中莖爲蒚，用之爲席。'《説文》亦言：'莞可以作席。'莞蒲可以爲席，似韭，故言'老韭爲莞也'。"

③ "牝"，原作"牡"，據北宋本、南宋本、汪本、世德堂本改。王叔岷曰："元本、世德堂本注'牡'並作'牝'，當從之。'牡'乃'牝'之誤，《釋文》亦云：'牝羊也。'"

④ "蟲"下，王叔岷曰："案'蟲'下當有'也'字，乃與上文句法一律。《御覽》八八七引《莊子》正有'也'字。"

⑤ "蟬"，原作"釋"，據北宋本、南宋本、汪本、世德堂本改。

⑥ "之也"，楊伯峻曰："注引《莊子》，是《天運》篇文。'之也'兩字，今本無，恐是張湛所加。"

⑦ "水出告其鄰東走十里而顧"，北宋本、南宋本、汪本、世德堂本"水出"作"出水"，王叔岷曰："道藏本注'出水'作'水出'，《事文類聚前集》四四引亦作'水出'，'顧'下有'視'字，《楚辭·天問》洪興祖補注引'顧'下亦有'視'字。"

尹，而獻其君，令庖人養之。長而賢，爲殷湯相。”**厥昭生乎濕**，○此因蒸潤而生。**醯雞生乎酒**。○此因酸氣而生。**羊奚比乎不筍**，○此異類而相親比也。**久竹生青寧**，①○因於林藪而生。**青寧生程**，○自從𧉐至於程，皆生生之物。蛇、鳥、蟲、獸之屬，言其變化無常，或以形而變，或死而更生，終始相因，無窮已也。**程生馬，馬生人，人久入於機**。② **萬物皆出於機，皆入於機**。○夫生死變化，胡可測哉？生於此者或死於彼，死於彼者或生於此，而形生之主未嘗暫無。是以聖人知生不常存，③死不永滅，而一氣之變所適萬形，萬形萬化，而不化者存，歸於不化，故謂之機。機者，群有之始，動之所宗，故出無入有，散有反無，靡不由之。**盧曰**：種之類也，④言種有類乎？亦互相生乎？設此問者，欲明神之所適則爲生，神之所去則爲死，形無常主，神無常形耳。神本無期，形則有凝，一受有形之質，猶機關繫束焉，生則爲出，死則爲入。**政和**：《易》曰“原始反終”，故知死生之説。蓋有生者必有死，而死於是者未必不生於彼。通乎此，則唯予與彼知，而未嘗生，未嘗死也。方生方死，方死方生，則養形而悦生，今之所存乃昔之所過者爾，故曰“此過養乎？此過歡乎”。萬物以不同形相代，則死生之變不可勝計也，故曰“種有幾”。如下文所云，乃耳目之所及者耳。若蛙爲鶉者，蓋言萬物之化無川陸之間也。𧉐也，蛙蠙之衣，陵舄也，一種也，或得水土而生於下，或得陵屯而生於上，蓋言萬物之化隨形氣之所遇也。陵舄得鬱栖則爲烏足，則假異物以爲體；烏足之根爲蠐螬，其葉爲胡蝶，則散同體以爲

---

① “不筍久竹生青寧”，王叔岷曰：“案盧重元本、元本、世德堂本‘筍’並作‘荀’，《莊子》作‘箰’。‘箰’與‘筍’同，‘荀’借字。《御覽》八八七引《莊子》叠‘不箰久竹’四字，‘羊奚比乎不箰久竹’爲句，‘不箰久竹生青寧’爲句，文理甚明。此文‘生青寧’上蓋亦脱‘不箰久竹’四字也。”

② “人久入於機”，王叔岷曰：“案《莊子》‘久’作‘又’，當從之。‘久’乃‘又’之誤，‘又’、‘久’形近易混。”陶光曰：“光按：此文當從《莊子》作‘人又反入於機’，‘又’字以形近誤爲‘久’。説詳下‘精神者之（趙庚颺、許世瑛按：“者之”當作“者天之”）分’條。張注云‘故出無入有，散有反無’，是张所见本有‘反’字也。”

③ “存”，南宋本作“有”。

④ “種”，汪萊曰：“‘種’字上有‘幾’字。”

物。胡蝶胥也化而爲蟲，生於竈下，其狀若脱，其名爲鴝掇，則罻飛者有化而爲蠕動者矣；鴝掇千日化而爲鳥，其名曰乾餘骨，則穴處者有化而爲林栖者矣。① 或因形而移易，則斯彌而爲頤輅，原黄軦之生乎腐蠸，與夫地皋、轉鄰、野火之類是也；或因性而反復，則鷂之爲鸇，鸇之爲布穀，布穀之復爲鷂是也。燕之爲蛤，田鼠之爲鶉，朽瓜之爲魚，老韭之爲莧，老羭之爲猿，魚卵之爲蟲，則或以類而相因，或以不類而相與爲類。亶爰之獸自孕而生曰類，則無所感而化者；河澤之鳥視而生曰鶂，則無所交而化者也。純雌其名大腰，純雄其名稚蜂，則其在物也有一陰陽而自生化者矣；思士不妻而感，思女不夫而孕，則其在人也有非陰陽而能潛通者矣。以至后稷生乎巨迹，伊尹生乎空桑，雖不可致詰，而不足怪也。厥昭生乎濕，則化於氣；醯雞生乎酒，則化於味；羊奚比乎不筍，則化於習。久竹生青寧，則以無情而生有情也；青寧生程，則以無知而生有知也。《尸子》以程爲豹之類，程生馬，則以同類而相生也；馬生人，則以非類而相生也。然則昆蟲之出入，草木之生死，變化無常，未始有極，又烏知死生先後之所在哉？惟萬物生有所乎萌，死有所乎歸。聖人於此，知其有機緘而不能自已耳。**范曰**：道無終始，物有死生。陶於大化之冶，適然而變，則氣聚形成，強名曰生；轉於造化之機，適然有遺，則氣散形壞，強名曰死。氣有聚散，特浮雲之去來耳；形有存亡，特一漚之起滅耳。死生之名，有對而立，方死方生，夢已俄覺；方生方死，覺已俄夢，孰知其所以然耶？惟原始反終者，知其未嘗死，未嘗生，故來而無從，去而無往，殆將入於不死不生矣。百歲髑髏，特已腐之，餘骨果何知也？然《莊子》載其言有曰"吾安能棄南面王樂，復爲人間之勞乎"，則不悦生而惡死可知。世之昧者，攬一身而願，膠萬化而執，生化而死，戚然而惡，故此過養乎，以其畏於死也；死變而生，欣然而喜，故此過歡乎，以其悦於生也。死固奚足畏，生固奚足悦乎？是特萬化而未始有極者耳，又況萬物相禪，種名不同。故鶉也、鼃也，蛙蠙之衣也，陵舄也，此一種也，或得水，或得水土之際，或得陵屯，而其生各不同也。烏足也，蠐螬也，胡蝶也，其與陵舄亦一種也，或以

① "有"上，原衍"則"字，據《義解》本删。

鬱栖，或以葉，或以根，而其變各不同也。鴝掇也，乾餘骨也，斯彌也，食醯頤輅也，其與胥亦一種也，或以竈下，或以千日，或以其沫，而其生各不同也。食醯頤輅生乎食醯黄軦，食醯黄軦生乎九猷，九猷生乎瞀芮，瞀芮生乎腐蠸，則不知其種，自然而生者。羊肝化爲地皋，馬血之爲轉鄰，人血之爲野火，鷂之爲鸇，鸇之爲布穀，燕之爲蛤，田鼠之爲鶉，朽瓜之爲魚，老韭之爲莧，老羭之爲猿，魚卵之爲蟲，則不知其種，自然而變者。自孕而生者，有若亶爰之獸；相視而生者，有若河澤之鳥。大腰之類，純雌而無雄；稚蜂之類，純雄而無雌。以思士則不妻而感，以思女則不夫而孕，以至厥昭、醯雞則有所因而生，羊奚、不箰則無所因而比。久竹也，青寧也，程也，是又馬與人有自之而生也。用是以觀，則物或以有情而相生，或無情而相生，或以有情而生無情，或以無情而生有情，或生於無所因，或生於無所感，萬形萬化，無有紀極。意者其有機緘而不得已邪？利用以出，注然勃然，莫不出焉者，皆出於機也；利用以入，油然漻然，莫不入焉者，皆入於機也。有萬不同，出生入死，不知其所由然，彼其神機之張，氣機之運，固有爲之斡旋宰制者。列子方論無爲之職，繼之以此，良有以也。

《黄帝書》曰：‘形動不生形而生影，聲動不生聲而生響，○夫有形必有影，有聲必有響，此自然而並生，俱出而俱没，豈有相資前後之差哉？郭象注《莊子》論之詳矣，而世之談者以形動而影隨、聲出而響應，聖人則之以爲喻，明物動則失本，靖則歸根，[1]不復曲通影響之義也。無動不生無而生有。’○有之爲有，恃無以生，言生必由無，而無不生有。[2] 此運通之功必賴於無，故生動之稱因事而立耳。**盧曰**：形有所生，不能生無，影響是也；神而無形，動則生有，萬類是也。**范曰**：影之爲影，若有待於形也，而實無所待，形動而影自從耳，影非有求於形也。響之爲響，若有待於聲也，而實無所待，聲動而響自應耳，響非有求於聲也。有生於無，其理若此。形必終者也。天地終乎與我偕終，○

① “靖”，北宋本、南宋本、汪本、世德堂本作“静”。
② “不生”下，盧文弨曰：“當有‘於’字。”

料巨細,計修短,則與我殊矣;會歸於終,理固無差也。**盧曰**:大小雖殊,同歸於盡耳。**范曰**:死,①物數之終;冬,時數之終。無物也,無時也,孰知其所終?天地者,形之大也,既已囿於形矣,雖欲不終,得乎?終進乎不知也;②〇進,當爲盡。此書盡字,例多作進也。聚則成形,散則爲終,此世之所謂終始也。然則聚者以形實爲始,以離散爲終;散者以虛漠爲始,以形實爲終,故迭相與爲終始,而理實無終無始者也。**盧曰**:進,當爲盡。假設問者,言天地有終盡乎?爲復不知乎?其下自答也。道終乎本無始,進乎本不久。③ 〇久,當爲有。無始,故不終;無有,故不盡。**范曰**:無物無時,孰爲終始?除日無歲,孰爲久暫?謂道爲可終邪?特未可知也。彼其本無始,《莊子》所謂"未始有始"是已。謂道爲可進邪?特未可知也。彼其本不久,《莊子》所謂"先天地生而不爲久"是已。有生則復於不生,有形則復於無形。〇生者反終,形者反虛,自然之數也。**盧曰**:凡有始有終,皆本乎無始,歸於不有。今從太初、渾淪而言之,是有始也,安得不終乎?安得不盡乎?不生者,〇此不生者,先有其生,然後之於死滅。非本不生者也;〇本不生者,初自無生無滅。無形者,〇此無形者,亦先有其形,然後之於離散。非本無形者也。〇本無形者,初自無聚無散者也。夫生生物者不生,形形物者無形,故能生形萬物,於我體無變。今謂既生既形,而復反於無生無形者,此故存亡之往復爾,非始終之不變者也。**盧曰**:所言神之不生者,非本不

---

① "死",原訛作"係",據上下文意正。德凌按:"係"與"物數之終"之間無意義上的聯係,"死"正有終義,等同於"物數之終",並與下文"冬,時數之終"相應。

② "不知",陶鴻慶曰:"愚案:'不知'二字無義,注亦弗及,疑'知'爲'始'字之誤。《莊子·列禦寇》篇云:'歸精神乎無始,而甘冥乎無何有之鄉。''終盡乎不始'者,即'歸精神乎無始'也。張注云'迭相與爲終始,而理實無終無始',蓋其所見本正作'不始'。此承上言'我與天地同體,天地與我偕終,而終則盡於不始,未嘗有始,則亦未嘗有終矣',下云'道終乎本無始,進乎本不有',即申言此義。"

③ "本",原脱,據藝文印書館影印明刊正統道藏本《列子》白文本(以下簡稱道藏白文本)、北宋本、南宋本、汪本、世德堂本、《義解》本補。"久",王叔岷曰:"注'久當爲有',其說是也。'久'蓋'又'之形誤,古多以'又'爲'有'。"

曾生也。萬物所以生，群品所以形，皆神之所運也。以其能生生，而即體無生滅耳；是非都無形生，同夫太虛之氣。**范曰**：生之所生者，死矣，則復於不生；形之所形者，實矣，則復於無形。不生者，非本不生，自有生而復於此耳，是豈生生而不生者耶？無形者，非本無形，自有形而復於此耳，是豈形形而無形者耶？生者，理之必終者也；終者，不得不終，亦如生者之不得不生，○生者不生而自生，故雖生而不知所以生。不知所以生，則生不可絶；不知所以死，則死不可禦也。而欲恒其生，盡其終，①惑於數也。○盡，亡也。**盧曰**：有生之物必有終極，亦如和氣萌達，草木不得不生，而欲令長生者，迷於至數者也。**范曰**：生有所乎萌，死有所乎歸，始終相反乎無端，而莫知其所窮，殆有數存焉。於其間而欲怕其盡者，直將執而勿失，流轉於生死之域，而莫覺莫悟，豈不惑哉？精神者，天之分；骨骸者，地之分。② 屬天清而散，屬地濁而聚。精神離形，各歸其真，○天分歸天，地分歸地，各反其本。故謂之

---

① “盡”，南宋本、世德堂本作“晝”，其下張注作“晝，亡也”。《釋文》作“晝”，云：“一本作‘盡’，於義不長。”俞樾曰：“樾謹按：晝者，止也。《論語·雍也》篇‘今女晝’，孔注曰：‘晝，止也。’‘晝其終’者，止之使不終也。上文云‘生者，理之必終者也’，然則生固不可得而常，終固不可得而止矣。‘而欲恒其生，晝其終’，故曰惑也。張注曰‘晝，亡也’，疑本作‘晝，止也’，以形似而誤。《吕氏春秋·本味》篇‘道者亡彼在己’，今誤作‘止彼在己’，與此正可互證。”

② 兩“分”字，《釋文》作“久”，云：“本作‘又’，篆文與‘久’字相類。按《漢書》楊王孫曰：‘精神者天之有，骨骸者地之有。’王孫常讀此經，今國子監本作‘分’。”任大椿曰：“今本‘有’作‘分’，即《釋文》所云國子監本也。考《淮南子·精神訓》‘是故精神者天之有也，而骨骸者地之有也’；又壺子持以天壤，高誘注‘精神，天之有也；形骸，地之有也’，與楊王孫所云皆本《列子》此文，然則漢人所見之本並作‘有’，不作‘分’。敬順《釋文》謂‘久’應作‘有’，於古本猶可考見。”孫詒讓曰：“案《釋文》謂‘久當作有’，是也。但‘有’篆文與‘久’字不甚相類，疑殷所據别本‘有’當作‘又’，篆文又作□，久作□，正相類。‘又’、‘有’古通，故殷氏徑定爲‘有’字也。”

鬼。鬼，①歸也，歸其真宅。○真宅，太虛之域。**盧曰**：神明離於形，謂之死也。歸真宅，反乎太清也。以太清爲真宅者，明此形骸而爲虛假耳。**范曰**：精者，水也；神者，火也。水與火合而生土，故人之生也，因精集神，而百骸、九竅、六藏該而存焉。精神者，天之分，以其運而無窮，故清而散；骨骸者，地之分，以其常而不變，故濁而聚。精神離散，各歸其真，此其所以謂之鬼也。切常申之，人之初生，精神魂魄具而後形成焉。魂，云也，從於神而無不之；魄，白也，督於物而有所止。聖人則以魂制魄，故神不至於殉形；衆人則以魂從魄，則神不足於使形。② 神不至於殉形，則雖死也無以異於生；神不足以使形，則雖生也無以異於死。賢人之死爲鬼，盡人道而死，雖曰其鬼不神，與夫淪於幽陰，化爲異物者，固有間矣。列子之言，若非其至，姑自其歸真宅者言之，故曰鬼而已。《爾雅》曰："鬼之爲言歸也。"黄帝曰：③'精神入其門，骨骸反其根，我尚何存？'○何生之無形？何形之無炁？何炁之無靈？然則心智形骸，陰陽之一體，偏積之一炁，④及其離形歸根，則反其真宅，而我無物焉。⑤**盧曰**：凡人以形爲我，緣我則有情，情多者愛溺深，而情少者嗜欲薄。唯至人無我，了識其神；凡人不知，封執彌厚。⑥ 令神歸乎真，形歸乎地，向

---

① "鬼"，王重民曰："案下'鬼'字下本有'者'字，今本脱之。《韓詩外傳》'死者爲鬼。鬼者，歸也'，《論衡·論死》篇'人死，精神升天，骸骨歸土，故謂之鬼。鬼者，歸也'，《風俗通》'死者，澌也。鬼者，歸也，精神消越，骨肉歸於土也'，'鬼'下並有'者'字可證。《意林》引正作'鬼者，歸也'。"王叔岷曰："案王説是也。下文'唯聖人知所與，知所去'，范致虛解'鬼者，歸也，歸其真宅之謂也'即用此文，所見本'者'字亦未脱。"

② "神"，原脱，據下文"神不足以使形，則雖生也無以異於死"補。"衆人則以魂從魄，則神不足於使形"正與上句"聖人則以魂制魄，故神不至於殉形"相對成文，下句"神不至於殉形，則雖死也無以異於生；神不足以使形，則雖生也無以異於死"亦可證。此句闕"神"字，文意不完。

③ "黄帝"下，陶光曰："光按：上文作'《黄帝書》曰'，疑此亦當有'書'字。"

④ "偏"，世德堂本作"遍"。

⑤ "而"，原脱，據北宋本、南宋本、汪本、世德堂本補。

⑥ "封執"，楊伯峻曰："又《解》'封執'當作'封殖'，'封殖'見《左氏傳·昭二年》。"德凌按：楊説是也，下文張注作"封殖財貨"亦可證。

時之我竟何在耶？**政和**：靜則復性，動則去本，理之然也。形動而不生形而生影，聲動不生聲而生響，無動不生無而生有，則去本遠矣。無則生有，有必歸無，故曰“形必終者也”。天地與我並生，及其終也，與我皆終，孰知其極，則謂終者進乎不知矣。有終有始、有久有暫者，唯其時物也，故有始以無始爲至道，終乎本無始則又至矣；有久者以不久爲至道，①進乎本不久則又至矣。夫何故以有生則復於不生，有形則復於無形也？不生者非本不生，②無形者非本無形，蓋自有生有形者見之也。生者理之必終，終者不得不終，生者不得不生，而欲其生之長存，以終爲界，辯又烏知環中之無窮者哉？此惑於數者也。生者，天地之委和。精神者，天之分，故清而散；骨骸者，地之分，故濁而聚。精神離散，各歸其真，尚何有於我哉？然此自衆人言之也，故曰“精神入其門，骨骸反其根，我尚何存”。若夫聖人，上與造物者游，下與無終始者友，③則形未嘗衰，而我獨存矣。**范曰**：萬物有乎出而莫見其門，有乎生而莫見其根。精神入其門者，還其所自出也；骨骸反其根者，復其所自生也。若然，則歸其真宅，我尚何存之有？聖人以精集神，以神御形，以形存神，精全而不虧，神用而不竭，形生而不敝。閉其門，物無自而入；深其根，物無得而摇。不壞之相，自古固存，是謂長生久視之道。古之人修身千二百歲，而形未嘗衰，蓋進乎此。人自生至終，大化有四：○其間遷易，無時暫停。四者，蓋舉大較而言者也。**盧曰**：夫嬰兒者，是非未生乎心也，故德厚而志專矣；及欲慮充起，攻之者必多；衰老炁柔，更近於道；命之終極，乃休息焉。嬰孩也，少壯也，老耄也，死亡也。**范曰**：自物之無而觀之，則真常湛寂，亘古不去，故江河競注，實未嘗流；自物之有而觀之，則大化密移，交臂已失，故舟山雖藏，不能無遁。一將入陰陽之機，游造化之塗，則形之所形者實矣。無動不變，無時不移。借明於鑑，今吾非故吾；停燈於

① “者”，《義解》本無。

② “本”，原作“卒”，據《義解》本改。

③ “友”，原作“反”，據《義解》本改。《黄帝》篇“下與外生死、無終始者爲友”作“友”亦可證，“友”、“反”形近而訛。

缸，前焰非後焰。操有時之具，托無窮之間，貌色智態，止日不異，自謂變化可逃，得乎哉？故自嬰孩而少壯，自老耄而死亡，大化日徂，間不可省。夫惟日夜無隙爲能通晝夜，而知古今不代爲能參萬歲，而一反復終始，揭天地以趨靜，是謂化化而不化於化者矣。其在嬰孩，氣專志一，和之至也，物不傷焉，德莫加焉。○《老子》曰："含德之厚，比於赤子。"**范曰**：兒子，居不知所爲，行不知所之，故其氣專則不雜，其志一則不二，沖和内固莫能傷，憂患不能入，邪氣不能襲，故其德全而形不虧，《老子》所謂"含德之厚"是也。其在少壯，則血氣飄溢，欲慮充起，物所攻焉，德故衰焉。① ○處力競之地，物所不與也。**范曰**：孔子所謂"血氣方剛"是也。其在老耄，則欲慮柔焉，體將休焉，物莫先焉。○休，息也。己無競心，則物不與爭。雖未及嬰孩之全，方於少壯間矣。**范曰**：《莊子》所謂"佚我以老"是也。其在死亡也，則之於息焉，反其極矣。"**盧曰**：近於性則體道，惑於情則喪真，故"含德之厚，比於赤子"。倦而不作，猶爲次焉；方之馳競，大可知也。**政和**：其在嬰孩，氣專志一，和之至也，《老子》所謂"含德之厚"也。其在少壯，血氣飄溢，欲慮充起，《莊子》所謂"與接爲構"。及其老也，血氣既衰，故欲慮柔而體將休焉。至於歸其真宅，則之於息焉，而反其極矣。《莊子》"大塊載我以形，勞我以生，佚我以老，息我以死"，此之謂也。自嬰孩至於死亡，皆以是日徂，故謂之化。**范曰**：子貢所謂"君子息焉"是也。四者之化形，生之所同也；衆人則形化而心亦然，聖人則外化而内不化。

孔子游於太山，見榮啓期行乎郕之野，鹿裘帶索，鼓琴而歌。② 孔子問曰："先生所以樂，何也？"對曰："吾樂甚多。天

---

① "故"，《釋文》作"殷"，云："'殷'，正也。一本作'故'。"

② "琴"，王叔岷曰："案《藝文類聚》四四引'琴'下有'瑟'字，疑一本'琴'作'瑟'，傳寫因並混入耳。《説苑·雜言》篇、《家語·六本》篇並作'瑟'（《記纂淵海》五一、《事文類聚前集》三二、《韻府群玉》十九引《家語》並作'琴'，與今本此文同）。"陶光曰："光按：'鼓琴'，《家語》作'瑟瑟'，《説苑》作'鼓瑟'，《類聚》四十四《樂部》引本書亦作'鼓琴瑟'，疑本作'鼓瑟'，形誤作'琴'。"

生萬物，唯人爲貴，而吾得爲人，①是一樂也。○推此而言，明人之神氣，與衆生不殊，所適者異，故其形貌不一。② 是以榮啓期深測倚伏之緣，洞識幽顯之驗，故忻遇人形，兼得男貴，豈孟浪而言？男女之别，男尊女卑，故以男爲貴，③吾既得爲男矣，④是二樂也。○人之將生，男女亦無定分，故復喜得男身。人生有不見日月、不免襁褓者，吾既已行年九十矣，⑤是三樂也。貧者，士之常也；死者，人之終也。⑥ 處常得終，⑦當何憂哉？”孔子曰："善乎！能自

① “吾得爲人”，王叔珉曰：“案《藝文類聚》四四、《御覽》四六八引‘吾’下並有‘既’字，《家語・六本》篇同。《説苑・雜言》篇有‘既已’二字。據下文‘吾既已行年九十矣’，則當有‘既已’二字，文乃一律。《高士傳》、《愼子・外篇》‘爲人’下並有‘矣’字。”陶光曰：“光按：此文當作‘吾既得爲人’，與下‘吾既得爲男’、‘吾既已行年九十矣’一律，《家語》有‘既’字，《説苑》作‘吾既已得爲人’，《類聚》引作‘吾既爲人’，並是其證。”楊伯峻曰：“伯峻案：《御覽》四六八引作‘吾既得爲人’，與下‘吾既得爲男’、‘吾既已行年九十’句法一律，《説苑・雜言》篇作‘吾既已得爲人’，《家語・六本》篇作‘吾既得爲人’，疑當從《家語》。”

② “其”，北宋本、南宋本、汪本、世德堂本無。

③ “以”上，王叔岷曰：“案《説苑・雜言》篇、《家語・六本》篇‘以’上並有‘人’字。”

④ “既”下，王叔岷曰：“案《説苑・雜言》篇‘既’下有‘已’字，當從之。”

⑤ “吾既已行年九十矣”，王重民曰：“案《類聚》四十四引作‘吾年九十有五矣’，疑今本《列子》‘九十’下奪‘有五’二字。《説苑・雜言》篇、《御覽》五百零九引《聖賢高士傳》並作‘九十有五’。《高士傳》所據當爲《列子》古本，則‘九十’下本有‘有五’二字明矣。”王叔岷曰：“案王説是也，《説苑・雜言》篇、《家語・六本》篇、《御覽》九百五（德凌按：當作“五百九”）引嵇康《高士傳》‘九十’下皆有‘五’字（王重民謂《説苑》、《御覽》五百九引《高士傳》並作“九十有五”，非），並可證。今本‘九十’下有脱文。”

⑥ “貧者士之常也死者人之終也”，王叔岷曰：“《御覽》四六八引‘士’作‘人’，‘人’作‘命’，無兩‘也’字。《藝文類聚》四四引‘人’作‘生’，亦無兩‘也’字。《意林》引亦無兩‘也’字。《家語・六本》篇、《御覽》五百九引嵇康《高士傳》並同。”

⑦ “得”，盧文弨曰：“《説苑・雜言》篇作‘待’。”王重民曰：“案作‘待’是也。蓋榮啓期樂天知命，既明貧者士之常，死者人之終，故自謂處常以待終，當有何憂。若作‘得’，則非其旨矣。《御覽》四六八引正作‘待’。《類聚》四十四引作‘居常以待終’，文雖小異，‘待’字固不誤也。”陶光曰：“此則全文與《家語》爲近，實當作‘待’，義始可通，蓋其誤遠矣。”楊伯峻曰：“伯峻案：盧、王説是也。下章張注云：‘樂天知命，泰然以待終。’待終之語即襲此文，可見張所見本猶作‘待’也。”

寛者也。”〇不能都忘憂樂，善其能推理、自寛慰者耳。**盧曰**：夫大冶鑄金，依範成質，故神爲其範，群形以成。男女、修短、陰陽已定矣，何者？神運其功，形爲功報耳。形既不能自了，神者未形已知。啓期暮年方始爲樂，是知道之晚，情滯於形。夫子但善其自寛，未許其深達至道。①

林類年且百歲，〇書傳無聞，蓋古之隱者也。② 底春被裘，〇底，當也。拾遺穗於故畦，〇收刈後，田中棄穀，捃之也。並歌並進。孔子適衛，望之於野，顧謂弟子曰："彼叟可與言者，試往訊之。"子貢請行，逆之壠端，面之而嘆曰："先生曾不悔乎，而行歌拾穗？"林類行不留，歌不輟。子貢叩之不已，乃仰而應曰："吾何悔邪？"子貢曰："先生少不勤行，長不競時，老無妻子，死期將至，亦有何樂而拾穗行歌乎？"林類笑曰："吾之所以爲樂，人皆有之，而反以爲憂。〇我所以爲樂者，人人皆同，但未能觸事而夷，故無暫歡。**盧曰**：仁者不憂，智者不懼，不受形也。生分已隨之，是以君子不戚戚於貧賤，不遑遑於富貴。人不達此，反以爲憂，汝亦何怪於我也？少不勤行，長不競時，故能壽若此；〇不勤行則遺名譽，不競時則無利欲，二者不存於胸中，則百年之壽不祈而自獲也。**盧曰**：勤於非分之行，③競於命外之時，求之不獲，④傷生夭壽矣，吾所以樂天知命而得此壽。老無妻子，死期將至，故能樂若此。"〇所謂樂天知命，故無憂也。**盧曰**：妻子適足以勞生苦心，豈能延人壽命？居常待終，心無憂戚，是以能樂若此也。子貢曰："壽者，人之情；死者，人之惡。子以死爲樂，何也？"林類曰："死之與生，一往一反，故死於是者，安知不生於彼？故吾知其不相

---

① "其"，原作"期"，據秦本改。
② "者"，王叔岷曰："案《御覽》六九四引注'者'作'士'。"
③ "勤"，原作"非"，據秦本改。
④ "獲"，原作"跋"，據汪萊所云"'跋'作'獲'"改。

若矣。[1] 吾又安知營營而求生非惑乎？[2] 亦又安知吾今之死不愈昔之生乎？"○尋此旨，則存亡往復無窮已也。**盧曰**：知形有代謝，神無死生，一往一來，猶朝與暮耳，何故營營貪此而懼彼哉？子貢聞之，不喻其意，還以告夫子。夫子曰："吾知其可與言，果然。然彼得之而不盡者也。"○卒然聞林類之言盛，以爲已造極矣，而夫子方謂未盡。夫盡者，無所不盡，亦無所盡，然後盡理都全耳。今方對無於有，去彼取此，則不得不覺内外之異。然所不盡者，亦少許處耳。若夫萬變玄一，彼我兩忘，即理自夷，而實無所遣。夫冥内游外、同於人群者，豈有盡與不盡者乎？**盧曰**：死此生彼，必然之理也。林類所言"安知"者，是疑似之言耳，故云未盡。**政和**：《易》曰："樂天知命，故不憂。"處常得終，死生無變於己，所以自樂也。蓋修一身，任窮達，知去來之非我，亡變亂於心慮，則何憂之有？雖然，知樂知憂，非真樂也。孔子以無樂爲真樂，榮啓期者真能自寬，而林類蓋得之而不盡者爾。**范曰**：生者，死之徒；死者，生之始。萬化而未始有極，惟原始反終者，故知死生之説。自不悦生、不惡死言之，則營營求生者可謂惑矣，然亦安知其爲惑乎？自生之勞、死之息言之，則今之死者，固愈於昔之生矣，然亦安知其愈於昔之生乎？觀林類之言，若是真可與言者，然以彼之所以爲樂者觀之，尚不免對無於有，取此去彼，故夫子以爲得之而未盡者也。

---

① "吾"下，俞樾曰："樾謹按：'吾'下脱'安'字。上云'死之與生，一往一反'，故云'安知其不相若'，言死生一致也。下云'吾又安知營營而求生非惑乎'，正承此而言。若作'知其不相若'，則於語意大背矣。淺人見下兩言'安知'，句末並用'乎'字，而此是'矣'字，疑其不協，遂妄删'安'字。不知'矣'猶'乎'也，語有輕重耳。古書多以'矣'字代'乎'字，説詳王氏《經傳釋詞》。"

② "求生"下，王叔岷曰："案'求生'下當有'之'字。《莊子·齊物論》篇'予惡乎知説生之非惑邪'、《淮南·精神》篇'吾安知乎刺灸而欲生者之非惑也'並與此句法同。《文選》鮑明遠《行藥至城東橋》詩注引正有'之'字。"陶光曰："光按：《文選》鮑明遠《行藥至城東橋》詩注引'生'下有'之'字，疑是。《莊子·齊物論》'予惡乎知説生之非惑耶？予惡乎知惡死之非弱喪而不知歸者耶'，與此文義近。"

子貢倦於學,告仲尼曰:[1]"願有所息。"○學者所以求復其初,乃至於厭倦,則自然之理虧矣。仲尼曰:"生無所息。"○勞知慮,役支體,此生者之事。《莊子》曰:"生爲徭役。"子貢曰:"然則賜息無所乎?"[2]仲尼曰:"有焉耳。望其壙,睪如也,宰如也,墳如也,鬲如也,[3]則知所息矣。"○見其墳壤鬲異,則知息之有所。《莊子》曰:"死爲休息也。"子貢曰:"大哉死乎!君子息焉,小人伏焉。"[4]○樂天知命,泰然以待終,君子之所以息;去離憂苦,昧然而死,小人之所以伏也。仲尼曰:"賜,汝知之矣。人胥知生之樂,未知生之苦;知老之憊,未知老之佚;知死之惡,未知死之息也。○《莊子》曰:"大塊載我以形,勞我以生,佚我以老,息我以死耳。"**盧曰**:夫生者,動用之質也,唯死乃能休息耳,亦猶太陽流光,群物皆動。

---

① "告",王叔岷曰:"案《錦綉萬花谷前集》二十、《合璧事類前集》四三引'告'下並有'於'字(《合璧事類前集》六七引亦有'於'字,惟誤爲《荀子》文),文意較完。《荀子·大略》篇、《家語·困誓》篇並作'問於孔子曰',亦有'於'字。"

② "息無所",王叔岷曰:"案'息無所'疑原作'無所息',即本上文'生無所息'而言。今本'息'字誤錯在'無所'上。《家語·困誓》篇作'然則賜將無所息者也',可爲旁證。"

③ "睪",盧文弨曰:"《荀子·大略》篇作'皋'。""睪如也宰如也墳如也鬲如也",王叔岷曰:"《釋文》:'睪音皋。'案《荀子·大略》篇'睪'正作'皋','墳'作'嵮',注:'皋當爲宰。宰,冢也。嵮與填同,謂土填塞也。鬲謂隔絶於上。《列子》作宰如墳如。'楊倞所見此文蓋無'睪如也'三字。'睪如也'即'宰如也',不當重舉。今本有此三字,疑後人據《家語·困誓》篇妄加也。《家語》'墳'作'填','鬲'作'隔',注'言其隔而不得復相從也',此文注'見其墳壤鬲異',亦以'鬲'爲'隔',並誤。'鬲'當爲'鼎鬲'字,《釋文》'鬲音歷,形如鼎。又音隔',謂'形如鼎'是也,'音隔'亦誤。"陶光曰:"光按:此文當芟除'宰如也'一句。'睪'字始壞爛爲'宰'字,讀者或記異文'睪如也'一句於側,因闌入正文耳。《荀子》作'皋如也,嵮如也,鬲如也','皋'、'睪'古同字;《家語》作'望其廣則睪如也,視其高則嵮如也,察其從則隔如也',文雖小異,而俱三句並列,無'宰如'之語,是其明證。"

④ "伏焉",王叔岷曰:"《釋文》:'伏焉,荀卿作休焉。'案《家語·困誓》篇亦作'休焉'。'息'、'休'互文,'休'猶'息'也。'伏'疑'休'之誤,注同(下文'仁者息焉,不仁者伏焉'疑亦'休'之誤)。"

君子徇名,小人徇利,未嘗休止也。**政和**:學道而不至於死之説,則何以學爲哉?子貢倦學而願息,是未知死之説也,故夫子告之以生無所息。望其壙睪如,其明宰如,其高墳如,其大鬲如,而與世殊絶,此息之所也。然衆人之死曰物,而君子則雖死而不亡,故曰"君子息焉,小人伏焉"。生之苦,所謂"勞我以生"也;老之佚,所謂"佚我以老"也;死之息,所謂"息我以死"也。**范曰**:《老子》曰:"爲學日益。"又曰:"絶學無憂。"子貢倦於學而願息焉,由未進乎日益,又烏能損之又損,無爲而無不爲,而得夫所謂絶學者哉?[①] 孔子告之以生無所息,欲其日有孳孳,死而後已故也。《莊子》曰:"大塊載我以形,勞我以生,佚我以老,息我以死。"[②]體道者,無佚老息死之事,特爲載形勞生者言之乎?故孔子以是對子貢。晏子曰:'善哉,古之有死也!○生死,古今所同,而獨善古之死者,明古人不樂生而惡死也。[③] 仁者息焉,不仁者伏焉。○修身慎行,恒懷兢懼,此仁者之所憂;貪欲縱肆,常無厭足,此不仁者之所苦,唯死而後休息寢伏之。死也者,德之徼也。○德者,得也。徼者,歸也。言各得其所歸。古者謂死人爲歸人。夫言死人爲歸人,[④]則生人爲行人矣;行而不知歸,失家者也。一人失家,一世非之;天下失家,莫知非焉。'○此衆寡相傾者也。晏子儒墨爲家,重形生者不辯有此言,假托所稱耳。**盧曰**:《老子》曰:"歸根曰静,静曰復命,復命曰常,知常曰明。不知常,妄作,凶。"神之有形,一期之報,迷本執有,勞神苦心,疲亦極矣。唯死也乃歸乎真,猶脱桎梏而捨負擔也。貪生惡死者,苟戀乎有,曾不知歸於本焉,而天下不以爲非,迷者多矣。有人去鄉土、離六親、廢家業、游於四方而不歸者,何人哉?世必謂之爲狂蕩之人矣。又有人鍾賢世、○鍾賢世,宜言重形

---

① "所謂",原誤倒,據上下文意乙正。

② "以",原脱,據上文"載我以形,勞我以生,佚我以老,息我以死"諸句、《莊子・大宗師》篇補"以"字。

③ "人",南宋本作"之"。

④ "夫",原脱,據道藏白文本、北宋本、南宋本、汪本、世德堂本、秦本補。

生。矜巧能、修名譽、誇張於世而不知已者，[1]亦何人哉？世必以爲智謀之士。此二者，胥失者也，○此二者雖行事小異，而並不免於溺喪也。[2] 而世與一，不與一。唯聖人知所與，知所去。"○以生死爲寤寐者與之，溺喪忘歸者去之。**盧曰**：夫棄本逐末，勞神苦心，順情之與求名，逐欲之與徇利，二者俱失也，何厚何薄哉？而群所謂，則舉世爲是也；凡執所滯，則舉世爲非矣。唯有道者知去與焉，故《莊子》云："臧與穀，二人俱牧羊，俱亡羊，一則博塞，[3]一則讀書。善惡雖殊，亡羊一也。"苟失道，則游方之與修學，夫何遠哉？**政和**：死生亦大矣，善吾生者，乃所以善吾死，故曰"善哉，古之有死也"。死而不亡曰壽，仁者壽，不仁之人則與物偕盡而已，故曰"仁者息焉，不仁者伏焉"。徼者，有所歸宿之地。生，陽也，生者德之光，而光則本乎陽；死，陰也，死者德之徼，而徼則本乎陰。故以生爲行而死爲歸，亦陰陽、動靜之義。狂蕩之人其失之也外，智謀之士其失之也內。去彼取此，世俗之蔽耳。唯聖人知所與，知所去。**范曰**：人死曰鬼。鬼者，歸也，歸其真宅之謂。一旦攬有涯之生，托無遁之地，與物相刃相靡，其行盡如馳，而莫之能止，不亦悲乎？終身役役而不見其成功，薾然疲役而不知所歸，可不哀耶？是乃迷而不知復者，人謂之不死，奚益？今有人焉，去鄉國，離六親，廢家業，游於四方而不知歸者，果何人哉？是特造化之流人，陰陽之逆旅，薾然疲役而不知歸者爾。又有人焉，鍾賢世，矜行能，修名譽，自務誇張於世而不知已者，亦何人哉？是直飾智以驚愚，修身以明污，獨賣名聲於天下者爾。二者不同，其於溺喪而不知歸，一也；而世與一，不與一，或自以爲狂蕩之人，或自以爲智謀之士。要之，知所與，知所去，唯聖人能之。

---

① "誇"，《釋文》作"跨"。

② "溺"，盧文弨曰："當作'弱'，語見《莊子》，下同。"

③ "博塞"下，原衍"問"字，據秦説删。秦恩復曰："案《莊子》'問臧奚事？一曰博塞。問穀奚事？一曰讀書'，盧注'博塞'下多一'問'字，當是衍文。"

卷之三

天瑞

或謂子列子曰:“子奚貴虚?”列子曰:“虚者無貴也。”○凡貴,名之所以生,必謂去彼而取此,是我而非物。今有無兩忘,萬異冥一,故謂之虚。虚既虚矣,貴賤之名將何所生?**范曰**:谷以虚,故應;鑑以虚,故照;管籥以虚,故受聲;耳以虚,故能聽;目以虚,故能視;鼻以虚,故能齅。有實有中,則有礙於此,虚固足貴矣。然所貴在此,所賤在彼,貴賤之名未能兩忘而化於道,又奚貴虚?子列子曰:“非其名也,○事有實著,非假名而後得也。莫如静,莫如虚。静也,虚也,得其居矣;取也,與也,失其所矣。○夫虚静之理,非心慮之表、形骸之外,求而得之,即我之性,内安諸己,則自然真全矣。故物所以全者,皆由虚静,故得其所安;所以敗者,皆由動求,故失其所處。**盧曰**:或問貴虚,答曰“無貴”,吾所以好虚者,非爲名也。夫虚室生白,吉祥止耳;唯静唯虚,得其居矣。若貪求取與,神失其安,然後名利是非紛競交湊,將何以堪之?故虚非我貴耳。**范曰**:一而不變,静之至也;無所於忤,虚之至也。守静而篤、致虚而極者,豈在夫名聲之末哉?一性之中,咸有真宅,有尸則有屋矣,有屋則有所矣。静固足以應群動,虚固足以受群實。静也,虚也,不爲物攖,真宅在我,居之安矣。若夫有所取,則有所求;有所與,則有所應。馳其形性,潛之萬物,望舊都而暢然,指先廬而流涕,欲反汝情而無由入,殆不啻若去國之流人也,雖欲不失其所,得乎哉?此天下失家,至人之所悲也。《易》以井爲居其所,艮爲止其所,井者性之原,艮者性之止，惟此則爲不失其所故也。事之破碼而後有舞仁義者，弗能復也。"○當爲之於未有，治之於未亂，乃至虧喪凋殘，方欲鼓舞仁義，[①]以求反性命之極者，未之得也。碼，音毀字。**盧曰**：吾所言虛，是修於未亂耳。若使真性破毁，心神汩昏，更弄仁義之辭教，易情之波蕩，故不能克復矣。**政和**：有貴斯有賤，有名斯有實，虛則無是也。《老子》曰"致虛極，守靜篤"，虛固足以受群實，靜固足以應群動，故曰"莫如靜，莫如虛"。以虛靜爲得其居者，蓋言群動群實莫能閡之也；以取與爲失其所者，蓋言去彼取此有所著之也。[②] 大道廢，有仁義。因事之破碼而後有舞仁義者，豈能復歸於道哉？**范曰**：《莊子》曰："道德不廢，安取仁義？"蓋失道而後德，失德而後仁，失仁而後義。仁以立人，義以立我，而去道也遠矣。事既破碼，乃始蹩躠爲仁，踶跂爲義，蕲以慰天下之心，天下莫不奔命於仁義，無以反其性情而復其初。此古之至人所以槌提而絶棄之者，良有以也。

粥熊曰："運轉亡已，天地密移，疇覺之哉？○此則《莊子》舟壑之義。孔子曰："日夜無隙，丘以是徂。"[③]夫萬物與化爲體，體隨化而遷，化不暫停，物豈守故？故向之形生，非今形生，俯仰之間，已涉萬變，炁散形朽，非一旦頓至。而昧者操必化之器，[④]托不停之運，自謂變化可逃，不亦悲乎？**范曰**：陰陽相照、相蓋、相治，四時相代、相生、相殺，芸芸萬類日徂，於一息不留之間，俄成俄壞，代廢代興，迭盛迭衰，倏超倏滅。壑澤之藏，在今非故，交臂之間，已爲陳迹。大化密移，而昧者不知也。非通乎晝夜之道，疇能覺之哉？故物損於彼者盈於此，成於此者虧於彼。○所謂川竭谷虛，丘夷淵實也。損盈成虧，隨世隨死，○此世亦宜言生。往來相接，間不可省，疇覺之哉？○成者方自

---

① "舞"，原脱，據北宋本、南宋本、汪本、世德堂本補。
② "之"，原脱，據《義解》本補。
③ "是"下，《莊子·田子方》有"日"字。
④ "操"，南宋本作"握"。

謂成，而已虧矣；生者方自謂生，潛已死矣。**范曰**：丘夷而淵實，則損於彼者未必不盈於此；栽成而木毁，則成於此者未有不虧於彼。損已而益，成已而壞，生死相循於無涯之變，往來相轉於不停之機，日夜無隙，間不容櫛。非大明終始者，疇覺所以然哉？凡一氣不頓進，一形不頓虧，亦不覺其成，亦不覺其虧。① ○皆在冥中而潛化，固非耳目之所瞻察。② **范曰**：消者，俄且息，氣固不頓進也；盈者，俄且虚，形固不頓虧也。其進也，日造所無而好所新；其虧也，日減所有而損所成。雖欲執之而留，皆自冥冥中去矣。《莊子》壑澤之喻必曰夜半有力者負之而去，蓋明乎此。亦如人自世○音生。至老，貌色智態亡日不異，皮膚爪髮隨世隨落，非嬰孩時有停而不易也。○形色髮膚有之粗者，③新故相换猶不可識，況妙於此者乎？間不可覺，俟至後知。"**盧曰**：夫心識潛運，陰陽鼓作，故形體改换，天地密移，損益盈虚，誰能覺悟？所以貴夫道者知本而不憂亡也。**政和**：神也者，妙萬物而爲言者也，妙不可識，則凡麗於形，拘於數，囿於天地之間者，二氣之運轉無已，萬物之往來不窮，求其主張推行是者而不可得，又烏足以知之哉？唯聖人通乎物之所造，覺此而冥焉。彼俟至後知，蓋亦後覺之莫覺者矣。**范曰**：人生天地間，一受其成形，不亡以待盡，其形化，其心與之，然若驟若馳，莫覺莫悟，詎能不失赤子之心乎？古之體道者以神御形，化化而不化於化，四肢百體將爲塵垢，死生亦大矣，而不得與之變，雖萬化而未始有極，何足以患心已？故含德之厚，復於嬰兒，上與造物者游，下與外生死、齊終始者爲友。

---

① "亦"，道藏白文本、北宋本、南宋本、汪本、世德堂本無。

② "瞻"，《釋文》作"矚"，云："一本作'瞻'。"

③ "之"，南宋本、世德堂本作"精"，王叔岷曰："案元本、世德堂本注'之'並作'精'，當從之。'之'誤字。"

杞國有人憂天地崩墜，身亡所寄，①廢寢食者，②又有憂彼之所憂者，因往曉之，○彼之所憂者惑矣，而復以不惑憂彼之所惑，不憂彼之所憂，③喻積惑彌深，何能相喻也哉？曰："天，積氣耳，亡處亡氣。若屈伸呼吸，終日在天中行止，奈何憂崩墜乎？"④○夫天之蒼蒼，非鏗然之質，則所謂天者，豈但遠而無所極邪？自地而上，則皆天矣，故俯仰喘息未始離天也。其人曰："天果積氣，日月星宿不當墜邪？"⑤曉之者曰：⑥"日月星宿，亦積氣中之有光耀者，○氣亦何所不勝，雖天地之大，猶自安於太虚之域，況乃氣氣相舉者也？⑦只使墜，亦不能有所中傷。"其人曰："奈地壞何？"曉者曰："地，積塊耳，充塞四虚，亡處亡塊。若躇步跐蹈，終日在地上行止，奈何憂其壞？"⑧其人舍然大喜，○舍，宜

---

① "杞國有人憂天地崩墜身亡所寄"，王叔岷曰："案《初學記》一引'有'上有'昔'字，'亡'作'無'。《釋文》本'墜'作'隧'，《周穆王》篇'乘虚不墜'、《仲尼》篇'矢墜地而塵不揚'亦並作'隧'。正作'隊'，《説文》：'隊，從高隊也。''墜'，俗字；'隧'，借字。《御覽》四九九引'天地崩墜'作'天崩地墜'，'亡'亦作'無'。《藝文類聚》一、《御覽》四六九、《事文類聚前集》二引'亡'亦並作'無'。"

② "廢寢食者"，王叔岷曰："案《藝文類聚》一、《初學記》一、《御覽》二、《事文類聚前集》二引並作'廢於寢食'，《御覽》四六九、四九九引並作'廢寢與食'。"

③ "不憂彼之所憂"，楊伯峻曰："注'不憂彼之所憂'當作'以不憂憂彼之所憂'。"

④ "奈何憂"，王叔岷曰："案《藝文類聚》一、《初學記》一、《事文類聚前集》二引'奈何'下並有'而'字。《合璧事類前集》一引'憂'下有'其'字，與下文'奈何憂其壞'句法一律。"

⑤ "宿不當墜"，王叔岷曰："案《御覽》二引'宿'作'辰'，下同。《事類賦·天部》一引下文'宿'亦作'辰'。《御覽》四九九引'墜'作'墮'。"

⑥ "之"，王重民曰："案'曉'下'之'字蒙上文'因往曉之'句而衍。《御覽》二引作'曉者云'，無'之'字；下文'曉者曰：地積塊耳'云云，亦無'之'字，可證。"王叔岷曰："案王氏謂'曉'下'之'字衍文，是也。《藝文類聚》一、《初學記》一、《事文類聚前集》二引並無'之'字。"

⑦ "氣氣"，原脱一"氣"字，據北宋本、南宋本、汪本、世德堂本補。

⑧ "壞"，王叔岷曰："案'壞'下當有'乎'字，與上文'奈何憂崩墜乎'句法一律。"

作釋，此書釋字作舍。曉之者亦舍然大喜。○此二人，一以必敗爲憂，一以必全爲喜，此未知所以爲憂喜也，而互相慰喻，使自解釋，固未免於大惑也。**盧曰**：天爲積氣，何處無氣也？地爲積塊，何處無塊也？塊無所隱，氣無所崩，日月是氣中有光者，汝何憂於崩墜乎？**范曰**：確然而上者，天其運乎，是直積氣耳，無爲而清者耶，不然將恐裂；隤然而下者，地其處乎，是直積塊耳，無爲而寧者耶，不然將恐發。昆侖磅礴，立礙於太虛之間，憂其壞者亦已惑矣，憂彼之所憂者其惑滋甚，以不惑是尚大不惑。長廬子聞而笑之曰：①"虹霓也，雲霧也，風雨也，四時也，此積氣之成乎天者也；山岳也，河海也，金石也，火木也，此積形之成乎地者也。知積氣也，知積塊也，奚謂不壞？○夫混然未判，②則天地一氣，萬物一形；分而爲天地，散而爲萬物，此蓋離合之殊異、形氣之虛實。夫天地，空中之一細物，有中之最巨者，難終難窮，此固然矣；難測難識，此固然矣。憂其壞者，誠爲大遠；言其不壞者，亦爲未是。天地不得不壞，③則會歸於壞，遇其壞時，奚爲不憂哉？"○此知有始之必終，有形之必壞，④而不識休戚與陰陽升降、器質與天地顯没也。**盧曰**：積氣積塊，以成天地，有積有成，安得無壞耶？但體大難終，不可則見。⑤ 若遇其壞時，何得不憂？⑥ **范曰**：經曰"焉知天地之表，不有大於天地者乎"，則即空中以觀，是爲細物；又曰"天地者，形之大也"，則即有中以觀，是爲最巨。以其難終，故難窮；以其難測，故難識。憂其壞者，既爲大遠；言其不壞者，亦爲未是。然復謂"天地不得不壞，遇其壞時，奚爲不憂"，則長廬子之言由在可笑之域。

---

① "之"，楊伯峻曰："伯峻案：《御覽》二引無'之'字，是也，當删。下文'子列子聞而笑曰'亦無'之'字，可證。"
② "夫"，原作"天"，據北宋本、南宋本、汪本、世德堂本改。
③ "壞"下，王叔岷曰："案《御覽》二引'壞'下有'之'字，'之'猶'也'也。"
④ "壞"，北宋本、南宋本、汪本、世德堂本作"敗"。
⑤ "不可則見"，楊伯峻曰："當作'不可測見'。"
⑥ "何"，秦本作"不"。

子列子聞而笑曰："言天地壞者亦謬，言天地不壞者亦謬。壞與不壞，吾所不能知也。雖然，彼一也，此一也。○彼一，謂不壞者也；此一，謂壞者也。若其不壞，則與人偕全；若其壞也，則與人偕亡。何爲欣戚於其間哉？故生不知死，死不知生；來不知去，去不知來。壞與不壞，吾何容心哉？"○生之不知死，猶死之不知生。故當其成也，莫知其毁；及其毁也，亦何知其成？此去來之見驗，成敗之明徵，而我皆即之，情無彼此，何處容其心乎？**盧曰**：夫天地者，物之大者也；形體者，物之細者也。大者亦一物也，細者亦一物也，有物必壞，何用辯之哉？且人生不知死，死不知生，來去不自知，成壞不能了。近取諸己且未能知，亦何須用心於天地而憂辯於物外耶？**政和**：自器言之，有成必有壞；自道言之，無成無壞。囿於器者，謂其有形有氣，不得不壞；通於道者，知其不陷不墜，莫得而壞。惟達者知通乎此，此列子所以無容心於其間也。**范曰**：天地之在空中，譬猶一漚之在水也。水自爲漚，漚亦成水，其壞亦水。成已俄壞，壞已俄成。杞人之憂其壞，是猶悲人之喪者也；有憂彼之所憂者，故能曉之，是猶悲人之悲者也；長廬子聞而笑之，是猶悲夫悲人之悲者也。進而上之，壞與不壞，無所容心，是爲至極之論。然則生死之變，去來之機，皆不足以相知也。壞與不壞，曾何欣戚於其間哉？

舜問乎烝曰："道可得而有乎？"○舜欲明群有皆同於無，故舉道以爲發問之端也。曰："汝身非汝有也，汝何得有夫道？"○郭象曰："夫身者，非汝所能有也，塊然而自有耳。有非所有，況於無哉？"①**盧曰**：夫汝、我者，自他形稱耳，非謂神明也。俗以己身爲我，前人爲汝，欲有其道，安可得乎？故曰"汝身非汝有，安得有夫道"。舜曰："吾身非吾有，孰有之哉？"○據有此身，故重發問。曰："是天地之委形也。○是一氣之偏積者也。生非汝有，是天地之委和也。○積

① "況於"，北宋本、南宋本、汪本、世德堂本作"而況"。

和,故成生耳。性命非汝有,①是天地之委順也。○積順,故有存亡耳。郭象曰:"若身是汝有,則美惡、死生當制之由汝。今氣聚而生,汝不能禁也;氣散而死,汝不能止也。明其委結而自成,非汝之有也。"孫子非汝有,②是天地之委蜕也。○氣自委結而蟬蜕耳。若是汝有,則男女、多少亦當由汝也。故行不知所往,處不知所持,食不知所以。③ ○皆在自爾中來,非知而爲之也。天地強陽,④氣也,又胡可得而有邪?"○天地即復委結中之最大者也。今行處食息,皆強陽氣之所運動,⑤豈識其所以然?強陽,猶剛實也,而非剛實。⑥ 理之至,反之虚,和之極,則無形無生,不死不終,則性命何所委順?子孫何所委蜕?行處何所止泊?飲食何所因假者也?⑦ **盧曰**:既不知神明之爲道

---

① "性命非汝有"下,王叔岷曰:"案《御覽》五一九引'性命非汝有'下有'也'字,下文'孫子非汝有'下亦有'也'字。據此,則上文'生非汝有'下亦當有'也'字,文乃一律。"

② "孫子",王叔岷曰:"案《六帖》十、《御覽》五一九引'孫子'並作'子孫',當從之。林希逸《口義》'人世相代,如蟬蜕然,故曰:子孫委蜕也',是所見本亦作'子孫'。下文注'子孫何所委蜕',是張本原即作'子孫'矣。今本誤到。"陶光曰:"光按:《白帖》十九引'孫子'作'子孫',張君房本《莊子》作'子孫',疑是。下文張注'子孫何委蜕'(趙庚颺、許世瑛按:"何委"當作"何所委"),是張所據本作'子孫'。"

③ "食不知所以",俞樾曰:"樾謹按:《莊子·知北游》篇作'食不知所味'。"王叔岷曰:"宋徽宗《義解》'食不知所味',范致虚《解》'食安知所味',是所見本'以'並作'味',與《莊子》同。"

④ "天地"下,王重民曰:"案《莊子·知北游》篇'天地'下有'之'字,此不可省。疑《列子》本有'之'字,而今本脱之也。郭注云'強陽,猶運動耳',又《寓言》篇'彼來則我與之來,彼往則有(德凌按:當作我)與之往,彼強陽則我與強陽',郭注云'直自強陽運動相隨往來耳',是強陽有運動義,蓋與徜徉、襄羊等字同爲叠韻連綿字。此謂身生、性命、子孫非人所有,均是天地之委結,更不知天地之旋轉運動亦一氣耳。若明天地之旋轉乃氣之運動,則天地間一切將胡可得而有耶?'天地之強陽'句當逗,若無'之'字,則語不明晰。張注曰'強陽,猶剛實也',失之。"

⑤ "氣",原脱,據北宋本、南宋本、汪本、世德堂本補。

⑥ "而",北宋本、南宋本、汪本、世德堂本無。

⑦ "者",北宋本、南宋本、汪本、世德堂本無。

也,故假天地以言之。天主神用,地主形物。涉有者,委形也;體和者,生性也;應用者,委順也;情育者,委蜕也。汝今行止食息,但知強陽之所運,而不知神明之真宰也,亦可得有夫道者耶?或曰:虞、舜,聖人也,安得不知道乎?答曰:夫假賓主辯惑,豈可玄默而已耶?然《莊子》曰:"卜梁倚有聖人之才而無聖人之道,我有聖人之道而無聖人之才。"是知有濟物之才,居君極之位者,①未必能知道;處山林之下,有獨善之名者,未必能理人。是故黄帝即位三十年,然後夢華胥之國;放勛見乎四子,然後窅然汾水之陽。舜之未寤,亦何足怪之?**政和**:虚則亡,實則有,凡得而有者,皆可執而取之。道妙無形,深不可識,既莫得而有,而人之一身,形體性命,方賅而存,②倏化而亡,亦安能有?形者,體也,故以身爲天地之委形;和者,氣也,故以生爲天地之委和。物之生也,順性命之理而已,故以性命爲天地之委順;身也者,父母之遺體也,故以孫子爲天地之委蜕。若然者,亦非我有也。故行不知所往,處不知所持,食不知所味。既有制之者矣,亦有使之者矣,直天地強陽,氣之所運動而已,又安能有夫道?雖然,道者,人之所共由也,故曰道將爲汝居,是豈終不可得而有耶?蓋認而有之則莫能有,唯聖人有之以不有耳。**范曰**:道本無物,汝身亦虚,虚而非有,道將孰寄?故觀天下之物,汝之所得擅者,莫若乎身;身之所存者,莫若乎生;其生之本者,莫若乎性命也;其身之所親者,莫若乎孫子也,汝皆不得而有之。故觀汝之身,知本無知,則行安知所往,處安知所持,食安知所味,是皆天地強陽,氣之所爲耳。所謂道者,汝安得而有耶?

齊之國氏大富,③宋之向氏大貧,自宋之齊請其術。國氏告之曰:"吾善爲盗。④ 始吾爲盗也,一年而給,二年而足,

---

① "居君",原誤倒,據秦本乙正。

② "賅",原作"該",據《義解》本改。

③ "之",王叔岷曰:"案《陰符經》疏中引'之'作'有'。"

④ "盗",王叔岷曰:"案《陰符經》疏中引'盗'下有'矣'字,《記纂淵海》四二引有'也'字,'矣'猶'也'也。"

三年大壤。① 自此以往,施及州閭。”向氏大喜,喻其爲盗之言,而不喻其爲盗之道,②遂逾垣鑿室,手目所及,亡不探也。③ 未及時,以贓獲罪,没其先居之財。向氏以國氏之謬己也,往而怨之。國氏曰:“若爲盗若何?”向氏言其狀。國氏曰:“嘻,若失爲盗之道至此乎？今將告若矣。吾聞天有時,地有利。○謂春秋冬夏,凡土出所有也。④ 吾盗天地之時利,雲雨之滂潤,山澤之産育,以生吾禾,殖吾稼,築吾垣,建吾舍,陸盗禽獸,⑤水盗魚鱉,亡非盗也。夫禾稼、土木、禽獸、魚鱉,皆天之所生,豈吾之所有？○天尚不能自生,豈能生物？人尚不能自有,豈能有物？此乃明其自生自有者也。⑥ 然吾盗天而亡殃。○天亡其施,我公其心,何往而有怨哉？夫金玉、珍寶、穀帛、財貨,⑦人之所聚,豈天之所與？○天尚不能與,豈人所能聚？此亦明其自

---

① “壤”,道藏白文本、《義解》本作“穰”。王重民曰:“案《説文》:‘穰,黍梨已活者。’又‘秧’字下云:‘禾若秧穰也。’秧穰叠韻字,猶穰穰也。是‘穰’有二義,秧穰即此大穰義所本。又按《説文》‘壤,柔土也’,則‘壤’爲古字,於古無徵,疑後人亂之也。‘穰’義當爲近之,許氏又曾用以解字,則‘穰’字較古。《莊子》崔本及陸氏所見别本作‘穰’,《列子》吉府本、《御覽》四百八十五引亦並作‘穰’。”王叔岷曰:“案《記纂淵海》四二引作‘三年而富穰’,道藏白文本、林希逸本、宋徽宗本‘壤’皆作‘穰’,《陰符經》疏中引同。《釋文》亦云:‘壤,又作穰。’王重民云:‘吉府本、《御覽》四百八十五引並作穰。’‘壤’即‘穰’之借,《廣雅・釋詁》:‘穰,豐也。’”

② “喻其爲盗之言而不喻其爲盗之道”,王叔岷曰:“案《六帖》九一引上‘喻’字作‘聞’,‘道’作‘意’。今本上‘喻’字疑涉下‘喻’字而誤。”

③ “鑿室手目所及亡不探也”,王叔岷曰:“案《六帖》九一引‘鑿室’作‘穿宇’,‘亡’作‘無’,‘探也’作‘探取’。”陶光曰:“光按:《淳化閣帖》八蕭子雲書此文‘目’作‘自’,是。下文言‘亡不探也’,則手目不得並舉也。”

④ “凡”,原作“方”,據北宋本、南宋本、汪本改。“所”,北宋本、南宋本、汪本、世德堂本無。

⑤ “陸”,王叔岷曰:“案《陰符經》疏中引‘陸’上有‘吾’字……《御覽》四八五引‘陸’上亦有‘吾’字。”

⑥ “者”,北宋本、汪本同,南宋本、世德堂本無。

⑦ “財貨”,王叔岷曰:“案《記纂淵海》四二引‘財貨’作‘貨財’。”

能自聚。**若盜之而獲罪，**①**孰怨哉？”**○人有其財，我犯其私，所以致咎。**盧曰**：夫天地不仁，以萬物爲芻狗。既無情於生育，豈有心於取與哉？小大相吞，智愚相役，因時以興利，力制以徇私，動用取與，皆爲盜也。人財則不爾，主守以自供，取之獲罪，此復怨誰也。**范曰**：盜有羨志，取非其有，然有所謂公盜者，有所謂私盜者。禾稼、土木、禽獸、魚鱉，天之所生，國氏盜之而亡殃；金玉、珍寶、穀帛、貨財，人之所聚，向氏盜之而獲罪。二者不同，非其有而取之則一也。**向氏大惑，以爲國氏之重罔己也，過東郭先生問焉。**② **東郭先生曰：“若一身，庸非盜乎？盜陰陽之和以成若生，載若形，況外物而非盜哉？**○若其有盜耶，則我身即天地之一物，不得不私有之；③若其無盜耶，則外內不得異也。**誠然，天地萬物不相離也，仞而有之，皆惑也。**○夫天地，萬物之都稱；萬物，天地之别名。雖復各私其身，理不相離，仞而有之，心之惑也。因此而言，夫天地委形，非我有也，飾愛色貌，矜伐智能，已爲惑矣。至於甚者，横仞外物以爲己有，乃標名氏以自異，倚親族以自固，整章服以耀物，藉名位以動衆，封殖財貨，樹立權黨，終身欣玩，莫由自悟。故《老子》曰：“吾所以有大患者，④爲吾有身。”《莊子》曰：“百骸六藏，吾誰與爲親？”領斯旨也，則方寸與太虛齊空，形骸與萬物俱有也。**范曰**：竊有小大，皆迷者也。向氏喻其爲盜之言，而不喻其爲盜之道，故失之於殉貨；國氏喻其爲盜之道，而不喻其所以爲盜之道，故失之於累物。苟得乎道，則内之一身，不可横私也，況於外物之紛紛乎。何則？且人之

---

① “之”，王叔岷曰：“案《陰符經》疏中引‘之’上有‘人’字，‘之’下有‘金帛’二字。”

② “過”，原作“遇”，據《義解》本、世德堂本、秦本改。陶光曰：“江本、宋徽宗本、《釋文》‘遇’作‘過’。光按：作‘過’是，古書‘過’、‘遇’多互誤。蕭子雲書亦作‘過’。”

③ “不得不私有之”，北宋本、南宋本、汪本、世德堂本作“不得私而有之”。王叔岷曰：“案道藏本注作‘不得不私有之’，下‘不’字疑涉上而衍。”

④ “者”，北宋本、汪本、南宋本、世德堂本無，王叔岷曰：“道藏本注‘大患’下有‘者’字，《老子》十三章正有‘者’字。”

生也，百骸、九竅、六藏，該而存焉，吾誰與爲親？認而有之，是爲大惑。惟能不以利累形，不以形累心，則視萬物與我將擇焉而不可得。及吾無身，吾有何患？國氏之盜，公道也，故亡殃；若之盜，私心也，故得罪。○公者，對私之名；無私，則公名滅矣。今以犯天者爲公，犯人者爲私，於理未至。**盧曰**：天地無私，取之無對，故無殃也；人心有私，取之有情，①故爲盜也。以有私之心取有私之物，私則有對，得罪何疑？故法者，禁人之私；無對，無禁也。有公私者，亦盜也；○直所犯之異耳，未爲非盜。亡公私者，亦盜也。○一身不得不有，財物不得不聚，復欲遣之，非能即而無心者也。**盧曰**：聖人設法教化，不害人，不侵衆者，皆非盜也。不違法者，則爲公道；違於法者，則爲私道焉。雖不違於公而封於己者，亦爲盜也，況違法封己乎？公公私私，天地之德。○生即天地之一理，身即天地之一物。今所愛吝，復是愛吝天地之間生身耳，②事無公私，理無愛吝者也。知天地之德者，孰爲盜耶？孰爲不盜耶？”○天地之德何耶？自然而已。自然而已，③何所厝其公私之名？④公私之名既廢，盜與不盜，理無差也。**盧曰**：知公知私而無私焉，與物同例而不怪者，是天地之德也。若知天地之德，取而無私心者，是不欺乎天；取之不殊於衆人，得之無私，不爲盜。若然者，誰爲盜耶？誰爲不盜耶？唯了神悟道者知之矣。**政和**：取非其有，無非盜也，或以公道而無殃，或以私心而得罪，時在夫不累於有與認而有之之間耳。然有公私者，未能無羨，故曰“有公私者，亦盜也”；而無公私者，亦未能勿忘，故曰“亡公私者，亦盜也”。公公私私，任其自然，而無容心焉，則兼懷萬物，是謂天地之德。知夫此者，泯然大同，雖參差不齊，而與天地爲合，吾烏能知其辯哉？

---

① “取之有情”，楊伯峻曰：“伯峻案：《解》‘取之有情’，‘情’當作‘對’，對猶今言對方。”

② “復”，汪本作“便”。

③ “自然而已”，原脱，據北宋本、汪本、世德堂本補。王叔岷曰：“案道藏本、元本注並不叠‘自然而已’四字，蓋誤脱也。”

④ “厝”，原作“歷”，據《釋文》本改。王叔岷曰：“《釋文》本‘歷’作‘厝’，音措，當從之。‘歷’即‘厝’之誤。”

故《天瑞》之篇終焉。**范曰**：自營爲私，背私爲公，公本無名，因私而得。天任理則大而公，故國氏盜天之所生，則爲公道；人任情則小而私，故向氏盜人之有，則爲私心。自道觀之，皆在一曲。有公私者亦盜，無公私者亦盜，公公私私，天地之德，聖人兩不廢焉。覺此而冥，則盜與不盜，烏能知其辯？

卷之四

和光散人高守元集

黄帝

○禀生之質謂之性，得性之極謂之和，故應理處順則所適常通，任情背道則遇物斯滯。**盧曰**：此明忘形養神，從玄默以發真智。始其養也，則遺萬有而内澄心；發其智，則化含生以外接物。故其初也，則齋心服形，不親政事；其末篇也，則贊孔、墨以濟人焉。此其大旨。**政和**：古之明大道者，先明天，而道德次之。列子以《天瑞》首篇，而繼之以《黄帝》，豈謂是歟？**范曰**：即無物之自虚者，隨處皆通；執有物之爲實者，觸途生礙。然則有而爲之，其易耶？必將泯是非利害之心，去智巧果敢之烈。猜慮不萌，俾物無得而傷；吾宗不出，俾人無得而先崇自賢之行。持常勝之道，於以襲諸人間，則人道之患庶幾其息矣。華胥之國，姑射之山，夫豈遠哉？此一篇之旨也。

黄帝即位十有五年，喜天下戴己，[1]○隨世而喜耳。養正

---

① “戴己”，王叔岷曰：“案《路史・後紀》五注引‘戴’上有‘之’字，當從之。‘喜天下之戴己’與下文‘憂天下之不治’句法一律。《藝文類聚》十一引‘戴’上亦有‘之’字，‘己’下有‘也’字。”

命，[1]○正，當爲性。娱耳目，供鼻口，焦然肌色皯黣，昏然五情爽惑。○役心智未足以養性命，祇足以焦形也。**盧曰**：舉代之人，咸以聲色、飲食養其身，唯豐厚者則爲富貴矣。而聖人知此道足以傷生，故焦然不樂也。第一篇知神爲生主，第二篇欲明道以養身，故先示衆人之所溺，然後漸次而進之。又十有五年，憂天下之不治，○隨世而憂耳。竭聰明，進智力，營百姓，焦然肌色皯黣，昏然五情爽惑。○用聰明未足以致治，[2]祇足以亂神也。**盧曰**：代謂之君子，理人之士也，皆勞心苦己，[3]以身徇物，以求其名，以向其利耳，而不知役神以喪實，去道斯遠矣。黄帝乃喟然讚曰：○讚，當作嘆。"朕之過淫矣。○淫，當作深。養一己其患如此，治萬物其患如此。"○惟任而不養，縱而不治，則性命自全，天下自安也。**盧曰**：淫者，失於其道也。含生之物，咸知養己，自私以爲生，不知所生生而之死也；[4]操仁義者，咸知徇名以取利，自私以爲能，亦不知所以喪神傷生而知死也。[5] 徇己自私以爲小人，濟物無私代以爲君子。善之以惡，約外則有殊；求名喪實，約内則俱失。方明大道，故雙非之也。**范曰**：鼓舞萬物而不與聖人同憂者，道也；吉凶與民同患者，事也。體道則無憂，涉事則有患，聖人不得已而臨涖天下，亦烏至而䛐然耶？内而養一己，則養正命，娱耳目，供口鼻，其患既如此；外而治萬物，竭聰明，進智力，營百姓，其患又如此。是豈胥易技係，勞形怵心，固若是其多憂耶？方以百姓心爲心，則人之所畏不得不畏故

---

① "正"，胡懷琛云："張注云'正'當爲'性'，按張注是也，然未詳致誤之由。蓋原爲'生'字，生即性也，'生'誤爲'正'耳。"俞樾曰："樾謹按：'正'當爲'生'。古字'生'與'性'通，《周官》大司徒職'辨五地之物生'，杜子春讀'生'爲'性'，是其例也。《列子》原文本作'養生命'，蓋段'生'爲'性'，因誤爲'正'耳。張注曰'正，當爲性'，雖得其字，而古字亡矣。"王叔岷曰："案俞説是也，惟張注'正'字疑原亦作'生'，今本與正文同誤耳。"

② "聰"，南宋本、世德堂本作"德"。

③ "心"，秦本作"生"。

④ "所"下，汪萊曰："'所'字下落'以'字。"

⑤ "知"，汪萊曰："'知'作'之'。"

爾。於是放萬機，舍宫寢，去直侍，徹鐘懸，減厨膳，退而閒居大庭之館，齋心服形，[①]○心無欲，則形自服矣。[②]三月不親政事。**盧曰**：放萬機者，非謂都無所行也，事至而應如四時焉，故曰"天何言哉？四時行焉，百物生焉"。不勞焦思以邀虚名，不想能於千載欲垂芳於竹帛耳。但冥冥然應用，不得已而運之，不封崇其身名，不增加其嗜欲，不豐厚其滋味，不放肆於淫聲。齋肅其心，退伏其體。三月者，一時也，孔子曰"顏回三月不違仁"是也。擇賢才而責成，賞罰無私焉，是不親政事也。晝寢而夢，○將明至理，不可以情求，故寄之於夢。聖人無夢也。游於華胥氏之國。**政和**：至人不以物累形，不以形累心，上與造物者游，下與外死生、[③]無終始者爲友，憂喜無變於己，亦有何患？黄帝以此去萬有之累，而將復乎一，故齋心服形，夢游華胥氏之國也。**范曰**：聖人之治，一日二日萬幾，今曰放萬幾，則不勞心於土苴之末矣。舍宫寢，非累於居處之安也；去直侍，非樂於使令之衆也。徹鐘懸，則耳不綦聲；減厨膳，則口不綦味。退而閒居大庭之館，齋心服形，三月不親政事，則又潔齋至矣，故華胥之國於此得而夢游焉。經曰"形接爲事，神遇爲夢"，晝之所爲，必形於夢，則魂交之寐未必虚也；夜之所夢，必合於晝，則形開之覺未必實也。惟通乎晝夜之道而知者，乃能融夢覺於一致，等視世間得失、是非、貴賤、生死，無非夢幻。故居化人之宫者，以夢而游；執尹氏之役者，以夢而樂；獲鄭人之鹿者，以夢而訟。隨有所遇而安之者，知所幻而非真也，何獨於此而疑之？然古之真人，其寢無夢，列子言此，將明至道之不可以情求，姑寄於夢而已。華胥氏之國在弇州之西、台州之北，○不必便有此國也，明至理之必如此耳。《淮南》云：[④]"正

---

① "齋"，王叔岷曰："案《釋文》本'齋'作'齊'，云：'音齋，下同。'盧重元本、元本並作'齊'，《天中記》十四引同，作'齊'是故書。《記纂淵海》六二引下文亦作'齊'。"陶光曰："《釋文》'齋'作'齊'。光按：此書多用古字，下文'子之先生坐不齋'，《釋文》亦作'齊'，蓋殷所據是舊本也。"

② "矣"，原脱，據北宋本、南宋本、汪本、世德堂本補。

③ "死生"，原誤倒，據《義解》本乙正。

④ "淮南"下，王叔岷曰："案《御覽》七九引注'淮南'下有'子'字。"

西曰弇州,西北曰台州。"不知斯齊國幾千萬里,[1]○斯,離也。齊,中也。蓋非舟車足力之所及,神游而已。○舟車足力,形之所資者耳;神道恍惚,不行而至者也。**范曰**:華則敷而離根,胥則出而相見。理有至妙,不必求之於窈冥昏默之中。雖離道之根,而與物相見,所謂歸根復命者,常自若也。正西曰弇州,正北曰台州。弇州之西,台州之北,則又歸根復命之地也。夫道降中庸,則有足者皆可至於丘。不知斯齊國幾千萬里,則去人爲遠矣,蓋非舟車足力之所及,神游而已。唯神也,不疾而速,不行而至,故出入六合,游乎無有,烏往而不暇哉?其國無師長,自然而已;其民無嗜欲,自然而已。○自然者,不資於外也。不知樂生,不知惡死,故無夭殤;不知親己,不知疏物,故無愛憎;不知背逆,不知向順,故無利害。○理無生死,故無所樂惡;理無愛憎,故無所親疏;理無逆順,故無所利害也。都無所愛憎,[2]都無所畏忌;[3]入水不溺,入火不熱;斫撻無傷痛,指擿無痟癢;○至和者無物能傷,熱溺痛癢實由矜懼,[4]義例詳於下章。痟癢,[5]酸痟也,[6]義見《周官》。乘空如履實,寢虛若處牀;云霧不硋其視,[7]

---

① "斯齊國幾千萬里",王叔岷曰:"案《藝文類聚》十一、《天中記》二三引'斯'並作'距',《御覽》三九七引亦作'距','里'下有'也'字。"

② "憎",原作"惜",據王重民、王叔岷校語改。王重民曰:"案'惜'當作'憎',字之誤也。上文云'不知親己,不知疏物,故無愛憎',此正承以爲説。若作'惜',則非其義矣。《御覽》七十九引正作'憎'。"王叔岷曰:"案范致虛解'都無所愛憎,故其心無所知',是所見本'惜'亦作'憎'。"

③ "都",陶光曰:"光按:道藏白文本、林本並無'都'字。"

④ "熱溺痛癢實由矜懼",王叔岷曰:"《御覽》七九引注'熱溺'作'溺熱','懼'下有'也'字。"

⑤ "癢",盧文弨曰:"此字衍。"

⑥ "痟",盧文弨曰:"當作'削'。"

⑦ "霧",原作"霞",據《義解》本、道藏白文本、北宋本、南宋本、秦本、汪本、世德堂本改。

雷霆不亂其聽，美惡不滑其心，[1]山谷不躓其步，神行而已。○至順者，無物能逆也。**盧曰**：寄言也，齋心服形，神與道合，則至其大國矣。夫神者，生之主也。既爲生主，則役神以養生，養之失理却成於損也。俗以益嗜欲者爲養生，適爲喪年之本矣，故君子養於性，小人養於情。養性者，無嗜欲，保自然，不樂生，不惡死，無向背憎愛，無畏忌自然。神行者，神合於道也，非是别有一國、别類之人耳，故曰"仁道不遠，行之則至。一言契者，交臂相得焉"。**政和**：在弇州之西，台州之北，去齊國幾千萬里，則其道幽遠而無窮，故惟神游者所能至也。無師長而自治，無嗜欲而自足，死生無變於己，親疏不累其身。不就利而利亦不至，不違害而害亦不來。都無所愛惜，都無所畏忌，而心有所忘；入水不溺，入火不熱，斫撻無傷痛，指擿無痟癢，而形有所遺。乘空寢虛，不硋不躓，惡往而不暇？以是出入往來，陰陽之所不能測也，而況於人乎？故曰"神行而已"。**范曰**：其國無師長，自然而已，則無出治之勞，而國者自治；其民無嗜欲，自然而已，則無貪求之念，而民者自樸。生不知死，死不知生也，故其出不訢，其入不距，孰爲而有夭惡？視人如我，視我如人也，故無所甚親，無所甚疏也，孰爲而有愛憎？逆之而怒，順之而喜也，故不背所異，不向所同，孰爲而有利害？都無所愛憎，故其心無所知；都無所畏忌，故其形無惕。若然者，大浸稽天而不溺，大旱金石流、土山焦而不熱，雖有勇刺之不入，雖有力擊之弗中，觸實不硋，乘虛不墜，視不用目而見曉，聽不用耳而聞和。刳心無物，美惡不能汩也；潛行不窒，山谷不能躓也。利用出入，往來不窮，是其神之所爲乎？黄帝既寤，○亦寄之眠寤耳，聖人無眠覺也。怡然自得，召天老、力牧、太山稽○三人，黄帝相也。告之曰：[2]"朕閒居三月，齋心服形，思有以養身治物之道，弗獲

① "滑"，王叔岷曰："案《御覽》七九引'滑'作'汩'。范致虚解'刳心無物，美惡不能汩也'，是所見本亦作'汩'。'滑'、'汩'古通。《莊子・齊物論》篇'置其滑涽'，《釋文》引向秀本作'汩'；《荀子・成相》篇'吏謹將之無鈹滑'，注'滑與汩同'，並其比。"

② "告"上，王叔岷曰："《御覽》三九七、《天中記》二三引'告'上並有'而'字。"

其術。○身不可養,物不可治,而精思求之未可得。疲而睡,所夢若此,今知至道不可以情求矣。朕知之矣,朕得之矣,而不能以告若矣。"○不可以情求,則不能以情告矣。又二十有八年,①天下大治,幾若華胥氏之國,**政和**:勞形怵心,知而辯焉,故其術弗獲;齋心服形,覺而冥焉,故其道乃得。雖有情有信,而無爲無形,故至道不可以情求,而知之得之者,亦莫能以告也。而帝登假。② ○假,當爲遐。百姓號之,二百餘年不輟。③ **盧曰**:既寤於道也,自不因外物以得之。疲而睡者,冥於理,去嗜欲也。識神歸性,不可以情求也。不能以告若者,心澄忘言也。凡以數理天下者,但成其空名,數極則迹見,虛而不能實也。上以虛名責於下,下以虛名應於上,上下相蒙,積虛以爲理,欲求純素,其可得乎?夫道者,神契理合,應物以真,非偏善於小能,不暴怒於小過,如春之布,萬物皆生,俗易風移,自然而化,不知所以化,不覺所以成,故百姓思之,不知其極也。**范曰**:有身則累物而喪我,入而內觀身,本無身也,必期於養之,則未離於身見;出而外觀物,本無物也,必期於治之,則未離於物見。④ 物我靡認,其去道也遠矣。何者?至道之精,窈窈冥冥;至道之極,昏昏默默。求之以情,道終弗獲。其所以知之者,無知而已;其所以得之者,無得而已。知本無知,得本無得,又烏能以是告人耶?審造乎是,則游心於淡,合氣於漠,順物自然,無容私焉,而天下治矣。千歲厭世去而上仙,彼且釋弓而登假,人則從是也,孰肯以物爲事?嘗原

---

① "二十有八年",南宋本"八"作"九",王叔岷曰:"《釋文》:'二十有八年,一本作三十有八年。'案《路史·後記》五注引作'四十八年',元本作'二十有九年',《事文類聚後集》二一引同。"

② "國而帝登假",王叔岷曰:"案《藝文類聚》十一引'國'下有'矣'字。《路史·後記》五注引'假'作'遐',與注説合。'假'、'遐'古通。"

③ "餘年",原誤倒,據《義解》本、道藏白文本、北宋本、南宋本、秦本、汪本、世德堂本乙正。

④ 兩"見"字,當作"也"。德凌按:"有身則累物而喪我,入而內觀身,本無身也,必期於養之,則未離於身也"與下句"出而外觀物,本無物也,必期於治之,則未離於物也"相對成文,"也"字皆處句末,無實在意義,"也"形近而訛作"見"。

莊周之書，言黄帝始以仁義攖人心，而繼以問道廣成，蓋以謂絶聖棄智而天下治，則黄帝其人所謂攖人心者，是直寓言耳。是篇之意正與此合。

列姑射山在海河洲中，○見《山海經》。山上有神人焉，○凝寂，故稱神人。吸風飲露，不食五穀，○既不食穀矣，豈復須吸風飲露哉？蓋吐納之貌，不異於物耳。心如淵泉，形如處女。○盡柔虚之極者，其天姿自粹，非養而不衰也。不偎不愛，○偎者，①亦愛也。芻狗萬物，恩無所偏。偎，音隱偎。仙聖爲之臣；○仙者，壽考之迹；聖者，②治世之名。不畏不怒，愿慤爲之使。○畏，威也。若此，豈有君臣役使之哉？尊卑長短，各當其分，因此而寄稱耳。不施不惠，而物自足；不聚不斂，而己無愆。○愆，蹇乏也。陰陽常調，日月常明，四時常若，○若，順也。風雨常均，字育常時，年穀常豐，而土無札傷，人無夭惡，③物無疵癘，鬼無靈響焉。○天人合德，陰陽順序，昏明有度，災害不生，故道合二儀，契均四時。《老子》曰："以道莅天下者，其鬼不神。"**盧曰**：此言神之合道也，故假以方外之中，托以神人之目，不因五穀以爲養，吐納真氣以爲全。心如澄水，無波浪之能鼓；形如處女，無思慮之所營。喜怒不入其襟，是非不干其用。無求無欲，同天地之不仁；不惠不施，正陰陽之生育。萬物所不能撓，鬼神所不能靈。證之真，其功若此也。**政和**：神也者，妙萬物而爲言者也。體神之妙，而出乎形數之外，故能勝物而無累。吸風飲露，不食五穀，則不志於養；心如淵泉，形如處女，則静一而不二。不偎不愛，仙聖爲之臣；不畏不怒，愿慤爲之使，則與道相輔而行。若然者，從容無爲，而陰陽和静，群生不傷，故不施不惠，不聚不斂，陰陽調，四時若，字育時，年穀豐，人無夭惡，物無疵癘，鬼無靈響焉，此聖人所以曲成萬物而不遺者也。**范曰**：神

---

① "者"，北宋本、南宋本、世德堂本、汪本無。

② 兩"者"，北宋本、南宋本、世德堂本、汪本無。

③ "惡"，陶光曰："光按：'惡'疑當作'喪'，'喪'字故書作'丧'，其形與'惡'近，故致誤。"

也者，妙萬物而爲言者也，萬物在道之末；體神者，寓乎萬物之上，視萬物莫足以攖其心者，故能勝物而無累。然則列姑射之山，非神人孰能居之？吸風飲露，不食五穀，則不志於養也；心如淵泉，則靜專而不流；形如處女，則柔順而無忤。不偎不愛，則非作好以親也，而仙聖實爲之制；不畏不怒，則非作惡以疏也，而愿慤實爲之役。於物無所與也，不施惠而物咸自裕；於己無所取也，不聚斂而己無不足。道足以役陰陽，則陰陽常調，而無謬戾之災；道足以旁日月，則日月常明，而無昏蝕之變。以道運數，則有以若四時；以道運氣，則有以均風雨。夫然，故未嘗合六氣之靖以育群生也，而字育常時；未嘗取天地之精以佐五穀也，而年穀常豐。土無札傷，得以樂其生；人無夭惡，得以終其命。以物則遂性也，無疵癘之苦；以鬼則不神也，無靈響之出。是道也，非天下之至神，孰能與於此？

列子師老商氏，友伯高子，進二子之道，①乘風而歸。○《莊子》云："列子御風而行，泠然善，旬五日而後反。"②蓋神人，禦寇稱之也。**盧曰**：夫神之滯於有，則百骸俱硋；神之契乎真，則五根俱通也。有通則無遠不鑑，無硋則乘風而行，被羽服以往來，托鱗毛以騰躍者，故爲常理也，非謂其尚奇也，而此寓言者也。**政和**：經曰"善行無轍迹"，御風而行，雖無轍迹之可見，然猶有所待也，惟神也不行而至。尹生聞之，從列子居，數月不省舍，因間請蘄其術者，十反而十不告。尹生懟而請辭，列子又不命。③尹生退，數月，意不已，又往從之。列子曰："汝何去來之頻？"尹生曰："曩章戴有請於子，○章戴，尹生之名。④子不我告，固有憾於子。今復脱然，是以又來。"列子曰："曩吾以汝爲達，○曩者，昔也。⑤今汝之鄙至

---

① "二子"，王叔岷曰："案《六帖》二引'二子'作'二人'。"

② "旬"下，王重民曰："案張注引《莊子》見《逍遥游》篇，'旬'下有'有'字，蓋今本《列子》注脱之也。《御覽》九引注文有'有'字，當據補。"

③ "又不命"，《釋文》作"又不與命"，云："一本無'與'字。"

④ "之"，北宋本、南宋本、世德堂本、汪本無。

⑤ "曩者昔也"，北宋本、南宋本、世德堂本、汪本無"者"字。王叔岷曰："案道藏本注'曩'下有'者'字。疑此注當在上文'曩章戴有請於子'下。"

此乎？姬，將告汝○姬，居也。所學於夫子者矣。**政和**：三問而不答，十反而不告，道固不可言也。卒於告之者，亦告其所學於夫子者而已。**范曰**：道無問，問無應，故古之人有三問而三不知，四問而四不答者。尹生之於列子，十反不告，豈不欲其因心會道而默識之故耶？彼且有憾，至於懟而請辭，何其鄙之若是也？故列子不得已而告之以所學之道，如不云所云。**盧曰**：昔汝去也，吾將謂汝達吾道；今汝之息憾而來，①知汝之鄙陋矣。自吾之事夫子、友若人也，○夫子謂老商，若人謂伯高。三年之後，心不敢念是非，口不敢言利害，始得夫子一眄而已。○實懷利害而不敢言，此匿怨藏情者也，故眄之而已。**盧曰**：專一而不離恭敬，以至求顧吾之形、觀吾之行者也。五年之後，心庚念是非，口庚言利害，○庚，當作更。夫子始一解顏而笑。○是非利害，世間之常理，任心之所念，任口之所言，而無矜吝於胸懷，内外如一，不猶逾於匿而不顯哉？② 欣其一致，聊寄笑焉。**盧曰**：三年之後，專於定也，顧眄而已；五年之後，越於專，其哂明矣。七年之後，從心之所念庚無是非，從口之所言庚無利害，夫子始一引吾並席而坐。○夫心者何寂然而無意想也？口者何默然而自吐納也？若順心之極，則無是非；任口之理，則無利害。道契師友，同位比肩，故其宜耳。**盧曰**：審之而後言，欲是非利害無所誤也。九年之後，横心之所念，横口之所言，亦不知我之是非利害歟，亦不知彼之是非利害歟，亦不知夫子之爲我師、若人之爲我友，内外進矣。○心既無念，口既無違，故能恣其所念，縱其所言，體道窮宗，爲世津梁。終日念而非我念，終日言而非我言。若以無念爲念，無言爲言，未造於極也。所謂無爲而無不爲者如斯，則彼此之異於何而求？師資之義將何所施？故曰"内外

① "息憾"，秦本作"懟憾"。

② "匿"，王叔岷曰："《釋文》：'匿，一本作已。'案元本、世德堂本注並作'已'。"

進矣”。① **盧曰**：都無心，故是非利害不擇之而後言，縱橫者也。縱心而言，皆合斯道。**范曰**：是非之彰，道之所以虧矣；利害之生，情僞之所以感也。② 列子之學，三年之後，心不敢念是非，則心有所擇而念；口不言利害，則口有所擇而言，故始得夫子一眄而已，則道存於目擊之間也。五年之後，心庚念是非，則心無所擇矣，由未能泯是非也；口庚言利害，則口無擇矣，由未能忘利害也，故夫子始一解顔而笑，則心冥於莫逆之際也。七年之後，縱心之所念，庚無是非，則是非泯矣，由未能至於無念；縱口之所言，庚無利害，則利害忘矣，由未能至於忘言，故夫子始引吾並席而坐，則意會於交臂之間也。横心之所念，則出念不念，而念出於不念矣；横口之所言，則出言不言，而言出於不言矣。孰是孰非，孰利孰害，彼我兩忘，而俱化於道，又烏知夫子之爲我師，若人之爲我友？數始於一，參中於五，屈於七，究於九。古之學道者，或九日而後能外生，或九傳而後得於疑始，或九年而大妙，蓋以入道之序，至是而終，進於無數故也。而後眼如耳，耳如鼻，鼻如口，無不同也。**盧曰**：眼、耳、口、鼻，不用其所能，各任之而無心，故云無不同耳。心凝形釋，骨肉都融，不覺形之所倚，足之所履，隨風東西，猶木葉幹殼，竟不知風乘我邪？我乘風乎？○夫眼、耳、鼻、口各有攸司，令神凝形廢，③無待於外，則視聽不資眼、耳，臭味不賴鼻、口，故六藏、七孔、四肢、百節塊然尸居，同爲一物，則形奚所倚？足奚所履？我之乘風，風之乘我，孰能辯也？**盧曰**：神凝者，不動也；形釋者，無礙也；骨肉都融者，忘形骸也。形骸忘於所之，神念離於所著，則與風氣同之上下也。**政和**：三年而不惑，故始得夫子一眄。④ 五年而不蔽，故至於解顔而笑。七年而不累，故引之並席

---

① “進”，原作“盡”，據正文“内外進矣”改。

② “僞”，疑誤衍。“感”，疑當作“惑”。下文盧解曰“而自貴賤物者，情惑之甚也”可證范解當爲“情之所以惑也”。

③ “令”，盧文弨曰：“當作‘今’。”王叔岷曰：“元本注‘令’作‘今’。‘令’即‘今’之誤。”

④ “得”，原脱，據《義解》本補。

而坐。九年而是非利害簡之而不得,則物我兩忘,五官相徹,風之乘我,我之乘風,何容心焉? 今女居先生之門,[①]曾未浹時,而懟憾者再三。汝之片體將氣所不受,汝之一節將地所不載,○用其情,有其身,則肌骨不能相容,一體將無所寄,豈二儀之所能覆載? 履虚乘風,其可幾乎?"尹生甚怍,屏息良久,不敢復言。**盧曰**:列子所以乘風者,爲能忘其身也。《老子》曰:"吾所以有大患者,爲吾有身。及吾無身,吾有何患也?"若其形骸之不忘,則一節之重,則地所不能載,[②]何暇乘風而凌虚哉? **政和**:致道者忘心,況於懟憾者乎? 片體氣所不受,一節地所不載,則汝身將非汝有也,何得有夫道? **范曰**:六徹相因,則物物皆通;六鑿相攘,則物物皆礙。進於道者,眼如耳,耳如鼻,鼻如口,不知其所以觀聽,不知其所納嘗,吻然如一,曾無所開。心之疑也,有若死灰;形之釋也,有若槁木;骨肉都融,又將於大通矣。故在形應倚而倚,不知形;在足應履而履,不知足。隨風東西,由木葉幹殼。然則動而天機,行無轍遠,風之乘我,我之乘風,烏能知其辯? 列子之道進此,可謂至矣。莊周以謂由有所待,豈非本其所由入而言之歟?

列子問關尹曰:"至人潛行不空,[③]○不空者,實有也。至人動止不以實有爲閡者也。郭象曰:"其心虚,故能御群實也。"蹈火不熱,行乎萬物之上而不栗。○向秀曰:"天下樂推而不厭,非吾之自

---

① "今",原作"令",據《義解》本、道藏白文本、北宋本、南宋本、世德堂本、汪本改。

② "則一節之重則"六字,德凌按:當作"則片體之輕,氣所不能受;則一節之重"十五字。"若其形骸之不忘,則片體之輕,氣所不能受;則一節之重,地所不能載",正解釋正文"汝之片體將氣所不受,汝之一節將地所不載"。

③ "空",明刊正統道藏江遹《沖虚至德真經解》(以下簡稱江遹本)、《義解》本作"窒"。俞樾曰:"樾謹按:張注曰'不空者,實有也。至人動止不以實有爲閡者也',其説甚爲迂曲。《釋文》曰'空,一本作窒',當從之。《莊子·達生》篇正作'不窒'。"王叔岷曰:"案俞説是也,道藏江遹本、宋徽宗本'空'並作'窒'。'窒'與下文'熱'、'栗'爲韻,作'空'則失其韻矣。'空'蓋'窒'之壞字。"陶光曰:"光按:'空'字當作'窒',《吕氏春秋·盡數》篇'鼻則爲鼽爲窒',高注:'窒,不通也。'潛行謂水行,與下蹈火相對,水行故言不窒,《莊子》正作'窒'是其證。"

高，故不栗者也。"請問何以至於此？"關尹曰："是純氣之守也，非智巧果敢之列。○至純至真，即我之性分，非求之於外，慎而不失，則物所不能害，豈智計勇敢而得冒涉艱危哉？① **盧曰**：言至人潛行積德，非本空虛者也，何如能蹈火不熱、登高不栗乎？以明純氣出乎性，守神以合道，則能至於此，故曰至人也。豈智巧果敢所能得耶？姬，魚語汝。○魚，當作吾。凡有貌像聲色者皆物也，○上至聖人，下及昆蟲，皆形聲之物，以形聲相觀，則無殊絶者也。物與物何以相遠也？○向秀曰："唯無心者獨遠耳。"夫奚足以至乎先？是色而已。② ○向秀曰："同是形色之物耳，未足以相先也。以相先者，唯自然也。"**盧曰**：凡有形者皆物也，物皆是色，亦何後何先耶？而自貴賤物者，情惑之甚也。會忘形守神，習靜以生慧者，然後能通神明者。則物之造乎不形，而止乎無所化。○有既無始，則所造者無形矣；形既無終，則所止者無化矣。造，音作。③ 夫得是而窮之者，焉得爲正焉？④ ○尋形聲欲窮其終始者，亦焉得至極之所乎？⑤ **盧曰**：忘形守神，造乎不形也；竇真合道者，止乎無所化也。若得此道而窮理盡性者，何得不爲正乎？彼將

---

① "艱"，原作"難"，據《義解》本、北宋本、南宋本、世德堂本、汪本改。

② "色"上，王叔岷曰："案'是色而已'，今本《莊子》同。陳碧虛《闕誤》引江南古藏本'色'上有'形'字，奚侗《補注》云：'形色承上貌象聲色而言，郭注："同是形色之物耳，未足以相先也。"是郭本有形字，今脱。'其説是也，向秀注云云，即郭象注所本，是向本'色'上原有'形'字，今本此文亦脱'形'字也。"陶光説同。

③ "造音"下，盧文弨曰："當有'造'字。"

④ "焉得爲正"，道藏白文本作"焉得而正"。俞樾曰："樾謹按：'爲正'當作'而止'，字之誤也。'止'與'正'字形相似。'爲'古文作'𢍏'，與'而'亦相似。襄十四年《左傳》'射爲禮乎'，《太平御覽・工藝部》引作'射而禮乎'；《孟子・滕文公》篇'方里而井'，《論語・顔淵》篇正義引作'方里爲井'，並其證也。《莊子・達生》篇述此文曰'夫得是而窮之者，物焉得而止焉'，可據以訂正。"王重民曰："案吉府本'爲'正作'而'。"于鬯曰："鬯案：《莊子・達生》篇作'物焉得而止焉'，據下文'物奚自入焉'，'故物莫之能傷也'，則此句上亦當有'物'字。'爲'、'而'皆可通，'正'亦依彼作'止'爲是。"王叔岷説同。

⑤ "亦"，原脱，據北宋本、汪本、世德堂本補。

處乎不深之度，〇即形色而不求其終始者，不失自然之正矣。深，當作淫。而藏乎無端之紀，〇至理豈有隱藏哉？任而不執，故冥然無迹，端崖不見。游乎萬物之所終始。〇乘理而無心者，則常與萬物並游，豈得無終始之迹者乎？**盧曰**：至人者，言無失德也，故不淫其度矣；行無失迹也，故藏乎無端矣；常歸其本也，故游萬物之終始矣。壹其性，養其氣，含其德，①以通乎物之所造。〇氣壹德純者，豈但自通而已哉？物之所至，皆使無閡，然後通濟群生焉。造，音操。② **盧曰**：性不雜亂，唯真，與天地合其德，而通於萬物之性命。夫若是者，其天守全，其神無郤，物奚自入焉？〇自然之分不虧，則形神全一，憂患奚由而入者也？③ **盧曰**：寶道則性全，去情則無郤、無眹、無迹也，外物何從而入焉？**范曰**：沖氣之和，人所同受，交物忘反，或爲之餒。唯純氣之守，專而無所於雜，和而無所於暴，致虚極矣，豈智巧果敢之列所能與耶？何則？貌像聲色，無物不同，則物與物固無以相遠，夫奚足以造乎先？以其鈞是色而已，則物之造乎不形而非形於形，止乎無所化而不化於化。得是而窮之，物安得而止焉？彼將處乎不淫之度，無有過也；藏乎無端之紀，無有窮也；游乎萬物之所終始，則與造物之所造而不爲。若然者，塗郤守神，退藏於密，物無自入焉，兹所以潛行不窒而實之所不能礙，蹈火不熱而火之所不能焚，行乎萬物之上而不栗，而高之所不能危也。夫醉者之墜於車也，④雖疾不死。骨節與人同，而犯害與人異，其神全也，乘亦弗知也，墜亦弗知也。〇此借粗以明至理之必然也。

---

① “含”，陶光曰：“《集解》本‘含’作‘舍’。光按：《莊子》作‘合’，當從之。《莊子・刻意》篇言‘聖人虚無恬淡，乃合天德’，與此文同旨。”

② “操”下，原衍“字”字，據北宋本、南宋本、汪本、世德堂本删。

③ “者”，北宋本、南宋本、汪本、世德堂本無。

④ “墜”，王叔岷曰：“案《釋文》本‘墜’作‘隊’，當從之。《莊子・達生》篇釋文亦云：‘墜，字或作隊。’‘隊’‘墜’，正、俗字。《湯問》篇‘矢鋒相觸，而墜於地，而塵不揚’，《釋文》：‘墜，一本作隊。’《力命》篇‘不若揜目塞耳，背坂面隍，亦不墜仆也’、《説符》篇‘飛鳶適墜其腐鼠而中之’，《釋文》本並作‘隊’，皆當以‘隊’爲正。”

死生驚懼不入乎其胸，[①]**是故忤物而不慴。**[②] ○向秀曰："遇而不恐也。"**彼得全於酒而猶若是，**○向秀曰："醉故失其所知耳，非自然無心也。"**而況得全於天乎？**[③] ○向秀曰："得全於天者，自然無心，委順至理者也。"[④]**聖人藏於天，故物莫之能傷也。"**○郭象曰："不窺性分之外，故曰藏也。"**盧曰**：夫醉人者，神非合於道也，但爲酒所全者，憂懼不入於天府，死生不傷其形神，若得全於神者，故物不能傷也。**政和**：至人神矣純也者，謂其不虧其神也。純素之道，惟神是守，守而勿失，與神爲一，故曰"至人潛行不窒，蹈火不熱，行乎萬物之上而不栗，是純氣之守，非智巧果敢之列也"。貌像聲色，有名有實，名實既有，麗於留動，一受其成形，不亡以待盡，則何以相遠而獨造乎其先？道之爲物，造乎不形，而不與物爲偶，止乎無所化，則獨立而不爲物所運，形色名聲果不足以索彼之情，則得是而窮之者焉得爲正焉？至人於此，處乎不淫之度，則當而不過；藏乎無端之紀，則運而不窮；游乎萬物之所終始，則又與造物者游也。一其性而不二，養其氣而不耗，含其德而不散，以通乎物之所造，[⑤]謂造乎不形，止乎無所化者，其天守全，其神無郤，物無自入焉。此所以潛行不窒，蹈火不熱，行乎萬物之上而不栗也。醉者之乘車，以其全於酒，故能逆物而不慴；至人行乎萬物之上，以其藏於天，故能勝物而莫之能傷，是皆純氣之守不虧其神故也。**范曰**：探形之始，天地與我並生；原數之先，萬物與我爲一。奚物而謂之車？奚物而謂之人？奚物而謂之墜？奚物而謂之傷？一旦開天，而人與接爲構，則執物以爲有，所見者誠

---

① "胸"下，陶光曰："光按：《意林》二引作'不入其胸中'，《莊子》引亦有'中'字，當據補。"王叔岷說同。

② "忤"，北宋本、南宋本、汪本、世德堂本作"遻"。王叔岷曰："案《釋文》本'遻'作'遻'，云：'音忤，遇也。一本作遻。''遻'即'遻'之俗。世德堂本亦作'遻'。道藏白文本、林希逸本並作'逆'，即'遻'之壞字。盧重元本、道藏高守元本並作'忤'，與《釋文》音合。"

③ "全"，原脱，據北宋本、南宋本、汪本、世德堂本補。張注引向秀曰"得全於天者"亦可證當有"全"字。

④ "者"，北宋本、南宋本、汪本、世德堂本無。

⑤ "造"，原脱，據《義解》本補。

車矣；認我以爲實，所知者誠墜矣。知見立而乘墜分，詎能無傷乎？彼醉者之全於酒，知以之泯，見以之冥，乘不知有車，墜不知有地，死生驚懼不入乎其胸，是故忤物而不慴而暫寄。其全於酒者猶且然爾，況性之全未始離者乎？天下一車爾，托而乘其上者，内開智見之營營，外逐幻化之擾擾，一將傾覆於諸妄之地，匪直骨節之傷也。聖人藏於天，故莫之能傷，則向之所謂守全而無郤者是也。雖然，謂之天者，以其對人一性無性，況有天乎？謂其藏者，以其對開一天無天，況有藏乎？審造於是，固有言之所不能論者。

列禦寇爲伯昏無人射，引之盈貫，○盡弦窮鏑。措杯水其肘上，○手停審，固杯水不傾。[1] 發之，鏑矢復沓，○郭象曰："矢去也。箭鏑去，復往沓。"方矢復寓。○郭象曰："箭方去，未至的，以復寄杯於肘，言敏捷之妙也。"[2]當是時也，猶象人也。**盧曰**：引滿而置水於其肘上，發一箭，復沓一箭，猶如泥木象人也。志審神定，形不動，以致於此也。伯昏無人曰："是射之射，○雖盡射之理，而不能不以矜物也。非不射之射也。○忘其能否，雖不射而同乎射也。當與汝登高山，履危石，臨百仞之淵，若能射乎？"○内有所畏懼，則失其射矣。**盧曰**：恃其能而安其形、審其當耳，非謂忘形遺物而以神運者也。於是无人遂登高山，履危石，臨百仞之淵，背逡巡，足二分垂在外，揖禦寇而進之。禦寇伏地，汗流至踵。**盧曰**：登高履危而懼，若此者，憂其身，惜其生也。曾不知有其形者，適足以傷其生；忘其形者，適所以成其生。禦寇但善於射者，非合於道也。若忘形全神無累於天下者，乃不射之射也。伯昏無人曰："夫至人者，上窺青天，下潛黄泉，揮斥八極，神氣不變。○郭象曰："揮斥，猶縱放也。[3] 夫

① "固"，北宋本、汪本、世德堂本作"故"。

② "以復寄杯於肘言"，王叔岷曰："案《莊子・田子方》篇注'以'作'已'，'肘'下有'上'字，'言'下有'其'字。"

③ "縱放也"，南宋本、世德堂本作"放縱也"，其下有"又曰揮斥奮迅也"七字。

德充於内,則神滿於外,無遠近幽深,所在皆明,故審安危之機而泊然自得也。"今汝怵然有恂目之志,[1]爾於中也殆矣夫!"○郭象曰:"不能明至分,故有懼,[2]而所喪者多矣,豈唯射乎?"**盧曰**:夫至道之人,自得於天地之間,神氣獨主,憂樂不能入也。今汝尚恐懼之若此,豈近乎道者耶?汝於是終始初習耳,未能得其妙也。**政和**:引之盈貫,言其力;措杯水其肘上,言其審;發之,鏑矢復沓,方矢發復寓,言其犍;[3]猶象人也,則又言其用志之專。然是技未至通乎道者也,故曰"是射之射,非不射之射也"。至人者,上窺青天,豈特登山之高也;下潛黄泉,豈特臨淵之深也;揮斥八極,神氣不變,豈特背逡巡、足二分垂在外也。列子於此伏地汗流而不能射,是於守純而不虧,其神猶有未至也,故曰"爾於中也殆矣夫"。**范曰**:引之盈貫,則持滿之至也;措杯水其肘上,則平直之至也。發之,鏑矢復沓,則前矢方發而復沓也;方矢復寓,則後矢復寓而在弦也。當是時,猶象人也,則其用志不分,由所謂望之似木雞者也,射之射如此而已。若夫不射之射,非特止是登高山,履危石,臨百仞之淵,其危亦已至矣,乃能不動其心,而發無不中,斯其所以爲不射之射歟?推是以往,則夫至人者,上窺青天,則有以窮其高;下潛黄泉,則有以極其深;揮斥八極,神氣不變,是則至大至剛,塞乎天地之間。有如此者,又孰怵然而有恂目之志耶?

---

① "恂目",陶光曰:"光按:《釋文》引何承天纂文'吴人呼瞬目爲恂目',此説非也。'瞬目之志'義不可解。'目',疑當爲'懼'。古'懼'字書作'瞿',壞爛但餘'目'字耳。《莊子·齊物論》'木處則惴栗恂懼',此'恂懼'連文之例。《徐無鬼》篇'吴王浮於江,登乎狙之山。衆狙見之,恂然棄而走',《禮記·大學》'恂,栗也','恂'並當訓爲警懼之意,字實假爲'夐'。《説文》:'夐,驚也,或體作愪,轉體作惸。'《爾雅·釋訓》:'惸惸,憂也。'郭象注《莊子》云'不能明至分,故有懼,而所喪者多矣',是郭本字作'懼',猶未誤也。"

② "有懼",王叔岷曰:"案《莊子·田子方》篇注叠'有懼'二字,當從之。此文脱'有懼'二字,文意不完。"

③ "方矢發復寓言其犍",《義解》本無"發"字,"犍"作"捷"。

卷之五

和光散人高守元集

黄帝

范氏有子曰子華,[①]善養私名,[②]○游俠之徒也。舉國服之。有寵於晉君,不仕而居三卿之右。目所偏視,晉國爵之;口所偏肥,○音鄙。晉國黜之。○肥,薄也。[③] 游其庭者侔於朝。子華使其俠客以智鄙相攻、[④]彊弱相凌,[⑤]雖傷破於前,不用介意。終日夜以此爲戲樂,國殆成俗。**盧曰**:偏視者,顧眄

---

① “范”上,王叔岷曰:“案《文選》陸士衡《擬古詩》注引‘范’上有‘晉’字。”

② “名”,許維遹曰:“‘名’疑爲‘客’之壞字。注‘游俠之徒也’,則原文本作‘客’明矣。又下文‘子華使其俠客’,正承此而言。”

③ “音鄙肥薄也”,俞樾曰:“樾謹按:《釋文》:‘肥,皮美反。《説文》、《字林》並作鼫,又作圮,皆毁也。字從其省。’然《説文》無鼫字,《屵部》:‘崹,崩也。’崩與毁義近。是鼫爲崹字之誤。張注曰‘音鄙。肥,薄也’,疑本作‘肥音鄙,薄也’,蓋謂讀如鄙薄之鄙耳。崹字,孫愐音符鄙切,與張讀正合。崹省作肥,故《釋文》曰‘字從其省’也。秦氏恩復校刻盧重元本以鼫爲脃字之誤。夫脃字何得訓毁,於義難通,蓋誤讀張注作‘肥,薄也’,故爲此説。今正其字爲崹,其義爲毁,其音爲鄙,則皆得之矣。秦説非也。”

④ “智”,陶光曰:“光按:《文選》陸士衡《擬青青陵上柏》詩注無‘智’字。”

⑤ “相凌”,《釋文》云:“一本作‘相擊’。”

之深也；偏肥者，毁謗之厚也。士因其談以爲榮辱，故游其門者比於晋朝，而子華使令門客恣其言辯，無所迴避，人相毁辱，殆成風俗。禾生、子伯，范氏之上客，出行，經坰外，○坰，郊野之外也。宿於田更商丘開之舍。○更，當作叟。中夜，禾生、子伯二人相與言子華之名勢，能使存者亡、亡者存、富者貧、貧者富。**盧曰**：存者亡，毁之也；亡者存，譽之也；富者貧，奪之也；貧者富，施之也。而商丘開下里不達，將謂聖力所成之也。商丘開先窘於飢寒，潛於牖北聽之。① 因假糧荷畚，之子華之門。子華之門徒皆世族也，縞衣乘軒，緩步闊視，顧見商丘開年老力弱，面目黎黑，衣冠不檢，莫不眲之；○眲，音奴隔。既而狎侮欺詒，擋拯挨抌，○擋，音晃。拯，音扶閉。挨，音烏待。抌，音都感切。② 亡所不爲。商丘開常無慍容，而諸客之技單，憊於戲笑。**盧曰**：撫弄輕忽之極者也。狎侮者，輕近之也；欺詒者，狂妄之也。擋者，觸撥之也；拯者，拗捩之也；挨者，耻辱之也；抌者，違拒之也。遂與商丘開俱乘高臺，於衆中漫言曰："有能自投下者賞百金。"衆皆競應。**盧曰**：以愚侮之，衆故僞爭應命耳。商丘開以爲信然，遂先投下，形若飛鳥，揚於

---

① "牖北"，俞樾曰："樾謹按：牖北即室中矣。禾生、子伯宿於田更商丘開之舍，必當在其室中，商丘開安得更於牖北聽之？'牖北'，疑當作'北牖'。所謂向也，《詩·七月》篇毛傳曰'向，北出牖也'是也。二子在室中，商丘開於北牖外聽之，正合事理。古者士庶人之室皆有北牖，説詳《群經平議》。"于鬯曰："惟此'牖北'二字，不必乙作'北牖'。北牖何碍單稱牖？於北牖外聽之，正是北牖之北，故曰'牖北'。"陶光曰："光按：'牖北'無義，疑'北'是誤字。《御覽》四三〇引無'北'字，亦不可解。王重民云'北'、'外'二字易亂，疑'北'或'外'字之訛。"

② "都"，原作"排"，據北宋本、南宋本、世德堂本、汪本改。

地，骩骨無�。① 范氏之黨以爲偶然，未詎怪也。② 因復指河曲之淫隈曰：③“彼中有寶珠，泳可得也。”商丘開復從而泳之，○水底潛行曰泳。既出，果得珠焉。衆昉同疑，○昉，始也。子華昉令豫肉食衣帛之次。俄而范氏之藏大火，子華曰：“若能入火取錦者，從所得多少賞若。”商丘開往無難色，入火往還，埃不漫，身不焦。范氏之黨以爲有道，乃共謝之曰：“吾不知子之有道而誕子，○誕，欺也。吾不知子之神人而辱子。④子其愚我也，子其聾我也，子其盲我也，敢問其道。”**盧曰**：從臺而下若飛焉，入水取珠若陸焉，入火往來無所傷焉，子華門人咸以爲神而有道。此見欺怒而不慍者，必以我等聾盲之輩，敢問其道？商丘開曰：“吾亡道。雖吾之心，亦不知所以。⑤ 雖然，有一於此，試與子言之。曩子二客之宿吾舍也，聞譽范氏之勢能使存者亡、

① “骩”，王叔岷曰：“案《釋文》本‘骩’作‘骫’，云：‘音肬。按骫是古委字。《説文》云“骨曲直也”，於義頗迂。’道藏林希逸本亦作骫，‘骩’即‘骫’之誤。盧重元本、元本、世德堂本、道藏白文本、江遹本、高守元本並作‘骩’，‘骩’亦‘骫’之誤。道藏宋徽宗本作‘肌’，《御覽》四百三十引同，‘肌’又‘肬’之誤也。”

② “詎”，《釋文》作“巨”，云：“一本作‘詎’。”任大椿曰：“《漢書・高帝紀》‘沛公不先破關中，公巨能入乎’，師古訓巨爲詎。《莊子・齊物論》釋文‘庸詎，徐本詎作巨’，則詎、巨通，與敬順《釋文》‘詎’之作‘巨’，可以互證。”陶光曰：“光按：此文當作‘未巨怪也’，‘巨’假爲‘遽’。《荀子・正論》篇‘是豈巨知見侮之爲不辱哉’，楊注：‘言豈速遽知宋子有見侮不辱之論哉。’假‘巨’爲‘遽’，宜與此爲比，後人多書作‘詎’也。”

③ “隈”，原作“隅”，據明刊正統道藏林希逸《列子鬳齋口義》（以下簡稱林本）、道藏白文本、南宋本、世德堂本改。王叔岷曰：“案《釋文》本‘隅’作‘隈’，云：‘水曲也。’道藏白文本、林希逸本、元本、世德堂本並作‘隈’，《御覽》四百三十引同。”陶光曰：“光按：作‘隈’是。《説文》：‘隈，水曲澳也。’《淮南・覽冥》篇：‘漁者不爭隈。’注：‘隈曲深處漁所聚也。’《御覽》四三〇引亦作‘隈’。”

④ “誕子吾不知子之神人”，王叔岷曰：“案《御覽》四百三十引‘誕’作‘紿’（下同），‘神人’作‘有神’。‘有神’與‘有道’對言，疑是。”

⑤ “不知”下，王叔岷曰：“案《御覽》四百三十引‘不知’下有‘其’字，文意較完。”

亡者存、富者貧、貧者富。吾誠之,①無二心,故不遠而來。及來,以子黨之言皆實也,唯恐誠之之不至,②行之之不及,不知形體之所措,利害之所存也,③心一而已;物亡迕者,如斯而已。④ 今昉知子黨之誕我,我内藏猜慮,外矜觀聽,追幸昔日之不焦溺也,怛然内熱,惕然震悸矣,水火豈復可近哉?"**盧曰**:《老子》曰"大智若愚"者,似之而非也。但一志無他慮,能頓忘其形骸者,則死生憂懼不能入,況泯然與道合,寶神以會真,智周於宇宙,功備群有者,復何得一二論之耶?及是非生於心,則水火不可近之也。自此之後,范氏門徒路遇乞兒、馬醫,弗敢辱也,必下車而揖之。宰我聞之,以告仲尼。仲尼曰:"汝弗知乎?夫至信之人可以感物也,動天地,感鬼神,横六合而無逆者,豈但履危險、入水火而已哉?商丘開信僞物猶不逆,況彼我皆誠哉?小子識之。"**盧曰**:乞兒、馬醫,皆下人也,遇之不敢輕。⑤ 夫子言其至信之感,理盡矣。**政和**:誠信生神而神全者,聖人之道,抱神以游世俗之間,范乎淳備,⑥功利機巧必忘夫人之心,死生驚懼不入乎其胸中,是故忤物而不慴,行乎萬物之上而不栗。彼以僞投之,此以誠應之,烏往而不可?故商丘開乘高臺自投其下骪骨無碼,泳河曲之隅而果得珠以出,入火往還而埃不漫、身不焦者,誠故也。蓋至誠之道,入而與神俱,不知形體之所措,利害之所存,故能勝物而不傷焉,是以醉者墜車而無犯害,黄帝遺玄珠而

---

① "誠",盧文弨曰:"《太平御覽》四百三十作'信'。"王重民曰:"檢《御覽》四百三十引作'吾誠信,無二心',此盧氏所本。"

② "誠之之不至",原脱一"之"字,據藏本、北宋本、南宋本、世德堂本、汪本補。盧文弨曰:"《御覽》不重,下同。"

③ "存",王叔岷曰:"案《御覽》四百三十引'存'作'著'。"

④ "而已物亡迕者如斯而已",王重民曰:"吉府本無上'已'字。《御覽》四百三十引'而已'作'已矣'。"陶光曰:"道藏白文本、林本無'已'字。……光按:'已'字涉下文'如斯而已'衍。"

⑤ "遇之不",原作"愚之亦",據秦本改。

⑥ "范",原作"茫",據《義解》本改。

象罔得之，而蹈火不熱者，關尹固以爲純氣之守也。若夫機心存於胸中，則純白不備；純白不備，則神生不定，而道之所不載。故商丘開知其誕妄，追幸昔日之不焦溺，則惕然震悸，水火不可復近者，以機心生而有疑故也。夫誠而信僞物，與不誠而猜慮，其相去也如此。若乃至信之人，則又進乎此矣，可以動天地，感鬼神，横六合而無逆，豈但履危險、入水火而已哉？**范曰**：挾名勢以矜人者，無往而能服；體誠信以接物者，無入而不自得。商丘開可謂能體誠信矣，故聞范氏之譽則信以爲實，受衆人之侮則不以爲愠，墜高臺之下而無碣，[①]泳河曲之珠而不溺，取火中之錦而弗焦。原其所以然，則誠存乎心，與物無迕而已。夫以我之誠信，彼之僞物由不能害，又況至信之人乎？動天地，感鬼神，横六合而無逆，無足怪者。

周宣王之牧正有役人梁鴦者，能養野禽獸。委食於園庭之内，雖虎、狼、雕、鶚之類，無不柔馴者。[②] 雄雌在前，[③]孳尾成群，異類雜居，不相搏噬也。王慮其術終於其身，令毛丘園傳之。[④] 梁鴦曰："鴦，賤役也，何術以告爾？懼王之謂隱於爾也，[⑤]且一言我養虎之法。凡順之則喜，逆之則怒，此有血氣者之性也。然喜怒豈妄發哉？皆逆之所犯也。夫食虎者，不敢以生物與之，爲其殺之之怒也；[⑥]○恐因殺以致怒。不敢以

---

① "下"，原作"上"，據正文"商丘開以爲信然，遂先投下"、宋徽宗《義解》"故商丘開乘高臺自投其下"改。

② "馴"，北宋本、汪本無。楊伯峻曰："《御覽》九百二十六引無'馴'字。"

③ "雄雌"，陶光曰："道藏白文本、林本作'雌雄'。"

④ "令毛丘園傳之"，《釋文》作"令園傳受之"，云："毛丘園，姓毛，名丘園也。一本作'圉'，魚吕切。一本無'受'字。"王叔岷曰："案《釋文》本'傳'下有'受'字，文意較明，當從之。"陶光曰："有'受'字語意較完，疑是。"

⑤ "王"，原作"主"，據《義解》本、北宋本、南宋本、世德堂本、汪本改。

⑥ "之怒"，王叔岷曰："案《北山録・異學》篇引'之怒'作'而怒'，下同。《御覽》八九一、《記纂淵海》九八引並作'恐怒'，下同。"

全物與之，爲其碎之之怒也。[①] ○恐因其用力致怒。時其饑飽，達其怒心。[②] ○向秀曰：“達其心之所以怒而順之也。”虎之與人異類，而媚養己者，順也；○殊性而愛媚我，順之故也。故其殺之，[③]逆也。○所以害物而逆其心故也。[④] 然則吾豈敢逆之使怒哉，亦不順之使喜也。夫喜之復也必怒，[⑤]怒之復也常喜，皆不中也。○不處中和，勢極則反，必然之數。今吾心無逆順者也，則鳥獸之視吾猶其儕也，故游吾園者不思高林曠澤，寢吾庭者不願深山幽谷，理使然也。”○聖人所以陶運群生使各得其性，亦猶役人之能將養禽獸使不相殘害也。**盧曰**：夫形質各有殊，神氣則不異也，故《莊子》云：“視其異也，則肝膽楚越；視其同也，則萬物一體矣。”至人以神會之也，入鳥不亂行，入獸不亂群者，逆順同志而不迕，故猛獸可養，海鷗可狎也。夫禽獸之入深山幽谷者，欲全其身，遠人害也。苟無其虞，則園庭之與山林，夫何異哉？**政和**：天下之至柔馳騁天下之至堅，此聖人所以爲大勝之道也。虎、狼，獸之猛者；雕、鶚，禽之攫者。異類雜居，不相搏噬，而自得於園庭之内，則所以調而馴之者有其道故也。性命之情，順之

---

① “碎之”，王叔岷曰：“《釋文》：‘碎之，一本作決之。’案《事類賦》二十《獸部》一、《記纂淵海》九八、《天中記》六十引並作‘決之’。《莊子·人間世》篇同。《御覽》八九一引作‘使之’，‘使’即‘決’之誤。”陶光曰：“《釋文》曰：‘碎，一本作決。’光按：作‘決’是也。《事類賦》二十引作‘決’，《莊子》亦作‘決’，並是其證。”

② “怒心”，王叔岷曰：“《淮南·主術》篇……‘怒心’作‘怒恚’。‘怒恚’與‘饑飽’對言，當從之。‘心’蓋‘恚’之壞字。”

③ “殺之”，王重民曰：“案《莊子·人間世》‘殺之’作‘殺者’，當從之。‘故’猶‘則’也，説見《經傳釋詞》。此謂虎雖與人異類，其媚養己者，由於能順其性，則其所以嗜殺者，由於逆其性也。”王叔岷曰：“案王説未審，疑此文本作‘故其殺之者逆也’，今本此文脱‘者’字，《莊子》脱‘之’字，文意並不完。”楊伯峻曰：“王説是也，張注即是此意，則張所見本尚未誤。”

④ “而”，北宋本、南宋本、世德堂本、汪本無，盧文弨曰：“疑當作‘由’。”“而逆其心故也”，王叔岷曰：“道藏本注‘逆’上有‘而’字，‘故’下有‘也’字。‘而’字疑涉上注‘殊性而愛媚’而衍。”

⑤ “夫”，王叔岷曰：“案《埤雅》三引‘夫’作‘何則’，疑‘夫’上原有‘何則’二字，《埤雅》或略引‘夫’字也。”

則安，喜怒或過，陰陽並毗。逆之使怒，豈順其性命之情？故養虎者，時其饑飽，達其怒心，凡以順其性命之情而已。吾豈敢逆之使怒，謂不違其性也；亦不順之使喜，謂不淫其性也。夫喜之復也必怒，怒之復也常喜，皆道之過也。今吾心無逆順，則既不違其性使之怒，又不淫其性使之喜，彼之安處而自適也，宜矣。聖人之養生，不使好惡内傷其身，達之至於育萬物，和天下，豈有他哉？以此而已。**范曰**：有血氣者，不能無喜怒，故禽獸異類，而喜怒之情常因於人之逆順。善養虎者，不敢逆之使怒，亦不順之使喜，故禽獸異類，視之猶儕也。然則襲諸人間，人道之患，固有甚於養虎者，惟聖人處物不傷物，故物亦莫之能傷。莊子寓言於《人間世》亦有養虎之説，蓋明乎此。

顏回問乎仲尼曰："吾嘗濟乎觴深之淵矣，津人操舟若神。吾問焉，曰：'操舟可學邪？'曰：'可。能游者可教也，善游者數能。○向秀曰："其數自能也，言其道數必能櫂舟也。"①乃若夫没人，則未嘗見舟而謖操之也。'②○謖，所六切。謖，起也。向秀曰："能鶩没之人也。"鶩，音木。③吾問焉而不告，敢問何謂也？"**盧曰**：善操舟者，能學之也；善游浮者，串習之也。至乎没人，未嘗見舟而得者，斯乃神會，彼不能達。**政和**：操舟若神者，道濟天下，不可窺測故也。能游者可教，謂其不溺於物；善游者數能，謂其久於其道。乃若夫没人，則未嘗見舟而謖操之，則妙而不可知矣。問焉而不告，則道至於此不可以告人故也。仲尼曰："譆！吾與若玩其文也久矣，而未達其

---

① "櫂"，原作"不懼"，據《釋文》本改。盧文弨曰："《釋文》作'櫂'，無'不'字。"王叔岷曰："案《釋文》本注'懼舟'作'櫂舟'，上無'不'字，云：'櫂，一本作懼，恐字誤。'其説是也。蓋由'櫂'誤爲'懼'，後人乃於'懼'上妄加'不'字耳。"

② "乃若夫没人則未嘗見舟而謖"，王叔岷曰："案道藏江遹本'乃若'作'若乃'，下同，當從之。《莊子·達生》篇亦作'若乃'。《釋文》：'謖，《莊子》作便。'《淮南·詮言》篇'善游者不學刺舟而便用之'，字亦作'便'。"陶光曰："江本'乃若'作'若乃'。光按：'謖'，《莊子》作'便'，疑是。"

③ "鶩音木"，北宋本、汪本無。

實，而固且道與。① ○譪，音衣。② 見操舟之可學，則是玩其文；未悟没者之自能，則是未至其實。今且爲汝説之也。能游者可教也，③輕水也；善游者之數能也，忘水也。○忘水者則無矜畏之心也。④乃若夫没人之未嘗見舟也，而謖操之也，彼視淵若陵，視舟之覆猶其車却也，覆却萬物方陳乎前而不得入其舍，⑤○神明所居者，故謂之舍也。⑥ 惡往而不暇？○所遇皆閒暇也。以瓦摳者巧，以鉤摳者憚，以黄金摳者惛。○互有所投曰摳。⑦ 郭象曰："所要愈重，則其心愈矜也。"**盧曰**：見操舟可學者，玩其文也。若會其真者，彼則視水如陵，覆溺不入其靈府矣，何往而不閒暇哉？以瓦投物者，但見其巧中，而不憚於失瓦也。若以鉤投物，則不專於巧中，更恐失鉤之拙也。若以黄金爲投者，不敢祈中，惟懼失金之損矣。是知向時之妙，忘於外物；今時之懼，惜於外物也。代人知矜外之兩失，而貪物以喪其生。

---

① "且"，陶鴻慶曰："疑此文'且'亦當作'得'，古文'㝵'字壞其下半，遂誤爲'且'矣。"陶光曰："光按：此句義不可解。'且'當作'得'，古文'得'作'㝵'，壞爛其下半，因訛作'且'。自'譪'至'輕水也'至此，《莊子》無此數句。此二句蓋襲《莊子·應帝王》之文，《應帝王》字正作'得'。此書下文有'神巫自齊來'一事，與《莊子·應帝王》全同，字亦作'得'，是其證。"王叔岷説同。

② "譪音衣"，北宋本、南宋本、世德堂本、汪本無。

③ "能游者"下，陶鴻慶曰："亦當有'之'字。"

④ "者則無矜畏之心也"，北宋本、世德堂本、汪本無"者"、"也"。

⑤ "物方"，王叔岷曰："案《莊子·達生》篇'方'上無'物'字。疑此文本無'方'字，後人據《莊子》注'方'字於'物'字旁，傳寫因誤竄入耳。《莊子》作'萬方'，此文作'萬物'，其義一也。《莊子·山木》篇'化其萬物，而不知其禪之者'，唐寫本作'萬方'，與此同例。"

⑥ "神明所居者故謂之舍也"，北宋本、南宋本、世德堂本、汪本無"者"、"也"。

⑦ "曰"，北宋本、南宋本、世德堂本、汪本作"者"。

巧一也，①而有所矜，則重外也。凡重外者拱内。”②○唯忘内外，遺輕重，則無巧拙矣。**政和**：譪與噫同。蓋醫者，意也，謂之譪，則或有救其失之義。能游者可教也，輕水也，則入水之溺不累其形。善游者數能，忘水也，則蹈水之道無變於己。若夫没人之未嘗見舟也而謖操之也，則物我如一，不疑其所行矣，死生驚懼不入乎胸中，而況利害之端乎？此所以視淵若陵，視舟之覆猶其車却，覆却萬物方陳乎前而不得入其舍，無往而不暇也。彼内資於道不深，則外變於物亦易矣，故以瓦摳者巧，以鈎摳者憚，以黄金摳者惛也。先儒謂互有所投曰摳，蓋探籌投鈎之謂也。惟所要愈重，則用心愈矜，故以瓦則巧，以鈎則憚，以金則惛。憚則恐失而已，至於惛則若亡矣，故曰“重外者拱内”。拱内則心有所繫，③而不能休休焉之類也。**范曰**：古之乘道德以浮游者，虚己而無累，刳心而無物，塗却守神，物無自入焉，烏往而不暇耶？一有所矜，詎能無内拙之患？

孔子觀於吕梁，懸水三十仞，④流沫三十里，黿鼉魚鱉之所不能游也。見一丈夫游之，以爲有苦而欲死者也，使弟子並流而承之。數百步而出，被髮行歌，而游於塘下。⑤孔子

---

① “巧”上，王叔岷曰：“案《莊子·達生》篇‘巧’上有‘其’字，當從之。《吕氏春秋·去尤》篇作‘其祥一也’，亦有‘其’字。”

② “拱”，北宋本、汪本作“撰”。《釋文》作“拱”，云：“本作‘拙’。”王叔岷曰：“作‘拱’，義不可通。《釋文》‘拱，本作拙’，當從之。注‘唯忘内外，遺輕重，則無巧拙也’，是張本原作‘拙’。‘拙内’與‘重外’對言，‘拱’蓋‘拙’之形誤。《莊子·達生》篇亦作‘拙’。《吕氏春秋·去尤》篇、《淮南·説林》篇並作‘掘’，‘掘’即古‘拙’字。”陶光曰：“光按：字當作‘拙’，《莊子》作‘拙’是其證。《淮南子·説林》篇‘是故所重在外，則内爲之掘’，《吕氏春秋·去尤》篇‘外有所重者泄’，蓋‘内掘’、‘掘’並‘拙’之假字。《史記·貨殖列傳》‘田農業拙’，徐廣云‘古拙字，亦作掘’，是其比。張注云‘唯忘内外，遺輕重，則無巧拙矣”，是張本字作‘拙’也。”

③ “則”，原作“者”，據《義解》本改。

④ “三十”，王叔岷曰：“案《文選》謝靈運《還舊園作見顔范二中書》詩注引‘三十’作‘四十’，《説苑·雜言》篇同。”

⑤ “塘下”，北宋本、南宋本、世德堂本、汪本作“棠行”，其下有張注“棠，當作塘。行，當作下”八字。王叔岷曰：“案盧重元本、道藏高守元本並作‘塘下’，《莊子·達生》篇同，作‘棠行’是故書。”

從而問之,①曰:“吕梁懸水三十仞,流沫三十里,黿鼉魚鱉所不能游。向吾見子蹈之,②以爲有苦而欲死者,使弟子並流將承子。子出而被髮行歌,吾以子爲鬼也,察子則人也。請問蹈水有道乎?”曰:“亡,吾無道。吾始乎故,長乎性,成乎命。與齎俱入,③與汩偕出,○齎、汩者,水迴入涌出之貌。從水之道而不爲私焉,此吾所以道之也。”④孔子曰:“何謂始乎故、長乎性、成乎命也?”曰:“吾生於陵而安於陵,故也;○故,猶素也。任其真素,則所遇而安也。長於水而安於水,性也;○順性之理,則物莫之逆也。不知吾所以然而然,命也。”○自然之理不可以智知,知其不可知,謂之命也。**盧曰**:夫生於陵而安於陵,生於水而安於水,習以爲常,⑤故曰“始乎故也,長乎性也”。習其故,安其性,忽然神會以成其命,得之不自知也,故《易》曰:“窮理盡性,以至於命。”命者,契乎神道也。**政和**:黿鼉魚鱉之所不能游也而游之,則忘涉難之險者也;以子爲鬼,察子則人也,則亦疑於神矣,然求其爲道,則從水之道不爲私焉而已。與齎俱入者沉,以窮乎下;與汩俱出者浮,以擠乎上,任其自然而已,此所謂從水之道而不爲私焉者也。生於陵而安於陵,不失其所因而已;長於水而安於水,不逆其所性而已。自然者,不累於外,不變於己,其所以然莫知爲之者,故曰“不知所以然而然,命也”。**范曰**:有所因而使然,

---

① “之”,陶光曰:“光按:《文選》謝靈運《還舊園作見顔范二中書》詩注引之作‘焉’,《莊子》亦作‘焉’,是。”

② “蹈”,北宋本、南宋本、世德堂本、汪本作“道”,其下有張注“道,當爲蹈”四字。王叔岷曰:“案盧重元本、道藏高守元本並作‘蹈’,下文‘此吾所以道之也’盧本亦作‘蹈’,《莊子·達生》篇同。作‘道’是故書。下文‘請問蹈水有道乎’,疑原亦作‘道’。”

③ “齎”,《釋文》作“齊”,云:“司馬云:齊,洄水如磨齊也。”任大椿曰:“《説文》:‘齎,肶齎。’《玉篇》:‘臍,又作齎。’今本‘齎’字當爲‘齎’字之誤。”陶光曰:“光按:任説是也。《莊子》字作‘齊’,假爲‘臍’,《大宗師》作‘頤隱於齊’,《人間世》作‘頤隱於臍’,是其比。《爾雅·釋言》:‘齊,中也。’臍居人中,故字從齊。”

④ “道”,陶光曰:“光按:《莊子》‘道’作‘蹈’。”

⑤ “以”,原作“則”,據秦本改。

故也；無所因而自然，性也；不知所以然而然，命也。吕梁大夫與齎俱入，與汩偕出，從水之道而不爲私焉，乃能蹈乎黿鼉魚鱉之所不能游者，豈有所偏能而然耶？然則體道之人固無往而不適矣。

仲尼適楚，出於林中，見痀僂者承蜩，猶掇之也。仲尼曰："子巧乎！有道耶？"曰："我有道也。五六月，纍垸二而不墜，則失者錙銖；○向秀曰："纍二丸而不墜，是用手之停審也，故承蜩所失者不過錙銖之間耳。"纍三而不墜，則失者十一；纍五而不墜，猶掇之也。○用手轉審，則無所失者也。吾處身也若橛株駒，①○崔撰曰："橛株駒，斷樹也。"吾執臂若槁木之枝。② 雖天地之大，③萬物之多，而唯蜩翼之知。吾不反不側，④不以萬物易蜩之翼，何爲而不得？"○郭象曰："遺彼，故得此也。"**盧曰**：言初學累丸也，未嘗得之；習經半載，而能累二不墜矣；習之不已，乃至累五而不墜者，何耶？我身如橛株，臂如枯木，心一志定，都無異思，雖萬物之多，而知在蜩翼，⑤何爲而有不得耶？孔子顧謂弟子曰："用志不分，乃

---

① "身"，原脱，據《釋文》本補。《釋文》作"吾處身也"，云："一本無'身'字。"王叔岷曰："案《釋文》本'處'下有'身'字，《天中記》五七引同。'處身'與下文'執臂'對言。《莊子·達生》篇亦有'身'字。"許維遹曰："'處'下脱'身'字。'吾處身'與下文'吾執臂'對言。《釋文》有'身'字，《莊子·達生》篇亦有'身'字，可據補。"

② "執臂"下，王叔岷曰："案'執臂'下當有'也'字，乃與上文句法一律。《莊子·達生》篇正有'也'字。"

③ "雖"，原脱，據道藏白文本、南宋本、世德堂本、汪本補。王叔岷曰："案道藏白文本、林希逸本、元本、世德堂本'天地'上並有'雖'字，《天中記》五七引同，當從之。《莊子·達生》篇亦有'雖'字。"

④ "不反不側"，原脱"反"下"不"字，據《義解》本、藏本、汪本、世德堂本補。陶光曰："道藏白文木（趙庚飂、許世瑛按："木"當作"本"）、林本、宋徽宗本作'不反不側'。光按：《莊子》'側'上亦有'不'字。"

⑤ "翼"，原作"異"，據正文"而唯蜩翼之知"改。

凝於神，①○分猶散，意專則與神相似者也。其痀僂丈人之謂乎？”**盧曰**：專心不雜，乃凝於神會也。夫子以其未忘於蜩翼，故凝於神，非謂神會者也。丈人曰：“汝逢衣徒也，亦何知問是乎？修汝所以，而後載言其上。”○修，治也。言治汝所用仁義之術，反於自然之道，然後可載此言於其身上也。② **盧曰**：言夫子之徒皆縫掖之士，用仁義以教化於天下，使天下紛然尚名利、役智慮，而蕩失其真、勞其神明者何知問此道耶？汝垂文字於後代者，復欲以言智之辯，將吾此道載之於文字然。③ **政和**：志致一之謂精，④精於道者無自而不可。其處身若橛株駒，其執臂若槁木之枝，則寂然不動而忘吾有形，雖天地之大，萬物之多，而唯蜩翼之知。不反不側，不以萬物易蜩之翼，則誠心不貳，而外滑畢消，其專彌久，其失彌少。故其始也，失者錙銖；及其久也，失者十一；又其久也，猶掇之也。此無他，志致一而已。志致一之謂精，惟天下之至精爲能通天下之至神，故曰“用志不分，乃凝於神”。**范曰**：承蜩，末技也，用志不分，乃造於凝神之妙。然則向之所謂純氣之守者，其用志不分，從可知矣。

---

① “凝”，南宋本同，藏本、北宋本、汪本、世德堂本作“疑”，盧文弨曰：“（藏本作）凝，《莊子》同。”焦循曰：“《管子·內業》篇云：‘思之思之，又重思之。思之而不通，鬼神將通之。非鬼神之力也，其精氣之極也。’思之又思，用志不分也。鬼神將通之，疑於神也。”俞樾曰：“樾謹按：‘疑’，道藏本作‘凝’，盧重元本亦作‘凝’，《莊子》同。然此字實當作‘疑’，即所謂驚猶鬼神也。上文孔子曰‘吾以子爲鬼也，察子則人也’，亦可爲‘乃疑於神’之證。《管子·形勢》篇‘無廣者疑’，《神解》篇曰‘以規矩爲方圜，則成；以尺寸量長短，則得；以法數治民，則安。故事不廣於理者，其成若神’，此正‘用志不分，乃疑於神’之謂也。説互詳《莊子》。”陶鴻慶曰：“愚案：俞氏謂‘凝’當作‘疑’，是也。張注云‘意專則與神相似’，是其所見本正作‘疑’，不作‘凝’也。”王叔岷曰：“《雲谷雜記》三、《天中記》五七引亦並作‘疑’，與此同（‘疑’猶‘擬’也。《莊子·天地》篇‘子非夫博學以擬圣’，《淮南·俶真》篇作‘疑’，即其比）。審注‘意專則與神相似者也’，是張本原作‘疑’。今本《莊子·達生》篇亦誤‘凝’（説互詳《莊子校釋》）。”陶光説同。

② “其”，北宋本、南宋本、世德堂本、汪本無。

③ “然”，秦恩復曰：“疑作‘焉’。”

④ “志”下，原衍“者”字，據《義解》本删。下文曰“志致一而已”、“志致一之謂精”可證。

海上之人有好漚鳥者，每旦之海上，從漚鳥游，漚鳥之至者百住而不止。[①] ○心和而形順者，物所不惡。住，當作數。其父曰："吾聞漚鳥皆從汝游，汝取來，吾玩之。[②]"明日之海上，漚鳥舞而不下也。○心動於内，形變於外，禽鳥猶覺人理，豈可詐哉？[③] 故曰："至言去言，至爲無爲。"齊智之所知，則淺矣。○言爲都忘，然後物無疑。心限於智之所知，則失之遠矣。或有疑丈人假僞形以獲蟬，[④]海童任和心而鷗游，二情相背，而童不忤物。[⑤] 夫立言之本，各有攸趣，似若乖互，會歸不異者，蓋丈人明夫心慮專一，猶能外不駭物，況自然冥至、形同於木石者乎？至於海童，誠心充於内，坦蕩形於外，[⑥]雖未能利害兩忘，猜忌兼消，然輕群異類亦無所多怪。此二喻者，蓋假近以徵遠，借末以明本耳。**盧曰**：夫神會可以理通，非以情知，知生則骨肉所猜，理生則萬類無間，然後知審精微也。同萬物者，在於神會；同群有者，在於情滅。欲獨矜其心智，則去道遠矣。**政和**：古之有道者，去智忘機，

---

① "住"，盧文弨曰："張本作'往'。"王重民曰："《釋文》曰：'住音數。'案《吕氏春秋·精論》篇作'百數而不止'，《類聚》九十二引《列子》亦作'數'。疑作'住'者，《列子》本文；作'數'者，後人所改也。考《列子》多聲誤字，《叙録》云'以盡爲進，以賢爲形'是也。《楊朱》篇'賓客在庭者日百住'，亦當作'數'，是其例也。"陶光曰："光按：王説是，《世説新語》注作'百數'，《文選》注作'數百'，並後人所改也。"王叔岷曰："案《藝文類聚》九二、《御覽》九二五、《爾雅翼》十七、《容齋四筆》十四、《記纂淵海》五六、《事文類聚後集》四六、《合璧事類别集》六九、《韻府群玉》八、《天中記》五九引皆作'數'(《記纂淵海》九七引作'數百往而不止'。蓋一本'住'作'數'，傳写遂誤將'數'字竄在'百'字上，'往'又'住'之形誤也)。"

② "汝取來吾玩之"，《釋文》曰："'汝取來'，一本作'可取來'。"王叔岷曰："案舊鈔本《文選》江文通《雜體詩》注引《莊子》作'試取來'，'吾'下有'欲'字；《吕氏春秋·精諭》篇'吾'下有'將'字，文意並較完。此文'吾'下疑有脱文。"陶光曰："光按：《世説新語》注作'試取來，吾從玩之'。"

③ "哉"，南宋本作"也"。

④ "僞"，汪本作"爲"，楊伯峻曰："注'丈人假爲形'之'爲'，北宋本、藏本作'僞'，作'爲'者義長。"

⑤ "童"，北宋本、南宋本、世德堂本、汪本作"同"。

⑥ "於"，原脱，據北宋本、南宋本、世德堂本、汪本補。

純白内備，故入獸不亂群，入鳥不亂行，鳥獸不惡，而況人乎？蓋内本無心，物自不疑故也。純白不全，則機變之智多，於是有高飛以避罾弋之害。然則漚鳥之舞而不下，蓋以向也去智、而今任智故也。聖人不以智治國，其有言也，無言之之累；其有爲也，無爲之之迹。齊智之所知，則淺矣。**范曰**：漚，海鳥也，出没若漚。夫機心存於胸中，則海上之漚徒舞而不下，況於人乎？涉世之聖人，至言去言，雖言而未嘗言；至爲無爲，雖爲而未嘗爲。猜慮不萌，純白大備，入鳥不亂行，孰有舞而不下者？一將齊其智之所知，則言有當愆，爲有成虧，曾未免夫累，烏能深造乎道？

趙襄子率徒十萬，狩於中山，①○火畋曰狩。藉芿燔林，扇赫百里。有一人從石壁中出，隨烟燼上下。② 衆謂鬼物。③ 火過，徐行而出，若無所經涉者。襄子怪而留之，徐而察之：形色、七竅，人也；氣息、音聲，人也。問："奚道而處石？奚道而入火？"其人曰："奚物而謂石？奚物而謂火？"○此則都不覺有石、火，何物而能閡之？襄子曰："而向之所出者，石也；而向之所涉者，火也。"其人曰："不知也。"○不知之極，故得如此。魏文侯聞之，問子夏曰："彼何人哉？"子夏曰："以商所聞夫子之言：和者大同於物，物無得傷閡者，游金石，蹈水火，皆可也。"文侯曰："吾子奚不爲之？"子夏曰："刳心去智，商未之能。雖然，試語之有暇矣。"○夫因心以刳心，借智以去智，心智之累誠盡，然所遺心智之迹猶存。明夫至理，非用心之所體忘，言之則有餘暇矣。**盧曰**：前章言游水之不礙，此章明火石之不傷。言人之習水者多，蹈火者少，恐物情之偏執也，故復言火以辯之。其内忘己形，外忘於物，不知石

---

① "中山"，王重民曰："案《御覽》五十一、《類聚》八十並引'中山'作'山中'。"

② "從石壁中出隨"，王叔岷曰："案《事類賦》八《地部》三、《記纂淵海》一引'從'並作'自'，'隨'並作'從'。《御覽》八六九引'隨'亦作'從'。"

③ "謂"下，王叔岷曰："案《藝文類聚》八十引'謂'下有'之'字。"

之所以礙，火之所以傷。文侯不曉而興問，子夏素知而善答。故文侯重質：子既能知者，何不爲之耶？子夏曰：我但知而説之，則有餘也；若行而證之者，商則未知之能。① **文侯曰："夫子奚不爲之？"子夏曰："夫子能之而能不爲者也。"文侯大説。**○天下有能之而能不爲者，有能之而不能不爲者，有不能而彊欲爲之者，有不爲而自能者。至於聖人，亦何所爲？亦何所不爲？亦何所能？亦何所不能？俯仰同俗，升降隨物，奇功異迹，未嘗暫顯，體中之絶妙處，萬不視一焉。此卷自始篇至此章，明順性命之道，而不係著五情，專志致柔，②誠心無二者，則處水火而不焦溺，③涉木石而不挂硋，④觸鋒刃而無傷殘，履危險而無顛墜；萬物靡逆其心，入獸不亂群；神能獨游，身能輕舉，耳可洞聽，目可徹照。斯言不經，實駭常心，故試論之：夫陰陽遞化，五才偏育，金土以母子相生，水火以燥濕相乘，人性以静躁殊途，升降以所能異情，故有雲飛之翰、淵潛之鱗、火游之鼠、木藏之蟲。何者？剛柔、炎涼各有攸宜，安於一域，則困於餘方。至於至人，⑤心與元氣玄合，體與陰陽冥諧，方圓不當於一象，温涼不值於一器，神定氣和，所乘皆順，則五物不能逆，寒暑不能傷，謂含德之厚，和之至也，故常無死地，豈用心去就而復全哉？蹈水火，乘雲霧，履高危，入甲兵，未足怪也。**盧曰**：言夫子能而不爲者，方以仁義禮節、君臣之道以救衰俗耳，不獨善其身以群鳥獸焉。**政和**：心與道冥，則一體未始有分；形與物遷，則萬化未始不異。物我相對，觸類爲二，和之以天倪，烏用而求有以異？物我同根，彼是一致，無虚實之相形，則出入石壁，奚物而能閡？無利害相摩，則上下烟熛，奚物而能傷？故曰"和者大同於物，物無得傷閡者，游金石，蹈水火，皆可也"。子夏知之而未能，夫子能之而不爲，蓋道非有心者所能得遠，亦非無心者所能得近，故子夏於此則曰"刳心去智，商未之能"；聖人藏於天而不自衒鬻，則夫子能之而不爲

① "知"，秦恩復曰："疑衍。"
② "志"，北宋本、南宋本、世德堂本、汪本作"氣"。
③ "焦"，南宋本、世德堂本作"燋"。
④ "挂硋"，南宋本、世德堂本作"悸駭"。
⑤ "至"，世德堂本作"聖"。

者，真是也。彼弊弊然游金石，蹈水火，以爲有道，是以其道與世抗，使人得而相之者爾。故列子歷敘諸子之道，至此則尊夫子爲大全焉。**范曰**：石則實而能硋，火則烈而善焚。觸實不硋者，雖從石壁中出，不知其爲石；蹈火不熱者，雖隨烟燼上下，不知其爲火。坐進此道，唯和而同物，然後能之。蓋大同離人，萬物一視，以游金石，以蹈水火，無往不可。將以刳心，未能虛而無物；將以去智，未能同於大通。故雖語之有暇，而未之能爲焉。夫子能之而能不爲，是殆得之以心者然耶。

有神巫自齊來，①處於鄭，命曰季咸，知人死生、存亡、禍福、壽夭，期以歲、月、旬、日，如神。② 鄭人見之，皆避而走。③○向秀曰："不喜自聞死日也。"列子見之而心醉，○向秀曰："迷惑其道也。"而歸以告壺丘子，④曰："始吾以夫子之道爲至矣，則又有至焉者矣。"○郭象曰："謂季咸之至又過於夫子也。"壺子曰："吾

---

① "來"上，王叔岷曰："案《文選》顏延年《五君咏》注、《酉陽雜俎續集》四引'來'上並有'而'字。"

② "知人死生存亡禍福壽夭期以歲月旬日如"，王叔岷曰："案《天中記》四十、《荆川稗編》六五引'知人'下並有'之'字，'如'並作'若'。《莊子·應帝王》篇同。有'之'字文意較完。'如'猶'若'也，《記纂淵海》八七引'如'亦作'若'。"

③ "避"，王叔岷曰："《釋文》：'避，一本作棄。'《天中記》四十、《稗編》六五引並作'棄'。《莊子·應帝王》篇同。"

④ "而歸以告壺丘"，王叔岷曰："案《稗編》六五引'歸'上無'而'字，今本'而'字疑衍(德凌案：當作因)上句而衍。《莊子·應帝王》篇亦無'而'字。"陶光曰："光按：'而'字與上文'而心醉'字復，《莊子》無此'而'字，是。又《莊子》無'丘'字。"

與汝既其文，[①]未既其實，而固得道與？衆雌而無雄，而又奚卵焉？[②]○向秀曰："夫實由文顯，道以事彰。有道而無事，猶有雌無雄耳。今吾與汝雖深淺不同，然俱在實位，則無文相發矣，故未盡我道之實也。此言至人之唱，必有感而後和者也。"而以道與世抗，[③]必信矣

---

① "既"，世德堂本作"無"，《釋文》作"無"，云："'無'，諸家本作'既'，於義不長。"盧文弨曰："案注似'無'字是，然《莊子》亦作'既'。"王叔岷曰："《釋文》本'既其文'作'无其文'（云'諸家本作既，於義不長'），世德堂本同。注'向秀曰：今吾與汝雖深淺不同，然俱在實位，則无文相發矣'，是向本《莊子》作'无其文'。陳碧虛《莊子闕誤》引江南古藏本同。但作'既'作'无'，義皆不明。上文'顏回問津人操舟'章作'吾與若玩其文也久矣，而未達其實'，'玩'字義長。疑'既'即'玩'之誤，下'既'字亦當作'玩'。其作'无'者，'玩'壞爲'元'，傳寫因易爲'无'耳。"陶光亦曰："光按：作'既'作'無'並無義，字當作'玩'，壞爛其左半，形與'既'近，因致訛誤；或徑存其半，轉寫訛爲'無'，又轉寫爲'無'。……本篇上文'顏回問津人操舟'章亦有此語，句作'吾與若玩其文也久矣，而未達其實'，字正作'玩'，是其證已。"于省吾曰："俞樾易'無'爲'貫'，王叔岷依盧本'吾與汝既其文，未既其實'，疑二'既'字爲'玩'之誤，均係臆改成文。'無'字……即'舞'之本字。舞者必須行動，故金文'舞'字亦從辵作'𨕖'，從舛之'舞'乃後起字。《周禮》鄉大夫'五曰興舞'，鄭司農云：'故書舞爲無。'《周禮》故書與此文之'舞'均作'無'，乃古文之僅存者。'無'字應讀爲《漢書・汲黯傳》'舞文法'之'舞'，如淳注'舞，猶弄也'。《天瑞》篇'事之破礪而後有舞仁義者'，盧解亦訓'舞'爲'弄'。上文仲尼答顏淵之問曰'吾與若玩其文也久矣，而未達其實'，'玩'與'弄'同義，《説文》：'弄，玩也。'此文本謂吾與汝舞弄其文而未盡其實也。"德淩按：王説、陶説可從。

② "衆雌而無雄而又奚卵焉"，王叔岷曰："案'雌'、'雄'二字疑當互錯，於義較順，《淮南・覽冥》篇正作'衆雄而無雌'。"陶光曰："光按：此文與《莊子》文同。疑當作'衆雄而無雌，而又奚化焉'。'卵'字古文作'卝'，與'化'字篆書形近，故致誤也。道家貴雌，老子《道經・反朴》篇言'知其雄，守其雌'是也，故知此文當作'衆雄而無雌'。《淮南子・覽冥》篇'衆雄而無雌，又何化之所能造乎？所謂不言之辯、不道之道也'，當即本於《莊子》，'衆雄'二句語意完足，未經訛誤也。……故《淮南》之文不誤，而誤者乃在今本《莊子》，此書蓋襲《莊子》已誤之本。"

③ "抗"，王叔岷曰："《釋文》：'抗，或作亢。'案《稗編》六五引正作'亢'。'亢'、'抗'古通。《莊子・應帝王》篇亦作'亢'。作'亢'是故書。"

夫，故使人得而相汝。○向秀曰："亢其一方以必信於世，①故可得而相也。"**盧曰**：列子見鄭巫而心醉，以其能知生死、禍福，將以道盡於此。壺丘子曰：吾與汝且亡其文迹，都未盡其實理也，汝豈得吾道歟？夫澄神寂慮，如衆雌也；動用成功，若雄也。汝方息事以靜心，安得無雄而求卵耶？乃欲以至道與俗巫相敵，則汝之深信，故鬼物知汝也。**政和**：解見《莊子》書。**范曰**：神也者妙萬物而爲言，巫則誣神之言以告人者，故死生、存亡、禍福、壽夭，雖可期於歲、月、旬、日之間，似妙而非妙，如神而已。既已謂之神巫，而又曰季咸，以寓物之妙而有感者也。咸則有感，感則有心，方且以我之有心而感人之心，以我之有見而見人之見，故死生、存亡、禍福、壽夭八者妄名。起名既已妄，又妄見之，見既愈妄，又妄言之。世之滯於相而不能冥妄者，又妄受之，直以是爲真，故棄而走也。雖列子由見之而心醉，未能刳心也，以其道之至，於壺丘子未能絶學也，是直既其文，未既其實而已。夫道未始有物，而物無非道，故空虛無而莫之與匹，猶之衆雌而無雄也。苟居然獨而藏於胸中，是由無雄而卵也，而以道與世抗而必信焉，未能立乎不測而游乎無有，故使人得而相汝。嘗試與來，以予示之。"②明日，列子與之見壺子，出而謂列子曰："嘻，子之先生死矣，弗活矣，不可以旬數矣。③吾見怪焉，見濕灰焉。"列子入，涕泣沾衿，④以告壺子，壺子曰："向吾示之

---

① "亢"，原作"無"，據汪本改。北宋本、世德堂本作"元"，盧文弨曰："當作'亢'。"王叔岷曰："道藏本、元本注'元'並作'無'，世德堂本作'无'（德凌按：世德堂本作'元'）。盧文弨云'元，當作亢'是也，《莊子》郭注亦作'亢其一方'。'亢'誤爲'元'，因復誤爲'无'，傳寫更易爲'無'矣。"

② "予"，王叔岷曰："《酉陽雜俎續集》四引'予'作'吾'，《御覽》八七一引《莊子·應帝王》篇亦作'吾'。"

③ "可"，陶光曰："光按：《莊子》無'可'字。"

④ "衿"，原作"衾"，據道藏白文本、林本改。俞樾曰："樾謹按：'衾'當作'衿'，即'襟'字也。《莊子·應帝王》篇正作'泣涕沾襟'。"王重民曰："案吉府本正作'衿'，與俞説合。"王叔岷曰："道藏白文本、林希逸本亦並作'衿'。《稗編》六五引作'襟'，與《莊子》同。"

以地文，○向秀曰："塊然若土也。"罪乎不誫不止，[1]○罪，字或作萌。向秀曰："萌然不動，亦不自止，與枯木同其不華，死灰均其寂魄，此至人無感之時也。夫至人，其動也天，其靜也地，其行也水流，其湛也淵嘿。淵嘿之與水流，天行之與地止，其於不爲而自然，一也。今季咸見其尸居而坐忘，即謂之將死；見其神動而天隨，便爲之有生。[2] 苟無心而應感，則與變升降，以世爲量，然後足爲物主而順時無極耳，豈相者之所覺哉？"是殆見吾杜德幾也。○向秀曰："德幾不發，故曰杜也。"**盧曰**：夫鬼神之靈，能知人之動用之心耳；有所繫，鬼便知也。壺子色存乎濕灰，心著乎土壤，萌然無慮，故曰天文。[3] 振動則爲生，止靜則冥寂，故曰不動不止也。**政和**：見怪則非常，濕灰則不復。然古之至人，運道樞於無窮，則彼是莫得其偶；杜德幾而不發，則嗒焉似喪其耦。故示之以地文，而見吾杜德幾，則謂弗活也。地與陰同德，而其事文則一以爲靜，一以爲顯，故曰"不誫不止"。不誫，言不震動也；不止，言不止著也。**范曰**：凡形皆土也，有形矣，乃有可怪；有心矣，乃以爲怪。土合於空，心合於無，道通爲一，孰可爲怪？古之至人，心若死灰，其藏深矣，不可測究。彼將以妄見而見焉，故直以爲見怪也。不震，以言其未嘗動；不止，以言其未嘗止。萌乎不震不止者，示之以地文，固如此也，是殆見其杜德幾而不發者歟？嘗又與來。"明日，又與之見壺子，[4]出而謂列子曰："幸

① "罪乎不誫不止"，《釋文》云："'罪'，本作'萌'。"盧文弨曰："《莊子·應帝王》作'萌乎不震不止'。"王叔岷曰："案'罪'讀爲'罪'，説殊牽強。此當以作'萌'爲是。萌有生義(《淮南·俶真》篇'孰知其所萌'，注'萌，生也')，'萌乎不誫不止'猶云'生於不動不止'，正對上文'子之先生死矣'而言，意甚明白。作'罪'者誤。《釋文》'誫音震'，《稗編》六五引正作'震'，《莊子·應帝王》篇同。"陶光曰："光按：作'萌'是也。'萌'字隸書作'𦬆'，壞爛其三邊(趙庚颺、許世瑛按："三"當作"二")，形與'罪'近，故致訛誤。"

② "爲"，當作"謂"。

③ "天文"，秦恩復曰："案'天文'當作'地文'。"

④ "又"上，王叔岷曰："案《酉陽雜俎續集》四引'又'上有'列子'二字。"

矣，子之先生遇我也。有瘳矣，灰然○灰，或作全。有生矣，[①]吾見杜權矣。"[②]○有用而無利，故謂之杜權。列子入告壺子，[③]壺子曰："向吾示之以天壤，○向秀曰："天壤之中，覆載之功見矣。比之地文，[④]不猶外乎？"名實不入，○向秀曰："任自然而覆載，則名利之飾皆爲棄物。"而機發於踵，○郭象曰："常在極上起。"此爲杜權，[⑤]是殆見吾善者幾也。"[⑥]○向秀曰："有善於彼，彼乃見之，明季咸之所見者淺矣。"**盧曰**：有權而不用，爲杜也。若天之覆而未見其功，自下而升，爲名實未入，故云有生矣。**政和**：灰然有生者，或説以爲不復然之中有生之意。向見其濕灰，則生之意已滅，滅則已矣，故以爲弗活；今見其杜權，則動之用猶藏，然既以動矣，故以爲有生。示之以天壤，壤者，土有息者也；所命於天者，於此有息焉，故曰天壤。名實不入，則真妄已冥；機發於踵，則息之所起，此所以爲杜權也。蓋其道不可見，而繼道者如此而已，故曰"是殆見吾善者幾也"。**范曰**：有名有實，是物之居；無名無實，是物之虛。名實不入，而機發於踵，則未嘗有，未嘗無也。雖靜而無爲，氣自是而起焉，所謂真人之息以踵是也。示之以天壤，固當如此。季咸初見其濕灰，不知其爲杜也，遂以爲死；及見其全然有生，然後知向之死灰

---

① "灰"，王叔岷曰："注：'灰，或作全。'《釋文》：'灰，本作全。'案《記纂淵海》八七、《稗編》六五引並作'全'，《莊子・應帝王》篇同。"

② "見"，王叔岷曰："案《稗編》六五引'見'下有'其'字，《莊子・應帝王》篇同。"

③ "入"，王叔岷曰："案《稗編》六五引'入'下有'以'字，下同，《莊子・應帝王》篇亦有'以'字。"

④ "比"，原作"此"，據北宋本、南宋本、世德堂本、汪本改。"之地"，原作"地之"，據王叔岷校語改。王叔岷曰："案《莊子・應帝王》篇注作'比之地文'，當從之。此文'之地'二字誤倒。"

⑤ "此爲杜權"，王叔岷曰："案《稗編》六五引無此四字，《莊子・應帝王》篇同。"陶光亦曰："光按：此句隔斷文義，疑是注文釋上文'吾見杜權矣'之義而羼入正文者，《莊子》正無此句。"

⑥ "善者幾"，陶光曰："光按：'善者幾'，義不可解。疑'者'當作'道'，其左半壞闕，又形誤耳。尋此文與上文'杜德幾'、下文'衡氣幾'相比，示以地文而見杜德幾，示以天壤而見善道幾，示以太沖莫眹而見衡氣幾，義正相嵛。"

爲杜權而非正也，是殆見吾善者幾歟。嘗又與來。”明日，①又與之見壺子，出而謂列子曰：“子之先生坐不齋，②○或無坐字。向秀曰：“無往不平，混然一之。以管窺天者，莫見其崖，故以不齋也。③”吾無得而相焉。④試齋，將且復相之。”列子入告壺子，壺子曰：“向吾示之以太沖莫眹，○向秀曰：“居太沖之極，浩然泊心，⑤玄同萬方，莫見其迹。”是殆見吾衡氣幾也。○衡，平也。鯢旋之潘○音藩。爲淵，止水之潘爲淵，流水之潘爲淵，濫水之潘爲淵，沃水之潘爲淵，氿水之潘爲淵，雍水之潘爲淵，汧水之潘爲淵，

---

① “明日”，王叔岷曰：“案《酉陽雜俎續集》四引‘明日’上有‘列子’二字，疑‘列子’二字當在‘明日’下，與引上文一律。”

② “坐不齋”，王叔岷曰：“案注謂‘或無坐字’，《釋文》本‘齋’作‘齊’，《酉陽雜俎續集》四引正作‘子之先生不齊’，《莊子·應帝王》篇同，當從之。無迹可相，故謂‘不齊’。蓋由‘齊’誤爲‘齋’，淺人因更於‘不’上妄加‘坐’字耳。”陶光曰：“張注曰：‘或無坐字。’光按：《莊子》亦無‘坐’字，是。《莊子·人間世》篇：仲尼曰：‘齋，吾將語若！（云云從略）’顔回曰：‘回之家貧，唯不飲酒、不茹葷者數月矣。若此，則可以爲齋乎？’曰：‘是祭祀之齋，非心齋也。’回曰：‘敢問心齋。’仲尼曰：‘若一志，無聽之以耳，而聽之以心；無聽之以心，而聽之以氣！聽止於耳，心止於符。氣也者，虛而待物者也。唯道集虛。虛者，心齋也。’可以參悟‘齋’字之義，若有‘坐’字則不可解矣。”

③ “故以”下，盧文弨曰：“當有‘爲’字。”

④ “無”，秦本作“不”。

⑤ “浩”，北宋本、南宋本、世德堂本、汪本作“皓”。

肥水之潘爲淵，是爲九淵焉。[①] ○此九水名，義見《爾雅》。夫水，一也，而隨高下夷險，有洄激流止之異；似至人之心，因外物難易，有動寂進退之容。向秀曰："夫水流之與止，鯢旋之與龍躍，常淵然自若，未始失其靜默也。"郭象曰："夫至人用之則行，舍之則止。雖波流九變，治亂紛紜，若居其極者，常淡然自得，泊乎無爲也。"**盧曰**：心運於太沖之氣，漠然無迹，蕩然有形，而轉運不常，若水之變動殊名，未嘗離乎淵澄也，故不得其狀而辯之矣。**政和**：地文則陰勝陽，天壤則陽勝陰，至於太沖則有陰有陽，而非陰非陽，故曰"太沖莫眹"。眹者，神之兆於物，陰陽不測，故莫得其眹也；且沖者，陰陽之交。太沖莫眹，則見其適平而已，故謂之衡氣幾。一陰一陽，沖而莫眹，證諸九淵，亦可知矣。潘者，反流之謂也，惟反流，然後能全一，此潘者所以皆淵也。鯢旋之潘爲淵，以言全一於至動；止水之潘爲淵，以言全一於或止。流水以喻夫出，與物交濫，則出之過也；沃水以喻夫入，爲物澤汍，則入之窮也。雍則河水既出，還復入，又異夫入之窮矣；汧則既出而不流，又異夫還復入矣。肥則出異而歸同，蓋反流全一者，其義盡於此也。然《莊子》獨舉其三者，蓋別而爲九，合而爲三，其致一爾。**范曰**：地文則陰也，天壤則陽也。至其太沖，則一陰一陽，如衡

---

① "鯢旋之潘"至"是爲九淵焉"五十九字，俞樾曰："樾謹按：上文云'是殆見吾杜德幾也，嘗又與來'，又曰'是殆見吾善者幾也，嘗又與來'，然則此文'是殆見吾衡氣幾也'下即當言'嘗又與來'，方與上文一律，乃於中間羅列九淵，殊爲無謂，疑此五十八字(德凌按：今本五十九字)乃它處之錯簡。《莊子·應帝王》篇止列首三句，而總之曰'淵有九名，此處三焉'，正以其與本篇文義不關，故略之耳，然可證《莊子》所見本已與今同，蓋古書之錯誤久矣。"王叔岷曰："案《釋文》本'旋'作'桓'，'桓'猶'旋'也。《莊子·應帝王》篇'旋'亦作'桓'，'潘'作'審'，《釋文》引崔本作'潘'，與此同，又引司馬彪云'審當作蟠。蟠，聚也'，此本《釋文》云'潘，本作蟠'，與司馬說合。"自"濫水之潘"至"是爲九淵焉"四十一字，王叔岷曰："案《稗編》六五引此四十一字作'淵有九名，此處三焉'，《莊子·應帝王》篇同，當從之。蓋《莊子》僅舉鯢桓、止水、流水三淵者，乃以證前言，鯢桓以喻衡氣機，止水以喻杜德機，流水以喻善者機。此文具舉九淵之名，與上文無涉，疑後人據《爾雅·釋水》之文妄加也。道藏白文本'氿'作'沉'，林希逸本亦作'沉'，云：'沉，一作氾，合作汍。'《記纂淵海》八引正作'氾'。盧重元本、道藏高守元本並作'汍'。'沉'、'氾'、'汍'並'氿'之誤。""焉"，原作"矣"，據藏本、北宋本、南宋本、世德堂本、汪本改。

適平，是以謂之衡氣幾也。萬法平等，無有高下，彼見自不齊耳，故無得而相焉。《老子》曰："心善淵。"淵虚而静，不與物雜。波流之變，雖或不同，而淵湛之性，常自若也。所謂太沖者，蓋亦若此。嘗又與來。"明日，又與之見壺子，立未定，自失而走。壺子曰："追之。"列子追之而不及，反以報壺子，曰："已滅矣，已失矣，吾不及也。"①壺子曰："向吾示之以未始出吾宗，○向秀曰："雖進退同群，而常深根寧極也。"吾與之虚而猗移，②○向秀曰："無心以隨變也。"不知其誰何，○向秀曰："泛然無所繫者也。"③因以爲茅靡，④因以爲波流，⑤故逃也。"○茅靡，當爲頹靡。向秀曰："變化頹靡，世事波流，無往不因，⑥則爲之非我。我雖不爲，而與群俯仰。夫至人，一也，然應世變而時動，故相者無所用其心，自失而走者也。"**盧曰**：絶思離念，入於無爲，至虚而無形，不見其相貌，如草之靡，如波之流，渺然，泛

---

① "吾不及也"，王叔岷曰："《稗編》六五引'吾不及也'作'吾弗及已'，《莊子》同。"

② "猗移"，汪本作"倚移"，王叔岷曰："《釋文》：'猗移，委移，至順之貌。'案《稗編》六五引作'委蛇'，同。《莊子·應帝王》篇亦作'委蛇'。"

③ "者也"，北宋本、南宋本、世德堂本、汪本無。

④ "茅靡"，洪頤煊曰："《莊子·應帝王》篇作'因以爲弟靡'，《釋文》：'弟靡，不窮之貌。崔云：猶遜伏也。'弟靡即迤靡之借。'第'、'茅'因字形相近而訛。"王叔岷曰："案《莊子·應帝王》篇'茅靡'作'弟靡'，郭注亦云'變化頹靡'，'茅'即'弟'之誤，'弟'又'夷'之誤也。奚侗《莊子補注》云'弟當爲夷，《文選》潘安仁《射雉賦》"崇墳夷靡"，徐爰注：夷靡，頹弛也'，其説是也。'茅'、'弟'、'夷'三字形近易混，《史記·魯周公世家》'煬公築茅闕門'，《集解》'徐廣曰：茅，一作第，又作夷'，即其比。"

⑤ "波流"，王叔岷曰："《酉陽雜俎續集》四引'波流'作'流波'，當從之。'波'與上文'移'、'何'、'靡'爲韻。"陶光曰："陸德明《莊子》釋文曰：'崔本作波隨。'王念孫曰：'作波隨者是也。蛇、何、靡、隨爲韻。'聞先生曰：'波隨當爲陂墮，即陂隋。《楚辭·招魂》：侍陂陁些。《釋名·釋山》：山旁曰陂，言陂阤也。《文選·上林賦》陂池貏豸，注：旁頹貌也。《西征賦》裁岥岮以隱嶙，注：岥岮，頹貌。委蛇、弟靡、陂墮，義皆相近。'光按：今本《莊子》字作'波流'者，蓋本或作'波沱'，形近而誤，僞《列子》書者即據襲之耳。"

⑥ "無往"，北宋本、汪本作"利化"。

然，非神巫之所識也。**范曰**：季咸則有心而感者，故每入而皆曰見；壺子則無心而應者，故每至而皆曰示。以有心而相無心，則累於形數而未離見，見之處直以爲死生在是而莫之逃也。故示之地文，則嘆之以其死；示之以天壤，則幸之以其生；示之以太沖莫眹，則又名之以不齋，無得而相焉。曾不知至人之心，靜而與陰同德，動而與陽同波。與陰同德，彼亦不得而見焉，必示之以地文，文者，物之所自雜也；與陽同波，彼亦不得而見焉，必示之以天壤，壤者，物之所自生也；至於示之以太沖莫眹，則又陰陽適中，無所偏勝，有所謂天地之中者。三者皆謂之幾，意而動之，微而見之，是故得而見之也。若夫未始出吾宗，則雖示而秘，彼將莫得而窺矣，此所以自失而走，追之弗及歟。然壺子之告列子，且曰"殆見吾杜德幾"，又曰"殆見吾善者幾"，又曰"殆見吾衡氣幾"，皆曰"吾"者，由是立我矣。至於吾與之虛而委蛇，不知其誰何，雖吾亦喪之，示之者其誰邪？相之者其誰邪？其止也，如茅之靡，而不知其所以靡；其動也，如波之流，而不知其所以流。求我於動止之間，皆不可得，所以故逃也。然後列子自以爲未始學而歸，三年不出，○向秀曰："棄人事之近務也。"爲其妻爨，○向秀曰："遺恥辱。"食豨如食人。① ○向秀曰："忘貴賤也。"於事無親，②○向秀曰："無適也，無莫也。"雕琢復朴，塊然獨以其形立，○向秀曰："雕琢之文，復其真朴，則外事去矣。"份然而封戎，③○向秀曰："真不散也。"戎，或作哉字。壹以是終。○向秀曰："遂得道也。"**盧曰**：忘是非，等貴賤，齊物我，息外緣，不封於我，守一而終，然後契真。**政和**：未始出吾宗者，蓋聖人以天爲宗，藏於天，故未始出吾宗也。餘見《莊子》解。**范曰**：學者，學其所不能學也。列子之於道，既其文，未

---

① "豨"，陶光曰："光按：'豨'，當從豕作'豨'。《方言》八：'猪，關東西或謂之彘，或謂之豕，南楚謂之豨。'《莊子》字作'豕'，義同。"

② "無"下，王叔岷曰："案《稗編》六五引'無'下有'與'字，《莊子・應帝王》篇同。"陶光曰："光按：《莊子》'無'下多'與'字，語意較完。"

③ "份"，王叔岷曰："《釋文》：'份音紛。'案道藏宋徽宗本正作'紛'，《莊子・應帝王》篇同。"

既其實,故自以爲未始學而歸,將以學其所不能學也。三年不出,爲其妻爨,食豕如食人,則忘我之至也。於事無爲親,則致虛之極也。雕琢復朴,則既雕既琢,復歸於朴也。塊然獨以其形立,則似遺物離人而立於獨也。紛然而封哉,一以是終,則萬緒擾擾,雖攖而寧,而終莫之變也。

卷之六

黄帝

子列子之齊，①中道而反，○驚人之推敬於己，故不敢遂進。遇伯昏瞀人。伯昏瞀人曰："奚方而反？"曰："吾驚焉。""惡乎驚？""吾食於十漿，②○客舍賣漿之家。而五漿先饋。"③○人皆敬下之也。伯昏瞀人曰："若是，則汝何爲驚已？"④曰："夫内誠不解，⑤○郭象曰："外自矜飾，内不釋然也。"形諜成光，⑥○郭象曰："舉動便辟成光儀。"以外鎮人心，⑦○外以矜嚴服物，内實不足。使人輕

---

① "子列子"，王叔岷曰："案《御覽》八六一、《事文類聚續集》十七、《合璧事類外集》四三引'列子'上並無'子'字。"

② "吾"上，王重民曰："案《御覽》八十六引下'吾'字上有'曰'字。蓋'惡'字與下'吾'字之上本均有'曰'字，而今本並脱之，《莊子·列禦寇》篇並有兩'曰'字，是其證。"王叔岷曰："案《御覽》'八十六'乃'八百六十一'之誤。《事文類聚續集》十七、《合璧事類外集》四三引'吾'上亦並有'曰'字。"

③ "饋"下，王叔岷曰："《御覽》八六一引'饋'下有注云：'饋，遺也。'"

④ "已"，王叔岷曰："案《合璧事類外集》四三引'已'作'也'，'已'猶'也'也。《釋文》'已音紀，謂驚其自失也'，非。《御覽》八六一引此下有注云'遺汝之漿，何故驚也'，亦以'已'爲'也'。"

⑤ "夫内誠不解"下，王叔岷曰："案《御覽》八六一引此下有注云'内無誠實，外無解然'。"

⑥ "形諜成光"下，王叔岷曰："案《御覽》八六一引此下有注云'諜，飾其形身之光也'。"

⑦ "以外鎮人心"下，王叔岷曰："案《御覽》八六一引此下有注云'外以諜形鎮人，則其内不足也'。"

乎貴老，[1]〇使人輕而尊長之者，由其形諜成光故也。而整其所患。[2] 〇郭象曰："以美形動物，則所患亂至也。"夫漿人特爲食羹之貨，多餘之贏，[3]〇所貨者羹食，所利者盈餘而已。其爲利也薄，其爲權也輕，而猶若是；[4]〇郭象曰："權輕利薄，可無求於人，而皆敬己，是高下大小無所失者。"而況萬乘之主，[5]身勞於國，而智盡於事。〇所以不敢之齊。彼將任我以事，而效我以功，吾是以驚。"[6]〇推此類也，則貨輕者望利薄，任重者責功多。**政和**：古之至人，明白入素，無爲復朴，天機不張，默與道契，惛然若亡而存，油然不形而神，則知我希而我貴矣。内誠不解，則未能忘心；形諜成光，則未能遺形。以外鎮人心，使人輕乎貴老而重己，身勞於國，智盡於事，[7]則慘怛之疾、恬愉之安時集於體，怵迫之恐、欣懼之喜交溺於心，整其所患有如此者，又烏能無驚乎哉？**范曰**：聖人披褐懷玉而全其形，生之人藏其身也，不厭深渺而已。内誠不解，則非致道而忘心也；形諜成光，則非葆光而不耀

---

① "使人輕乎貴老"下，王叔岷曰："案《御覽》八六一引此下有注云'重少輕老，由乎形諜'。"

② "整"，北宋本、汪本作"鳌"。盧文弨曰："當作'鳌'。"王重民曰："案《御覽》八百六十一引'整'作'察'。"王叔岷曰："案盧重元本'鳌'作'整'，道藏白文本、宋徽宗本、高守元本、元本、世德堂本並作'整'，道藏林希逸本作'鳌'，江遹本作'鳌'，並'鳌'之誤，'鳌'又'齏'之隸省。王重民云：'《御覽》八百六十一引整作察。''察'字疑誤。'齏'或作'齑'，俗省作'韲'，又通作'齊'，與'察'形近，或由此致誤與？""其所患"下，王叔岷曰："《御覽》八六一引此下有注云'形飾則心亂，亂必患生，故當察也'。"

③ "多餘之贏"下，王叔岷曰："《御覽》八六一、《事文類聚續集》十七引此下並有注云'漿人之饋我者，非貴我贏也(《事文類聚前集》贏作贏)，蓋貨我以自盈耳'。"

④ "爲利也薄其爲權也輕而猶若是"下，王叔岷曰："案《御覽》八六一引此下有注云'食羹之利，薄所利也，權輕猶相謀我，況有國者效我以功事乎？故我中道而反'。"

⑤ "而況萬乘之主"，陶光曰："光按：《莊子》作'而況於萬乘之主乎'。"

⑥ "吾是以驚"下，王叔岷曰："案《御覽》八六一、《事文類聚續集》十七引'驚'下並有'也'字。"

⑦ "事"，原作"士"，據正文、《義解》本改。

也。食於十漿而五漿先饋，則是有以外鎮人心，使人輕乎貴老而重己也。至人尸居環堵之室，而百姓猖狂不知所如，往今有以使人輕乎貴老而重己，則鼇其所患而自貽也，其豈披褐懷玉而藏其身之道哉？伯昏瞀人曰："善哉，觀乎！○汝知驚此者，是善觀察者也。汝處己，人將保汝矣。"○汝若默然不自顯耀，適齊之與處此，皆無所懼。苟違此義，所在見保矣。**盧曰**：見威儀以示人，故人輕死以尊敬。① 將恐人主之勞於事也，必委以責功，食禄增憂，所以驚懼耳。伯昏曰：汝能退身以全真，含光以滅迹，人將保汝矣。何則？進善之心，人皆有之；多利之地，人皆競之。中人之性，可上可下，知名利之不可強也，則進善以自修。《詩》《書》、禮樂，事不易習，若退迹守閒，灰心滅智也，無招招之利，得善人之名。故學道之門善惡同趣者，君子以澄心，小人以誨身，雖不體悟，亦從善之益之也，故曰"人將保汝矣"。無幾何而往，則户外之屨滿矣。○歸之果衆。伯昏瞀人北面而立，敦杖蹙之乎頤，○敦，豎也。② 立有間，不言而出。賓者以告列子。列子提履徒跣而走，暨乎門，問曰：③"先生既來，曾不廢藥乎？"○廢，置也。曾無善言以當藥石也。**盧曰**：廢，當爲發。先生既來，何不發藥石之言，少垂訓耳？曰："已矣。吾固告汝曰'人將保汝'，果保汝矣。非汝能使人保汝，④○順乎理以接物，則物不保之；今背理而感物，求物不保不可得。而汝不能使人無汝保也，⑤○郭象曰："任平而化，則無感無求；無感無求，乃不相保。"**盧曰**：汝之退身全行，絶學棄智，人所以保汝者，非

---

① "死"，汪萊曰："'死'作'先'。"

② "豎"，原作"竪"，據世德堂本改。"竪"，王叔岷曰："案世德堂本注'竪'作'豎'，《莊子·列御（德凌按：當作禦）寇》篇釋文引司馬彪注、成玄英疏並同，當從之。'竪'，俗字。"

③ "履徒跣而走暨乎門問"，陶光曰："《釋文》'履'作'屨'。光按：《莊子》亦作'屨'，又無'徒'字、'問'字。"

④ "汝"，原脱，據《義解》本、北宋本、南宋本、世德堂本、汪本補。

⑤ "無汝保也"，陶光曰："宋徽宗本作'無保汝也'。光按：《莊子》亦作'無保汝也'。"

汝能召之也。若能滅迹混真，愚智不顯者，人亦不知保汝矣。由是言之，汝之行適足爲人所保，而不能使人不保也。而焉用之感也？[1] ○汝用何術乃感物如此乎？感豫出異，[2]○郭象曰："先物施惠，惠不因彼豫出而異也。"[3]且必有感也；[4]摇而本身，又無謂也。○必恒使物感己，則彼我之性動易之。與汝游者，莫汝告也；○皆是摇本之徒，不能相啓悟者也。[5] 彼所小言，盡人毒也。○小言細巧，易以感人，故爲人毒害也。莫覺莫悟，何相孰也？"○不能相成濟也。**盧曰**：汝用何道感之耶？必贊勝豫之詞而出奇異之教，摇鼓汝舌，見能於衆物，雖靡然順汝，有何益耶？與汝同居者，不攻汝之短，但稱汝之長，如此，適足毒汝之行，驕汝之心，有何相成耶？**政和**："善哉觀乎"者，善其能内省；"汝處己"者，告之使退藏。至人抱神以游世俗之間，使人無得而窺之，故必處己；而不處己，則人將保汝矣。人之保汝，非所謂無得而窺者也，故感而後應，不求有異，是乃所以使人無保汝之道也。感豫則感而後應，出異則求有以異。若是者，非特人果保汝而見有於人，且必有感，摇而本身，不能不累於物。夫與汝游者，莫汝告也，則無自而覺；彼以小言，盡人毒也，則適以爲患。莫覺莫悟，安能反於其道乎？故曰"何相孰也"。相孰者，謂相與薰蒸至於成也。**范曰**：感而後應、體性抱神以游世俗之間者，乃所以使人無保汝之道。感豫則非感而後應也，出異則非游乎世之間也。用是則與人爲徒，則鄧墟之家從汝者萬，齊國之衆賀汝者三，尸而祝之，社而稷之，若畏壘之細民，又將竊竊然欲俎豆予於賢人之間，而脱屨户外者殆將滿矣，必且有感，摇而本身，烏能和豫通而不失於見耶？故莫告而小言者，盡爲人毒以害性，而莫覺莫悟者，又不能相與薰蒸以至於

---

① "感也"，陶光曰："光按：《莊子》無'感也'二字，疑是。"

② "感"，原作"應"，據北宋本、南宋本、世德堂本、汪本改。

③ "也"，北宋本、南宋本、世德堂本、汪本作"者"。

④ "必"，許維遹曰："當作'心'，形近致訛。"

⑤ "是摇本之徒不能相啓悟者"，北宋本、南宋本、世德堂本、汪本無"是"、"者"。

成也。然則食於十漿，而五漿先饋者，汝將固驚耶？

楊朱南之沛，老聃西游於秦，①邀於郊。至梁而遇老子。② ○《莊子》云"楊子居"，子居或楊朱之字，又不與老子同時，此皆寓言也。老子中道仰天而嘆曰："始以汝爲可教，今不可教也。"③○與至人游，而未能去其矜夸，故曰不可教者也。楊子不答。④至舍，進涫漱巾櫛，脱履户外，⑤膝行而前，曰："向者夫子仰天而嘆曰：'始以汝爲可教，今不可教。'弟子欲請，夫子辭行不間，⑥是以不敢。今夫子間矣，請問其過。"老子曰："而睢睢，而盱盱，而誰與居？○汝云：何自居處而夸張若此，使物故嘆之乎？大白若辱，⑦盛德若不足。"○不與物競，則常處卑而守約也。

---

① "游"，王叔岷曰："案舊鈔本《文選》趙景真《與稽茂齊書》注引'游'作'適'。"

② "遇老子"，王叔岷曰："案《文選》楊子雲《羽獵賦》注引'遇老子'作'逢老聃'。道藏江遹本'老子'作'老君'，下同。"

③ "汝爲可教今不可教也"，王叔岷曰："案舊鈔本《文選》趙景真《與稽茂齊書》注引'汝'作'子'，'今不可教也'作'而子不可教矣'。"

④ "楊子"，王叔岷曰："案道藏白文本、林希逸本、元本、世德堂本'楊子'並作'楊朱'，與上下文一律。"

⑤ "履"，陶光曰："《釋文》曰：'履，本作屨。'光按：《莊子》字作'屨'。"

⑥ "夫子"，王叔岷曰："案《莊子・寓言》篇叠'夫子'二字，文意較完，疑此誤脱。"

⑦ "大"，王叔岷曰："案《御覽》七百九引'大'上有'夫'字。"

楊朱蹴然變容曰：“敬聞命矣。”其往也，舍者迎將家，①○客舍家也。公執席，妻執巾櫛，舍者避席，煬者避竈；○厚自藏異，②則物憚之也。其反也，舍者與之爭席矣。○自同於物，物所不惡也。**盧曰**：夫真隱之者，無矜夸之聲，無可貴之容。故楊子之往也，人迎送之；及聞善而改，居者與之爭席矣。前章言列子之使人保汝，而此章言楊朱能使人無汝保也。**政和**：良賈深藏若虚，君子盛德，容貌若愚，知我者希，則我貴矣。彼飾智以驚愚，矯激以爲異，自衒自鬻，何足以語夫道？夫列子無意於駭人，猶或非之，則楊朱更貌改容，有意於異衆，其曰“不可教也”宜矣。“大白若辱”者，滌除玄覽而不睹一疵，雖受天下之垢，然不修身以明污也；“盛德若不足”者，德無以加，而不自以爲有餘，所謂上德不德也。楊朱聞命而往，舍者爭席，幾是已。蓋其往也，將迎執避，衆異之如彼也；及其反也，舍者爭席，言衆輕之如此也。是以聖人披褐懷玉，故去彼取此。**范曰**：賊莫大乎德有心而心有眼，又況於睢睢盱盱者乎？睢則逆而不順，盱則干而不直，蓋内視已敗而外若有營之意。大白若辱，雖滌玄覽而常處衆人之所惡；盛德若不足者，雖日新無敝而不自以爲有

---

① “者”，原脱，據《義解》本、南宋本、世德堂本補。俞樾曰：“樾謹按：‘者’字衍文。盧重元本無‘者’字，是也。舍與舍者不同。下云‘舍者避席’，又云‘舍者與之爭席矣’，皆謂同居逆旅者。此云舍，則謂逆旅主人也。主逆旅者即謂之舍，猶典市者即謂之市，主農者即謂之田。《禮記・王制》篇注曰‘市，典市者’，《月令》篇注曰‘田，主農之官’，是其例也。今涉下文而誤衍‘者’字，則與下兩言‘舍者’無别矣。《莊子・寓言》篇已誤，當據盧本删。”于鬯曰：“鬯案：俞《平議》云：‘者字衍文。……’鬯謂此‘舍者’與下文‘舍者’卻有異，但據盧本以‘者’字爲衍，竊疑其未必然。《莊子・寓言》篇亦有‘者’字，可明此‘者’字之非衍。且主逆旅者爲舍，援小戴《王制》、《月令》兩記鄭注比例，然彼究曰市、曰田，而不言舍，亦僅可爲借證而已。以舍爲逆旅主人，則下文公必當是主人之父矣。顧有父在，何以定子爲主人？下文云‘公執席，妻執巾櫛’，公既是父，又何以與妻並言？故鬯竊謂下文之公，正是逆旅主人，《莊子》陸釋引李注所謂主人公是也。下文‘舍者避席’、‘舍者與之爭席’，‘舍者’固是同居逆旅之人，而此文‘舍者’則殆逆旅中之臣僕，所謂舍人是也。”陶光曰：“諸本‘舍’下有‘者’字。光按：有‘者’字是，《莊子》亦有‘者’字。又‘家’字上有‘其’字，語意較完。”德凌按：于説、陶説可從。“迎將”，誤倒，據《義解》“將迎執避”當乙正。

② “藏”，盧文弨曰：“疑‘尊’。”

餘。審造乎是，則舍者與之爭席矣。

楊朱過宋，東之於逆旅。逆旅人有妾二人，①其一人美，其一人惡，②惡者貴而美者賤。楊子問其故，逆旅小子對曰："其美者自美，吾不知其美也；其惡者自惡，吾不知其惡也。"楊子曰："弟子記之：行賢而去自賢之行，③安往而不愛哉？"○夫驕盈矜伐，鬼神人道之所不與；虛己以循理，④天下之所樂推。以此而往，孰能距之？**盧曰**：此重結前兩科之義也。夫能使人保於我者，其不保者，心嫉之哉；不敢令物之保己也，則天下皆忘其惡矣，況逆旅之妾乎？**政和**：自道觀之，物無美惡，知美之爲美，則惡爲之對。世之所美者爲神奇，所惡者爲臭腐，神奇復化爲臭腐，臭腐復化爲神奇，則美與惡奚辯？聖人不藏是非美惡，虛己以游世而已，不矜不伐，所謂行賢而去自賢之行，天下莫與之爭能，亦莫與之爭功，所謂安往而不愛也。**范曰**：道無異相，孰美孰惡？天下皆知美之爲美，斯惡已。道無殊品，何貴何賤？以物觀之，自貴而相賤也。然則逆旅之妾，孰知其所以然哉？惟行賢而去自賢之行，則天下樂推而不厭矣。

天下有常勝之道，有不常勝之道。⑤ 常勝之道曰柔，常不勝之道曰彊，二者亦知，○亦，當作易。而人未之知，故上古

---

① "逆旅人"，王叔岷曰："案《莊子·山木》篇同。陳碧虛《莊子闕誤》引劉得一本'逆旅人'作'逆旅之'。疑'逆旅'下原有'之'字，惟'之人'當作'之父'，'人'蓋'父'之壞字。下文'逆旅小子'，《韓非子·説林上》篇作'逆旅之父'，可爲旁證。此文'逆旅人'亦當作'逆旅之父'。"

② "人美其一人"，王叔岷曰："案《文選》張茂先《女史箴》注引無兩'人'字。"

③ "之行"，王叔岷曰："案《韓非子·説林上》篇'之行'作'之心'，審文意，當從之。今本'心'作'行'，即涉上'行'字而誤（今本《莊子·山木》篇'心'亦誤'行'，説詳奚侗《補注》）。"陶光曰："奚侗曰：'《韓非子·説林上》篇自賢之行，行作心，當從之。'劉叔雅先生曰：'奚説是也，疏夫種德立行而去自賢輕物之心者，是成本字正作心。'"

④ "循"，原作"修"，據《義解》本、南宋本、世德堂本、汪本改。

⑤ "不常勝"，于鬯曰："鬯案：依下文，'不常'當作'常不'。"陶鴻慶曰："愚案：'不常勝'當作'常不勝'。下文云'常勝之道柔，常不勝之道強'，承此言。"陶光説同。

之言：“彊，先不己若者；○所勝在己下者耳。柔，先出於己者。”○不與物競，則物不能加也。先不己若者，至於若己，則殆矣；○遇敵必危之也。先出於己者，亡所殆矣。○理常安也。以此勝一身若徒，以此任天下若徒，謂不勝而自勝，不任而自任也。○夫體柔虚之道，處不競之地，雖一身之貴，天下之大，無心而御之，同於徒矣。徒，空默之謂也。① 郭象曰：“聽耳之所聞，視目之所見，知止其所不知，能止其所不能，用其自用，爲其自爲，順性而不競於物者，此至柔之道也。故舉其自舉，持其自持，既無分銖之重，而我無力焉。”**盧曰**：強之與柔，二者易知也，人所以未知者何？即求勝之心多也。即遇不如己者，未足爲強；若遇敵於己者，則常危矣。以此心求勝一身一任天下也，常如徒役，無時自安。若柔者，在己下者亦不欲勝之，況出乎己者耶？人謂不勝，而我乃自勝也；自任，故未嘗有失也。《老子》曰：“柔弱勝剛強。”**范曰**：濟物而勝之，上也；以力而勝之，下也。故常勝之道曰柔，常不勝之道曰強。《老子》曰：“天下莫柔弱於水，而攻堅強者莫之能先。”莊子於《外篇》論夔蛇之相憐，而曰“指我則勝我，蹈我亦勝我。② 折大木，蜚大屋，惟我能也”，蓋明乎此。然柔之勝剛，弱之勝強，天下莫不知，而莫之能行，故積衆小不勝爲大勝者，惟聖人能之。粥子曰：“欲剛，必以柔守之；欲彊，必以弱保之。③ ○守柔不以求剛而自剛，保弱不以求彊而自彊，故剛彊者非欲之所能致也。積於柔必剛，積於弱必彊。④ 觀其所積，以知禍福之鄉。○禍福生於所積也。彊勝不若己，⑤至

---

① “默”，原作“黜”，據北宋本、南宋本、世德堂本、汪本改。

② “蹈”，《莊子》作“鰌”。

③ “欲剛必以柔守之欲強必以弱保之”，陶光曰：“光按：自此以下至‘堅強者死之徒’，見《淮南子·原道》篇，‘剛’、‘強’字下並有‘者’字。”王叔岷説同。

④ “必剛積於弱必”，陶光曰：“光按：《淮南子》二‘必’字並作‘則’。”王叔岷説同。

⑤ “不若己”下，王叔岷曰：“案《淮南·原道》篇‘不若己’下有‘者’字（《文子·道原》篇同），與下文句法一律，當從之。《淮南·詮言》篇亦云‘強勝不若己者，至於與同則格；柔勝出於己者，其力不可度’。”

於若己者剛；[①]○必有折也。柔勝出於己者，其力不可量。”**范曰**：柔者道之本，弱者道之用，故積於柔必剛，積於弱必強。觀其所積，而禍福無不自己求之者。以強爲用，而不知保之以弱，則所勝止於不己若者而已；以柔爲用，則其終有以勝剛，故所勝有出於己者焉。古之人所以貴夫處不爭之地者，以其不爭，天下莫能與之爭。老聃曰：“兵彊則滅，○王弼曰：“物之所惡，故必不得終焉。”木彊則折。○強極則毀矣。[②] 柔弱者生之徒，堅彊者死之徒。”[③]**盧曰**：君子曰：“強梁者不得其死，好勝者必遇其敵。積德累仁，柔之道也。”**政和**：積衆小不勝爲大勝者，唯聖人能之。老子曰“天下莫柔弱於水，而攻堅強者莫之能先”，以其無以易之也。蓋有以易之，則徇人而失己，烏能勝物？唯無以易之，故萬變而常一，物無得而勝之者，此之謂常勝之道。“常勝之道曰柔，常不勝之道曰強，二者易知，而人未之知”者，此《老子》所謂“柔之勝剛，弱之勝強，天下莫不知，而莫之能行”者是也。強，先不己若者；柔，先出於己者。先不己若者，至於若己，則殆矣；先出於己者，亡所殆矣者，蓋道與世抗者必遇其敵，懦弱謙下者馳騁天下之至堅，正謂是也。“以此勝一身若徒，以此任天下若徒”者，謂由一身以達之天下，必若柔弱者之徒乃能勝任也，爲其不求勝物而自勝，不假任人而自任故也。抗兵相加，哀者勝矣，故曰“兵強則滅”。拱把之桐梓，人皆知養之，強則伐而拱之矣，故曰“木彊則折”。萬物負陰而抱陽，沖氣以爲和，陽以發生爲德，陰以肅殺爲事，方其肅殺，則沖和喪矣，故曰“柔弱者生之徒，堅強者死之徒”。**范曰**：傳曰：“剛強居下，柔弱處上。”蓋柔而勝剛，弱而胜強，老氏之道術有在於是者，故《莊子》曰“以懦弱謙下爲表”。

狀不必童○童，當作同。而智童，智不必童而狀童。聖人取童智而遺童狀，衆人近童狀而疏童智。狀與我童者，近而

---

① “剛”，吴闓生曰：“當作‘戕’，故注云‘必有折也’。”

② “矣”，原脱，據北宋本、南宋本、世德堂本、汪本補。

③ “死”，北宋本、汪本作“化”。“徒”，王叔岷曰：“案《淮南·原道》篇‘徒’作‘榦’，注‘榦，質也’（《文子·道原》篇作‘幹’，俗）。”

愛之;狀與我異者,疏而畏之。有七尺之骸,手足之異,戴髮含齒,倚而趣者,謂之人,而人未必無獸心,雖有獸心,以狀而見親矣;傅翼戴角,分牙布爪,仰飛伏走,謂之禽獸,而禽獸未必無人心,雖有人心,以狀而見疏矣。庖犧氏、女媧氏、神農氏、夏后氏,蛇身人面,牛首虎鼻,此有非人之狀,而有大聖之德;○人形貌自有偶與禽獸相似者,[①]古諸聖人多有奇表。所謂蛇身人面,非被鱗臆行,無有四肢;牛首虎鼻,非戴角、垂胡、曼頞、解頷,亦如相書龜背、鵠步、鳶肩、鷹喙耳。夏桀、殷紂、魯桓、楚穆,狀貌七竅,皆同於人,而有禽獸之心。而衆人守一狀以求至智,未可幾也。**盧曰**:夫異物之所親者,神也;神去,則父子之親亦隔矣。故居恐怖之夜,與生物同宇,則不懼者,神有同也;處平常之宅,與死尸同室,則恐矣,神有異也。則彼死我生,猶是向時之形,一安一懼者,同類去而形非親也。而人不知含生之物神同形殊以爲憂畏,乃以狀貌同異以爲親疏者,惑矣。故《莊子》曰"物所齊有者爲神",故神爲養生之主也。**范曰**:孟子曰:"人之所異於禽獸者,幾而希,庶民去之,君子存之。"夫索於形骸之外,則狀有同者,智不必同也;索於形骸之内,則智有同者,狀不必同也。是以古之人或有非人之狀而有大聖之德,或狀同於人而有禽獸之心,在夫存之、去之之間而已。

黄帝與炎帝戰于阪泉之野,帥○音率。[②] 熊、羆、狼、豹、貙、虎爲前驅,鵰、鶡、[③]鷹、鳶爲旗幟,此以力使禽獸者也;堯使夔典樂,擊石拊石,百獸率舞,簫韶九成,鳳凰來儀,此以聲

---

① "偶"下,原衍"有"字,據北宋本、汪本、世德堂本删。

② "音率",原脱,據汪本、世德堂本補。

③ "鵰鶡",王叔岷曰:"案《藝文類聚》九十、九一、《初學記》二二、《御覽》九一九、《玉海》八三引'鵰'上並有'以'字,當從之。今本脱'以'字,文意不完。《御覽》三百四十引'鵰'作'雕','雕'上亦有'以'字。'鵰'與'雕'同。《釋文》:'鶡,一本作鶚。'《書鈔》一一八引正作'鶚'。"胡懷琛曰:"作'鶚'者是也。原文所言皆猛獸、鷙鳥,鶡非鷙鳥,非其倫也。以作'鶚'爲是。"

致禽獸者也。然則禽獸之心，奚爲異人？形音與人異，而不知接之之道焉。① 聖人無所不知，無所不通，故得引而使之焉。禽獸之智有自然與人童者，②其齊欲攝生，亦不假智於人也。牝牡相偶，母子相親；避平依險，違寒就温；居則有群，行則有列；小者居内，壯者居外；飲則相携，食則鳴群。③ 太古之時，則與人同處，與人並行。○德純者，禽獸不忌也。帝王之時，始驚駭散亂矣。逮於末世，隱伏逃竄，以避患害。○人有害物之心，物亦知避之也。**范曰**：可以力使，可以聲致，則禽獸之心有自然與人同者；齊欲攝生，不假於人，則禽獸之智有自然與人同者。至德之世，純樸不殘，故禽獸可繫羈而游，烏鵲之巢可攀援而窺也。迨夫後世，好智以亂天下：弓弩畢弋機變之智多，則鳥亂於上矣；削格羅落罝罘之智多，則獸亂於澤矣，故蝡蠕之蟲，肖翹之物，莫不失其性。

今東方介氏之國，其國人數數解六畜之語者，蓋偏知之所得。○夫龜、龍，甲鱗之宗；麟、鳳，毛羽之長，爰逮蜎飛蠕動，皆鳴呼相聞，各有意趣，共相制御，豈異於人？但人不能解，因謂禽獸之聲無有音章。是以窮理備智，則所通萬途；因事偏達，偶識一條。《春秋左氏傳》曰："介葛盧聞牛鳴，曰：'是生四子，盡爲犧矣。'"④太古神聖之人，備知萬物情態，悉解異類音聲，會而聚之，訓而受之，同於人民，故先會鬼神魑魅，○禹朝群神於會稽是也。次達八方人民，末聚禽獸蟲蛾，○百獸率舞是也。言血氣之類心智不殊遠也。神聖

---

① "而"下，《釋文》有"人"字，云："一本無'人'字。"陶光曰："光按：有'人'字語意較完，疑是。"

② "有"，王叔岷曰："案《意林》引'有'上有'亦'字。""童"，王重民曰："案吉府本及《意林》引'童'並作'同'。作'同'者，疑亦後人所改。"

③ "群"，陶光曰："光按：《意林》二引'群'作'侣'。"

④ "是生四子盡爲犧矣"，今本《春秋左氏傳》作"是生三犧，皆用之矣"。盧文弨曰："'四'，別本依《左氏》改'三'。"楊伯峻曰："伯峻案：'四'、'三'兩字古皆積畫而成，因以致悮，此當依《左傳》改正。觀章末盧《解》，盧所見本亦作'三'。"

知其如此，故其所教訓者，無所遺逸焉。**盧曰**：《春秋》介葛盧聞牛鳴，知生三牲犧，①禹朝群神，舜百獸，②則其事也。**政和**：先儒以童爲同，當以爲正也。至德之世，同乎無知，其德不離，同乎無欲，是謂素朴，故同與禽獸居，族與萬物並，禽獸可繫羈而游，烏鵲之巢可攀援而窺也。黄帝阪泉之役，帝堯聲樂之致，蓋以此乎？介葛盧聞牛鳴，成周之時設官，使養鳥獸而教擾之，且掌與之言，則悉解異類音聲，會聚而訓受之，猶有見於後世者。列子嘆淳朴之散，原道德之意，寓之於書，方且易機變之衰俗，而躋之淳厚之域，故其言有及於此。**范曰**：《周官》鴿隸掌與獸言，則解六畜之語，固有偏知之所得者。然此喙鳴者，非工發隱，亦不能與，是以伯翳綜聲於語鳥，葛盧辯音於鳴牛。

宋有狙公者，③○好養猿猴者，因謂之狙公也。愛狙，養之成群，④能解狙之意，狙亦得公之心。損其家口，充狙之欲。俄而匱焉，將限其食，恐衆狙之不馴於己也，○馴，音脣。先誑之曰："與若芧，⑤○芧，栗也。朝三而暮四，足乎？"衆狙皆起而

---

① "三"，原作"四"，據秦本改。

② "舜百獸"，秦恩復曰："案'百獸'下當脱'率舞'二字。"孫詒讓曰："秦云'百獸'下當脱'率舞'二字。案此'舜'下脱一'舞'字，與上'禹朝群神'句正相對，秦校非。"

③ "宋有狙公者"，王叔岷曰："案《莊子・齊物論》篇成玄英疏引作'宋有養狙老翁'，《草堂詩箋》二七引'狙公'上亦有'養'字。"

④ "養"，王叔岷曰："案《草堂詩箋》十七、《錦綉萬花谷别集》二八引'養'上並有'而'字。"

⑤ "芧"，原作"芋"，據南宋本、世德堂本、汪本、藏本、《義解》本改，下同。北宋本作"茅"。陶光曰："光按：作'芧'是，假爲'柔'，《莊子》作'芧'。"王叔岷曰："《事類賦》二七《果部》二引'芧'作'杼'。……《説文繫傳》十一引《莊子・齊物論》篇'芧'亦作'杼'，奚侗以爲'柔'之借字，是也。道藏高守元本'芧'作'芋'，注同，蓋'芧'之形誤。"

怒。俄而曰："與若芧，[①]朝四而暮三，[②]足乎？"衆狙皆伏而喜。[③] 物之以能鄙相籠，[④]皆猶此也。聖人以智籠群愚，亦猶狙公之以智籠衆狙也，名實不虧，使其喜怒哉！**盧曰**：含識之物，雖同有其神，而圓首方足，人最爲靈智耳。智之尤者，爲聖爲賢；才之大者，爲君王。聖人隨才而任，各得其宜，無小無大，各當其分，既無棄人，亦無棄物，籠之以智，豈獨衆狙也？**政和**：古之善爲道者，非以明民，將以愚之。蓋民可使由之，不可使知之，故善爲道者，使由之而已。反其常然，道可載而與之俱，無所施其智巧焉。**范曰**：古之人言詐者，必曰狙詐，以狙之爲物善伺而好詐也，故伐其巧，恃其便貌，非其情可，且而忌智詐智，只爲智籠，故名實未虧，而喜怒爲用。然則群狙見畜於狙公，反覆乎三四之間，曾不自悟者，豈非因其所好而籠之故歟？

紀渻子爲周宣王養鬥雞，[⑤]十日而問：[⑥]"雞可鬥已乎？"曰："未也，方虛驕而恃氣。"○無實而自矜者。十日又問，曰："未也，猶應影向。"○接悟之速。[⑦] 十日又問，曰："未也，猶疾視而盛氣。"○常求敵而必己之勝。十日又問，曰："幾矣。雞雖

---

① "與若"，王叔岷曰："《莊子·齊物論》篇成疏引'與'上有'我'字，'若'作'汝'。"

② "而"，原脱，據北宋本、南宋本、世德堂本、汪本、藏本、《義解》本補。陶光曰："光按：《集解》脱'而'字。"

③ "喜"下，王叔岷曰："案《莊子·齊物論》篇成疏引'喜'下有'焉'字。"

④ "能鄙相籠"，《釋文》云："'能鄙相籠'，一本作'智鄙相籠'。"王叔岷曰："案'能'作'智'較長，下文'聖人以智籠群愚，亦猶狙公之以智籠衆狙也'即承此'智'字而言。"陶光曰："光按：疑作'智鄙'者是，本篇'范氏有子曰子華'章'使其俠客以智鄙相攻'是其比。"

⑤ "紀渻子"，原作"紀消子"，據《義解》本、北宋本、南宋本、世德堂本、汪本改。

⑥ "而問"，王叔岷曰："案《藝文類聚》九一、《事文類聚後集》四六引'而問'下並有'之'字，下文'又問'下亦並有'之'字。《御覽》九一八、《事類賦》十八《禽部》一引下文同。"

⑦ "速"，《釋文》作"迅"，云："'迅'，峻、信二音，一本作'速'。"

有鳴者,已無變矣。○彼命敵而我不應,忘勝負矣。望之似木雞矣,①其德全矣。○至全者,更不似血氣之類。異雞無敢應者,反走耳。”②○德全者,非但己無心,乃使外物不生心。郭象曰:“養之以至於全者,猶無敵於外,況自全乎?”**盧曰**:恃氣以自矜,非必勝之道也;應物疾速如影響者,爲物所轉,未必自得也;疾視盛氣者,機心未忘也。唯忘形神,全死生,不知變者,斯乃無敵於外物也。**政和**:善勝敵者不爭,夫惟不爭,故天下莫能與之爭。蓋欲靜則平氣,欲神則順心,是謂不爭之德也。若是者,其天守全,其神無郤,物奚自入焉?雖忤物而不慴,物亦莫之能傷,純氣之守,非智巧果敢之列也,是謂全德之人哉!**范曰**:雞,人所畜而繇於大者,則所養不能無待矣,故虚憍而恃氣,於己未能無所矜也;猶應響影,於物未能無所應也;疾視而盛氣,則猶不能無欲勝之心焉。若夫雞雖有鳴者,已無變矣,望之似木雞矣,則所養之全有,物無敢敵者。夫形全猶足以爲爾,而況全德之人乎?

惠盎○惠盎,惠施之族。③ 見宋康王,④康王蹀足謦欬,疾言曰:“寡人之所説者,勇有力也,不説爲仁義者也。客將何以教寡人?”惠盎對曰:“臣有道於此,使人雖勇,刺之不入;雖有力,擊之弗中。大王獨無意邪?”宋王曰:“善!此寡人之所欲聞也。”惠盎曰:“夫刺之不入,擊之不中,此猶辱也。臣有道

---

① “似”,王叔岷曰:“案《藝文類聚》九一、《事文類聚後集》四六引‘似’並作‘如’。”

② “者反走耳”,王叔岷曰:“案《藝文類聚》九一、《事文類聚後集》四六引‘者’下並有‘也’字。《記纂淵海》九七引‘耳’作‘矣’,‘耳’猶‘矣’也,《莊子·達生》篇亦作‘矣’。”

③ “族”,原作“孫”,據北宋本、南宋本、世德堂本、汪本改。楊伯峻曰:“注文道藏本作‘惠施之孫’,張注本《吕覽·順説》注:‘孫字誤。’”

④ “惠盎”,王叔岷曰:“案《淮南·道應》篇‘惠盎’作‘惠孟’,下同。”

於此，使人雖有勇，弗敢刺；雖有力，弗敢擊。夫弗敢，①非無其志也。臣有道於此，使人本無其志也。夫無其志也，未有愛利之心者。臣有道於此，使天下丈夫女子莫不歡然，皆欲愛利之，此其賢於勇有力也，四累之上也。大王獨無意耶？"○處卿、大夫、士、民之上，故言四累也。宋王曰："此寡人之所欲得也。"**盧曰**：刺不入，擊不中，一也；不敢刺，不敢擊，二也；本無擊之心，三也；使男女歡然愛利之，四也。如此四重，取其上者，②何如耶？故宋王傾意欲聞之。惠盎對曰："孔、墨是已。**盧曰**：此明智以齊物，崇教以化人，皆道之餘事，陟乎德者。孔丘、墨翟無地而爲君，無官而爲長，天下丈夫女子莫不延頸舉踵而願安利之。今大王萬乘之主也，誠有其志，則四境之内皆得其利矣，其賢於孔、墨也遠矣。"宋王無以應，惠盎趨而出。宋王謂左右曰："辯矣，客之以説服寡人也。"③**盧曰**：此崇道以明德，垂迹以利人。衆徒見孔、墨之教傳，豈知隱道以彰德？所以問津，不群於鳥獸，此其大旨也。**政和**：聖人之於天下，神武不殺，而以慈爲寶，故仁眇天下而無不懷，義眇天下而無不服，是謂常勝之道，賢於勇有力者遠矣，此天下所以愛利之也。言孔子而遂與墨翟俱者，《莊子》論古之道術，百家衆技各有所長，墨子於道，雖不該不遍，亦才士之有所長者也。**范曰**：夫有愛利之心者，由未能使人忘我，而惠盎之言止此，特以對宋康而已。是篇必終於此言者，豈非常勝之道亦在是故歟？

---

① "夫弗敢"，王叔岷曰："案《吕氏春秋·順説》篇、《淮南·道應》篇'夫弗敢'並作'夫不敢刺，不敢擊'。疑此文'夫弗敢'下脱'刺弗敢擊'四字，'弗'猶'不'也。"

② "上"，原作"二"，據秦本改。

③ "服寡人也"，《釋文》云："'服寡人也'，一本作'曉寡人也'。"

卷之七

和光散人高守元集

周穆王

〇夫稟生受有，謂之形；俯仰變異，謂之化；神之所交，謂之夢；形之所接，謂之覺。原其極也，同歸虚僞。何者？生質根滯，百年乃終；化情枝淺，視瞬而滅。① 神道恍惚，若存若亡；形理顯著，若誠若實。故洞監者知生滅之理均，②覺夢之塗一，雖萬變交陳，未關神慮；愚惑者以顯昧爲成驗，遲速而致疑，故竊然而自私，以形骸爲真宅，孰識生化之本歸之於無物哉？**盧曰**：天地成器，無所不包，人生其中，但保其有，曾不知神爲形主、無制於有。聖人所以養其本，愚者但知養其末。③ 形約以爲生，貪生而不識生之主；形謝以爲死，不知神識之長存。④ 迷者爲凡人，悟者通聖智。惑者多矣，故先説悟者以辯之。**政和**：道無真妄，物有彼是，猶之夢覺，自生紛錯。唯大聖知之，⑤通爲一。**范曰**：滯於有者，一毫成隔；悟於無者，萬法同宗。體道之人，浮游乎萬物之祖，造形而上，與化人同游；

---

① "瞬"，盧文弨曰："《釋文》作'瞚'。"王叔岷曰："案《釋文》本'瞬'作'瞚'，當從之。'瞬'，俗字。《湯問》篇'倡者瞬其目而招王之左右侍妾'，《釋文》本亦作'瞚'。"

② "者"，原脱，據楊伯峻所云"當有'者'字"補。

③ "末"，原脱，據秦恩復所云"案'形約'上脱'末'字"補。

④ "不知"上，據上文"貪生而不識生之主"，當有"惡死而"三字。

⑤ "之"，《義解》本作"知"。

悟理之微，與造物默契。一死生之理，齊夢覺之途。雖存亡得失，哀樂好惡，一無所知；雖天地四方，水火寒暑，一無所別。太虛無物，還性宅之自然，又孰弊弊以物爲事？

周穆王時，西極之國有化人來，○化幻人也。入水火，①貫金石，反山川，移城邑，②乘虛不墜，觸實不硋，千變萬化，不可窮極。既已變物之形，③又且易人之慮。○能使人暫忘其宿所知識。**政和**：知變化之道者，其知神之所爲乎？水火之所不能害，金石之所不能礙，高下一體，虛實兩忘，千變萬化，不可窮極，則亦神矣。然神者，妙萬物而不可測也。變物之形，易人之慮，是特窮數達變，因形移易者爾，謂之化人以此。穆王敬之若神，④事之若君，**盧曰**：凡人之慮，不過嗜欲、憂憎、名利、仁義矣。化人今反其真，故云易也。化人者，應物之身也，窮聖極智，⑤應用無方，千變萬化，未始有極者也。推露寢以居之，引三牲以進之，選女樂以娛之。化人以爲王之宮室卑陋而不可處，王之厨饌腥螻而不可饗，○螻蛄，臭也。王之嬪御膻惡而不可親。⑥ **盧曰**：陋王之宮室、腥王之厨膳、膻王之嬪御者，⑦明化人不貴聲色、滋味及居處也。穆王乃爲之改築，⑧土木之功，赭堊之色，無遺巧焉。五府爲虛而臺始成，其高千仞，臨終南

---

① “入”，王叔岷曰：“案《金樓子·志怪》篇‘入’上有‘能’字。”

② “邑”，王叔岷曰：“案《金樓子·志怪》篇‘邑’作‘郭’。”

③ “已變物”，王叔岷曰：“案《弘明集後序》引‘已變物’作‘能變人’。”

④ “神”，王叔岷曰：“案《廣弘明集》二五《簡諸宰輔叙佛教隆替狀》引‘神’作‘聖’。”

⑤ “聖”，秦本作“理”。

⑥ “王之厨饌腥螻而不可饗王之嬪御膻惡而不可親”，胡懷琛曰：“竊謂‘螻’應作‘僂’。‘僂’字與下‘膻’字互訛，應作‘王之宮室卑陋而不可處，厨饌腥膻而不可饗，嬪御僂惡而不可親’。”

⑦ “之”，原脱，據秦本補。

⑧ “築”下，王叔岷曰：“案《容齋四筆》三引‘築’下有‘宮室’二字。”

之上，號曰中天之臺。① 簡鄭衛之處子娥媌靡曼者，○娥媌，妖好也。靡曼，柔弱也。施芳澤，正蛾眉，②設笄珥，○笄，首飾。珥，瑱也。衣阿錫，○阿，細縠。錫，細布。曳齊紈，○齊，名紈所出也。粉白黛黑，珮玉環，雜芷若○芷若，香草。以滿之，○充滿臺館。奏《承雲》、《六瑩》、《九韶》、《晨露》以樂之。○《承雲》，黄帝樂。《六瑩》，帝嚳樂。《九韶》，舜樂。《晨露》，湯樂。月月獻玉衣，③旦旦薦玉食。○言其珍異。化人猶不舍然，不得已而臨之。**盧曰**：王不達其意，更崇飾之。化人猶不釋然，明心不在此之也。④ **政和**：世之所美者爲神奇，所惡者爲臭腐，神奇、臭腐迭相爲化，則美惡奚辯？化人以王之宫室、厨饌、嬪御爲不可，而必改築簡擇，然後臨之，是未能忘美惡之情者也，故穆王欽之，特若神而已。**范曰**：孔子曰："不與化爲人，安能化人？"所謂化人者，殆亦化爲人者耶？故水火、金石可入而貫，山川、城邑可反而移。以無有入無間，不墜於虚；以無厚入有間，不硋於實。千變萬化，不可窮極。無體也，有以變物之形；無思也，有以易人之慮。謂之化人，固宜如此。穆王乃盡欽事之道，推露寢以居之，曾不知其卑陋而不可處也；引三牲以進之，曾不知腥螻而不可饗也；選女樂以娱之，曾不知膻惡而不可親也。於是築中天之臺，簡鄭衛之態，奏《雲》《韶》之樂，獻以玉

---

① "號曰"，王叔岷曰："案《容齋四筆》三引'號曰'作'名曰'。"

② "蛾"，王重民曰："案吉府本'蛾'作'娥'。'娥'正字，'蛾'俗字也。《方言》'娥，好也。秦晉之間好而輕者謂之娥'，此'娥眉'本字。形若蠶蛾之説，始於顔師古《漢書注》，蓋以《詩・衛風・碩人》'螓首蛾眉'螓、蛾相對，既誤以螓爲蜻蜻，因以蛾爲蠶蛾，而不知螓當爲頸，蛾當爲娥也。《楚辭・大招》'娥眉曼只'，枚乘《七發》'皓齒娥眉'，張衡《思玄賦》'嫮眼娥眉'，並作'娥'。"陶光曰："光按：作'蛾'是。'娥'亦得假爲'蛾'。自此以下，至'雜芷若'，全襲《淮南子・修務》篇之文，《淮南》字作'蛾'。"

③ "月月"，南宋本、世德堂本作"日月"，陶鴻慶曰："愚案：'日月'疑當作'日日'。"王重民曰："案陶説恐非。衣食之進薦爲時久暫當有差次，日日、旦旦義同，若果逐日進薦，則云'旦旦獻玉衣，薦玉食'足矣，不煩錯綜爲文。北宋本、吉府本並作'月月'。"

④ "之"，秦恩復曰："案'之'字衍文。"

衣，薦以玉食，曾不知其猶不舍然也。不得已而臨，是直隨其遇而安一宅，而寓於不得已焉耳。居亡幾何，謁王同游。王執化人之袪○袪，衣袖也。騰而上者，中天乃止，暨及化人之宫。① 化人之宫，構以金銀，絡以珠玉，出雲雨之上，而不知下之據，②望之若屯雲焉。③ 耳目所觀聽，鼻口所納嘗，皆非人間之有。王實以爲清都、紫微、鈞天、廣樂，帝之所居。○清都、紫微，天帝之所居也。傳紀云：④"秦穆公疾不知人，既寤，曰：'我之帝所，甚樂，與百神游鈞天、廣樂，九奏《萬舞》，不類三代之樂，其聲動心。'"一説云：趙簡子亦然也。王俯而視之，其宫榭若累塊積蘇焉。王自以居數十年不思其國也。⑤ ○所謂易人之慮也。**盧曰**：中天，至靈之心也。以穆王未能頓忘其嗜欲，故化以宫室之盛，奪其所重之心焉。化人復謁王同游，所及之處，仰不見日月，俯不見河海。光影所照，⑥王目眩不能得視；音響所來，王耳亂不能得聽。百骸六藏，悸而不凝，意迷精喪，請化人求還。⑦ ○太虚恍惚之域，固非俗人之所涉，心目亂惑，自然之數也。**政和**：言王實以爲清都、紫微、鈞天、廣樂，帝之所居，則明其非也。構以金銀，絡以珠玉，觀聽納嘗，⑧皆非人間之所有，而王至於不思其國，其可樂如此；其所及之處，仰不見日

---

① "暨及"，王重民曰："案'暨'、'及'同義，於文爲復，蓋後人附注'及'字於'暨'之下而誤入正文者。《類聚》六十二、《初學記》二十七、《御覽》八百十二引並無'及'字。"王叔岷曰："《北山録》一《聖人生》篇、《文選》左太沖《魏都賦》注、《御覽》一七三引亦並無'及'字。"陶光説同。

② "據"上，陶光曰："道藏白文本、宋徽宗本、江本'據'上有'所'字。"王叔岷曰："案《北山録》一《聖人生》篇引'據'上有'所'字，文意較完，當從之。"

③ "屯雲"，陶光曰："江本'屯雲'作'雲屯'。"

④ "紀"，北宋本、南宋本、世德堂本、汪本作"記"。

⑤ "自以"，王叔岷曰："案《北山録》一《聖人生》篇引'自以'下有'爲'字，文意較完，當從之。"

⑥ "影"，王叔岷曰："案《北山録》一《聖人生》篇引'影'作'彩'。"

⑦ "請"，王叔岷曰："案《北山録》一《聖人生》篇引'請'上有'王'字。"

⑧ "納嘗"，原誤倒，據《義解》本乙正。

月，俯不見河海，目不能視，耳不能聽，而王意迷精喪，請化人求還，其不樂如此。此之謂變物之形而易人之慮。化人移之，○移，猶推也。王若磒虚焉。○磒，墜也。**盧曰**：至極之理，即化人所及之處也。萬象都盡也，何日月、江海之可存？衆昏皆除也，何光景之能有？[①] 此俗形所不能止，常心所未曾知，常戀未忘，故請歸也。既寤，所坐猶向者之處，侍御猶向者之人。視其前，則酒未清，肴未昲。○扶貴反。王問所從來，左右曰："王默存耳。"由此穆王自失者三月而復，更問化人，[②]○問其形不移之意。**盧曰**：亡攀緣之慮，入寂照之方，一念之間，萬代所不及，至人之域，豈更別有方聖？[③] 故酒未清，肴未昲，左右見王之默坐，而都無所往來。王因坐忘三月，不敢問矣。化人曰："吾與王神游也，形奚動哉？○所謂神者，不疾而速，不行而至。以近事喻之，假寐一昔，所夢或百年之事，所見或絶域之物；其在覺也，俯仰之須臾，再撫六合之外。邪想淫念猶得如此，況神心獨運、不假形器、圓通玄照、寂然凝虚者乎？且曩之所居，奚異王之宫？曩之所游，奚異王之圃？王間恒有，[④]疑暫亡。○彼之與此，俱非真物。習其常存，疑其暫亡者，心之惑也。變化之極，徐疾之間，可盡模哉？"[⑤]○變化不可窮極，徐疾理亦無間，欲以智尋象模，未可測。**盧曰**：夫神之異形，此益明矣。王但閒習常見，故有疑於暫亡。若夫至道之人，常亡其形者，復何疑哉？神之變化徐疾，不可盡言。**政和**：神心恍惚，經緯萬方，則神游者其疾俯仰之間，再撫四海之外，形不必動，而心與之俱矣。世之

---

① "光景"上，汪萊云："脱'音響'二字。"

② "三月而復更問"，王叔岷曰："《釋文》：'"三月而復"爲句，一本作不復。'案《北山録》一《聖人生》篇引正作'不復'。《注解隨函上》引'問'下有'於'字。"

③ "聖"，秦恩復曰："案'聖'字誤，或衍文也。"

④ "有"，原脱，據《釋文》補。王叔岷曰："《釋文》本'恒'下有'有'字，云'謂習其常存也'，當從之。'間恒有'與'疑暫亡'對文。無'有'字，則文意不完矣。"

⑤ "徐疾之間可盡模"，《釋文》"模"作"摸"，陶光曰："道藏白文本、林本作'疾徐之間'，江本'模'作'摸'。"

人以常有者爲真，以常無者爲妄，故閒習於常存，而置疑於暫亡，著有棄空，蔽於一曲，不知彼之與此俱非真也。明乎此，則曩之所居，奚異王之宮？曩之所游，奚異王之圃？**范曰**：化人之宮，構以金銀，絡以珠玉，出雲雨之上，而不知下之據，望之若屯雲焉，其視夫中天之臺爲如何哉？耳目所視聽，鼻口所納嘗，皆非人間之有，其視夫鄭衛之態、《雲》《韶》之樂、獻玉衣而薦玉食者爲何如哉？王實以爲清都、紫微、鈞天、廣樂，帝之所居，曾不知變物之形、易人之慮有若是也。故俯而視之，其宮榭若累塊積蘇焉，則變物之形可知；王自以居數十年不思其國也，①則易人之慮可知。雖然，止是耳矣，由非其至，故化人復謁王同游。所及之處，仰不見日月，則非所謂上見光者；俯不見河海，則非所謂下爲土者。光影所照，王目眩不能得視，以其未能見曉故耳者；②音響所來，王耳亂不能得聽，以其未能聞和故耳。百骸六藏，悸而不凝，意迷精喪，請化人求還，怖其徑庭，惕然震悸，殆將自涯而反矣。已而既寤，則所坐猶向者之處，侍御猶向者之人。視其前，則酒未清，肴未昲。王問其所從來，曾不知其默存於此，而形未嘗動也，故以是爲神游焉。惟神也，不疾而速，不行而至，立乎不測，游乎無有，俯仰而再撫四海，恍惚而經緯萬方，又豈形之所能累耶？審造乎是，則變化之極，徐疾之間，在我而已，化人之宮，夫何遠之有？王大悦，不恤國事，不樂臣妾，○感至言，故遺世事之治亂，忘君臣之尊卑也。肆意遠游。**盧曰**：《莊子》之論夫貴道之人遺天下而不顧，是猶塵垢糠粃將猶陶鑄堯舜也，孰肯以物爲事乎？且聲色嗜欲之溺也，豈有道之所耽玩乎？故王大悦其道，不恤國事，不樂臣妾也。遠游者，忘於近習者也。命駕八駿之乘，右服䔢○古華字。③ 騮而左緑耳，④右驂

① “數十”，原誤倒作“十數”，據正文“王自以居數十年不思其國也”改。

② “者”，當爲衍文，下句“耳亂不能得聽，以其未能聞和故耳”無“者”字可證。

③ “華”，北宋本、南宋本同，汪本、世德堂本作“驊”。

④ “右服䔢而左緑耳”，王叔岷曰：“案《玉海》一四八引‘右’、‘左’二字互倒。”

赤驥而左白㵒，[①]○古義字。[②] 主車則造父爲御，[③]𥦗㕯○上齊下合，此古字，未審。爲右；[④]次車之乘，右服渠黄而左逾輪，左驂盜驪而右山子，[⑤]柏夭主車，參百爲御，奔戎爲右。馳驅千

---

① “㵒”，《釋文》作“犧”，云：“犧音義。《史記》曰‘造父爲穆王得驊騮、緑耳、赤驥、白犧之馬，御以游巡，往見西王母，樂而忘歸’，與《穆天子傳》略同。郭璞注云：‘皆毛色以爲名也。’”洪頤煊曰：“頤煊案：《爾雅・釋獸》：‘馬屬，回毛在肘後，㵒陽。’‘㵒’即‘㵒’字，《穆天子傳》作‘左白儀’，郭璞注：‘古義字。’故注以儀釋㵒，犧即儀字之訛，㵒非犧字。”孫詒讓曰：“‘白㵒’，《穆天子傳》兩見‘㵒’，一作義，一作儀。郭璞注亦云‘古義字’，與張注同。《廣雅・釋畜》馬類有䮼鹿，‘義’疑即‘䮼’之借字。今本作‘㵒’，洪頤煊謂即《爾雅・釋畜》之㵒陽，雖形頗相近，然與《穆傳》及張、郭讀並不合，恐未塙。”德凌按：孫説可從。

② “義”，北宋本作“羲”，世德堂本作“犧”。

③ “主車則造父爲御”，孫詒讓曰：“又案：‘主車則造父爲御’，造父既爲御，不當復主車。此‘主車則’下當有‘王’字。蓋王乘車，即王爲主車；下次車，王不乘，故别以柏夭爲主車也。《穆天子傳》作‘天子主車’，是其塙證。今本脱一‘王’字，遂似主車與御爲一，與下次車不相應矣。”王叔岷曰：“案今本脱一‘王’字是也，惟‘王’字似當在‘主車’上，‘王主車’與下文‘柏夭主車’句法一律。《穆天子傳》四作‘天子主車’，可爲旁證。”德凌按：孫説、王説可從，此句似省略“王”字，“王主車”之意亦甚明。

④ “𥦗㕯”，孫詒讓曰：“𥦗，當作㚘，上從大從𠬞，與齊字上半形近；下從水，而變爲合，則失之遠矣。殷云篆作‘㚘’，亦傳寫之誤。張注舊本當與《釋文》同，故注云‘上齊下合’。此注本當著‘𥦗’下，謂其字上從齊（依《釋文》本實從齊省），下從合。古字書無此文，形聲皆不可説，故云未審。蓋張、殷本雖訛‘㚘’爲‘𥦗’，而音泰則自不誤。‘上齊下合’之云，自專釋‘𥦗’字之形，本與音不相涉，與‘㕯’字尤不相涉也。自别本訛‘𥦗’爲‘𥦗’（上齊變爲卤，下合變爲冏），既失其齊合之形，而孤存此注；又誤移著於‘㕯’字下。讀者不見故書，無從索解，遂以其釋‘𥦗’字之形者，析而爲‘𥦗㕯’二字之音。……‘㕯’，《釋文》引石經作‘凨’（此據魏三體石經，古文丙字也。郭忠恕《汗簡》及洪氏《隸續》所載石經殘字並無此字。今無考），亦不成字。以意推之，石經古文疑當本作𠈌（阮元《積古齋鐘鼎款識》周曶鼎‘㽙’字作‘𠈌’，丙正作此形。石鼓文乙鼓鰋字省從𠈌，形尤完備），蓋重象丙字之形（古籀多重形，如五作𠄡，貝作賏，車作𨏥之類是也），隸寫當作㕯，傳鈔貿亂，變上丙爲凡，下丙爲只，遂不可辨識。”

⑤ “左驂盜驪而右山子”，王叔岷曰：“案《記纂淵海》九八引‘左’、‘右’二字互錯。《穆天子傳》四同。”

里，①至于巨蒐氏之國。巨蒐氏乃獻白鵠之血以飲王，具牛馬之湩以洗王之足，○湩，乳也。以己所珍貴，献之至尊。及二乘之人。已飲而行，遂宿於昆侖之阿、赤水之陽。○《山海經》云："昆侖山有五色水也。"别日升于昆侖之丘，②以觀黄帝之宫，而封之以貽後世。③ 遂賓於西王母，觴於瑶池之上。○西王母，人類也，虎齒，蓬髮，戴勝，善嘯也。出《山海經》。西王母爲王謡，○徒歌曰謡。詩名《白雲》。王和之，○和，答也。詩名《東歸》。其辭哀焉。乃觀日之所入，④○《穆天子傳》云："西登弇山。"一日行萬里。⑤王乃嘆曰："於乎，予一人不盈于德而諧於樂，○諧，辯。後世其追數吾過乎？"○自此已上，至"命駕八駿之乘"，事見《穆天子傳》。穆王幾神人哉，○言非神也。**政和**：神不疾而速，不行而至。穆王不知所以出入六合在此，而命駕驂乘，日行萬里，故雖至巨蒐之國，升昆侖之丘，觀黄帝之宫，賓王母於瑶池之上，非乘雲氣、御飛龍、游乎四海之外者也，故曰"幾神人哉"，言近於神而非神也。能窮當身之樂，⑥猶百

---

① "馳驅"，王叔岷曰："案《草堂詩箋》三四引'馳驅'作'驅馳'，'驅'上有'而'字，《補遺》八引亦作'驅馳'。"

② "於"，北宋本、汪本同，南宋本、世德堂本無。

③ "貽"，北宋本、南宋本、世德堂本、汪本作"詒"。

④ "乃"，北宋本、南宋本、世德堂本、汪本作"迺"，王重民曰："'迺'本作'西'，字之誤也。'焉'字仍當屬上爲句。張注引《穆天子傳》云'西登弇山'，按郭璞《穆天子傳注》曰：'弇兹山，日所入也。'弇山，在瑶池之西，爲日所入處，張氏引之正以釋'西觀'之義，《御覽》三引作'西觀日所入處'，文雖小異，'西'字尚不誤。吉府本正作'西'。"王叔岷曰："案《事類賦》一《天部》一引亦作'西觀日所入處'。疑此文本作'迺西觀日之所入'，《御覽》、《事類賦》所引蓋略'迺'字耳（吉府本亦脱'迺'字）。《文選》江文通《恨賦》注引作'乃西觀日所入'，是其塙證。'迺'即古'乃'字。道藏高守元本亦作'乃'，《玉海》一四八引同。"陶光曰："光按：王重民説是，《事類賦》一引作'西觀日所入處'，《文選》江文通《恨賦》注引作'乃西觀日所入'，字並作'西'也。"德凌按：王重民、陶光二説可從。

⑤ "一日行萬里"，陶光曰："光按：《釋文》出'萬行'一條云'行，讀爲里'，是殷本句作'一日萬行'。"

⑥ "當"，陶光曰："光按：道藏白文本'當'作'常'。"

年乃徂，○知世事無常，故肆其心也。世以爲登假焉。○假，字當作遐。世以爲登假，①明其實死也。**盧曰**：擇翹駿，揀賢才，應用隨方，不限華夷之國，唯道所趣不遠。軒轅之宫，窮天地之所有，極神知之所説。不崇德以矜用，方樂道以通神，千載骸化而上升，②世俗之人以爲登遐焉矣。**范曰**：穆王悟化人之言，乃不恤國事、臣妾，駕八駿之乘，至巨蒐之國，宿昆侖之阿，封黄帝之宫，觴瑶池之上，肆意遠游，一日萬里，亦可謂神矣。然語之以乘雲氣，御飛龍，而游乎四海之外，則未也，故以爲幾神而已。

老成子學幻於尹文先生，③三年不告。老成子請其過而求退。尹文先生揖而進之於室，屏左右而與之言曰："昔老聃之徂西也，顧而告予曰：'有生之氣，有形之狀，盡幻也。造化之所始，陰陽之所變者，謂之生，謂之死；窮數達變，因形移易者，謂之化，謂之幻。○窮二儀之數，握陰陽之紀者，陶運萬形，不覺其難也。造物者，④其巧妙，其功深，固難窮難終；⑤○造物者豈有心者？⑥ 自然似妙耳。夫氣質憒薄，⑦結而成形，隨化而往，故未即消滅也。因形者，其巧顯，其功淺，故隨起隨滅。○假物而爲變革者，與成形而推移，故暫生暫没，功顯事著，故物皆駭。知幻化之不異生死也，始可與學幻矣。'⑧○注見篇目，已詳其義。吾與汝亦

---

① "假"，北宋本、南宋本、世德堂本、汪本作"遐"。

② "骸"，孫詒讓曰："'骸化'當作'肢化'，肢化猶言尸解也。"

③ "老成子"，《釋文》作"考成子"。《釋文》云："'考成子'，一本作'老成子'，著書十八篇。"王重民曰："案《御覽》七百五十二引作'考成子'，與《釋文》本同。"

④ "造物"，王叔岷曰："案《記纂淵海》一引'造物'作'造化'。"

⑤ "固"，楊伯峻曰："伯峻案：《御覽》七二五引作'故難窮難終'，'固'作'故'，於義較長。"

⑥ "者"，北宋本、南宋本、汪本、世德堂本作"哉"。

⑦ "憒"，南宋本、世德堂本、汪本作"憒"。

⑧ "始可與學幻矣"，王重民曰："《御覽》七百五十二引作'始可學夫幻矣'，文異義同。"陶光曰："光按：《御覽》七五二引'學'下有'夫'字。"

幻也，奚須學哉？”○身則是幻，而復欲學幻，則是幻幻相學也。**盧曰**：夫形氣之所變化，新新不住，何殊於幻哉？故神氣所變者長遠而難知，法術之所造從近而易見，①乃不知乎難知者爲大幻，易見者爲小幻耳。若知幻化之不異生死，更何須學耳。老成子歸，用尹文先生之言，深思三月，遂能存亡自在，憣校四時，冬起雷，夏造冰，飛者走，走者飛。○深思一時，猶得其道，況不思而自得者乎？夫生必由理，形必由生，未有有生而無理，有形而無生。生之與形，形之與理，雖精粗不同，而迭爲賓主，往復流遷，未始暫停，是以變動不居，或聚或散。撫之有倫，則功潛而事著；修之失度，則迹顯而變彰。今四時之令或乖，②則三辰錯序，雷冰反用，器物蒸爍，則飛鍊雲沙以成水澒。③得之於常，衆所不疑。推此類也，盡陰陽之妙數，極萬物之情者，則陶鑄群有，與造化同功矣。若夫偏達數術，以氣質相引，俯仰則一出一没，顧眄則飛走易形，蓋術之末者也。終身不著其術，固世莫傳焉。○日用而百姓不知，聖人之道也；顯奇以駭一世，常人之事耳。**盧曰**：精乎神氣之本，審乎生死之源，則能變化無方，此必然之理也。會須心悟體證，故不可以言語文字傳者也。**政和**：可與往者，與之至於妙道，揖而進之於室者以此；④不可與往者，慎勿與之，屏左右而與之言者以此。陰陽之運，四時之行，萬物之理，俄造而有，倏化而無，故曰“有生之氣，有形之狀，盡幻也”。物以生爲始，以死爲終，以生爲常，以死爲變，而皆冥於造化，陰陽之所運者也，故曰“造化之所始，陰陽之所變者，謂之生，謂之死”。既窮造化陰陽之數，又達有氣有形之變，則謂之化；付之繫於數變者，復因其形而移易之，則謂之幻。造物者天也，天則神矣，故巧妙而不可測，功深而不可究，

---

① “造”下，德凌按：當有“者”字，文意較完。“法術之所造者從近而易見”正與上句“神氣所變者長遠而難知”相對成文。

② “或”，原作“不”，據北宋本、南宋本、世德堂本、汪本改。

③ “水澒”，南宋本、世德堂本作“水頃”，據汪本當作“冰澒”。楊伯峻曰：“《注》‘冰澒’各本作‘水頃’，非。”

④ “於”，《義解》本作“至”。

此所以難終難窮;[1]因形者人也,人則明矣,故巧顯而遽成,巧淺而俄壞,此所以隨起隨滅。夫生死固然也,幻化或使也,自道觀之,皆非真常,則知幻化之不異於生死也,[2]奚往而非幻哉?今且吾與汝皆幻也,而學幻焉,是猶所謂夢之中又占其夢者與自在存亡者,言物或存或亡而吾固自存也。憣校四時,則役陰陽而不役於陰陽;冬起雷,夏造冰,則制四時而不制於四時;飛者走,走者飛,則馳萬物而不馳於萬物。巧妙功深,且與造物者游矣。終身不著其術,世莫傳焉,則爲其難終難窮、[3]難測難識故也。故善學幻者,建之以常無有,然後足以盡此。**范曰**:以我幻物,倒而本正,非所以通物也。然自道觀之,所以通物猶是也,故氣兆芒忽,形分混沌,無物不然。範於鑪錘者爲造化之所始,設於機緘者爲陰陽之所變,生死得以命之,故謂之生,謂之死;窮數達變者未能超出於無數之先,因形移易者未能頓革於無形之表,幻化得以命之,故謂之化,謂之幻。是二者,或本於造物,而得之自然,故巧妙功深,而難終難窮;或本於因形,而未能無待,故巧顯功淺,則隨起隨滅。若夫概之以道,則幻化之與死生,亦未嘗異,玆偃師之倡者所以能與造物同功歟?苟明是理,則汝身非汝有也,孰有之哉?是亦幻而已矣。以幻學幻,與夫夢之中又占其夢者,奚異?老成子歸,用尹文先生之言,深思三月,則由未能不思而得也。然遂能存亡自在而不累於物,憣校四時而不拘數,雷冰反用,飛走異形,終身不著其術,又況夫體道者乎?操至權以獨運,斡萬化於不測,固有所謂密用而獨化者,世豈能識之者哉?子列子曰:"善爲化者,其道密庸,其功同人。○取濟世安物而已,故其功潛著而人莫知焉。五帝之德,三王之功,未必盡智勇之力,或由化而成,孰測之哉?"○帝王之功德,世爲之名,非所以爲帝王也。揖讓干戈,果是所假之塗,亦奚爲而不假幻化哉?但駭世之迹,聖人密用而不顯焉。**政和**:五帝之德,三王之功,其道密庸者,言其道之藏諸用;其功同人者,言其功之顯諸仁。

---

① "難終難窮",《義解》本作"難窮難終"。
② "生死",《義解》本作"死生"。
③ "難終難窮",《義解》本作"難窮難終"。

五帝曰德，三王曰功，其迹之所履者爾，其心未嘗不一也。然既已爲智勇之力而未敢，必又以爲由化而成，而或者疑之，其善爲化，莫測如此，是謂與天地同流者歟？**范曰**：其道密庸，藏諸用也；其功同人，顯諸仁也。是道也，非體神爲化，未易致此。然道者，其本也；功者，特其餘事耳。故藏諸用者，雖曰退藏於密，而可用可見者本焉；顯諸仁者，雖曰爲徒於人，亦未嘗不侔於無也。爲化若是，則塵垢粃糠猶足以陶鑄帝王。彼智勇之任是時應世之踪迹耳，豈其所以迹哉？古之人所以藏其利器，不以示人，酬酢萬變，淡然無事者，誠以此道也。然則雖鬼神之幽，將不能窺，而況於世俗之昏，亦何以測其妙乎？

覺有八徵，夢有六候。○徵，驗也。候，占也。六夢之占，義見《周官》。奚謂八徵？一曰故，○故，事。二曰爲，○爲，作。三曰得，四曰喪，五曰哀，六曰樂，七曰生，八曰死。此八徵者，①形所接也。奚謂六候？一曰正夢，○平居自夢。二曰蘁夢，②○《周官》注云："蘁，當爲驚愕之愕，謂驚愕而夢。"三曰思夢，○因思念而夢。四曰寤夢，○覺時道之而夢。五曰喜夢，○因喜悦而夢。六

---

① "此八徵者"，原作"此者八徵"，據王叔岷校語乙正。俞樾曰："樾謹按：當作'此八者，形所接也'，與下文'此六者，神所交也'相對。"王重民曰："案俞説是也。吉府本作'此八者徵，形所接也'，疑先誤衍一'徵'字，後人遂以意移'八'於'者'字之下，吉府本猶存其迹。"王叔岷曰："案道藏高守元本引范致虚解云'此八者，形所接也'，所見本與俞説合。《稗編》六五引作'此八者徵，形所接也'，與吉府本合。'徵'字非衍文，疑本作'此八徵者，形所接也'，與下文'此六候者，神所交也'相對。今本下文'六'下既脱'候'字(詳後)，此文亦錯亂不可讀矣。宋徽宗《義解》：'故曰"此八證者，形所接也"'(以證詁徵)，所見本不誤。"

② "蘁"，王叔岷曰："案道藏高守元本'蘁'作'噩'(德凌按：王説誤，道藏高守元本亦作'蘁')。《御覽》三九七、《草堂詩箋補遺》四引並同，當從之。從艸者俗，《周禮・占夢》亦作'噩'。"

曰懼夢。○因恐怖而夢。此六候者，[①]神所交也。○此一章大旨，亦明覺夢不異者也。**范曰**：周穆王之神游似至非至，老成子之學幻似真非真，審造其極，則等視世間萬殊，有同覺夢，故於此復繼以覺夢之説也。莊周《齊物》之篇，其言覺夢，與此同意。故與爲則涉於事，得與喪則異乎物，哀樂則萌於心，生死則繫於數。此八者，形所接也，其事爲可驗，故謂之八徵。平安而夢，是爲正夢；驚愕而夢，是爲蘁夢；思夢則思而有所感，若孔子之夢周公是也；寤夢則寤而有所見，若狐突之夢太子是也；喜夢則有所喜而夢；懼夢則有所懼而夢。此六者，神所交也，其兆爲可占，故謂之六候。不識感變之所起者，事至則惑其所由然；識感變之所起者，事至則知其所由然。知其所由然，則無所怛。○夫變化云爲皆有因而然，事以未來而不尋其本者，莫不致惑；誠識所由，雖譎怪萬端，而心無所駭也。**盧曰**：夫虚心寂慮，反照存神，則能通感無礙，化被含靈矣。人徒見其用化之迹，不識夫通化之本也。何者？以其道密用而難知，其功成不異於人事，故五帝、三王，人但知其智勇之力，不能識其感化而成之者也。然覺有八徵、夢有六候者，生人之迹不過此矣。故、爲、得、喪、哀、樂、生、死，形所接也；正、愕、思、寤、喜、懼，神所交也。形所接者咸以爲覺，神所交者咸以爲夢，而覺夢出殊，其於化也未始有别。知八徵、六候之常化也，是則識其所由矣。夫知守神不亂，而化之有由，則所遇徵候，何所驚怛也？**政和**：其覺也涉事，故驗之以八證；其夢也藏理，故占之以六候。所遭謂之故，所作謂之爲，得言所益，喪言所失，哀樂累其心，死生變於己，之八者，形開而可驗者也，故曰"此八證者，形所接也"；正、愕、思、寤、喜、懼，之六者，魂交而可占者也，故曰"此六候者，神所交也"。其夢也，魂交；其覺也，形開。晝夜之變也，不識感變之所起者，事

---

① "候"，原脱，據王叔岷校語補。王叔岷曰："案宋徽宗《義解》'故曰：此六候者，神所交也'，是所見本'六'下有'候'字，與上文'此八徵者，形所接也'相對。當據補。《草堂詩箋補遺》四引'六'下有'夢'字，亦可證今本有脱文。"楊伯峻曰："伯峻案：據下盧《解》'然覺有八徵、夢有六候'、'知八徵、六候之常化'，可以證成王叔岷説。"

至則惑其所由然，蓋不知其夢而自以爲覺也；識感變之所起者，事至則知其所由然，所謂大覺而知，此其大夢者也。通乎晝夜之道而知者，萬物一齊，孰覺孰夢？何怛化之有？**范曰**：覺有八徵，雖形所接，因其八徵而驗之，未嘗不形於夢；夢有六候，雖神所交，因其六候而占之，未嘗不始於覺。然則感變之所起，殆亦有因而然者耶？不識其所起，則事之至也，惑其所由然；識其所起，則事之至也，知其所由然。知其所由然，則死生亦大矣，不得與之變，而況利害之端，夫孰足以患？心已怛，如怛化之。怛心有所愛，則忘所憂；而曖心有所怛，則慮所患。而明識感變之所起，則無患矣，何怛之有？一體之盈虛消息，皆通於天地，應於物類。① ○人與陰陽通氣，身與天地並形，吉凶往復，不得不相關通也。故陰氣壯，則夢涉大水而恐懼；○失其中和，則濡溺恐懼也。陽氣壯，則夢涉大火而燔焫；②○火性猛烈，遇則燔焫也。陰陽俱壯，則夢生殺。○陰陽以和爲用者也，抗則自相利害，或生或殺也。甚飽則夢與，甚饑則夢取。○有餘故欲施，不足故欲取，此亦與覺相類也。是以以浮虛爲疾者則夢揚，以沉實爲疾者則夢溺；藉帶而寢則夢蛇，飛鳥啣髮則夢飛；③○此以物類而致感也。④ 將陰夢火，將疾夢食；⑤飲酒者憂，歌儛者哭。⑥ ○此皆明夢或因事致感，或造極相反，即《周禮》六夢六義，理無妄然。**盧曰**：神氣執有則化隨，陰陽所感

---

① “物”，王叔岷曰：“案《雲笈七籤》三二‘養性延命録’引‘物’作‘萬’。”

② “焫”，王叔岷曰：“案《釋文》本‘焫’作‘焫’，音奴悦切，是也。道藏林希逸本、江遹本並作‘焫’，《意林》引同。‘焫’即‘焫’之誤，注同。《靈樞經》七《淫邪發夢》篇亦作‘焫’。”陶光曰：“林本、江本‘焫’作‘焫’，《釋文》同，如悦切。”

③ “啣”，北宋本、南宋本、世德堂本、汪本作“銜”。

④ “而致感也”，北宋本、南宋本、世德堂本、汪本無“而”、“也”。

⑤ “將陰夢火將疾夢食”，王叔岷曰：“案《意林》引作‘天將陰則夢火，身將疾則夢食’，《御覽》四八七引‘疾’作‘病’，‘疾’猶‘病’也。”

⑥ “飲酒者憂歌儛者哭”，陶鴻慶曰：“愚案：二句之首皆當有‘夢’字。”楊伯峻曰：“伯峻案：陶説是也。《莊子・齊物論》‘夢飲酒者旦而哭泣，夢哭泣者旦而田獵’，文雖小異，而有‘夢’字則同。”

則夢變。或曾極而爲應，或像似而見迹，或從因而表實，或反理而未表情。[1] 若凝理會真、冥神應道者，明寂然通變，憂樂不能入矣。**范曰**：形有盈虚，氣有消息。雖天地之大，此實與之通；雖物類之夥，此實與之應。夢覺相符，豈尚然哉？故夢之所見，或以陰陽爲之寇，或以物變爲之感，或與覺相反，或與事相類，殆有所因而然也。古之人以日月星辰占六夢之吉凶，其以此歟？子列子曰："神遇爲夢，[2]形接爲事，○《莊子》曰："其寐也神交，[3]其覺也形開。"故晝想夜夢；神形所遇，○此想謂覺時有情慮之事，[4]非如世間常語，[5]晝日想有此事，而後隨而夢也。故神凝者想夢自消。○晝無情念，夜無夢寐。信覺不語，信夢不達，物化之往來者也。○夢爲鳥而戾於天，夢爲魚而潛於淵，此情化往復也。古之真人，其覺自忘，其寢不夢，幾虚語哉？"○真人無往不忘，乃當不眠，何夢之有？此亦寓言以明理也。**盧曰**：夫六情俱用，人以爲實，意識獨行，人以爲虚者，同呼爲幻；夢行，人以爲夢爲實者，[6]同呼爲真。是曾不知覺亦神之運，夢亦神之行。信一，不信一，是不達者也。若自忘，則不夢，豈有別理者乎？**政和**：通天下一氣耳，此所以盈虚、消息皆通於天地，應於物類。陰氣壯則夢大水而恐懼，陽氣壯則夢大火而燔焫，陰陽俱壯而和則或夢生，陰陽俱壯而乖則或夢殺，以浮虚爲疾者則夢揚，以沉實爲疾者則夢溺，盈虚之理也；甚飽夢與，甚飢夢取，將陰夢火，將疾夢食，消息之理也。藉帶而寢則夢蛇，飛鳥銜髮則夢飛，因其類也；飲酒者憂，歌儛者哭，反其類也。蓋形之所接存於晝，故神之所遇生

---

① "未"，楊伯峻曰："《解》'或反理而未表情'，'未'字衍文。"

② "子列子曰神遇爲夢"，楊伯峻曰："伯峻案：《御覽》三九七引作'故神遇爲夢'，'子列子曰'四字作'故'。"

③ "神交"，王叔岷曰："案注引《莊子》見《齊物論》篇，今本'神交'作'魂交'。"

④ "謂"，原作"爲"，據北宋本、南宋本、世德堂本、汪本改。

⑤ "世"，原作"此"，據北宋本、汪本、世德堂本改。

⑥ "人以爲虚者同呼爲幻夢行人以爲夢爲"上，汪萊曰："'人以爲虚者'上增'人以爲虚'四字。'夢行'、'爲夢'四字衍。"

於夜，是則神形所遭，皆盈虛消息之自爾。若夫冥以一真，每與道俱，則覺夢一致，實妄兩忘，是之謂真人。**范曰**：其寐也魂交，故遇而爲夢；其覺也形開，故接而爲事。晝想夜夢，是直形神之所遇耳，必有神凝者焉，通晝夜而知，融夢覺而一，成然寐，遽然覺，物之化往來，未嘗容心於其間。故夢爲鳥而戾於天，夢爲魚而没於淵。不知周之夢爲蝴蝶歟？不知蝴蝶之夢爲周歟？萬形自化，化無欣戚，非大覺者，孰能爲此？雖然，夢若反一，猶有妄見道。至於真人者，静而與陰同德，動而與陽同波，以真冥妄，真妄一真，覺之與夢，一無所别，兹所以其覺自妄，其寢不夢也。然黄帝之華胥，不爲未至者，是特寓是以明理而已矣。

卷之八

周穆王

西極之南隅有國焉，不知境界之所接，名古莽之國。陰陽之氣所不交，故寒暑亡辯；日月之光所不照，故晝夜亡辯。其民不食不衣而多眠，五旬一覺，以夢中所爲者實，覺之所見者妄。四海之齊，謂中央之國，○即今四海之内。跨河南北，越岱東西，萬有餘里。其陰陽之審度，[1]故一寒一暑；昏明之分察，故一晝一夜。其民有智有愚，萬物滋殖，才藝多方。有君臣相臨，禮法相持。其所云爲，不可稱計。一覺一寐，以爲覺之所爲者實，夢之所見者妄。東極之北隅有國，曰阜落之國。[2] 其土氣常燠，日月餘光之照，其土不生嘉苗。其民食草根木實，不知火食，性剛悍，彊弱相藉，貴勝而不尚義，多馳步，少休息，常覺而不眠。○方俗之異，猶覺夢反用，[3]動寢殊性，各適一方，未足相非者也。**盧曰**：故舉此二國之異，而神之可會者未嘗殊

---

① “審度”，俞樾曰：“樾謹按：‘審度’二字傳寫誤倒。本作‘其陰陽之度審’，下句云‘其昏明之分察，故一晝一夜’，‘度’與‘分’對，‘審’與‘察’對，以是明之。”

② “西極之南隅有國焉不知境界之所接名古莽之國”至“東極之北隅有國曰阜落之國”，陶鴻慶曰：“愚案：‘西極之南隅有國焉，不知境界之所接，名古莽之國’云云，‘東極之北隅有國，曰阜落之國’云云，以今地理學考之，‘南’、‘北’二字當互易。”

③ “覺”，原作“學”，據北宋本、南宋本、世德堂本、汪本改。

也。故知神理之契運，不明夢覺衣食；苟嗜欲之不忘，則情繫於俗矣。**政和**：陽爲動爲明，陰爲静爲晦。西極之南，偏於陰，故其民一於向晦，静而多眠；東極之北，偏於陽，故其民一於向明，動而多覺。中央之國者，①天地之所合也，四時之所交也，風雨之所會也，陰陽之所和也，何明而動？何晦而息？動静不失其時，一覺一夢，實妄以解，非體真常而善爲化者，孰能與於此乎？**范曰**：雞晝明而夜昏，梟晝昏而夜明，彼物然耳，惟人亦如之。故西極之南隅，東極之北隅，與夫中央之國，方俗異宜，夢覺殊致，惡識其所以然？

周之尹氏大治産，其下趣役者侵晨昏而弗息。有老役夫筋力竭矣，而使之彌勤。晝則呻呼而即事，夜則昏憊而熟寐。精神荒散，昔昔夢爲國君，②居人民之上，總一國之事，游宴宫觀，恣意所欲，其樂無比。覺則復役。人有慰喻其勤者，役夫曰："人生百年，晝夜各分。○分，半也。吾晝爲僕虜，③苦則苦矣；夜爲人君，其樂無比。何所怨哉？"尹氏心營世事，慮鍾家業，心形俱疲，夜亦昏憊而寐。昔昔夢爲人僕，趨走作役，無不爲也；數駡杖撻，無不至也。眠中啽囈呻呼，④○啽，吾南反。囈，音藝。徹旦息焉。尹氏病之，以訪其友。友曰：⑤"若位足榮身，資財有餘，勝人遠矣。夜夢爲僕，⑥苦逸之復，數之常也。○夫盛衰相襲，樂極哀生，故覺之所美，夢或惡焉。若欲覺夢兼之，豈可得耶？"尹氏聞其友言，寬其役夫之程，減己思慮之事，疾並少間。○此章亦明覺夢不異，苦樂各適一方，則役夫勤於

① "者"，原作"乎"，據《義解》本改。

② "昔昔"上，王叔岷曰："案《御覽》三九七引'昔昔'上有'而'字。"

③ "虜"，王叔岷曰："案《御覽》三九七引'虜'作'夫'。"

④ "啽"，王叔岷曰："案《一切經音義》六五引'啽'作'䆣'，《集韻·平聲》四引此文云：'啽，或作䆣。''䆣'疑'㝥'之誤，'囈'正作'寱'，《説文》：'寱，瞑言也。'"

⑤ "友"上，王叔岷曰："案《御覽》三九七引'友'上有'其'字。"

⑥ "僕"下，王叔岷曰："案《御覽》三九七引'僕'下有'夫'字。"

晝而逸於夜，尹氏榮於晝而辱於夜，理苟不兼，未足相跨也。**盧曰**：夫勞形而逸其神者，則覺疲而夢安；勞神而役形者，則覺樂而夢苦。神者，生之主也，而人不知養神以安形；形者，神之器也，而人不知資形以逸神也。故形神俱勞，兩過其分。若勞佚適中者，疾並少間矣。**政和**：一陰一陽，沖和適平，此天與之形也。形失其平，於是偏而爲疾，或晝苦而夜樂，或晝逸而夜勞，終始反復，必至之理也。寬其役夫之程，減己思慮之事，則各適其平，是以疾並少間。① 雖然，萬物一齊，孰覺孰夢？方其夢也，不知其夢也，覺而後知其夢，亦愚者自以爲覺耳，必有大覺而後知此其大夢也。君乎，牧乎，固哉！**范曰**：尹氏則尹人者也，可謂逸矣，乃昔昔夢爲人僕；役夫則趨役者也，可謂苦矣，乃昔昔夢爲國君。然則苦役，逸之復，殆有數存焉於其間者耶？世之所貴，未必貴也；世之所賤，未必賤也。自道觀之，物無貴賤，是直以隸相尊而已。其臣妾不足以相治乎？其遞相爲君臣乎？而愚者從役於晝，夜乃或自以爲覺切切然，知之"君乎，牧乎，固哉"。

鄭人有薪於野者，遇駭鹿，御而擊之，〇御，迎。斃之。恐人見之也，遽而藏諸隍中，覆之以蕉，不勝其喜。俄而遺其所藏之處，遂以爲夢焉，順塗而咏其事。傍人有聞者，用其言而取之。既歸，告其室人曰："向薪者夢得鹿而不知其處，吾今得之，彼直真夢矣。"室人曰："若將是夢見薪者之得鹿邪？詎有薪者邪？今真得鹿，是若之夢真邪？"夫曰："吾據得鹿，何用知彼夢我夢耶？"薪者之歸，不厭失鹿，其夜真夢藏之之處，又夢得之之主。爽旦，案所夢而尋，得之，遂訟而爭之。歸之士師，士師曰："若初真得鹿，妄謂之夢；真夢得鹿，妄謂之實。彼真取若鹿，而與若爭鹿。② 室人又謂夢仞人鹿，無人得鹿。

---

① "疾並"，原作"疾病"，據正文、《義解》本改。

② "而與若爭鹿"，陶鴻慶曰："愚案：'而與若爭鹿'當作'而若與爭鹿'。此云爭鹿指失鹿者言，下云'今據有此鹿'指取鹿者言，故請二分之也。"

今據有此鹿，請二分之。”以聞鄭君，鄭君曰：“嘻！士師將復夢分人鹿乎？”訪之國相，國相曰：“夢與不夢，臣所不能辯也。① 欲辯覺夢，唯黄帝、孔丘。○聖人之辯覺夢何耶？直知其不異耳。今亡黄帝、孔丘，孰辯之哉？且恂士師之言可也。”○恂者，信也，音荀。因喜怒而迷惑，猶不復辯覺夢之虛實，況本無覺夢也。**盧曰**：夫以爲夢者，但妄識耳；神識之不審，則爲妄夢焉。傍聞而取鹿者，亦不審也，此復爲夢矣；得鹿者又夢而求鹿，以經獄官焉，其皆不審也，妄情同焉，故二分之。能了其妄者，其唯聖人乎？若時無聖人，事無的當，故士師之以不了斷不了，更爲妄焉。**政和**：自道觀之，孰覺孰夢？是非一氣，果且有辯乎？刑名而降，真僞起矣。故真得鹿也，妄謂之夢；真夢鹿也，妄謂之實。是非之塗，繁然淆亂，②惡能知其辯？黄帝、孔子，以真冥妄，果且無彼是乎哉？士師之言，以真辯妄，果且無彼是乎哉？故求證於黄帝、孔子而莫得，則且恂士師之言可也。**范曰**：體道之人，見獨趨寂，得失無足以累其心者。鹿之爲物，好群則非見獨矣，善走則非趨寂矣，故薪於野而得之者，已而俄失，遂以爲夢。聞其言而取之者，已而俄得，亦以彼爲真夢也。追歸，而告其室人，又復以爲夢仞人鹿焉。然則鹿之得失，夢之虛實，孰知其所以然哉？彼是相攻，妄生分别，爭競之端起矣。彼夢之中又占其夢者，乃復夢分人鹿焉，庸詎而能知此其大夢也耶？必有真人而後有真知，故辯覺夢者唯黄帝、孔子而已，士師則有爲而治事者，國相則無爲而論道者。

宋陽里華子中年病忘，③朝取而夕忘，夕與而朝忘；在塗

---

① “臣”，王叔岷曰：“案《稗編》六五引‘臣’上有‘將’字。”

② “繁”，《義解》本作“樊”。

③ “年”，陶光曰：“光按：《白帖》三十三引‘年’作‘常’，疑是。下文言‘今頓識既往，數十年來存亡、得失、哀樂、好惡’，則其人已逾中年矣。‘中’字蓋由‘常’訛爲‘年’而衍。”

則忘行，在室則忘坐；今不識先，後不識今。① 闔室毒之，謁史而卜之，弗占；謁巫而禱之，弗禁；謁醫而攻之，弗已。魯有儒生自媒能治之，華子之妻子以居産之半請其方。儒生曰："此固非卦兆之所占，〇夫機理萌於彼，蓍龜感於此，故吉凶可因卦兆而推，情匿可假象數而尋。今忘者之心，泊爾鈞於死灰，②廓焉同乎府宅，聖人將無所容其鑑，豈卦兆之所占？非祈請之所禱，〇夫信順之可以祈福慶，正誠之可以消邪僞，自然之勢也。故負愧於神明，致怨於人理者，莫不因兹以自極。至於情無專惑，行無狂僻，③則非祈請之所禱也。非藥石之所攻。〇疢疴結於府藏，④疾病散於肌體者，必假脈診以察其盈虚，⑤投藥石以攻其所苦。若心非嗜欲所亂，病非寒暑所傷，則醫師之用宜其廢也。吾試化其心，變其慮，庶幾其瘳乎！"〇夫忘都無心慮，將何所化？此義自云易令有心，反令有慮，蓋辭有左右耳。於是試露之而求衣，飢之而求食，幽之而求明。〇先奪其攻己之物以試之。儒生欣然告其子曰："疾可已也。然吾之方密傳世，不以告人。⑥ 試屏左右，獨與居室七日。"從之，莫知其所施爲也，〇儒者之多方，固非一塗所驗也。而積年之疾一朝都除。〇上句云使巫、醫術之所絶思，而儒生獨能已其所病者，⑦先引華子之忘

---

① "今不識先後不識今"，王重民曰："案此二句有誤，《御覽》七三八引作'不識先後，不識今古'，近是。"王叔岷曰："案李元卓《宋華子病忘論》引'先'作'昔'。"

② "鈞"，原作"鈎"，據汪本、世德堂本改。

③ "僻"，原作"躃"，據北宋本、南宋本、世德堂本、汪本改。

④ "疢疴"，原作"疾病"，據《釋文》本改。王叔岷曰："案《釋文》本注'疾'作'疢'，當從之。'疾'字涉下文而誤。元本、世德堂本並作'疼'，'疼'即'疢'之誤。"

⑤ "必假"，原作"必攻"，據南宋本、世德堂本、汪本改。王叔岷曰："元本、世德堂本注'必攻'並作'必假'，當從之。'攻'字涉下文而誤。"

⑥ "不"，王叔岷曰："《御覽》七三八引'不'下有'可'字。"

⑦ "已"，原作"以"，據北宋本、南宋本、汪本、世德堂本改。

同於自然，以明無心之極非數術而得；復推儒生之功有過乎史巫者，①明理不冥足則可以多方相誘；又欲令忘者之悟知，曩之忘懷，②實幾乎至理也。**盧曰**：《老子》曰："爲學日益，爲道日損。損之又損之，以至於無爲。"華子學道而忘其有，儒生學有以益其知。益其知者，是非必辯於目前；忘其有者，得喪不入於天府，豈占卜、醫藥所能痊之哉？於是儒生以多方誘其心，是非惑其慮，華子於是失道而後德，失德而後是非交馳於胸中，故坐忘之道失矣。華子既悟，乃大怒，黜妻罰子，操戈逐儒生。宋人執而問其故，③華子曰："曩吾忘也，蕩蕩然不覺天地之有無。今頓識既往，數十年來存亡、得失、哀樂、好惡，擾擾萬緒起矣。吾恐將來之存亡、得失、哀樂、好惡之亂吾心如此也。須臾之忘，可復得乎？"○疾病與至理相似者猶能若是，④況體極乎？**盧曰**：華子思反真而無從也，故怒其妻子，以逐儒生也。子貢聞而怪之，以告孔子。孔子曰："此非汝所及乎！"顧謂顏回記之。⑤○此理亦當是賜之所逮，所以抑之者，⑥欲寄妙賞於大賢耳。⑦ **盧曰**：子貢，辯學之士，進取強學者也，故曰"此非汝所及"也；顏回，好學亞聖，不違於仁者也，故令顏回記之者，用明道於大賢耳。**政和**：知忘是非，心之適也。墮肢體而離形，黜聰明而去智，天機不張，默與道契，惛然若亡而存世，豈得而窺之？俗人昭昭，我獨若昏，素逝而恥通於事，立之本原而知通於神，此聖人之所以不病也。而世俗以不知爲病，故謂華子爲病忘。方且化其心，變其慮，使存亡、得失、哀樂、好惡擾擾萬緒隨之而起，以累其形，因亂其心，⑧則儒生所謂除其疾者，其開人而賊生者與？孔子不以

---

① "乎"，北宋本、汪本、世德堂本無。
② "忘懷"，原作"志懷"，據北宋本、汪本、世德堂本改。
③ "故"，原作"以"，據《義解》本改。
④ "是"，南宋本、世德堂本、汪本作"斯"。
⑤ "記"，南宋本、世德堂本、汪本作"紀"。
⑥ "抑"，原作"折"，據北宋本、南宋本、世德堂本、汪本改。
⑦ "賞"，《釋文》本作"當"，《釋文》云："'當'，丁浪切，一本作'賞'。"
⑧ "亂其"，原誤倒，據《義解》本乙正。

語子貢者,以其多知而雜;①顧顏回記之,則爲其能坐忘故也。**范曰**:宋者,火所次而明;陽者,性常浮而動。里則處而非奥,華則敷而離根,子則又其嬰孩之時也。中年則涉人僞之已深,病忘則還性。天之暫復,而謂之病,見世俗之病,非迷而不復者也。古之語致道者,必貴乎忘心。宋子之病,其幾乎忘心,而得道之真者耶?真則致一矣。朝取而夕忘,忘於朝也;夕與而朝忘,忘於夕也。在途則忘行,忘於途也;在室則忘坐,忘於室也。今不識先,忘於今也;後不識今,忘於後也。始則忘取與,是忘物也;中則忘行坐,是忘所也;終則忘後先,是忘時也。且獨奈何而以此爲病耶?既已謂之病,必有受之者,其曰忘,則受之者又其誰也?不知其未嘗病,乃闔室毒之;毒之不已,乃謁史而卜之;卜之弗已,又謁巫而禱之;禱之弗已,又謁醫而攻之。三者無所用其術,魯之儒又躡其後,而自媒能治焉。魯者,文物之地;儒者,仁義之術,大全自此析矣。然彼自無疑,則非吉凶之所能知,卦兆奚占?彼自無愆,則非鬼神之所能測,祈請奚禱?彼自無疾,則非陰陽之所能寇,藥石奚攻?欲愈其忘,試化其心,試變其慮,庶幾其有瘳乎?於是露之使知寒,飢之使知飢,幽之使知明,心非一而爲物偶矣。其寒而知求衣,飢而知求食,幽而知求明,見非獨而心有對矣。鑿之七日,混沌之七竅遂開;除之一朝,世間之萬態俱起。大怒而黜其妻子,以其有親於我,而責之深也;操戈而逐儒生,以其有求於我,而憾之切也。存亡、得失、哀樂、好惡,向也各各不知,今也營營不已,須臾之忘安可得哉?子貢問於孔子而怪之,以其溺於博學之辯而已;孔子顧謂顏回而記之,以其造於坐忘之妙而已。然則華子之忘,猶非誠忘者耶?其病則冥然而忘,及其悟則咈然而怒,未能兩忘而化於道故耳。

秦人逄氏有子,②少而惠,及壯而有迷罔之疾。③ ○惠非

---

① "知",原作"而",據《義解》本改。

② "逄",原作"逢",據南宋本、世德堂本改。王叔岷曰:"案《釋文》本'逢'作'逄',音龐。盧重元本、道藏宋徽宗本、元本、世德堂本皆作'逄',《合璧事類續集》三四引同,當從之。"

③ "而",原脱,據北宋本、南宋本、世德堂本、汪本補。"罔",王叔岷曰:"案《合璧事類續集》三四引'罔'作'忘'。"

迷也，而用惠之弊必之於迷焉。聞歌以爲哭，視白以爲黑，饗香以爲朽，○《月令》曰："其臭朽。"嘗甘以爲苦，行非以爲是。意之所之，天地、四方、水火、寒暑，無不倒錯者焉。**盧曰**：夫矜於小智者，人以爲慧；體道保和者，人以爲愚。夫齊聲色、忘水火者，①非俗人之所辯，故以道爲迷罔焉。楊氏告其父曰："魯之君子多術藝，將能已乎？汝奚不訪焉？"其父之魯，過陳，遇老聃，因告其子之證。老聃曰："汝庸知汝子之迷乎？今天下之人皆惑於是非，昏於利害，同疾者多，固莫有覺者。且一身之迷不足傾一家，一家之迷不足傾一鄉，一鄉之迷不足傾一國，一國之迷不足以傾天下。② 天下盡迷，孰傾之哉？③ 向使天下之人，其心盡如汝子，汝則反迷矣。哀樂、聲色、臭味、是非，孰能正之？且吾之此言未必非迷，而況魯之君子迷之郵者，○魯之君子，盛稱仁義，明言是非，故曰"迷之郵者"也。焉能解人之迷哉？榮汝之糧，不若遄歸也。"○榮者，棄也。此章明是非之理未可全定，皆衆寡相傾以成辯爭也。**盧曰**：榮，棄也。天下俗士甚多，悟道者少，衆迷以嗤獨智，翻以爲迷，故《老子》云："下士聞道大笑之，不笑不足以爲道也。"今欲使趙競之士正其是非者，④失道彌遠矣。魯之儒生於忘形保神之道，乃迷之甚者也，何能曉人之迷爾？不如棄汝路糧速歸矣。**政和**：是非之彰也，道之所以虧也。彼亦一是非，此亦一是非，則歌哭之聲，黑白之色，香朽之臭，甘苦之味，以至於四方之內，人各是其所是，而非其所非，將誰

---

① "忘"，原作"妄"，據秦本改。

② "以"，北宋本、南宋本、汪本、世德堂本無。

③ "傾"，王重民曰："案'傾'字與上文不相應，蓋'正'字之誤。此老聃與逄氏之言，謂汝子迷罔之病非病也，今天下之人皆惑於是非，昏於利害，乃真病耳。特以同病者多，反不覺病。若天下盡如汝子之迷，尚孰求而正之哉？此因上文'傾一家'、'傾一鄉'等'傾'字而誤。下文'哀樂、聲色、臭味、是非，孰能正之'云云，正承此言。若作'傾'，則非其義矣。《御覽》四百九十引正作'正'可證。"

④ "趙"，秦恩復曰："案'趙'字疑是'趨'字。"

使正之？民之迷，其日久矣，竊竊然知之，謂彼爲迷，吾烏能知其辯？此老子所以謂其父曰“汝庸知汝子之迷乎”，①又曰“哀樂、聲色、臭味、是非，孰能正之”也。玄珠之遺，象罔得之，則迷罔之疾亦豈世之所識哉？**范曰**：仁，人心也。由心而行，是所謂惠。少而惠，則開天而已。及壯而有迷罔之疾，則無所用知，將造乎道之無矣。方之北，時之冬，謂之罔。罔者，有之舍也。迷而至於罔，其幾於至無而爲群有之所宗者耶？其謂之疾，則世俗以是爲疾故也。聞歌以爲哭，則未能無聲，特於聲有所不分；視白以爲黑，則未無色，②特於色有所不辯。饗香以爲朽，則將至於無臭矣；嘗甘以爲苦，則將至於無味矣；行非以爲是，則又造乎道之有封而未始有是非者矣。其本也，意之所之，天地、四方、水火、寒暑，無不倒錯，是又其物物混融、了無分別者耶？楊氏告其父，以魯之君子多藝術爲能已者，蓋其躬服仁義，明言是非，而析道之渾全故也。其父之魯，過陳，遇老聃，因告其子之證者，蓋其以深爲根，以約爲紀，而體道之博大故也。是時天下之人惑於是非，昏於利害，同疾者多，莫有覺者，孰爲迷耶？孰爲不迷耶？且自身而達之家，自家而達之鄉，自鄉而達之國，自國而達之天下，莫不盡迷，孰傾之哉？向使天下之人，其心盡如汝子，汝則反迷矣。又況哀樂也，聲色也，臭味也，是非也，衆寡相傾，特未可定，吾誰使正之使同乎？我與若者正之，既同乎我與若矣，烏能正之使異乎？我與若者正之，既異乎我與若矣，烏能正之？一將以迷之郵者，蘄欲解人之迷，其惑以滋甚，將反汝情性，而無由入矣，故棄汝之糧，不若遄歸也。老子於此必曰“吾之言未必非迷”者，蓋欲遣其爲言之累故耳。

燕人生於燕，長於楚，及老而還本國。過晋國，同行者誑之，指城曰：“此燕國之城。”其人愀然變容。指社曰：“此若里之社。”乃喟然而嘆。指舍曰：“此若先人之廬。”乃涓然而

① “庸知”下之“汝”字，原脱，據正文、《義解》本補。
② “未”下，據上文“聞歌以爲哭，則未能無聲”當有“能”字。

泣。① 指壠曰："此若先人之冢。"其人哭不自禁。同行者啞然大笑，曰："予昔紿若，此晉國耳。"②其人大慚。及至燕，真見燕國之城社，真見先人之廬冢，悲心更微。③ ○此章明情有一至，④哀樂既過，則向之所感皆無欣戚者也。**盧曰**：夫人性相近、習相遠者，各隨其情、習所安也。生於燕者，未離其本也；長於楚者，安於所習也。所歸於本而不之識，故僞薄者是人得之焉，⑤將所似而誘之信者，於是生惑也。反知不實，忘情以生慚；縱得見真，仍以爲薄者，是非皆不相了，因人以惑其情焉。況今之君子咸妄執晉國之城社也，寧知養神反本之至道哉？**范曰**：一性之所，亘古不遷；逐物忘返，則搖蕩恣睢於轉徙之途者多矣。厥有繕性俗學以求復其初者，又且大惑易性，認物爲己，殆亦不知真宅之所歸而然耶？燕人生於燕，長於楚，則逐物而失其性之所況也；及老而還本國，則繕性而求復其初之所況也。過晉國，同行者誑之，指城曰"燕國之城"，則愀然而形於色；指社曰"燕國之社"，則喟然而發於聲；指舍曰"此若先人之廬"，則涓然而泣矣；指壠曰"此若先人之冢"，則哭不自禁矣；既而告之曰"此晉國耳"，乃復大慚，則大惑易性，不知歸其真宅之況也。及至燕，真見燕國之城社，真見先人之廬冢，悲心更微，其得失，所謂入而後悦之者歟？之人也，雖曰迷而後復，固與夫薾然疲役而不知所歸者異矣。徐無鬼有越人之説，莊周有舊都之喻，義與此合。

---

① "涓"，王叔岷曰："《釋文》：'涓，音泫。'案《御覽》五五八引'涓'正作'泫'。《藝文類聚》三四、《記纂淵海》四二引並作'潸'。"

② "予昔紿若此晉國耳"，王叔岷曰："案《御覽》五五八引'予'作'余'，'此'作'乃'。疑所據本'晉國'上原有'乃'字，蓋略引'此'字耳。"

③ "更"，世德堂本作"便"。

④ "明"，原作"因"，據北宋本、南宋本、世德堂本、汪本改。王叔岷曰："案道藏本注'明'作'因'。……'因'字疑誤。"

⑤ "所歸於本而不之識故僞薄者是人得之焉"，汪萊曰："'是人得之'四字在'所歸於本'上，'焉'字在'識'字下。"

卷之九

和光散人高守元集

仲尼

○智者不知而自知者也，忘智故無所知，用智則無所能知，體神而獨運，忘情而任理，則寂然玄照者也。**盧曰**：此篇言證無爲之道者，方可無所不爲。世人但見聖人之迹，而不知所證之本也；學者徒知絶情之始，而不知皆濟之用，皆失其中也。**政和**：或使則實，莫爲則虚，徼妙並觀，有無不蔽，無不忘也，無不有也，淡然無極，是謂契理。**范曰**：惟忘乎智，乃能不用其智；惟造乎神，乃能不名其聖。若然者，入而内觀，是非利害不入於胸次，故眼如耳，耳如鼻，鼻如口，口無不同，在我者蓋如此也；出而外觀，則毁譽憂喜不汩於心術，故視生如死，視富如貧，視人如豕，視吾如人，在物者蓋如此也。力雖服海内而不自用，辯雖雕萬物而不自悦，真知真能得之在我，所謂無爲而無不爲者，其在是乎？

仲尼閒居，子貢入侍，而有憂色。① **政和**：聖人退藏於密，故心不愛樂；②吉凶與民同患，故有憂。子貢不敢問，○子貢雖不及性與天道，至於夫子文章究聞之矣。聖人之無憂，常流所不及，況於賜哉？所

---

① “色”，原作“名”，據北宋本、南宋本、世德堂本、汪本、《義解》本改。

② “愛”，《義解》本作“憂”。

以不敢問者，將發明至理，推起余於大賢，①然後微言乃宣耳。**出告顔回。顔回援琴而歌。孔子聞之，果召回入，問曰："若奚獨樂？"**②**回曰："夫子奚獨憂？"**○回不言，欲宣問，③故弦歌以激發夫子之言也。**孔子曰："先言爾志。"曰："吾昔聞之夫子曰：'樂天知命故不憂。'回所以樂也。"**○天者，自然之分；命者，窮達之數也。**政和**：樂天，則不尤人；知命，則不尚力。任其自然，不累乎心，何憂之有？**孔子愀然有間，曰："有是言哉？**○將明此言之不至，故示有疑閒之色。④ **汝之意失矣。**⑤ **此吾昔日之言爾，請以今言爲正也。**○昔日之言，因事而興；今之所明，盡其極也。**政和**：道惡乎往而不存？言惡乎存而不可？隨時之宜之謂是，體道之常之謂正，故昔日之言可以爲是，而自今觀之，不可以爲正也。然以昔日之言爲是，以今日之言爲正，其所言者特未定也。知時無止，證向今故，則束於教者豈足以語此？**汝徒知樂天知命之無憂，未知樂天知命有憂之大也。**⑥ ○無所不知，無所不樂，無所不憂，故曰大也。**政和**：真樂無樂，亦無所不樂；真知無知，亦無所不知。修之身，故無憂；修之天下，故有憂之大。**范曰**：退朝曰燕，居燕曰閒，故有所謂燕居，有所謂閒居。子貢之學，得其言，未得其所以言，夫子之文章可得而聞矣，夫子之言性與天道不可得而聞也，故於聖人之憂則有所不敢問。顔回之學，具體而微，造形而悟，非真愚也，終日不違，非助我也，無所不説，故聞聖人之憂則援琴而歌，蓋將有所激焉。

---

① "推"，原作"惟"，據南宋本、世德堂本改。

② "獨"上，王重民曰："案《御覽》四百六十八又四百六十九引'獨'上並有'敢'字。"

③ "宣"，原作"旨"，據北宋本、汪本、世德堂本改。

④ "閒"，原作"問"，據北宋本、汪本改。南宋本、世德堂本作"間"。王叔岷曰："案道藏本注'閒'作'問'，疑誤。"

⑤ "失"，《釋文》作"夾"，云："一本作'失'。"任大椿曰："夾音狹，故與狹通。據文義蓋謂汝之意狹而未廣也。"王叔岷曰："案任説是也，'失'蓋'夾'之形誤，或淺人所改。"

⑥ "有"上，王重民曰："案《御覽》四百六十八引'有'上有'之'字。"

此孔子聞之，所以果召回入，而有獨樂之問也。體道者常樂，涉事者常憂。天者，莫之爲而爲也，吾則樂之而不辭；命者，性之所自出也，故則知之而無蔽。① 樂天知命，則鼓萬物而不與聖人同憂，俯視世間萬事舉無足以累吾心者，此回之所以樂也。雖然，止是耳矣，猶非其至，故孔子以是爲昔日之言。夫言無常是，應時爲正。昔之所是，今或非之；昔之所可，今或否之。汝徒知樂天知命之無憂，未知其有憂之大，是未能以今言爲正者也。即此以觀，列子可謂深於《易》矣。王通曰"天下皆憂，吾獨得不憂"，豈知聖人之意哉？今告若其實：修一身，任窮達，知去來之非我，亡變亂於心慮，爾之所謂樂天知命之無憂也。② ○此直能定内外之分，辯榮辱之境，如斯而已，豈能無可無不可哉？**盧曰**：夫樂乎天，知乎命，而不憂戚者，是時濟之道，非應用救物之事焉。仲尼曰：吾昔有此言，今則異於昔。**政和**：古之知道者，以行止非人所能而在天，以廢興非力所致而在命，不榮通，不醜窮。適來，時也；適去，順也。安時而處順，哀樂不能入也，何憂之有？然是特修一身者爾。曩吾修《詩》《書》，正禮樂，將以治天下，遺來世，○《詩》《書》、禮樂，治世之具，聖人因而用之，以救一時之弊；用失其道，則無益於理也。非但修一身、治魯國而已。○夫聖人知周萬物，道濟天下。若安一身，救一國，非所以爲聖也。而魯之君臣日失其序，仁義益衰，情性益薄。此道不行一國與當年，其如天下與來世矣？③ ○治世之術實須仁義，世既治矣，則所用之術宜廢。若會盡事終，執而不舍，則情之者寡

---

① "故"，據上文當作"吾"。"天者，莫之爲而爲也，吾則樂之而不辭"正與"命者，性之所自出也，吾則知之而無蔽"相對成文。

② "也"上，王叔岷曰："案《文選》盧子諒《贈劉琨詩》注引'也'上有'者'字。"

③ "矣"，于省吾曰："亡友楊樹達曰：'如，如何也。省去何字，特爲罕見。'按楊説非是，'矣'字本應作'台'。早期古文字'以'字均作㠯，晚期作'台'，隸變作'以'。《詩・天作》'彼徂矣岐'即'彼徂以岐'，詳《詩經新證》。《管子・地圖》'期有日數矣'，别下齋校宋本'矣'作'以'。《墨子・尚賢下》'推而上之以'，'以'即'矣'。'其如天下與來世台'即'其如天下與來世何'。《湯問》篇'如太形王屋何'、'其如土石何'，句例同。"

而利之者衆。衰薄之始，誠由於此。以一國而觀天下，當今而觀來世，致弊豈異？唯圓通無閡者能唯變所適，不滯一方。吾始知《詩》《書》、禮樂無救於治亂，而未知所以革之之方，此樂天知命者之所憂。① ○唯棄禮樂之失，不棄禮樂之用，禮樂故不可棄，故曰“未知所以革之之方”。而引此以爲憂者，將爲下義張本，故先有此言耳。**盧曰**：非《詩》《書》、禮樂不足以爲治天下之法，而世之理論不由《詩》《書》、禮樂所能救焉；若去其法，又無以爲禮之本也。此唯有道者之所深憂。**政和**：《詩》《書》者，載治之言；禮樂者，載治之具。孔子體道之真以治身，超然自得乎形色、名聲之表矣，而憫天下之弊，故言仁義，明禮樂，吁俞曲折，以慰天下之心。然世之人滅質溺心，無以返其性情而復其初，則仁義益衰而情性益薄，②其道不行於當年矣，爲天下後世慮，所以憂也。雖然，吾得之矣。夫樂而知者，非古人之所謂樂知也。③ ○《莊子》曰：“樂窮通物，非聖人。”④故古人不以無樂爲樂，亦不以無知爲知。任其所樂，則理自無樂；任其所知，則理自無知。無樂無知，是真樂真知，○都無所樂，都無所知，則能樂天下之樂，知天下之知，而我無心者也。故無所不樂，無所不知，無所不憂，無所不爲。○居宗體備，故能無爲而無不爲也。《詩》《書》、禮樂，何棄之有？革之何爲？”○若欲捐《詩》《書》、⑤易治術者，豈救弊之道？即而不去，爲而不恃，物自全矣。**盧曰**：知天命之所無可奈何而安其分以不憂者，君子之常心也。古之開物成務，濟人利俗，則不然也。不安其樂，不任其知，先天

---

① “憂”，王叔岷曰：“案《御覽》四六八引‘憂’下有‘也’字。”

② “情性”，原誤倒，據《義解》本乙正。

③ “所謂”，原誤倒，據道藏白文本、林本乙正。陶光曰：“道藏白文本、林本‘謂所’作‘所謂’。”

④ “窮”，楊伯峻曰：“《莊子・大宗師》篇云：‘故圣人之用兵也，亡國而不失人心；利澤施乎萬世，不爲愛人。故樂通物，非圣人也。’而注文引作‘樂窮通物’，‘窮’字當是衍文。”

⑤ “捐”，原作“損”，據南宋本、世德堂本、汪本改。

而不違，後天而奉天時，是真樂真知也。若然者，故無不樂，無不知，故能無所不爲矣，①豈復委任之哉？是以《詩》《書》、禮樂誠可以助化之本也，革之者何爲乎？**顏回北面拜手曰："回亦得之矣。"**○所謂不違如愚者也。**出告子貢。子貢茫然自失，**○未能盡符至言，故遂至自失也。**歸家淫思，七日不寢不食，以至骨立。**○發憤思道，忘眠食也。**顏回重往喻之，乃反丘門，弦歌誦書，終身不輟。**② ○既悟至理，則忘餘事。③ **盧曰**：顏生，亞聖之道，不違，聞而得之矣。子貢因《詩》《書》以爲智，故爲言而失其所宗。回重喻之，乃悟爲學之益，不知日損之道也。**政和**：道德不廢，安取仁義？性情不離，安用禮樂？樂天者，有所樂，非古人之所謂樂也；知命者，有所知，非古人之所謂知也。樂天者，必期於無所樂，是謂真樂；知命者，必期於無所知，是謂真知。若是，則無所不樂，無所不知，無所不憂，無所不爲，與化爲人，焉往而不能化人？治《詩》《書》、禮樂，可也；退仁義，擯禮樂，亦可也。故其始也，以《詩》《書》、禮樂無救於治亂；及其得也，則曰"《詩》《書》、禮樂，何棄之有？革之何爲"。子貢向也不敢問，至其聞之，茫然自失，思無所得，則誦書不輟而已，所謂得其言而未得其所以言者歟？**范曰**：道之真以治身，所以修一身也；不榮通，不醜窮，所以任窮達也。適來則安之，適去則順之，則知去來之非我矣；不爲軒冕肆志，不爲窮約趨俗，則亡變亂於心慮矣。所謂樂天知命之無憂者，固有在是。一將不得而馭世，則緒餘以爲國家，土苴以治天下，以百姓心爲心者，詎能恝然無憂耶？故《詩》《書》、禮樂，先王之陳迹也，此爲治之具，而非治之道。修《詩》《書》，將以爲治乎？而仁義日益衰。正禮樂，將以爲治乎？而情性日益薄。道不行於一國，其如天下何？道不行於當年，其如來世何？吾知《詩》《書》、禮樂無救於治亂，而

---

① "無"，原脱，據秦本補。

② "終身不輟"，陶光曰："道藏白文本、林（趙庚颺、許世瑛按："林"當作"林本作"）'終日不輟'。光按：字作'日'是。張注云'既悟至理，則亡餘事'，是張所據本亦作'日'。"

③ "忘"，北宋本、南宋本、世德堂本、汪本作"亡"。

未知所以革之之方，此樂天知命者所以若是其多憂也。雖然，吾得之矣。樂天者，非古人之所謂樂也，真樂無樂，任其所樂，故無所不樂；知命者，非古人之所謂知也，真知無知，任其所知，故無所不知。若然者，雖曰有憂，是豈蒿自以憂世之患者哉？故能無爲而無所不爲也。向之所謂《詩》《書》、禮樂者，用之而不必棄，因之而不必革，順物自然，無容私焉，孰能弊弊然以天下來世爲事？顏回造於坐忘之妙者也，故聞聖人之言而有得焉；子貢溺於博學之辯者也，故茫然自失而已。

陳大夫聘魯，私見叔孫氏。叔孫氏曰："吾國有聖人。"曰："非孔丘耶？"曰："是也。""何以知其聖乎？"○至哉此問！夫聖人之道絶於群智之表，萬物所不窺擬，見其會通之迹，因謂之聖耳，豈識所以聖也？叔孫氏曰："吾常聞之顏回○至哉此答！自非體二備形者，何能言其仿佛、瞻其先後乎？以顏子之量，猶不能爲其稱謂，況下斯者乎？曰：'孔丘能廢心而用形。'"○此顏回之辭。夫聖人既無所廢，亦無所用。廢用之稱，亦因事而生耳。故俯仰萬機，對接世務，皆形迹之事耳；冥絶而灰寂者，固泊然而不動矣。**盧曰**：聖人應物而生，濟時用、導群有以示迹，不顯真以化凡焉。陳大夫曰："吾國亦有聖人，子弗知乎？"曰："聖人孰謂？"曰："老聃之弟子有亢○古郎反，又音庚。倉子者，得聃之道，[①]○老聃猶不言自得其道，亢倉於何得之？蓋寄得名以明至理之不絶於物理者爾。[②]能以耳視而目聽。"○夫形質者，心智之室宇；耳目者，視聽之户牖。神苟徹焉，則視聽不因户牖，照察不閡牆壁耳。**政和**：仲尼應物而忘心，故見其聖者，以爲能廢心而用形；亢倉子適己而忘形，故見其聖者，以爲能耳視而目聽。廢心用形，猶桔槔俯仰，人之所引，亦引人也；耳視目聽，與列子心凝形釋、骨肉都融同義，然何廢何用？無視無聽，聖人之道烏可致詰？此特人者見之

① "亢倉子者得聃之道"，王叔岷曰："注：'亢，古郎反，又音庚。'《釋文》：'亢倉，音庚桑。'案《莊子・庚桑楚》篇正作'庚桑'，'得'上有'偏'字，'得'下有'老'字；《亢倉子・全道》篇'得'上有'遍'字，'得'下亦有'老'字。'偏'、'遍'古通。"

② "爾"，北宋本、南宋本、世德堂本、汪本作"耳"。

耳。**范曰**：心者形之所主，形者心之所舍。必有以刳心，乃能廢心，故不爲心所累；必有以使形，乃能用形，故不爲形所役。聖人之所以聖，既無所廢，亦無所用。叔孫氏之聞者如此，故以是稱仲尼也。耳主聽，目主視。精全而不虧，則其耳徹矣，乃或能視；神用而不竭，則其目徹矣，乃或能聽。聖人之所以聖，視不以目，聽不以耳。陳大夫之所見者如此，故以是而稱亢倉子也。魯侯聞之大驚，○不怪仲尼之用形，而怪耳目之易任。迹同於物，故物無駭心。使上卿厚禮而致之。[①] 亢倉子應聘而至，○泛然無心者，無東西之非己。魯侯卑辭請問之。亢倉子曰："傳之者妄，我能視聽不用耳目，[②]不能易耳目之用。"○夫易耳目之用者，未是都無所用。都無所用者，則所假之器廢也。**盧曰**：夫耳目者，視聽之器也，唯神能用之。若神不在焉，則死人之耳目不能視聽矣。亢倉子知人之所能，故不用耳目爲視聽之主矣，是命耳見而目聞耶？此乃傳者不曉，因妄爲説耳也。魯侯曰："此增異矣。其道奈何？寡人終願聞之。"**盧曰**：魯侯仍未了此意，更以爲增加奇異焉，固請其道矣。亢倉子曰："我體合於心，[③]○此形智不相違者也。心合於氣，○此又遠其形智之用，任其泊然之氣也。氣合於神，○此寂然不動，都忘其智。智而都忘，則神理獨運，感無不通矣。神合於無。○同無則神矣，同神則無矣，二者豈有形乎？直有其智者，不得不親，無以自通；忘其心者，則與無而爲一也。[④] **盧曰**：夫體既有質而成礙，心則有繫而成執；體合於心者，不在於形礙，而在封執也。故氣之於心，雖動而無所執；故心合於氣者，不在封執，而在於動用也；故氣合於神者，不在於

---

① "使上卿厚禮而致之"，王重民曰："案《意林》引作'以上卿禮致之'，《亢倉子·全道》篇作'使叔孫氏報聘，且致亢倉子，待以上卿之禮'，與《意林》所引義合。"

② "傳之者妄我能視聽不用"，王叔岷曰："案《事文類聚後集》十九引'傳之者妄'作'傳之者妄也'，'不用'上有'而'字。"

③ "我"，王叔岷曰："案《意林》引'我'作'臣'。"

④ "也"，原脱，據北宋本、南宋本、世德堂本、汪本補。

動,而在於了識也;神之於無,則妙絶有形,故不在於了識,而在於冥真矣。其有介然之有、唯然之音,[①]雖遠在八荒之外,[②]近在眉睫之内,來干我者,我必知之。○唯豁然之無,不干聖慮耳。涉於有分,神明所照,不以遠近爲差也。乃不知是我七孔四支之所覺、心腹六藏之所知,其自知而已矣。"○所適都忘,豈復覺知之至邪?**盧曰**:是故有形有音,無遠無近,來干我者,皆能知之。都不用四支七竅,如明鏡高懸,朗然自照,豈運其耳目也哉?[③] 魯侯大悦,他日以告仲尼,仲尼笑而不答。○亢倉言之盡矣,仲尼將何所云?今以不答爲答,故寄之一笑也。**盧曰**:寄之一笑者,得忘言之旨也。**政和**:耳視目聽,猶不能外乎形;視聽不用耳目,則離形矣。蓋耳目視聽,未離乎形,猶有所不及;至於不用耳目,則形充空虚,視乎冥冥,聽乎無聲,與神爲一,世豈足以識之?體合於心,則以外而進内;心合於氣,則以實而致虚;氣合於神,則立乎不測;神合於無,則動於無方。無聽之以耳,而聽之以氣,吾以神遇,而不以目視,此所謂以無有入無間者與?介然之有,有形之小;唯然之音,有聲之微。遠在八荒之外,華九方也;近在眉睫之間,非無所也。囿於有形,感於有聲,吾雖黜聰明而同乎大通,來干我者,我必知之,亦惡知其所以然哉?故曰"其自知而已矣"。仲尼笑而不答者,解顔一笑,不知答也。**范曰**:耳目,形也;視聽,用也。精神洞徹、了無所閡者,能以耳視而目聽,然特能易耳目之用而已,未至於都無所用。若乃無形之上獨以神視,無聲之表獨以炁聽,則耳目不用,而聰明長存矣,故魯侯以是爲增異也。原其所以致此,亦必有道。體合於心,則其體瘵矣,乃無謬

---

① "有唯然之音",孫詒讓曰:"案此文以'有'與'音'相儷,'有'疑當作'形'。盧重元注云'是故有形有音,無遠無近,來干我者,我皆知之',疑盧本正作'形'字。《亢倉子・全道》篇襲此文,亦作'有'。"陶光曰:"光按:上文言視聽,言耳目,此文自當以形音對舉,孫説是也。然'形'、'有'二字不近,無緣致訛,疑脱一'形'字耳。"

② "遠在",王叔岷曰:"案《亢倉子・全道》篇'遠在'作'遠際',疑當從之。此文'際'作'在',與下'在'字復。"

③ "也哉",原誤倒,據秦本乙正。

心之韄；心合於氣，則其心凝矣，乃無使氣之強。氣無不運也，其化常本於神，氣合於神，則融而無間矣；神無不在也，其用常托於無，神合於無，則混而爲一矣。彼辯物而小，則爲介然之有；感物而應，則爲唯然之音。其在八荒之外，可以爲遠乎？道亦在是，無間於遠。其在眉睫之内，可以爲近乎？道亦在是，無間於近。大智並觀，物莫能間，無有遠近，遂知來物。外觀於身，身本無身，故七孔四支之所覺，吾不知也；内觀於心，心本無心，故心腹六藏之所知，吾不知也。真知無知，無所不知，是其神之所爲乎？道之至此，則至矣盡矣，不可以有加矣，故魯侯以告仲尼，仲尼所以笑而不答也。

商太宰見孔子，①曰："丘聖者歟？"②孔子曰："聖則丘何敢？〇世之所謂聖者，據其迹耳，豈知所以聖、所以不聖者哉？然則丘博學多識者也。"③〇示現博學多識耳，實無所學，實無所識也。**政和**：夫子既聖矣，而曰"聖則何敢"，蓋不居其聖也。雖博學而無所成名，

① "商太宰見孔子"，王叔岷曰："案《廣弘明集》八《釋道安二教論孔老非佛》七、十一《對傅奕廢佛僧事》、《北山録・聖人生》篇引'商'上並有'昔'字。《法苑珠林》二十引亦有'昔'字，惟'商'作'吴'。《廣弘明集》一《歸正論》、十一《對傅奕廢佛僧事》、《法苑珠林》二十、《翻譯名義集》一、《事文類聚前集》三五、《合璧事類前集》四八引'太宰'下並有'嚭'字，'見'並作'問'（《法苑珠林》六八引《史録》同）。《北山録・聖人生》篇引同，'問'下更有'於'字。《廣弘明集》八引'見'亦作'問'，'問'下亦有'於'字。《容齋四筆》一引'見'亦作'問'。《廣弘明集》八、十一、《法苑珠林》二十引'孔子'並作'孔丘'。"

② "丘聖者歟"，王叔岷曰："案《廣弘明集》一、八、十一、《法苑珠林》二十、《事文類聚前集》三五、《合璧事類前集》四八引並作'夫子聖人歟'（《法苑珠林》六八引《史録》同）。《北山録・聖人生》篇、《翻譯名義集》一引並作'夫子聖者歟'。《藝文類聚》二十、《天中記》二四引'歟'並作'與'，下同。作'與'是故書。"

③ "孔子曰聖則丘何敢然則丘博學多識者也"，王叔岷曰："案《廣弘明集》一、八、十一、《法苑珠林》二十、《事文類聚前集》三五、《合璧事類前集》四八引'曰'上並有'對'字，下同（《法苑珠林》六八引《史録》同）。《廣弘明集》一引'聖則丘何敢？然則丘博學多識者也'作'丘也博識強記，非聖人也'（《法苑珠林》六八引《史録》同）。《廣弘明集》十一、《北山録・聖人生》篇、《法苑珠林》二十、《翻譯名義集》一、《事文類聚前集》三五、《合璧事類前集》四八引並作'丘博識強記，非聖人也'。《廣弘明集》八引作'丘博聞強記，非聖人也'。《路史・發揮》三引'何敢'作'豈敢'。"

雖多識而一以貫之,此孔子所以爲集大成。**范曰**:達巷黨人知足以知聖人者也,故曰"博學而無所成名";漢陰丈人知不足以知聖人者也,故曰"博學以擬聖"。然則聖人無名,孰得而稱之?"博學多識",特以對商太宰而已。然其告子貢則曰"汝以予爲多學而識之者歟?予一以貫之",何也?博學多識者,道中庸,所以同乎人;一以貫之者,極高明,所以同乎天。商太宰曰:"三王聖者歟?"①孔子曰:"三王善任智勇者,聖則丘不知。"②曰:"五帝聖者歟?"孔子曰:"五帝善任仁義者,聖則丘弗知。"③曰:"三皇聖者歟?"孔子曰:"三皇善任因時者,④聖則丘弗知。"○孔子之博學,⑤湯武之干戈,堯舜之揖讓,羲

---

① "商太宰曰三王聖者歟",王叔岷曰:"案《廣弘明集》一、八、十一、《法苑珠林》二十、《事文類聚前集》三五、《合璧事類前集》四八引並作'又問三王聖人歟',引下文'曰'亦並作'又問','者'亦並作'人'(《法苑珠林》六八引《史録》同)。"

② "三王善任智勇者聖則丘不知",王叔岷曰:"案《廣弘明集》一、八、十一、《北山録·聖人生》篇、《法苑珠林》二十、《翻譯名義集》一、《事文類聚前集》三五、《合璧事類前集》四八引並作'三王善用智勇,聖非丘所知'(《法苑珠林》六八引《史録》同)。《路史·發揮》三引'智'作'知','不知'作'弗知'。道藏白文本、林希逸本並作'弗知'。《藝文類聚》二十、《御覽》四百一、《容齋四筆》一、《天中記》二四引並同,與下文一律。"

③ "五帝善任仁義者聖則丘弗知",王叔岷曰:"案《廣弘明集》一引作'五帝善用仁義,聖非丘所知'(《法苑珠林》六八引《史録》同)。《廣弘明集》八、《北山録·聖人生》篇、《翻譯名義集》一、《事文類聚前集》三五、《合璧事類前集》四八引並作'五帝善用仁信,聖非丘所知'。《廣弘明集》十一、《法苑珠林》二十引並作'五帝善用仁信,聖亦非丘所知'。""弗",北宋本、汪本、世德堂本作"不"。

④ "三皇善任因時者聖則丘弗知",王重民曰:"案'善任因時'義不可通,蓋本作'三皇善因時者','任'字因上文'三王善任智勇'、'五帝善任仁義'諸'任'字而衍。智勇、仁義可言任,因時則不必言任矣。《類聚》三十、《御覽》四百零一引並無'任'字。"王叔岷曰:"案《廣弘明集》一、《事文類聚前集》三五、《合璧事類前集》四八引並作'三皇善用時,聖非丘所知'(《法苑珠林》六八引《史録》同)。《廣弘明集》八引作'三皇善因用時,聖非丘所知'('因'、'用'二字,疑有一爲衍文),十一引作'三皇善用時政,聖亦非丘所知'。《北山録·聖人生》篇、《翻譯名義集》一引並作'三皇善用時政,聖非丘所知'。《法苑珠林》二十引作'三皇善用時,聖亦非丘所知'。王重民云……《類聚》三十乃二十之誤。《天中記》二四引亦無'任'字。或一本'因'作'任',今本並竄入耳。"

⑤ "孔子",北宋本、南宋本、世德堂本、汪本作"孔丘"。

黄之簡朴，①此皆聖人因世應務之粗迹，非所以爲聖者。所以爲聖者，固非言迹之所逮者也。**盧曰**：將明大道之非迹也。代人所詮者，徒知其迹耳，故夫子因衆人之所常見，欲明至真之聖人也。**政和**：皇言道，帝言德，王言業，善任因時所以行道，善任仁義所以成德，善任智勇所以修業，然有爲之累，非無爲之事，故曰"聖則丘弗知"也。雖然，皇也，帝也，王也，應時而造，所任者迹也，其所以迹，非其所以聖。② **范曰**：王言業，故善任智勇；帝言德，故善任仁義；皇言道，故善任因時。是皆應世之粗迹耳，豈其所以聖哉？故夫子皆曰弗知，又因以見其不居聖也。商太宰大駭，○世之所謂聖者，孔子皆云非聖，商太宰所以大駭也。曰："然則孰者爲聖？"③孔子動容有間曰：④"西方之人○聖豈有定所哉？趣舉絶遠而言之也。有聖者焉，⑤不治而不亂，⑥○不以治治之，故不可亂。不言而自信，○言者不信。不化而自行，○爲者則不能化，此能盡無爲之極也。蕩蕩乎民無能名焉。○何晏《無名論》曰："爲民所譽，則有名者也；無譽，無名者也。若夫聖人，名無名，譽無譽，謂無名

---

① "羲黄"，北宋本、汪本、世德堂本作"羲農"。

② "非"，《義解》本作"則"。

③ "商太宰大駭曰然則孰者爲聖"，王叔岷曰："案《廣弘明集》一、十一、《北山録・聖人生》篇、《法苑珠林》二十、《翻譯名義集》一、《事文類聚前集》三五、《合璧事類前集》四八引並無'商'字，'孰者爲聖'並作'孰爲聖人乎'（《法苑珠林》六八引《史録》同）。《廣弘明集》八引'聖'下亦有'人乎'二字。"楊伯峻曰："伯峻案：'者'字疑當在'聖'字下，本作'孰爲聖者'。"

④ "孔子動容有間曰"，王叔岷曰："案《廣弘明集》一、十一、《法苑珠林》二十、《事文類聚前集》三五、《合璧事類前集》四八引'孔子'並作'夫子'（《法苑珠林》六八引《史録》同）。《北山録・聖人生》篇、《翻譯名義集》一引並作'夫子有間動容而對曰'。"

⑤ "西方之人有聖者焉"，王叔岷曰："案《廣弘明集》一、八引'西方'上並有'丘聞'二字（《法苑珠林》六八引《史録》同）。《事文類聚前集》三五、《合璧事類前集》四八引並作'丘聞西方有大聖人者焉'。"

⑥ "不亂"，俞樾曰："樾謹按：此本作'不治而自亂'。亂，治也，謂不治而自治也，正與下文'不言而自信，不化而自行'文義一律。后人不達'亂'字之義，改爲'不亂'，失之矣。張注曰'不以治治之，故不可亂也'，是其所據本已誤。盧本同。"

爲道,無譽爲大,則夫無名者可以言有名矣,無譽者可以言有譽矣,然與夫可譽可名者豈同用哉?此比於無所有,故皆有所有矣,而於有所有之中,當與無所有相從,而與夫有所有者不同。同類無遠而相應,異類無近而不相違。譬如陰中之陽,陽中之陰,各以物類自相求從。夏日爲陽,而夕夜遠與冬日共爲陰;冬日爲陰,而朝晝遠與夏日同爲陽,皆異於近而同於遠也。詳此異同,而後無名之論可知矣。凡所以至於此者,何哉?夫道者,惟無所有者也。自天地以來,①皆有所有矣,然猶謂之道者,以其能復用無所有也。故雖處有名之域,而没其無名之象,由以在陽之遠體,而忘其自有陰之遠類也。"夏侯玄曰:"天地以自然運,聖人以自然用。自然者,道也。道本無名,故老氏曰'強爲之名'。仲尼稱堯蕩蕩無能名焉,下云巍巍成功,則強爲之名,取世所知而稱耳,豈有名而更當云無能名焉者耶?夫唯無名,故可得遍以天下之名名之,然豈其名也哉?推此足喻而終莫悟,②是觀泰山崇崛而謂元氣不浩芒者也。"丘疑其爲聖,③弗知真爲聖歟?真不聖歟?"④○聖理冥絶,故不可擬言,唯疑之者也。商太宰嘿然心計,⑤曰:"孔丘欺我哉!"○此非常識所及,故以爲欺罔也。**盧曰**:夫立迹以崇教,明行以興化者,皆救俗之賢聖耳。若夫體大道者,覆載如天地,化行若四時,不見有可治而不可亂者,不假立言而爲信者,沛然而澤利萬物,裒然而含識皆生,蕩蕩難明,此爲聖者。寄之於方所立言以辯之,猶恐未爲至也,故以疑似而遺言。斯乃太宰所不知,以爲夫子誑之耳。**政和**:《莊子》論燧人、伏羲、神農、黄帝、唐虞以來,其爲天下,皆以爲德之下衰;孔子以三皇、五帝、三王之治爲不知其聖,乃曰"西方之人有聖者焉"。蓋道,歲也;聖人,時也。五帝、三王之治,閲衆甫

---

① "以",北宋本、汪本、世德堂本作"已"。

② "推此足喻",北宋本、汪本作"惟此足喻",南宋本、世德堂本作"惟此是喻"。王叔岷曰:"元本、世德堂本注……'足'並作'是','足'疑'是'之壞字。"

③ "聖"下,王叔岷曰:"案《路史·發揮》三引'聖'下有'矣'字。"

④ "真爲聖歟真",陶光曰:"光按:二'真'字疑並當作'其',語意始順。"

⑤ "嘿",王叔岷曰:"案道藏白文本、林希逸本、江遹本'嘿'並作'默',當以作'默'爲正。"

於亨嘉之會，猶時之有春夏也，見其外王之業而已，故曰不知其聖；西方之人，去華而復質，猶時之有秋冬也，靜而聖而已，故曰“有聖者焉”。夫有不治也，然後治之，無事於治，何亂之有，故不治而不亂；待言而信者，信不足也，默然而喻，故不言而自信；道化之行，猶有行之之迹，化而無迹，孰推行是，故不化而自行。此之謂“莫之爲而常自然”也。道不可名，無所畛域，故曰“蕩蕩乎民無能名焉”。雖然，聖不可知，謂是爲聖，豈真是哉？故疑其爲聖而已。商太宰以其言不近人情，故始也驚怖而大駭，且求之度數而弗得，故其終默然心計，而以孔子爲欺我也。**范曰**：夫有土者有大物也，有大物者不可以物，物而不物，故能物物，是古之人聞在宥天下，①不聞治天下也。自三代以下者，釋夫恬淡無爲而悦夫啍啍之意，屈折禮樂以正天下之形，吁俞仁義慰天下之心，名曰治之，亂孰甚焉？然則聖人之治也，治外乎正而後行，確乎能其事者而已，故從容無爲，而萬物熕累，吾又何暇治天下哉？於以設教，則無言之之累，爾其自信；於以運化，則無化之之迹，爾其自行。道常無名，自人觀之，雖見夫蕩蕩其大，而無名之朴終無得而稱之也。百姓謂我自然，帝力於我何有？莊子所謂聖人無名者，其是歟？然聖與不聖，方其致疑而未之或知也，殆將進乎聖而不可知之神矣。商太宰不足以語此，故以孔子之言爲欺我哉。

子夏問孔子曰：②“顔回之爲人奚若？”子曰：“回之仁賢於丘也。”③曰：“子貢之爲人奚若？”子曰：“賜之辯賢於丘也。”④曰：“子路之爲人奚若？”子曰：“由之勇賢於丘也。”曰：“子張之爲人奚若？”子曰：“師之莊賢於丘也。”○猶矜莊也。子夏避席而問曰：“然則四子者何爲事夫子？”曰：“居，吾語汝。

① “聞”，原作“門”，據《莊子・在宥》篇“聞在宥天下，不聞治天下”改。

② “問”，王叔岷曰：“案《論衡・定賢》篇、《家語・六本》篇‘問’下並有‘於’字。”

③ “仁”，王叔岷曰：“案《説苑・雜言》篇、《家語・六本》篇‘仁’並作‘信’，下同。”

④ “辯”，王叔岷曰：“案《説苑・雜言》篇、《家語・六本》篇‘辯’並作‘敏’，下同。”

夫回能仁而不能反，[①]〇反，變也。夫守一而不變，無權智以應物，則所適必閡矣。**盧曰**：可與適道，未可與權。賜能辯而不能訥，[②]**盧曰**：有進取之能，未階乎道也。由能勇而不能怯，**盧曰**：但知其雄，不能守其雌也。師能莊而不能同。〇辯而不能訥，必虧忠信之實；勇而不能怯，必傷仁恕之道；莊而不能同，有違和光之義。此皆滯於一方也。**盧曰**：自守矜嚴，不能同物，失於和也。兼四子之有以易吾，[③]吾弗許也。〇四子各是一行之極，設使兼而有之，求變易吾之道，非所許。此其所以事吾而不貳也。"〇會同要當寄之於聖人，故欲罷而不能也。**盧曰**：兼有仁、辯、嚴、勇，吾且不與之易，況不能兼之。夫子能兼四子之不能也，故事我而不貳心矣。此論道之大者，更在其行藏之卷耳。**政和**：聖人之道極高明而道中庸，或過或不及，皆非道也。賢者過之，聖人無取焉。回能仁而不能反，非大仁也；賜能辯而不能訥，非大辯也；由能勇而不能怯，非大勇也；師能莊而不能同，非和光也。雖不該不遍，在道一曲，然各有所長，時有所用。乃若夫子之大全，則備道而兼有之。彼數子者，仰聖人而自知其小，則孔子雖各以其所能爲賢於己，而彼其所事我者，亦安能貳己哉？**范曰**：顏淵得其行而未得其所以行，故雖或不違於三月之久，未能克己於一日之間，豈非能仁而不能反者耶？子貢得其言而未得其所以言，故孔子列之言語之科，孟子稱其説辭之善，豈非能辯而不能訥

---

① "反"，俞樾曰："樾謹按：'反'字無義，疑'刃'字之誤。俗書'刃'字作'刄'，故誤爲'反'耳。'刃'與'忍'通。《詩・將仲子》篇毛傳'強忍之木'，《抑》篇鄭箋'柔忍之木'，《釋文》並云'忍，本作刃'，是其證也。'能仁而不能刃'，即'能仁而不能忍'，正與下文'賜能辨而不能訥，由能勇而不能怯，師能莊而不能同'一律。《淮南子・人間》篇亦載此事，曰'丘能仁且忍，辨且訥，勇且怯'，字正作'忍'，是其明證。張注曰'反，變也'，是其所據本已誤矣。盧本同。"王叔岷曰："案俞説是也，《論衡・定賢》篇載此事，亦作'丘能仁且忍'。"

② "賜能辯而不能訥"，陶光曰："光按：《説苑》作'能敏而不能屈'，《家語》作'詘'。"

③ "以易吾"下，王叔岷曰："案'以易吾'三字，文意不完。注'設使兼而有之，求變易吾之道'，疑所見本'吾'下原有'之道'二字。《論衡・定賢》篇作'以三子之能，易丘之道'（《淮南・人間》篇'之道'作'一道'），可爲旁證。"

者耶？乘桴之游，或譏其好勇過我；三軍之問，或譏其臨事而懼，則由能勇而不能怯可知。飾堂堂之容，難與爲仁；持嘐嘐之志，不掩其行，則師能莊而不能同可知。之四子者，皆非全才，故兼其有以易吾，聖人弗許也。然則夫子之道，其猶海乎？或小或大，或多或寡，各隨所取而有得焉耳。

卷之十

仲尼

子列子既師壺丘子林，○日損之師。友伯昏瞀人，乃居南郭，從之處者日數而不及。① ○來者相尋，雖復日日料簡，猶不及盡也。雖然，子列子亦微焉。○列子亦自不知其數也。朝朝相與辯，無不聞；○師徒相與講肆，聞於遠近。**盧曰**：來者既多，列子亦不知其數。日日談講，聖人之迹無不聞也。而與南郭子連牆，二十年不相謁請，○其道玄合，故至老不相往來者也。② 相遇於道，目若不相見者。○道存則視廢也。門之徒役以爲子列子與南郭子有敵不疑。○敵，讎。**盧曰**：衆疑有讎怨，見不相往來也。有自楚來者，問子列子曰："先生與南郭子奚敵？"子列子曰："南郭子貌

---

① "日"，胡懷琛曰："按'日'字爲'百'字之誤。百數而不及，謂從列子處者之多，而莫有能及列子者。《黄帝》篇'漚鳥之至者百住（《吕氏春秋》作數）而不止'，與此句法相同，是其證也。"王叔岷曰："案《初學記》十八引'處'作'游'，'日'作'百'，《御覽》四百四引'日'亦作'百'，疑作'百'者是也。"

② "者"，北宋本、南宋本、世德堂本、汪本無。

充心虚，耳無聞，目無見，口無言，心無知，形無惕。[①] 往將奚爲？○充，猶全也。心虛則形全矣，故耳不惑聲，目不滯色，口不擇言，心不用知，内外冥一，則形無震動也。**盧曰**：貌全而心至，終不耳目心口之爲辯也，故心無所用知，形無所憂惕。雖然，試與汝偕往。"閲弟子四十人同行，○此行也，豈復簡優劣、計長短？數有四十，故直而記之也。見南郭子，果若欺魄焉，[②]而不可與接。○欺魄，土人也。[③] 一説云：欺頭。[④] 神凝形喪，外物不能得窺之矣。顧視子列子，形神不相偶，而不可與群。○神役形者也。心無思慮，則貌無動用，故似不相攝御，豈物所得群也？**盧曰**：閲簡弟子往見之，果若欺魄爲像人，若今之欺頭者，[⑤]形神不可與接也。南郭子俄而指子列子之弟子末行者與言，[⑥]○偶在末行，非有貴賤之位；遇感而應，非有心於物也。衎衎然若專直而在雄者。[⑦] ○夫理至者無言，及其有言，則彼我之辯生矣。聖人對接俯仰，自同於物，故觀其形者似求是而尚勝也。**盧曰**：末行者，情未忘於是非耳。衎衎然，求勝之氣耳。子列子之徒

---

① "惕"，陶鴻慶曰："愚案：'惕'當爲'傷'。《説文》'傷，交傷也'，即'易'之本字。'形無易'者，謂其形無變易也。下文云'見南郭子，果若欺魄焉，而不可與接。顧視子列子，形神不相偶，而不可與群'，即形無變易之驗。后人多見'易'，少見'傷'，遂誤爲'惕'矣。"于省吾曰："按'惕'即'易'之孳乳字。弓鎛'虔恤不易'、《詩・韓奕》'朕命不易'、《書・盤庚》'惟汝含德不惕'、蔡侯盧'龤敬不惕'，'不惕'即'不易'。契文言'王疒齒，亡易'（前六・二二一・一），'亡易'即'無易'，言無所變易也。"

② "欺魄"，王叔岷曰："案元本、世德堂本注'欺頭'並作'欺顈'，當從之。'頭'即'顈'之誤。《釋文》亦云：'欺魄，字書作欺顈，人面醜也。'"

③ "土"，原作"士"，據汪本改。

④ "頭"，南宋本、世德堂本作"顈"。

⑤ "今"，原作"令"，據秦本改。

⑥ "者"，原脱，據《義解》本、北宋本、南宋本、世德堂本、汪本補，王叔岷曰："案盧重元本、道藏高守元本並無'者'字，有'者'字文意較完。"

⑦ "在雄"，《釋文》云："'在雄'，一本作'存雄'。"俞樾曰："樾謹按：《釋文》曰'在，一本作存'，當從之。《莊子・天下》篇'施存雄而無術'，亦有'存雄'之文，可以爲證。"

駭之，○見其尸居，則自同於土木；①見其接物，則若有是非，所以驚。反舍，咸有疑色。○欲發列子之言。② **盧曰**：疑其未忘勝負之心。**范曰**：南，明也。居南郭，則自幽而即明之意。從之處者，日數而不及，以言保汝之衆也；朝朝相辯，無不聞，以言肄業之勤也。而與南郭子連牆，二十年不相謁請，則又其道之兼忘而不相往來者；相遇於道，目若不相見，則又其道之默契而無所用見者。門之徒役遂以爲有敵不疑，曾不知夫體道之人彼我混冥，未嘗立敵也。有自楚來而問者，子列子告之以南郭子其貌充矣，則全而不虧；其心虛矣，則㓡而無物。耳之聞也，反聽而已；目之見也，内視而已。默而識之，以口則無言；覺而冥之，以知則無知。若然，則踐形而上，又孰有惕然震悸者？彼且離人而常寂焉，往而爲妄行而僞，故曰"往將奚爲"。雖然，道無往而不存，亦無往而不可。閱弟子四十人同行者，言其與有足者偕至於丘也。見南郭子，果若欺魄焉，而不可與接，則懃然似非人矣；顧視子列子，形神不相偶，而不可與群，則荅然似喪偶矣。南郭子俄而指子列子之弟子末行者與言，則又采而出，感而應，而不得已而有言焉。是其言也，猶時女也，曷嘗有心於爲言哉？故自外觀矣，殆見其衎衎然以道自樂，其靜也專，其動也直，雖若有尚物求勝之心，而所謂在雄，③成者常自若也。彼偕來之衆方且疑其以道與世亢，又烏能無驚乎哉？子列子曰："得意者無言，④進知者亦無言。○窮理體極，故言意兼忘。用無言爲言亦言，無知爲知亦知。○方欲以無言廢言，無知遣知，希言傍宗之徒固未免於言知也。無言與不言，無知與不知，亦言亦知。○比方亦復欲全自然，⑤處無言無知之域，此即復是遣無所遣，知無所知。遣無所遣者，未能離遣；知無所知者，曷嘗忘知？固非自然而忘言知也。亦無所不言，亦無所不知；亦無

---

① "於"，北宋本、南宋本、世德堂本、汪本無。
② "欲發列子之言"，原脱，據北宋本、南宋本、世德堂本、汪本補。
③ "在雄"，原作"不雄"，據正文改。
④ "得"下，原衍"無"字，據北宋本、南宋本、世德堂本、汪本、《義解》本删。
⑤ "比"，南宋本作"此"。

所言，亦無所知。○夫無言者，有言之宗也；無知者，有知之主也。至人之心豁然洞虛，應物而言而非我言，即物而知而非我知，故終日不言而無玄默之稱，終日用知而無役慮之名，故得無所不言，無所不知也。如斯而已，汝奚妄駭哉？"○不悟至妙之所會者更粗，至高之所適者反下，而便怪其應寂之異容、動止之殊貌，非妄驚如何？**盧曰**：至知之與意，兩俱忘言也。若優劣不等，則須用言以導之。用無言之言，無知之知，亦何異乎言之與知？雖然有道，自當辯之，則未嘗言，未嘗不言；未嘗知，未嘗不知。理正合如此而已，汝何妄怪哉？**政和**：日數而不及者，言偕來者衆，而夫子之不可及也。列子亦微焉者，言列子之道亦不可得而見也。朝朝相與辯無不聞者，①道不可聞，聞而非也；不得已而有辯，則其所聞也亦淺矣。連牆二十年不相請謁，則與老子所謂不相往來同意；相遇於道，目若不相見，則不必目擊而道固存矣。百骸九竅賅而存焉，所謂貌充也；窅然空然，視之不見，所謂心虛也。有人之形，故耳、目、口、形、貌無不充；無人之情，故無聞、無見、無言、無知、無愓，其室虛矣。欺魄若存，形而非真，猶所謂象人也。形神不相偶，謂神不守形；衎衎然若專直而在雄者，謂不能知雄而守雌。以列子之道，南郭且視之如此，此其徒所以駭之而咸有疑色也。言者所以傳道也，言所以在意，得意而忘言，故曰"得意者無言"；可以言論者，物之粗也，②而不知内矣，故曰"進知者亦無言"。用無言爲言亦言者，至言也；無知爲知亦知者，至知也。以我之無言合道之不言，以我之無知合道之不知，由得意與進知者觀之，亦所以爲言，亦所以爲知也。其道不外乎此，何妄駭之有？**范曰**：意之所隨者，不可以言傳也，故得意者無言；知之所不能知者，辯不能舉也，故進知者亦無言。無言者道也，用無言爲言者，亦未能忘言；無知者道也，用無知爲知者，亦未能忘知。雖未嘗忘言，有所謂未之嘗言者，亦在可言之域；雖或未忘知，有所謂未之或知者，亦在可知之域。曰言曰知，本無所遣，亦無所累。應物而言，亦無所不言也，而實無所言；即物而知，亦無所不知

① "無"，原作"而"，據正文、《義解》本改。
② "粗"，原作"祖"，據《義解》本改。

也，而實無所知。向之所謂道者，如斯而已，汝將何驚耶？

子列子學也，①○上章云列子學乘風之道。三年之後，心不敢念是非，口不敢言利害，始得老商一眄而已。五年之後，心更念是非，口更言利害，老商始一解顏而笑。七年之後，從心之所念更無是非，從口之所言更無利害，夫子始一引吾並席而坐。② ○眄、笑、並坐，似若有褒貶升降之情。夫聖人之心，應事而感，以外物少多爲度，豈定於一方哉？九年之後，横心之所念，横口之所言，亦不知我之是非利害歟，亦不知彼之是非利害歟，外内進矣。③ 而後眼如耳，耳如鼻，鼻如口，口無不同，④心凝形釋，骨肉都融，不覺形之所倚，足之所履，心之所念，言之所藏，如斯而已，則理無所隱矣。○《黄帝》篇已有此章，釋之詳矣。所以重出者，先明得性之極，則乘變化而無窮；後明順心之理，則無幽而不照。⑤ 二章雙出，各有攸趣，⑥可不察哉？**盧曰**：《老子》曰："大智若愚，大辯若訥。"人徒知言知之爲異，不知夫不言不知之爲同，故《黄帝》篇中明用無言之言以濟人，此篇復重論言，明用言之不殊於無矣。**政和**：始得一眄，言道存於目擊之間；解顏而笑，言心得於形釋之外。引之並席而坐，則進而與之俱；内外進矣，⑦則妙而不可測也。形充空虛，故心凝形釋，骨肉都融；造形上極，故理無所隱也。**范曰**：御風而行，猶有所待，故

---

① "學"上，楊伯峻曰："伯峻案：'學'上疑脱'之'字。"

② "吾"，王重民曰："案'吾'字當衍。此事又見《黄帝》篇，《黄帝》篇爲列子對尹生之言，故可有'吾'字。此篇既改爲作者所述之言，仍著'吾'字，則不可通矣。"王叔岷曰："案王説近是，惟無'吾'字，文意不完。疑'吾'原作'其'，今本作'吾'，後人據《黄帝》篇妄改耳。"

③ "外内進矣"，陶光曰："光按：《釋文》出'外進'一條，是其本作'内外進矣'，與《黄帝》篇文同，是。"

④ "口口"，盧文弨曰："衍一。"王叔岷曰："案盧説是也。《黄帝》篇正不重'口'字。""無不同"，盧文弨曰："前卷下有'也'字。"

⑤ "則"，原作"明"，據北宋本、南宋本、世德堂本、汪本改。

⑥ "趣"，北宋本、汪本作"極"。

⑦ "内外"，正文、《義解》本均作"外内"。據陶氏所云，"内外"近是。

上篇論乘風之道，此不復言，以明列子之學匪直止是而已。

初，子列子好游。壺丘子曰："禦寇好游，游何所好？"列子曰："游之樂，所玩無故。○言所適常新也。人之游也，觀其所見；我之游也，觀其所變。○人謂凡人、小人也，惟睹榮悴殊觀以爲休戚，未覺與化俱往，勢不暫停。游乎游乎，①未有能辯其游者。"○人與列子游則同，所以游則異，故曰"游乎游乎"，明二觀之不同也。未有辯之者，言知之者鮮矣。**盧曰**：玩物之變，遷謝無恒，人但樂其見，吾觀其化，此所以異於人。壺丘子曰："禦寇之游固與人同歟？而曰固與人異歟？凡所見，亦恒見其變。○苟無暫停之處，則今之所見常非向之所見，則觀所以見，觀所以變，無以爲異者也。玩彼物之無故，不知我亦無故。○彼之與我，與化俱往。務外游，不知務内觀。② 外游者，求備於物；内觀者，取足於身。取足於身，游之至也；求備於物，游之不至也。"○人雖七尺之形，而天地之理備矣，故首圓足方，取象於二儀；③鼻隆口窊，比象山谷；肌肉連於土壤，血脈屬於川瀆；温蒸同乎炎火，氣息不異風云。内觀諸色，靡有一物不備，豈須仰觀俯察，履涉朝野，④然後備所見？**盧曰**：汝自以異於人，人之所視，未嘗異汝也。何者？汝知物之變遷，⑤不知汝之無故，但外游而不内觀，雖感物而亡身，斯爲至矣，⑥亦何必求備於外游乎？於是列子終身不出，自以爲不知游。○既聞至言，則廢其游觀。不出者，非自

---

① "游乎游乎"，盧文弨曰："注末有'矣'字。"

② "不知務内觀"，陶光曰："《釋文》曰：'不知務内觀，一本作不如觀。'光按：此文疑當作'不如務内觀'，於義始順。今本字作'知'，蓋涉上文'玩彼物之無故，不知我亦無故'、下文'自以爲不知游'而誤。《釋文》所云一本'如'字不誤，又脱'務内'二字耳。"

③ "於"，北宋本、南宋本、世德堂本、汪本無。

④ "履涉"，北宋本、汪本作"履凌"。

⑤ "知物"下，原誤衍"知物"二字，據汪萊所云"'知物'二字重出"删。

⑥ "至"上，汪萊曰："'至'字上有'不'字。"

匿於門庭者也。**政和**：所玩無故，則常新也。人之游也，觀其所見於貌像聲色而已；我之游也，觀其所變，則在消息盈虛。未有能辯其游者，言兩者之異，未之或知也。然以性見者，於其所見，亦常見其變也，故曰“凡所見亦常見其變”。以我徇彼，則徒見彼之無故；反外照內，則在我者未嘗不常新也，故曰“玩彼物之無故，不知我亦無故”。務外游者，與物俱徂，見物不見性；內觀者，反身而誠，見性不見物。窮響以聲，此求備於物之類也；處陰休影，此取足於身之類也。故游之至與不至，唯內外之爲辯。列子終身不出，則反求諸己之謂也。壺丘子曰：“游其至乎！○向者難列子之言游也，未論游之以至，故重叙也。至游者不知所適，至觀者不知所視，○內足於己，故不知所適；反觀於身，故不知所視。物物皆游矣，物物皆觀矣，○忘游，故能遇物而游；忘觀，故能遇物而觀。是我之所謂游，是我之所謂觀也。○我之所是，蓋是無所是耳。所適常通而無所凝滯，則我之所謂游觀。故曰：游其至矣乎！游其至矣乎！”[①]**盧曰**：夫形無所適，目無注視，則物無不視而物無不游矣。若此游觀者，真至游矣乎！**政和**：至游者，因性而動者也；至觀者，即性而見者也。有所適則有盡，性豈有盡者哉？故至游者不知所適。有所視則有硋，性豈有硋者哉？故至觀者不知所視。無所不游而實無所游，無所不觀而實無所觀，上與造物者游，如斯而已，故曰“游其至矣乎”。**范曰**：物化無窮，在彼爲故，在此爲新。有陰有陽，而新故相除者，天也；有處有辯，而新故相除者，人也。游之樂，所玩無故，則所適常新矣。然人之游也，觀其所見，則以物之榮，觀爲可樂而已；我之游也，觀其所變，則又與造物者游，而觀復於芸芸之間也。游乎游乎，孰知其所然哉？子列子之好游，蓋明夫此。雖然，物我異觀，猶非其至，故以人之游爲觀其所見，不知亦恒見其變也；以游之樂爲所玩無故，不知我亦無故也。是直務外游而不務內觀者耳，又烏能逍遥無爲而游於物之所不得遁而皆存者耶？《莊子》曰：“人有能游，且得不游乎？人而不能游，且得游乎？”唯體道者

---

① “至”，原作“所”，據《義解》本、北宋本、南宋本、世德堂本、汪本改。

乃能游於世而不僻，故務内觀者，則由勝之内，行乎無名者也；務外游者，求備於物，則由勝之外，志乎期費者也。取足於身，所觀在道，游之至也；求備於物，所游在物，游之不至也。游之爲樂，若是其異，故列子自以爲不知游，而壺丘子復告之以游觀之説焉。夫鞅掌以觀無妄者，是謂至游不知所適，則自適而已；大觀而物無不可者，是謂至觀不知所視，則内視而已。夫若然者，道不違物，物無非道，則物物皆游，物物皆觀，是我之所謂游，是我之所謂觀也。萬物皆備於我，反身而誠，樂莫大焉，又何必以外游爲務哉？道其至此，則至矣盡矣，不可以有加矣。古之人，人知之亦囂囂，人不知亦囂囂者，庶幾乎此也。

龍叔謂文摯曰："子之術微矣。吾有疾，子能已乎？"文摯曰："唯命所聽，然先言子所病之證。"**盧曰**：文摯所醫，止於藏府骨肉之疾耳；龍叔所説，忘形出俗之心耳。不與俗類，自以爲疾焉。龍叔曰："吾鄉譽不以爲榮，國毁不以爲辱；得而不喜，失而弗憂；視生如死，視富如貧，視人如豕，○無往不齊，則視萬物皆無好惡貴賤。視吾如人。○忘彼我也。處吾之家，如逆旅之舍；○不有其家。觀吾之鄉，如戎蠻之國。○天下爲一。凡此衆疾，爵賞不能勸，刑罰不能威，盛衰、利害不能易，哀樂不能移，固不可事國君，交親友，御妻子，制僕隸。○夫人所以受制於物者，以心有美惡，體有利害。苟能以萬殊爲一貫，其視萬物豈覺有無之異？故天子所不能得臣，諸侯所不能得友，妻子所不能得親，僕隸所不能得狎也。① 此奚疾哉？奚方能已之乎？"**盧曰**：《莊子》曰："譽之不加勸，毁之不加沮，定乎内外之分，辯乎榮辱之境也。"夫契其神而忘其形者，則貧富、死生、人畜、彼此皆過客耳，夫何異哉？今用心之若此也，則君臣、朋友之道廢，愛憎、喜怒之心絶矣，何方能愈之耶？文摯乃命龍叔背明而立。

---

① "所不能得友妻子所不能得親僕隸所"，北宋本、南宋本、世德堂本、汪本無諸"所"字。王叔岷曰："案道藏本注'諸侯'下、'妻子'下、'僕隸'下並有'所'字，句法一律，當從之。"

文摯自後向明而望之，①既而曰："嘻！吾見子之心矣，方寸之地虛矣，幾聖人也。子心六孔流通，②一孔不達。○舊説聖人心有七孔也。今以聖智爲疾者，或由此乎？非吾淺術所能已也。"**盧曰**：背明而立者，反歸於凡俗之慮也；向明而望者，仰側至道之心也。③ 方寸虛者，緣執書也；④一孔不達者，未盡善也。夫七竅俱通者，寧復以聖智之道爲病耶？此病非文摯所能止。**政和**：子之術微矣，言其微妙之謂也。龍叔所告以爲疾，文摯所命謂之病，則欲知其受疾之始而已。毀譽不能榮辱，得失不能憂喜，死生不能變其心，貧富不能累其形。視人如豕，則忘人之貴於物；視我如人，則忘我之異於人。處吾之家如逆旅之舍，則無留居也；觀吾之鄉如戎蠻之國，則不擇地也。凡此衆疾，爵賞不能勸，刑罰不能威，則既不受制於人；盛衰、利害不能易，哀樂不能移，則又不見役於物。仰固不可以事國君、交親友，俯固不可以御妻子、制僕隸也。昔之以天下辭者，皆曰適有幽憂之病，則命龍叔背明而立，向明而望之，疑其有幽憂之疾故也。聖人之道莫貴乎虛，今日吾見子之心，方寸之地虛矣，則幾聖人者也。耳、目、鼻、口皆關於心，六孔流通，則眼如耳、耳如鼻、鼻如口之謂也。一孔不達，則心凝矣，視彼外物，何足以爲之累？然且謂之疾者，豈病忘之類歟？**范曰**：古之體道者，萬物一視而無彼此之擇，衆態一齊而無親疏之間。雖以天下譽之，得其所謂，謷然不

---

① "文摯自後向明而望之"，《釋文》作"文摯後向明而望之"，云："一本'文摯'下加'從'及'自'字者，皆非也。"

② "流通"，王重民曰："案《御覽》三百七十六又四百零一又七百二十四引'流通'並作'通流'。"

③ "仰側"，楊伯峻曰："伯峻案：《解》'仰側'疑當作'仰測'。"

④ "執書"，秦恩復曰："案'執書'疑是'勢盡'二字。"

顧；雖以天下非之，失其所謂，①儻然不受。得自是也，吾無所喜；失自是也，吾無所憂。不以生爲可樂，死爲可哀，自生自死而已；不以富爲可欲，貧爲可惡，自貧自富而已。視人如豕，忘貴賤也；視吾如人，忘彼我也。處吾之家如逆旅之舍，則以家觀家而無不同矣；觀吾之鄉如戎蠻之國，則以鄉觀鄉而無不同矣。夫若然者，雖有軒冕之賞弗能勸，雖有斧鉞之威弗能禁，盛衰、利害不能易也，哀樂之變不能移也。天子所不得臣，諸侯不得友，近而妻子不得而親，賤而僕隸不得而狎。其道之大同若此，彼且以之爲疾，而冀其發藥焉，殊不知此非藥石之所攻也。文摯乃命龍叔背明而立，則以體道爲心者，欲其趨至幽之域故爾；文摯自後向明而望之，則以治人爲事者，欲其離至幽之方故爾。既而曰"嘻！吾見子之心矣，方寸之地虛矣"，則圓明之府瑩無纖埃，而造乎刳心之妙矣，聖人之道其治庶幾乎，故曰"子心六孔流通，一孔不達"，蓋所謂未達一間者。夫如是，又豈淺術所能已也？

無所由而常生者，道也。〇忘懷任遇，通亦通，窮亦通，其無死地，此聖人之道者也。**盧曰**：至道常存，不由外物。由生而生，故雖終而不亡，常也。〇《老子》曰："死而不亡者壽。"通攝生之理，不失元吉之會，雖至於死，所以爲生之道常存。此賢人之分，非能忘懷，闇得自然而全者也。**盧曰**：真常順理，隨形死生，而自不亡者，道之常也。由生而亡，不幸也。〇役智求全，貴身賤物，違害就利，務内役外，雖之於死，蓋由於不幸也。**盧曰**：貪有生而亡道者，不幸也。有所由而常死者，亦道也。〇行必死之理，而之必死之地，此事實相應，亦自然之道也。**盧曰**：俗聞禮教之道必分而至死者。由死而死，故雖未終而自

---

① "雖以天下譽之得其所謂謷然不顧雖以天下非之失"，《續修四庫全書》影印明刊正統道藏《沖虛至德真經四解》卷十自此以下文字錯亂，不可卒讀，今據各本調整如下：在范解"雖以天下譽之，得其所謂，謷然不顧；以天下非之，失"之下，先插入第 438 頁下面半頁"其所謂，儻然不受"至"夫如是"三百二十二字，其後插入第 439 頁上面半頁范解"又豈淺術所能已也"八字至"盧曰：俗聞禮教之道必分而至死者"二百一十九字。

亡者,亦常。[1] ○常之於死,雖未至於終,而生理已盡,[2]亦是理之常也。**盧曰**:愛生死之身,行生死之教,而不存道,俗以爲常。由死而生,幸也。[3] ○犯理違順,應死而未及於死,此誤生者也。**盧曰**:居遷謝之業而節於嗜欲者,亦爲知生之幸也。故無用而生謂之道,用道得終謂之常;○用聖人之道,存亡而得理也。[4] 有所用而死者亦謂之道,用道而得死者亦謂之常。[5] ○乘凶危之理,以害其身,亦道之常也。**盧曰**:不役智以全者,道也;用此道而終者,常也。俗士役其智以至死,以爲濟物之道也;用此道而至死,亦謂之常。衆所樂者,衆爲道;衆

---

① "亦常"下,道藏白文本、吉府本有"也"字。

② "已",原作"亦",據北宋本、南宋本、世德堂本、汪本改。

③ "由死而生幸也",《釋文》作"由死而生不幸也",云:"本多無'不'字。觀上下文,於理有闕,故特添之。"任大椿曰:"今本'生'下無'不'字,考'生'字下當有'不'字。此節詞義皆兩兩相對,此文'由死而生,不幸也'與上'由生而亡,不幸也'相對,謂彼由生之道而死爲不幸,則此由死之道而生亦爲不幸也。敬順《釋文》謂'生'字下當有'不'字,與此節義例極爲吻合,當爲定本。"王叔岷曰:"審注'犯理違順,應死而未及於死,此誤生者也',疑張本原有'不'字。盧重元注'居遷謝之業而節於嗜欲者,亦爲知生之幸也',是所見本已脱'不'字矣。"

④ "而",北宋本、南宋本、世德堂本、汪本無。

⑤ "無所由而常生者道也"至"用道而得死者亦謂之常"九十三字,陶鴻慶曰:"愚案:'有所由而常死者,亦道也',張注云:'行必死之理,而之必死之地,此事實相應,亦自然之道也。'若然,則與下所謂'由死而死'者毫無區别,而與上所謂'無所由而常生,謂之道'者,義尤不倫矣。'無用而生','有所用而死',用亦由也。自'無用而生'以下四句,語意與上文亦無區别,而既云'用道得終謂之常',又云'用道而得死者亦謂之常',終與死義又不殊,本書不如是之復沓也。蓋此節詞繁而義隱,傳寫易致訛謬;復經淺人竄改,遂成今本之誤。今考本書之旨,輒正其文如下,以存疑焉:'無所由而常生者,道也。由生而生,故雖終而不亡,常也。由生而亡,不幸也。無所由而常死者,道也。由死而死,故雖未終而自亡者,常也。由死而生,幸也。有所用而生者亦謂之道,用道而得生者亦謂之常。有所用而死者亦謂之道,用道而得死者亦謂之常。''無所由而常生,無所由而常死'者,《天瑞》篇云'不生者能生生,不化者能化化',所謂'自生自化'也。'有所用而生,有所用而死'者,《天瑞》篇云'生者不能不生,化者不能不化',所謂'陰陽爾、四時爾'也。'由生而生'者,賢哲是也;'由死而死'者,桀、跖是也。'用道而得生,用道而得死'者,謂隨化推移,即下文所謂'隸人之生,隸人之死'也。'無所由而生死'與'有所用而生死',皆以天道言,故謂之道。'由生而生,由死而死',與'用道而生死',皆以人事言,故謂之常也。"

所安者，衆爲常。然則出離之道與世間之道，名同而實異也。**政和**：所貴乎道者，謂其可以死生也。道獨存而常今，亦無往而不存。獨存而常今，故曰“無所由而常生”；無往而不存，故曰“有所由而常死”。由其道而生，則雖死而不亡，是理之常也，故曰“由生而生，故雖終而不亡，常也”；乃若由生而亡，非正命也，故曰“不幸也”。由其道而死，則未終而亡，不以爲變，故曰“雖未終而自亡者，亦常”；乃若由死而生，則罔之生也，幸而免爾，故曰“由死而生，幸也”。造化之所始，陰陽之所變，既化而生，又化而死，①由於道，聽於命，方生方死，乃常然耳。**范曰**：道二，死與生而已。生者，造化之所始；死者，陰陽之所變。體道之人通乎物之所造，故死生亦大矣，不得與之變也。一將入於晝夜之道，墮乎出入之機，則出生入死，莫覺莫悟，或悦生而累形，或忘生而徇利，烏知其所以然哉？故列子於此推而明之。無所由而常生者，可以生而生也；可以生而生，則雖考終厥命，而有不亡之理，此其所以爲常也。若夫由生而亡，是直不幸而已，顔子之夭是也。有所由而常死者，可以死而死也；可以死而死，則雖未終其天年，而有自亡之道，此其所以爲常也。若夫由死而生，是直幸而免而已，盜跖之壽是也。夫無所用而生者，任自然之道，乃能用道而得終；有所用而死者，行必死之道，乃能用道而得死，皆謂之常可也。若幸不幸，則言其變而已。

季梁之死，楊朱望其門而歌；○盡生順之道，以至於亡，故無所哀也。隨梧之死，楊朱撫其尸而哭。○生不幸而死，故可哀也。隸人之生，隸人之死，衆人且歌，衆人且哭。○隸者，猶群輩也。亦不知所以生，亦不知所以死，故哀樂失其中，或歌或哭也。**盧曰**：得全生之理而歸盡者，聖賢所以不哀也；失真以喪理與至於死者，賢智所以傷也。凡衆人之生死歌哭，皆物之常，何知其所至哉？**政和**：死而不亡，則其死可樂，所以望其門而歌；不幸而死，則其死可哀，所以撫其尸而哭。乃若隸人之生死，則或相和而歌，或相環而哭，又烏知死生之所在？范

① “死”，原作“化”，今從《義解》本正。

曰：傳曰："子於是日哭，則不歌。"夫歌哭異道，禮之吉凶，所以不相干也。唯體道之人則不然，故季梁以道爲任，其死也，楊朱望其門而歌，豈非以順受其正，則於死爲不足哀故歟？古之人有臨尸而歌者，如此而已。隨梧不能忘我，其死也，楊朱撫其尸而哭，豈非以不幸而死，則於其死爲不敢樂故歟？古之人有人哭亦哭者，如此而已。雖然，悲樂者，德之耶？至人豈有心於爲是哉？雖望門而歌，曾不知今之歌者其誰乎？雖撫尸而哭，殆非嗷嗷然隨而哭之也；與夫隸人之生死，而衆人且歌，衆人且哭者，異矣。

目將眇者先睹秋豪，**盧曰**：老人之視也，遠則見，近則昏，是失明之漸也。耳將聾者先聞蚋飛，[①] **盧曰**：秦呼蚊爲蚋。患耳者，聞耳中蟲飛之聲，是失聰之漸也。口將爽者先辯淄澠，○爽者，差也。淄、澠，水異味；既合，則難辯别也。[②] **盧曰**：余陵反。[③] 二水名，在齊地。鼻將窒者先覺焦朽，○焦朽者，有節之氣，亦微而難别也。體將僵者先亟奔佚，○僵者，仆也。如顏淵知東野之御馬將奔也，與人之理亦然。[④] 心將迷者先識是非，○目、耳、口、鼻、身、心，此六者常得中和之道，則不可渝變。[⑤] 居亢極之勢，莫不頓盡，故物之弊必先始於盈滿，然後之於虧損矣。窮上反下，極盛必衰，自然之數。是以聖人居中履和，視目之所見，聽耳之所聞，任體之所能，順心之所識，故智周萬物、終身全具者也。**盧曰**：口失正味，則别有所辯；鼻失所聞，則别有所覺。體將僵仆，必先奔馳；心迷至道，在於是非。是非所以彰，道之所以亡。故物不至者則不反。○要造極而後還，故聰明強識皆爲闇昧衰迷之所資。

---

① "蚋飛"，王叔岷曰："案《記纂淵海》六六引'蚋飛'作'蚋聲'。盧重元注'患耳者，聞耳中蟲飛之聲，是失聰之漸也'，疑所見本亦作'蚋聲'。"

② "者差也淄澠水異味既合則難辯"，北宋本、南宋本、世德堂本、汪本無"者"、"辯"兩字。

③ "余陵反"上，秦恩復曰："案'余陵反'上當有'澠'字，注脱。"

④ "之"，北宋本、南宋本、世德堂本、汪本無。

⑤ "渝"，北宋本作"側"，王叔岷曰："案道藏本、元本、世德堂本注'側'並作'測'（德凌按：今道藏本、世德堂本作'渝'）。'側'即'測'之誤。"

盧曰：反其常執，則階於至道矣，故曰“視秋豪之末者不見太山，聽蚊蚋之音者不聞雷霆”，故《莊子》曰“膠離朱之目，故天下皆明矣；戾工輸之指，故天下皆巧矣”。合儒墨之學，矜是非之名以爲富，記糟粕之迹以爲能，欲反於真，何方可致也？故《易》曰“無思也，無爲也，寂然不動，感而遂通”。此聖人所以殷勤於至道也。**政和**：物極必反，①是事之變。一受其成形，不亡以待盡，故未免乎累。聖人不位乎其形，冥冥之中獨見曉焉，無聲之中獨聞和焉，豈以形累神哉？**范曰**：睹秋豪者將以爲明，曾不知五色令人目盲也；聞蚋飛者將以爲聰，曾不知五音令人耳聾。口之於味，固有能辯淄澠者矣，而五味濁口，或至於使口厲爽；鼻之於臭，固有能覺焦朽者矣，而五臭熏鼻，或至於困惾中顙。體將僵者，先亟奔佚，此東野之馬所以至於必敗也；心將迷者，先識是非，此是非之彰，道之所以虧也。物極則反，自然之理，聖人覺此而冥焉。消息盈虛，與時俱行；進退存亡，不失其正。耳目之視聽，一無所役；鼻口之納嘗，一未嘗縱。體合於心，心合於氣，死生亦大矣，而無變於己，況得喪禍福之所介乎？

① “必”，原作“心”，今從《義解》本正。

卷之十一

仲尼

鄭之圃澤多賢，○有道德而隱默者也。東里多才。○有治能而參國政者。**盧曰**：修崇道德者賢，習文審刑者才。圃澤之役有伯豐子者，○役，猶弟子。行過東里，遇鄧析。○鄧析，鄭國辯智之士，執兩可之説而時無抗者，作《竹書》，子産用之也。鄧析顧其徒而笑曰："爲若舞彼來者奚若？"○世或謂相嘲調爲舞弄也。其徒曰："所願知也。"①○知，猶聞也。**盧曰**：鄧析自矜於其同侶，爲而欲欺弄於伯豐，析之門人咸願如此也。鄧析謂伯豐子曰："汝知養養○上去聲，下上聲。② 之義乎？**盧曰**：張湛云："上音揚字，下音癢字。"受人養而不能自養者，③犬豕之類也；養物而物爲我用者，人之力也。使汝之徒食而飽，衣而息，執政之功也。○喻彼爲犬豕，自以爲執政者也。長幼群聚而爲牢藉庖厨之物，奚異犬豕之類乎？"伯豐子不應。○非不能應，譏而不應。**盧曰**：嫌其不知本，不足與言也。伯豐子之從者越次而進曰："大夫不聞齊魯之多機乎？○

---

① "知"，《釋文》云："'知'，一本作'如'。"

② "上去聲下上聲"，北宋本、汪本、世德堂本作"上音余亮，下音余賞"八字，盧重玄本作"上音颺字，下音癢字"八字。

③ "受"，原作"愛"，據北宋本、南宋本、世德堂本、汪本改。陶光曰："《集解》'受'誤作'愛'。"

機者，①巧也。多巧能之人。有善治土木者，有善治金革者，有善治聲樂者，有善治書數者，有善治軍旅者，有善治宗廟者，群才備也。而無相位者，②無能相使者。③ ○事立則有所不周，藝成則有所不兼。巧偏而智敵者，④則不能相君御者也。而位之者無知，使之者無能；而知之與能，爲之使焉。⑤ ○不能知衆人之所知，不能爲衆人之所能，群才並爲之用者，不居知能之地，而無惡無好，無彼無此，則以無爲心者也。故明者爲視，聰者爲聽，⑥智者爲謀，勇者爲戰，而我無事焉。荀粲謂傅嘏、夏侯玄曰："子等在世，榮問功名勝我，識減我耳。"嘏、玄曰："夫能成功名者識也，天下孰有本不足而有餘於末者耶？"答曰："成功名者志也，局之所弊也。⑦ 然則志、局自一物也，固非識之獨濟。我以能使子等爲貴，而未必能濟子之所爲也。"執政者乃吾之所使，子奚矜焉？"鄧析無以應，目其徒而退。○夫任群才以爲理，因衆物以爲用，使雞犬牛馬咸得其宜，士農工商各安其位者，唯有道者能之耳。豈汝曹自致耶？汝徒見其末而不識其本，欲以螳蜋之臂而拒車轍者，是不知量也。鄧析理析而恥見其徒，故目之而去也。⑧ **政和**：百家衆

---

① "者"，北宋本、南宋本、世德堂本、汪本無。

② "無"下，江本、《義解》本有"能"字，陶光曰："宋徽宗本、江本作'而無能相位者'。光按：有'能'字是，與下'無能相使者'偶。"

③ "能"，于鬯曰："鬯案：'能'字恐涉下文'無能'衍。上句'而無相位者'，不著'能'字，可見。"

④ "巧偏"，南宋本、世德堂本作"巧遍"。楊伯峻曰："各本作'巧遍'，疑誤。"

⑤ "而知之與能爲之使焉"，陶光曰："宋徽宗本、江本作'而知之與能，皆爲之使焉'。"

⑥ "聰者爲聽"，原誤倒爲"聽者爲聰"，據南宋本、汪本、世德堂本乙正。

⑦ "弊"，楊伯峻曰："伯峻案：張《注》所引荀粲與傅嘏答對之言，亦見於《三國志・魏志・荀彧傳》注引《晋陽秋》文，而文字小異。此云'成功名者志也，局之所弊也'，彼作'功名者志局之所奬也'，則此'弊'字當爲'奬'字之訛誤。"

⑧ "夫任群才以爲治"至"鄧析理析而恥見其徒故目之而去也"八十五字，各本無，王叔岷曰："案道藏高守元本此下有張注'夫任群才以爲理……目之而去也'八十五字，各本並闕。惟'鄧析理析'疑當作'理窮'，'析'字涉上'鄧析'而誤也。"楊伯峻曰："但《注》'理析'或爲'理折'之誤。"

技不能相通，譬如耳、目、鼻、口也，各有所長，時有所用，然有真君存焉。其使形者也，治土木金革以爲器，治聲樂書數以爲用，治軍旅以禦外，治宗廟以善内，群才可謂備矣。然皆有之以爲利者，必無之以爲用，乃能總而一之。蓋有爲則有所不能爲，無爲則無所不爲，故曰“位之者無知，使之者無能；而知之與能，爲之使焉”。鄧析不通乎此，以執政自矜，宜其見笑於大方之家。伯豐子不應，則不言之辯也。**范曰**：賢以德言，才以能言。伯豐子，即上篇所謂弟子伯豐是也。鄧析操兩可之説，設無窮之辭，蓋辯者之囿，故以養養之義難伯豐子也。傳曰：“巧者勞而智者憂，無能者無所求，飽食而遨游。”夫體道之人，去其智巧而復於無能，則食而飽，衣而息，固未嘗有爲也。彼且以是爲犬豕之類，宜乎伯豐子之能以不應歟。若夫齊魯之多機，有土木金革之工，有聲樂書數之藝，有治軍旅以即戎者，有治宗廟以奉祀者，群才必備，莫能相兼，故無相位，無相使者，殆亦巧者勞而智者憂之類歟。然則天下之治能者多矣，百家衆技皆有所長，時有所用，譬如耳、目、鼻、口不能相通。見天地之純全，明古人之大體者，唯聖人而已，故不務知衆人之所知，而有知者爲之用；不強能衆人之所能，而有能者爲之役，又孰弊弊然以胥易技繫、勞形怵心爲事耶？①老氏所謂用人之力者，如此而已。

公儀伯以力聞諸侯，堂溪公言之於周宣王。王備禮以聘之。公儀伯至，觀形，懦夫也。○懦者，②弱也。音奴亂切。③ 宣王心惑而疑，曰：“女之力何如？”④公儀伯曰：⑤“臣之力能折春螽之股，堪秋蟬之翼。”○堪，猶勝也。王作色曰：“吾之力能

① “怵”，原作“休”，據《黄帝》篇范解、《楊朱》篇范解改。

② “者”，北宋本、南宋本、世德堂本、汪本無。

③ “音奴亂切”，原脱，據北宋本、南宋本、世德堂本、汪本補。王叔岷曰：“案道藏本注‘懦’下有‘者’字，無‘音奴亂切’四字，元本、世德堂本‘切’並作‘反’。”

④ “如”，陶光曰：“光按：《御覽》三八六引‘如’作‘以’。”

⑤ “曰”上，王叔岷曰：“案《御覽》三八六引‘曰’上有‘對’字。”

裂犀兕之革，①曳九牛之尾，猶憾其弱。② ○憾，恨。女折春螽之股，堪秋蟬之翼，而力聞天下，何也？”公儀伯長息退席，曰：“善哉，王之問也！臣敢以實對。臣之師有商丘子者，力無敵於天下，而六親不知，以未嘗用其力故也。○以至柔之道御物，物無與對，故其功不顯。臣以死事之，乃告臣曰：‘人欲見其所不見，視人所不窺，欲得其所不得，修人所不爲。○人每攻其所難，我獨爲其所易。**盧曰**：衆人之所爲，衆人之所視者，皆利名之道，動用之迹耳。衆人所窺不爲者，③斯乃有道者之所游，故能無敵天下者，力無對也。故學視者先見輿薪，④學聽者先聞撞鐘。夫有易於内者無難於外，○古人有言曰：“善力舉秋毫，善聽聞雷霆。”亦此之謂也。於外無難，故名不出其一家。’⑤○道至功玄，故其名不彰也。**盧曰**：輿薪，近物也；撞鐘，巨聲也。夫易聞易見，自近而及遠也。夫善爲生者先養其神，神全則無爲之功著，則外物無不通，故曰“有易於内者無難於外”也。是以得之於一心，成之於一家，故外人不知也。今臣之名聞於諸侯，是臣違師之教，顯臣之能者也。○未能令名迹不顯者也。⑥ 然則臣之名不以負其力者也，○愈免於矜，故能致此也。⑦以能用其力者也，○善用其力者，不用其力也。不猶愈於負其力

---

① “力”下，北宋本、南宋本、世德堂本、汪本有“者”字。

② “其”，王重民曰：“吉府本‘其’作‘以’。”

③ “窺”上，汪萊曰：“‘窺’上當有‘不’字。”

④ “視”，原作“昧”，據北宋本、南宋本、世德堂本、汪本改。

⑤ “家”，原作“道”，據道藏白文本、南宋本、世德堂本改。《釋文》云：“‘一家’，一本作‘一道’，於義不長。”秦恩復曰：“案‘道’字張湛本作‘家’，《釋文》云‘一本作道，於義不長’，觀盧注亦作‘家’。”王叔岷曰：“盧重元本、道藏高守元本‘家’亦並作‘道’，據盧注‘是以得之於一心，成之於一家’，是所見本‘道’原作‘家’。‘名不出於家’與下‘名聞於諸侯’對言。作‘道’者即涉注文‘道’字而誤。”

⑥ “者”，南宋本、世德堂本無。

⑦ “愈免於矜故能致此也”，北宋本、南宋本、世德堂本、汪本作“猶免於矜，故能致稱”。

者乎?”○矜能顯用。**盧曰**:我雖不及師之隱晦其迹也,豈不猶負其能而自顯乎?[1] 夫合大道而化萬物者爲有力也,故《莊子》曰:“藏山於澤,藏舟於壑,有力者夜半負之而趨,昧者猶不知也。”而宣王誤爲筋力耳。**政和**:積衆小不勝爲大勝者,唯聖人能之,豈尚力之謂哉?此不用力所以爲真有力者歟?學者學其所不能學也,故曰“人欲見其所不見,視人所不窺,欲得其所不得,修人所不爲”。自有所見,棄而忘之,以至於無見,則視乎冥冥,無以異於見輿薪也;自有所聞,棄而忘之,以至於無聞,則聽乎無聲,無以異於聞撞鐘也。德之不形,名安所出哉?然則顯其名者,是違其教矣;唯猶愈於尚力以求名,此所以見取於時也。**范曰**:折春螽之股,堪秋蟬之翼,可謂弱矣,而弱者道之用也;裂犀兕之革,曳九牛之尾,可謂剛矣,而剛者死之徒也。故天下有常勝之道曰柔,常不勝之道曰剛。公儀伯之師,力無敵於天下,而六親不知者,殆亦操常勝之道而未嘗用其力者歟?夫天下之理,能視人所不窺者,乃能見人之所不見;能修人所不爲者,乃能得人之所不得。見輿薪者不爲明目,而學視者必先見輿薪;聞撞鐘者不爲聰耳,學聽者必先聞撞鐘。何則?先其易者,後其難者,則終無難矣;唯其無難,故名無得而稱之也。公儀伯之以力聞諸侯,疑若違師之教而顯臣之能者,然以能用其力,此於力無所以負也。若夫以力較力者,合衆力而攻之,彼有時而屈,又烏能馳騁天下之至堅哉?《莊子》曰:“用之者假不用者也,以長得其用,而況乎無不用者乎?”此公儀伯之能用其力,所以不若商丘子之未嘗聞也。

中山公子牟者,魏國之賢公子也。○公子牟者,文侯之子,[2] 作書四篇,號曰道家。魏伐得中山,以邑子牟,因曰中山公子牟也。**盧曰**:公子牟,文侯之子也,封於中山,故曰中山公子。好與賢人游,不恤國事,而悦趙人公孫龍。○公子牟、公孫龍,似在列子後,而今稱之,恐後人所增益以廣書義。苟於統例無所乖錯,而足有所明,亦奚傷

---

① “猶”下,汪萊曰:“‘猶’字下有‘愈於’二字。”

② “者文侯之”,各本無“者”、“之”。

乎？諸如此皆存而不除。樂正子輿之徒笑之，公子牟曰："子何笑牟之悦公孫龍也？"子輿曰："公孫龍之爲人也，行無師，學無友，○不祖宗聖賢也。佞給而不中，○雖才辯而不合理也。漫衍而無家，○儒、墨、刑、名亂行，而無一定之家。① 好怪而妄言。○愛奇異而虚誕其辭。欲惑人之心，屈人之口，與韓檀等肄之。"○韓檀，人姓名。共習其業。《莊子》云："桓團、公孫龍能勝人之口，②不能服人之心，辯者之囿。"③**盧曰**：行不因師，獨學無友，辯而不中於理，漫衍而無所宗，其道能屈人之口，不能服人之心也。韓檀，《莊子》云桓團，俱爲人名，聲相近者也。公子牟變容曰："何子狀公孫龍之過歟？請聞其實。"○不平其言，故形於色。罪狀龍太過，故責其實驗也。子輿曰："吾笑龍之詒孔穿○孔穿，孔子之孫也，《世記》云爲龍弟子。詒，欺也。言：'善射者能令後鏃中前括，發發相及，矢矢相屬，前矢造準而無絶落，後矢之括猶銜弦，視之若一焉。'○箭相連屬，無絶落處，前箭著堋，後箭復中前箭，而後所湊者猶銜弦，視之如一物之相連也。孔穿駭之。龍曰：'此未其妙者。④ 逢蒙之弟子曰鴻超，怒其妻而怖之。引烏號之弓，綦衛之箭，○烏號者，黄帝弓也。綦者，地名也，出美箭。衛者，羽也。射其目。矢來注眸子而

---

① "一定之家"，北宋本、南宋本、世德堂本、汪本作"定家"。

② "桓團"，原作"桓國"，據《釋文》本改。

③ "囿"，原作"固"，據南宋本改。王叔岷曰："案《釋文》本注'桓國'作'桓團'，'固'作'囿'，《莊子·天下》篇同，當從之。'國'、'固'並誤字。元本'固'亦作'囿'。"

④ "未"下，王重民曰："案《御覽》七百四十五引'未'下有'躋'字。"陶光曰："光按：《御覽》七四五引作'此未躋其妙者'，文義較完，當據補。"

眶不睫，①矢墜地而塵不揚。’○箭行勢極，雖著而不覺，所謂強弩之末不能穿魯縞也。② 是豈智者之言歟？”公子牟曰：“智者之言固非愚者之所曉。○以此言戲子輿。後鏃中前括，鈞後於前；○同後發於前發，則無不中也。近世有人擲五木，百擲百盧者，人以爲有道，以告王夷甫。夷甫曰：“此無奇，直後擲如前擲耳。”庾子嵩聞之，③曰：“王公之言闇得理。”皆此類也。矢注眸子而眶不睫，盡矢之勢也。○夫能量弓矢之勢、遠近之分，則入物之與不入，在心手之所詮，④不患所蹉跌。⑤ 今設令至拙者闇射，箭之所至，要當其極。當其極也，則豪分不復進；闇其極，則隨遠近而制其深淺矣。劉道真語張叔奇云：“嘗與樂彦輔論此，云：‘不必是中，賢之所能，孔、顔射者，則必知此。’”湛以爲形用之事，理之粗者，偏得其道，則能盡之。若庖丁之投刃，匠石之運斤，是偏達於一事，不待聖賢而後能爲之者也。⑥ 子何疑焉？”**盧曰**：均後於前者，百發如一焉，故視之若一耳；眶不睫者，矢勢至睫而盡矣，故塵不揚於地，非是中睫而落也。子輿之聞“視之若一”也，則謂自弦及堋，箭相連接，不絶如一焉；聞注眸而墜，則謂射目不入，是解之不了於至理，非公孫龍之詭妄焉。樂正子輿曰：“子，龍之徒，焉得不飾其闕？吾又

---

① “來”，《釋文》作“末”，云：“‘末’，一本作‘來’。”王重民曰：“案《釋文》本‘來’作‘末’（德凌按：《釋文》作“末”，詳見王叔岷校），云‘一本作來’，與今本同。《御覽》三百五十引‘來’作‘未’，與《釋文》本同。又七百四十五引‘來注’兩字作‘至’。疑‘來’字本衍文也。‘至’與‘注’義同，下文云‘矢注眸子而眶不睫’，正承此言，則‘來’字爲衍文甚明。”陶光曰：“光按：‘來’作‘末’是。‘矢末’，矢之端也。《御覽》三五〇作‘未’，‘末’之形誤也。《湯問》篇：‘雖錐末倒眥而不瞬也。’”王叔岷曰：“案《釋文》本‘來’作‘末’，王氏謂作‘未’，失檢。《御覽》三百五十引作‘未’，‘未’即‘末’之誤。據注‘所謂強弩之末不能穿魯縞也’，則作‘末’是。‘來’亦‘末’之誤，非衍文也。下文‘矢注眸子而眶不睫’，蓋略‘末’字耳。”

② “穿”，《釋文》作“撤”，云：“‘撤’，一本作‘穿’。”

③ “庾”，原作“庚”，據北宋本、南宋本、世德堂本、汪本改。

④ “詮”，北宋本、南宋本、世德堂本、汪本作“銓”。

⑤ “蹉”，北宋本、南宋本、世德堂本、汪本作“差”。

⑥ “者”，北宋本、南宋本、世德堂本、汪本作“無”。

言其尤者。○尤，甚。龍誑魏王曰：‘有意不心，○夫心寂然無想者也。若橫生意慮，則失心之本矣。**盧曰**：心之動者爲意，世人皆識其意而不識其心。有指不至，○夫以指求至者，則必因我以正物；因我以正物，則未造其極。唯忘其所因，則彼此互得矣。① 惠子曰：“指不至也。”**盧曰**：凡有所指皆未至也，至則無指矣。有物不盡，○在於粗有之域，則常有有；在於物盡之際，則其一常在。其一常在而不可分，雖欲損之，理不可盡。唯因而不損，即而不違，則泰山之崇崛，元氣之浩茫，泯然爲一矣。惠子曰：“一尺之棰，日取其半，萬世不竭也。”**盧曰**：若盡，則非有也。“一尺之棰，日取其半，萬世不竭”者，折之雖多，但微細而理不應盡也。有影不移。② ○夫影因光而生，光苟不移，則影更生也。夫萬物潛變，莫不如此，而惑者未悟，故借喻於影。惠子曰：“飛鳥之影，未嘗動也。”**盧曰**：移則影變矣，新新相及，故不見其移焉。髮引千鈞，○夫物之所以斷絶者，必有不均之處。處處皆均，則不可斷。故髮雖細而得秤重物者，勢至均故也。**盧曰**：細而衆鈞，可以舉重，亦猶毛之折軸，積而不輕也。白馬非馬，○此論見存，多有辯之者，辯之者皆不弘通，故闕而不論也。**盧曰**：白以命色，馬以命形，白馬非馬，辯形色也。孤犢未嘗有母。’○不詳此義。③ **盧曰**：謂之孤犢，安得有母也？其負類反倫，不可勝言也。”○負者，猶背也。類者，同也。言如此之比，皆不可備載也。公子牟曰：“子不諭至言，而以爲尤也，尤其在子矣。○尤失反在子輿。夫無意則心同，○同於無也。無指則皆至，○忘指，故無所不至也。盡物者常有。○常有盡物之心，物既不盡，而心更滯有也。④ 影不移者，説在改也；○影改而更生，非向之影。《墨子》

---

① “互”，北宋本、南宋本、世德堂本、汪本作“玄”。

② “不”，陶光曰：“林本‘不’作‘有’。光按：《莊子・天下》篇‘飛鳥之影，未嘗動也’，是此文所本。”

③ “詳”，原作“許”，據北宋本、南宋本、世德堂本、汪本改。

④ “滯”，原作“帶”，據北宋本、南宋本、世德堂本、汪本改。

曰："影不移，説在改爲也。"髮引千鈞，勢至等也；○以其至等之故，故不絶，絶則由於不等，故《墨子》亦有此説也。白馬非馬，形名離也；○離者，猶分也。《白馬論》曰："馬者，所以命形也；白者，所以命色也。命色者，非命形也。"尋此等語，如何可解，而猶不歷然。孤犢未嘗有母，①非孤犢也。"○此語近於鄙，不可解也。樂正子輿曰："子以公孫龍於鳴皆條也。② ○謂龍之言無異於馬，③而皆謂有條貫也。設令發於餘竅，子亦將承之。"○既疾龍之辯，又忿牟之辭，故遂吐鄙之慢言也。④ 公子牟默然良久，告退，曰："請待餘日，更謁子論。"○既忿氣方盛，而不可理論，故遜辭告退也。**盧曰**：失理而忿者，不可與言，故告退也。**政和**：行毁乎隨，故欲其有師；學陋於獨，故欲其有友。多言數窮，不如守中，故佞給者爲不中；百家衆技，時有所用，故漫衍者爲無家。有射之射，有不射之射，後鏃中前括，不過鈞後於前；矢注眸子而目不睫，故不過盡矢之勢而已，是射之射，又何疑焉？意生於心，有意而心異矣，故有意不心，而無意則心同；指以指物，所不指則不至，故莫若無指則皆至；物不可窮也，必有其物而欲盡，則常滯於有，故有物不盡，

① "有母"下，俞樾曰："樾謹按：'有母'下當更叠'有母'二字。本云：'孤犢未嘗有母。有母，非孤犢也。'《莊子·天下》篇釋文引李云：'駒生有母，言孤則無母。孤稱立，則母名去也。'此可證'有母非孤犢'之義，因古書遇重字多省不書，但於字下作二畫識之，故傳寫脱去耳。"王叔岷曰："案俞説是也。林希逸《口義》'既謂之孤，則未嘗有母矣。謂之有母，則非孤犢也'，是所見本正叠'有母'二字。"陶光曰："劉叔雅先生曰：'有母'二字疑當重。'"

② "於鳴"，北宋本、汪本作"於馬"，《義解》本、道藏白文本、南宋本、世德堂本作"之鳴"，《釋文》亦作"之鳴"，云："一本作'公孫龍於馬'，并注'無異於鳴'亦作'無異於馬'。云馬者，白馬論之義也；云鳴者，但鳴而無理趣取，爲義則長矣。"王叔岷曰："審文意，作'鳴'是。疑'鳴'壞爲'鳥'，淺人因妄改爲'馬'耳。"陶光曰："光按：'馬'、'鳴'字形略近，必有一誤。殷取錯義，非也。今謂字當作'之鳴'。《莊子·德充符》莊子曰'子以堅白鳴'，即此文之義。張注云'言龍之言無異於馬'，義不可通，本或作'鳴'，是張所據本字作'之鳴'也。"

③ "謂"，北宋本、南宋本、世德堂本、汪本作"言"。"馬"，北宋本、汪本同，南宋本、世德堂本作"鳴"。

④ "之慢"，楊伯峻曰："《注》'之慢'當乙正。"

而盡物者常有；影不移者，謂或枉或直，其影則一，故其説在改也；髮引千鈞，謂積小不勝爲大勝，故曰勢至等也。雖然，公孫龍能勝人之口，不能服人之心，辯者之囿也。列子載此，蓋所以袪邪説之蔽。**范曰**：傳稱桓團、公孫龍辯者之徒，飾人之心，易人之慮，能勝人之口，不服人之心；而龍之自稱，亦以合同異、離堅白、然不然、可不可，困百家之知、窮衆口之辯爲至達，則詭辭數萬，固無足法者。中山公子牟，莊子以爲有意於道而未至，故以公孫龍爲至言而悦之。荀卿并與十二子而非之者，蓋以此也。夫龍之爲人，行無師，學無友，佞給而不中，漫衍而無家，好怪而妄言，徒欲惑人之心、屈人之口而已。兹樂正子輿所以非之歟？觀其詒孔穿，有曰"善射者能令後鏃中前括"，斯謂之鈞後於前可矣；鴻超之射其妻，矢注眸子而眶不睫，斯謂之盡矢之勢可矣。若夫"有意不心，有指不至，有物不盡，有影不移。髮引千鈞，白馬非馬，孤犢未嘗有母"，是又負類反倫，有不可勝言者。樂正子輿曰"子以公孫龍鳴皆條也"，豈非其言之無謂，猶風之鳴衆竅故歟？雖然，公子牟常悦龍之爲人矣，而《莊子》復有公孫龍問魏牟之説，卒況之以坎井之蛙者，蓋始悦而終非之故也。

堯治天下○天下欲治，故堯治之。五十年，①不知天下治歟？不治歟？② 不知億兆之願戴己歟？不願戴己歟？○夫道治於物者，則治名滅矣；治名既滅，則堯不覺在物上，物不覺在堯下。顧問左右，左右不知；問外朝，外朝不知；問在野，③在野不知。○若有知者，則治道未至也。堯乃微服游於康衢，聞兒童謡曰：④"立我蒸民，莫匪爾極。不識不知，順帝之則。"○蒸者，衆也。夫能使萬物咸得其極者，不犯其自然之性也。若以識知制物之性，豈順天之道

---

① "堯治天下五十年"，王叔岷曰："案《文選》班孟堅《西都賦》注引'堯'上有'昔'字。《記纂淵海》八引'五十'下有'五'字。"

② "不知天下治歟不治歟"，王叔岷曰："案《御覽》一九五引'不知'作'未知'，《文選·西都賦》注、《後漢書·班固傳》注引'不治歟'並作'亂歟'。"

③ "問"下，王叔岷曰："案《記纂淵海》八引'問'下有'之'字。"

④ "兒童"，據道藏白文本當作"童兒"，下文"童兒曰"可證。

哉？堯喜，問曰：“誰教爾爲此言？①”童兒曰：“我聞之大夫。”問大夫，②大夫曰：“古詩也。”○當今而言古詩者，③則今同於古也。堯還宫，召舜，因禪以天下。○功成身退。舜不辭而受之。○會至而應。**盧曰**：夫貴其身以居衆人之上也，則常懼不尊於人；愛其身以居衆人之上也，則常恐不益於物。若兼亡於天下者，則順之而不宰，理之於未萌，取之不以爲尊，去之不以爲失。如天之運，四時成焉；如地之載，萬物生焉；功成事遂而身退者也，故無私焉。夫能無私也，禪大位而不悋，受大位而不辭也。**政和**：堯非有人，非見有於人。非有人，故天下治與不治，所不知也；非見有於人，故億兆之願戴己與不戴己，所不知也。問之左右，問之在朝，問之在野，皆所不知，則蕩蕩乎民無能名焉故也。“立我蒸民，莫匪爾極”，則衣食足而咸受命之中；“不識不知”，則衣食足而循天之理，百姓謂我自然，此之謂太上之治。**范曰**：有心於爲治者，天下未必治；惟無以天下爲者，乃能治之。不能爲異者，人未必戴；必有異焉，人乃戴之。然聞在宥天下，不聞治天下，則治與不治，吾無容心也。君子不得已而臨蒞，則治之者必本於無爲。神人惡衆至，衆至則不比，則戴與不戴，吾無容心也。天下樂推而不厭，則戴之者有所不能釋。故堯在位五十年，而天下之治與不治，億兆之願戴己與不願戴己，皆所不知也。百姓謂我自然，帝力於我何有？問之左右，問之外朝，問之在野，殆有不知其所以然而然者。若夫游於康衢，聞兒童之謡，然後知其立我蒸民者莫匪爾極，順帝則者不識不知，豈非治極於無象而然耶？夫“立我蒸民，莫匪爾極”，《思文》嘗以是而稱后稷矣；“不識不知，順帝之則”，《皇矣》嘗以是而稱文王矣，故列子舉此以譽堯，直曰古詩而已。堯還宫，召舜，因禪以天下者，功成而不居故也；舜不辭而受之者，會至而能應故也。且以堯之爲帝也，以黄屋爲非心；舜之爲帝也，有天下而不與，則其相授受固自有

---

① “誰”，王重民曰：“案‘誰’，《釋文》作‘ 𠷎’，殷敬順曰：‘古疇字，谁也。’《御覽》四百六十七引作‘疇’，《類聚》五十六引作‘孰’。”

② “問大夫”，原脱此三字，據北宋本、南宋本、世德堂本、汪本、《義解》本補。

③ “者”，北宋本、南宋本、世德堂本、汪本無。

道矣。而史之所記，謂堯之授舜，則有歷試之事；謂舜之受堯，則有升聞之德。嗚呼，豈其所以爲堯、舜哉？

關尹喜曰："在己無居，○泛然無繫，[1]豈有執守之所？形物其著。[2] ○形物者，猶事理也。事理自明，非我之功也。其動若水，○順物而動者，故若水也。其靜若鏡，○應而不藏者，故若鏡也。其應若響，○應而不唱者，故若響也。**盧曰**：夫至極者神也，[3]微妙玄通，深不可極，視之不見，聽之不聞，常在於己而莫知其居，形萬物而不可著見。其動若水，潤下而濟上；其靜若鏡，照用而不疲；其應若響，不遺於物，此養神之至理也。故其道若物者也。物自違道，道不違物。[4] ○同於道者，道亦得之。**盧曰**：此至道者，非有形之物，而善應，而不遺，故物自違道，道不違於物也。善若道者，亦不用耳，亦不用目，亦不用力，亦不用心。○唯忘所用，乃合道耳。欲若道，而用視、聽、形、智以求之，弗當矣。**盧曰**：欲得善爲此道者，隳支體，黜聰明，虚其心而養其神，則自然而自證也。瞻之在前，忽焉在後；[5]用之彌滿六虚，廢之莫知其所。○道豈有前後多少哉？隨所求而應之。**盧曰**：唯此養神之道難知難見，非有非無。瞻之者居萬物之先，輕忽之者不與物競；用之則六虚皆備，廢之則莫知所存。獨立而不改，周行而不殆，其至矣哉！亦非有心者所能得遠，亦非無心者所能得近，○以有心無心而求道，則遠近其於非當；若兩忘有無先後，其於無二

---

① "泛"，原作"況"，據北宋本、南宋本、汪本、世德堂本改。

② "其著"，北宋本、南宋本、世德堂本、汪本"著"作"箸"，盧文弨曰："案此古'著'字。"王叔岷曰："案《莊子·天下》篇、僞《關尹子·三極》篇'其'並作'自'，當從之。注'事理自明，非我之功也'，是張本原作'自'。今本作'其'，涉下文諸'其'字而誤。"

③ "夫"，原作"天"，據秦本改。

④ "不"，《釋文》作"亡"，云："亡音無。"

⑤ "焉"，原作"然"，據北宋本、汪本、世德堂本改。

心矣。**盧曰**：有心而求之者，自遠於道，非道遠之也；無心而合道，自近於道，[1]其道近之也。有心無心，人自異耳，道無遠近也。[2] 唯默而得之、性而成之者得之。[3] ○自然無假者，則無所失矣。知而亡情，能而不爲，真知真能也。○知極則同於無情，能盡則歸於不爲。**盧曰**：唯默然而内昭、因性而成者乃得之矣。知因性者必亡其情，能亡其情而無爲者，此乃真知真能也。發無知，何能情？發不能，[4]何能爲？**盧曰**：夫發者，起人所不能知，更何能爲情哉？發起人所不能爲，復何能自爲情哉？惑者變性以爲情，智者變情以爲性，故《易》曰："不性其情，何能久行其正也？"聚塊也，積塵也，○此則府宅。雖無爲而非理也。"**盧曰**：夫無爲者而無不爲也。若兀然如聚塊積塵者，雖則去情無爲，非至理者也。**政和**：道行於萬物之上，聖人體道，運而無積，而物不能離焉，故曰"在己無居，形物其著"。所謂其動若水者，言與物委蛇而同其波，順理而動也。其静若鏡者，不將不迎，應物而不藏，[5]静而不變也。其應若響者，未嘗唱也，常和人而已。道也者，應物而不違故也。[6] 道若物也，物兹遠於道，所謂物自違道；道大同於物，所謂道不違物。無始曰："道不可聞，聞而非也；道不可見，見而非也。"所以善若道者，亦不用耳，亦不用目。黄帝曰："無處無服始安道，無思無慮始知道。"所以善若道者，亦不用力，亦不用心。形、色、名、聲果不足以得彼之情，故曰"欲若道，而用視、聽、形、智以求之，弗當矣"。"瞻之在前，忽焉在後"者，言不

---

① "近"下，原衍"之"字，據秦本删。

② "近"，原脱，據秦本補。

③ "性而成之"，原作"而性成之"，據《湯問》篇"默而得之，性而成之"以及《義解》"默而得之，性而成之，無所用其心者也，故有以得之"乙正。俞樾曰："樾謹按：'而性成之'當作'性而成之'，《湯問》篇曰'默而得之，性而成之'是其證。"

④ "發無知"、"發不能"，陶鴻慶曰："疑此文本作'廢知何能情，廢能何能爲'。廢知即無知，廢能即無能，故下以聚塊積塵爲比。或本有作'無知'、'無能"者，校者旁注而傳寫誤合之耳。"

⑤ "物"，原脱，據《義解》本補。

⑥ "違"，原作"造"，據《義解》本改。

可度也；“用之彌滿六虚，廢之莫知其所”者，言不可執也。致道者忘心，心無所知，是謂得之。有心者，無心者，皆未能忘心也，故不足以有得；默而得之，性而成之，無所用其心者也，故有以得之。知而忘情，則無知之累，是謂真知；能而不爲，則無能之巧，是謂真能。若發乎無知，又何以能情？若發乎不能，又何能爲也？道常無爲而無不爲，聚塊也，積塵也，雖曰無爲，豈道也哉？故曰“雖無爲而非理也”。**范曰**：有積也，故不足；無藏也，故有餘。至人無積，亦虚而已，故體道在己，未嘗居而有之也，然善貸且成，豈常有心於泛應哉？形物之著，咸其自受爾，故順而不逆，其動若水；應而不藏，其靜若鑑；和而不唱，其應若響。順物自然，無容私焉，是其道之所以若物者歟？夫道不遠人，人自遠道，故曰“物自違道”；同於道者，道亦得之，故曰“道不違物”。善若道者，耳目有所不用，即耳目以求道，則視聽雖詳，只爲聾盲；心力有所不用，即心力以求道，則形智雖勞，只爲桎梏，又烏能當於道哉？惟道之運，無乎不在，瞻之在前，隨之不可；忽焉在後，迎之不可。用之彌滿六虚，則塞乎天地之間，而不睹其端倪也；廢之莫知其所，則入於窈冥之間，而莫窺其眹兆也。遠玄者，玄亦遠之，亦非有心者所能得遠；近玄者，玄亦近之，亦非無心者所能得近。惟即默而識者，乃能得之；惟率性而行者，乃能成之。道之在我，其無所失矣，故古之人知而忘言，是爲真知，乃無所不知；能而不爲，是爲真能，乃無所不能。若夫聚塊也，積塵也，蔽於莫爲，豈所謂道者哉？

卷之十二

晋張湛　唐通事舍人盧重玄解
宋政和訓　宋左丞范致虚解
和光散人高守元集

湯問

張曰：夫智之所限知，莫若其所不知；而世齊所見以限物，是以大聖發問，窮理者對也。**盧曰**：夫萬物之情，各貴其生，不知養其所注生，①而愛身以喪其生。故此篇去形全生以通其情，②情通性達以契其道也。**政和**：形而上者，神不可測；形而下者，物不可窮。世之人以耳目之所及，而期視聽之所不至，則淺矣。**范曰**：六合之外，聖人存而不論；六合之内，聖人論而不議。則湯之所問，革之所答，固未易爲淺見寡聞者道也。一曲之士，怖其徑庭，乃以是篇所議爲迂誕恢詭，非君子之言，豈俗學之弊歟？與拘墟坎井者奚異哉？

殷湯問於夏革○革字，《莊子》音棘。③曰："古初有物乎？"○疑直混茫而已。夏革曰："古初無物，今惡得物？○今之所以有

---

① "注生"，秦恩復曰："案'注生'之'注'字疑誤。"

② "生以"，原誤倒，據秦本乙正。

③ "音棘"，王叔岷曰："注'革字，《莊子》音棘'，案'音棘'疑'作棘'之誤，見《莊子・逍遥游》篇釋文'革音棘'，《路史・前紀》二引'革'正作'棘'，下同（《文心雕龍・諸子》篇用此文亦作'棘'）。"

物，由古之有物故也。後之人將謂今之無物，①可乎？"○後世必復以今世爲古世，則古今如循環矣。設令後人謂今亦無物，則不可矣。**政和**：《易》有太極，是生兩儀，天地之間，古猶今也。殷湯曰："然則物無先後乎？"夏革曰："物之終始，初無極已。始或爲終，終或爲始，惡知其紀？○今之所謂終者或爲物始，所謂始者或是物終，終始相循，竟不可分也。然自物之外，自事之先，朕所不知也。"○謂物外事先，廓然都無，故無所措言也。**盧曰**：後世必以今日爲古，何殊今日問古耶？安得無物也？由湯以上古爲先，然則物始事先，更相前後，此不可知也。**政和**：無端之紀，莫知其極，始終之不可，故又烏知先後之所在？然在物之內，雖時無止，始終先後，猶有數焉，故曰"烏知其紀"而已。自物之外，自事之先，以智之所知而窮其智之所不知，則亦惑矣，故曰"朕所不知也"。**范曰**：冉求問於仲尼曰："未有天地，可知乎？"仲尼告之曰："古猶今也。"蓋時徙不留，物逝無舍。昔日以爲今者，今日視之則爲古矣；今日以爲今者，後日視之則爲古矣。然則後何以異於今，而今何以異於昔耶？爰自氣母一判參差，萬類充牣兩間，有始者必有終，有終者必有始，始終相反，如環無端。自非大明終始者，焉知其所始？焉知其所終？雖然，終始無故，惟其時物猶可得而致知也。若夫自物之外有不物者存，自事之先有無事者存，無古無今，無始無終，雖聖人於此，殆亦未之或知也。殷湯曰："然則上下八方有極盡乎？"○湯、革雖相答，然於視聽猶未歷然，故重發此問，令盡然都了。② 革曰："不知也。"○非不知

---

① "後"上，王叔岷曰："案《路史·前紀》二引'後'上有'使'字。"

② "令"，原作"今"，據北宋本、南宋本、世德堂本、汪本改。"盡"，《釋文》作"畫"，云："一本作'盡'。"王叔岷曰："案《釋文》本注'盡'作'畫'，音獲，疑當從之。《莊子·庚桑楚》篇'其臣之畫然知者去之'，即此'畫然'二字所本。'盡'蓋'畫'之形誤，或涉正文'盡'字而誤。"

也，不可以智知也。湯固問，革曰："無則無極，有則有盡，①朕何以知之？○欲窮無而限有，不知而推類也。然無極之外復無無極，無盡之中復無無盡；○既謂之無，何得有外？既謂之盡，何得有中？所謂無無極、無無盡，乃真極真盡矣。無極復無無極，無盡復無無盡。○或者將謂無極之外更有無極，無盡之中復有無盡，故重明無極復無無極、無盡復無無盡也。朕以是知其無極無盡也，而不知其有極有盡也。"○知其無，則無所不知；不知其有，則乃是真知也。**政和**：若域之内則上下八方爲有，若方之外則上下八方爲無；自有觀徼則有極盡，自無觀妙則無極盡。故湯之問革，而革多以不知爲言也。**范曰**：夫物量無窮，烏至而倪小大？以其至小求窮其至大之域，則迷亂而不能自得矣。上下八方，豈易得而致知耶？故無則無極，上下八方則非超於無者也；有則有盡，上下八方則已墮於有者也。自人觀之，但見其無極而已。而無極之外，豈更有無極者哉？但見其無盡而已。而無盡之中，豈更有無盡者哉？"朕以是知其無極無盡也，而不知其有極有盡也"，是乃窮理之言也。湯又問曰："四海之外奚有？"②革曰："猶齊州也。"○齊，中也。**盧曰**：言無安得有極盡耶？是以道無不遍，無之謂也；體用俱大，非虚實無有也。湯曰："汝奚以實之？"革曰："朕東行至營，人民猶是也；○如是間也。問營之東，復猶營也。西行至豳，人民猶是也；問豳之西，復猶豳也。朕以是知四海、③四荒、四

① "有則有盡"，陶鴻慶曰："愚案：'有則有盡'下'有'字亦當作'無'。'有則無盡'者，即公孫龍所謂'有物不盡'，惠施所謂'一尺之棰，日取其半，萬世不竭'，西儒所謂'物質不滅'也。下文'無極之外，復無無極，無盡之中，復無無盡'，即承此言。今本誤作'有盡'，則非其旨矣。張注云'欲窮無而限有，不知而推類也'，正謂無無窮而有無限也，是其所見本正作'無盡'。"

② "有"下，王重民曰："案《御覽》一（王叔岷曰：'一'乃'二'之誤）引'有'下有'乎'字。"

③ "朕"，原作"脱"，據北宋本、南宋本、世德堂本、汪本改。

極之不異是也。① ○四海、四荒、四極，義見《爾雅》。知其不異是間，則是是矣。**盧曰**：四方窮之不可盡，皆有生死、愛惡、父母、妻子，故知四荒、四極之外不異營、豳之内，則是是也。**政和**：天地覆載，道爲之公；四方無窮，無所畛域。觀於遠近，何殊之有？**范曰**：中天地者爲中國，外於中國者爲四夷。五方之性雖曰不同，五土之宜雖曰各異，姑即其所有者而言之，則四海之外亦奚異於齊州乎？故距齊以東，其行至營，人民猶是；問營之東，復猶營也，則東至日所出，從可知矣。距齊以西，其行至豳，人民猶是；問豳之西，復猶豳也，則西至日所入，從可知矣。用是以觀，故知四海、四荒、②四極之不異是也。傳曰："東至於泰遠，西至於豳國，南至於濮鉛，北至於祝栗，謂之四極。孤竹、北户、西王母、日下，謂之四荒。③ 九夷、八狄、七戎、六蠻，謂之四海。"故大小相含，④無窮極也。含萬物者，亦如含天地。○夫含萬物者，天地；容天地者，太虚也。含萬物也，故不窮；○乾坤含化，陰陽受氣，庶物流形，代謝相因，不止於一生，不盡於一形，故不窮也。含天地也，故無極。○天地籠罩三光，包羅四海，大則大矣，然形器之物會有限極，窮其限極，非虚如何？計天地在太虚之中，則如有如無耳。故凡在有方之域，皆巨細相形，多少相懸，推之至無之極，豈窮於一天、極於一地？則天地之與萬物互相包裹，迭爲國邑，豈能知其盈虚、測其頭數者哉？朕亦焉知天地之表不有大天地者乎？○夫太虚也無窮，天地也有限，以無窮而容有限，

---

① "之"下，王重民曰："案'之'下疑本有'外'字，今本脱之。上文《湯問》'四海之外奚有'，此革所答語，故云'四海、四荒、四極之外'，《御覽》一（王叔岷曰：'一'乃'二'之誤）引'之'下正有'外'字。"楊伯峻曰："伯峻案：王説是。玩盧重玄《解》，其所見本亦有'外'字。"

② "四荒"，原作"八荒"，據正文"以是知四海、四荒、四極之不異是"和《爾雅・釋地》"孤竹、北户、西王母、日下，谓之四荒"改。

③ "孤竹北户西王母日下谓之四荒"，原作"觚竹、北户、西王母、目下，謂之八荒"，據正文"以是知四海、四荒、四極之不異是"和《爾雅・釋地》"孤竹、北户、西王母、日下，谓之四荒"改。

④ "大小"，王叔岷曰："案《書鈔》一五七引'大小'作'小大'。"

則天地未必形之大者。① 然則鄒子之所言,蓋其掌握耳。亦吾所不知也。○夫萬事可以理推,不可以器徵。故信其心智所知及,②而不知所知之有極者,膚識也;誠其耳目所聞見,而不知視聽之有限者,俗士也。至於達人,融心智之所滯,玄悟智外之妙理;豁視聽之所閡,遠得物外之奇形。③ 若夫封情慮於有方之境,循局步於六合之間者,將謂寫載盡於《三墳》、《五典》,《歸藏》窮於四海九州,焉知太虛之寥廓、巨細之無垠、④天地爲一宅、萬物爲游塵？皆拘短見於當年,昧然而俱終。故列子闡無内之至言,以坦心智之所滯,恢無外之宏唱,以開視聽之所閡,使希風者不覺矜伐之自釋,束教者不知桎梏之自解。故刳斫儒墨,指斥大方,豈直好奇尚異而徒爲夸大哉？悲夫！聃、周既獲譏於世論,吾子亦獨以何免之乎？**盧曰**:夫神道之含萬物也,故不窮;陰陽之含天地也,故無極。天地萬物之外,我所不知以辯之,非謂都不知也。**政和**:無名,天地之始;有名,萬物之母。爲萬物之母者天地,故含萬物而不窮;爲天地之始者道,故含天地而無極。天地,空中之一細物,而道包之,則天地之表固有大於天地者矣。**范曰**:小者不同而别,大者覆人而同之。惟天地爲能覆載萬形,惟太虛爲能包裹六極,大小相含,孰知其所以然哉？以其含萬物也,故莫知所窮,此所以盈天地之間者惟萬物;以其含天地也,故未始有極,此所以天地雖大,未離其内。然則天地者,是直空中之細物,有形之最巨者耳,安知無形之表而有大於天地者哉？此可以意了,難以言論,故每執之以不知也。然則天地亦物也,物有不足,故昔者女媧氏練五

① “地”,原脱,據汪本、世德堂本補。

② “及”,原作“反”,據北宋本、南宋本、世德堂本、汪本改。王叔岷曰:“《釋文》:‘及,一本作反,恐字誤。’案道藏本注‘及’正誤‘反’。”

③ “奇”,原脱,據南宋本、世德堂本、汪本補。

④ “垠”,原作“限”,據南宋本、世德堂本、《釋文》本改。王叔岷曰:“《釋文》本注‘限’作‘垠’,下同,元本、世德堂本亦並作‘垠’。‘限’疑‘垠’之形誤,或淺人所改。”

色石以補其闕，①○陰陽失度，三辰盈縮，是使天地之闕不必形體虧殘也。女媧，神人，故能練五常之精以調和陰陽，使晷度順序不必以器質相補也。**盧曰**：張湛此注當矣。斷鼇之足○鼇，巨龜也。以立四極。其後共工氏與顓頊爭爲帝，怒而觸不周之山，②○共工氏興霸於伏羲、神農之間，其後苗裔恃其彊，與顓頊爭爲帝。顓頊，是黄帝之孫。③不周山，在西北之極。折天柱，絶地維，④故天傾西北，日月星辰就焉；⑤地不滿東南，⑥故百川水潦歸焉。"**盧曰**：亂常敗德，則爲折天柱、絶地維也。是以聖人知天道，損有餘，補不足，故三光百川得其大要也。**政和**：練石補闕，斷鼇立極，蓋聖人財成輔相之道。日月星辰就於天之西北，百川水潦歸於地之東南，則其勢然也。**范曰**：《易》以乾爲陽物、坤爲陰物，則天地猶未離乎物也；故古之人或練石補闕、斷鼇立極，或折天之柱、絶地之維。天地雖大，猶不能全，則彌綸範圍豈無所待耶？日

---

① "石"上，王叔岷曰："《藝文類聚》六、《御覽》二、五一引'石'上並有'之'字，與下文句法一律，當從之。"

② "爭爲帝怒而觸不周之山"，王叔岷曰："案《六帖》十引'爭爲帝'作'爭帝位'，《六帖》五、《合璧事類前集》五引並作'爭天下'，《類林殘卷》九引《淮南子》同。《論衡·談天》篇作'爭爲天子'。《御覽》二引'帝'下有注云'《淮南子》曰：與神農爭'。"陶光曰："光按《白帖》五、《事類備要》五引'爭爲帝'作'爭天下'，《白帖》十作'爭帝位'。《六帖》十引'觸'上有'頭'字，'山'下有'崩'字，《史記》司馬貞補《三皇本紀》同。《御覽》四九六引'山'下亦有'崩'字，《類林殘卷》九引《淮南子》同。"

③ "是黄帝之孫"，北宋本、南宋本、世德堂本、汪本無"是"、"之"。

④ "折天柱絶地維"，王叔岷曰："案《記纂淵海》四八引'折'上有'力'字，《編珠》一、《六帖》一、《御覽》三六、《事文類聚前集》十三、《合璧事類前集》五、《韻府群玉》十引皆作'天柱折，地維絶'，《淮南·天文》篇、《論衡·談天》篇並同（《史記》補《三皇本紀》作'天柱折，地維缺'）。《六帖》十、《御覽》一八七引'折天柱'亦並作'天柱折'。《草堂詩箋》十引'絶地維'亦作'地維絶'。"陶光曰："光按：《白帖》十、《御覽》三六、《初學記》五、《事類備要》五引並作'天柱折，地維絶'，與《淮南子》同，當從之。"

⑤ "故天傾西北日月星辰就焉"，王叔岷曰："案《淮南·天文》篇、《論衡·談天》篇'故'字並在'日'字上，與下文句法一律。"陶光説同。

⑥ "不滿"，王叔岷曰："案《初學記》一引'不滿'作'缺'。"

月星辰，其行也左旋，則以天不足西北故也；百川水潦，其流也東注，則以地不滿東南故也。《黄帝書》曰："天不足西北，故西北陰也，①而人右耳目不如左明也。地不滿東南，故東南陽也，而人左手足不如右強也。"近取諸身，而天地之大可見矣。湯又問："物有巨細乎？② 有修短乎？有同異乎？"革曰："渤海之東不知幾億萬里，有大壑焉，實惟無底之谷，○事見《大荒經》。《詩含神霧》曰：③"東注無底之谷。"其下無底，○稱其無底者，蓋舉深之極耳。上句云無無極限，有不可盡，實使無底，亦無所駭。④ 名曰歸墟。⑤ ○《莊子》云："尾閭。"八紘九野之水，天漢之流，莫不注之，而無增無減焉。○八紘，八極也。九野，天之八方、中央也。世傳天河與海通。**盧曰**：大壑無底者，言大道之無能窮盡者也。至微至細入於無間者，不過水也；注之無增減者，萬有無不含容者也。其中有五山焉：一曰岱輿，二曰員嶠，三曰方壺，四曰瀛洲，五曰蓬萊。其山高下周旋三萬里，⑥其頂平處九千里；山之中間相去七萬里，以爲鄰居焉。其上臺觀皆

---

① "西"，原脱，據上文"天不足西北"及《黄帝内经·素问·阴阳应象大论》"天不足西北，故西北方阴也"補。

② "物"，王叔岷曰："案《一切經音義》九九引'物'上有'夫'字。"

③ "曰"，北宋本、南宋本、世德堂本、汪本作"云"。

④ "駭"，王叔岷曰："案元本、世德堂本注'駭'並作'閡'。"

⑤ "歸墟"，洪頤煊曰："《釋文》：'或作歸塘。'頤煊案：《文選·吴都賦》李善注、《太平御覽》卷六十七引《列子》皆作'歸塘'；《顔氏家訓·歸心》篇'歸塘尾閭，渫何所到'，亦與或本同。"王重民曰："《釋文》曰：'歸墟，或作歸塘。'案《御覽》六十又六十七引並作'歸塘'，與《釋文》所見或本同。"王叔岷曰："案《雲笈七籤》五六引作'號爲尾閭'，與注合。《記纂淵海》七、《事文類聚前集》十五引'墟'並作'虚'，當以作'虚'爲正，《説文》無'墟'字。"

⑥ "旋"，《釋文》作"犯"，云："'犯'，一本作'范圍'字，一本作'周旋'字。"陶光曰："光按：'范圍'與'旋'聲不近，《文選·思玄賦》注引字作'圍'，下句作'其頭平地九千里'。"

金玉,其上禽獸皆純縞,①珠玕之樹皆叢生,②華實皆有滋味,③食之皆不老不死。④ 所居之人皆仙聖之種,一日一夕飛相往來者,⑤不可數焉。○兩山間相去七萬里,五山之間凡二十八萬里,而日夜往來者不可得數,⑥風雲之揮霍不足逾其速。**盧曰**:有形之物,生於大道之中,而增飾玩好,而不知老,不知死,動用不住,倏往忽來,無限數也。而五山之根無所連著,○若此之山猶浮於海上,⑦以此推之,則凡有形之域皆寄於太虚之中,故無所根蒂。常隨潮波上下往還,⑧不得暫峙焉。**盧曰**:眼、耳、鼻、舌、身爲五根,隨波流不得暫止也。此舉世皆隨聲、色、香、味染著而不得休息,乃至忘生輕死,以殉名利,不知止慮還源、養神歸道者也。仙聖毒之,訴之於帝。帝恐流於西極,⑨失群仙聖之居,乃命禺彊○《大荒經》曰:"北極之神名禺

---

① "其上",陶鴻慶曰:"'其上'二字貫下六句,下'其上'字誤復。"王重民曰:"案陶説是也。《御覽》三十八引正無下'其上'二字。"

② "玕之樹皆叢",王叔岷曰:"案《事類賦》七《地部》二引'玕'作'琅',《御覽》三八引'叢'作'聚'。"

③ "叢生華實",陶光曰:"光按:《御覽》三八引'叢生'作'聚生',無'華'字。《事類賦》七引亦無'華'字。疑本無'華'字,後人以其下言'皆有滋味',故以意增出,'皆'字蓋承上而言也。"

④ "皆",王重民曰:"案《御覽》三十八引無下'皆'字,蓋是衍文。"

⑤ "夕飛相往來者",王叔岷曰:"案《事類賦》七《地部》二引'夕'作'夜','相'作'翔','者'作'也','也'猶'者'也。《御覽》三八引'相'亦作'翔','往來'作'來往'。《藝文類聚》六三引'往來'亦作'來往'。"

⑥ "往來",原衍"往來"二字,據世德堂本删。王叔岷曰:"元本、世德堂本注'往來'二字不叠……當從之。"

⑦ "於",原脱,據北宋本、南宋本、世德堂本補。

⑧ "隨潮波上下往還",王叔岷曰:"案《御覽》九三一引'隨'作'逐'。《事文類聚前集》十四、《合璧事類前集》五、《天中記》七引'往還'並作'往來'。"

⑨ "帝帝",王叔岷曰:"案《藝文類聚》九六、《御覽》九三一引上'帝'字上並有'上'字,《事文類聚後集》三五、《天中記》五七引兩'帝'字上並有'上'字。《錦綉萬花谷續集》五引下'帝'字上有'天'字。今本兩'帝'字上蓋並脱'上'字,或並脱'天'字也。""西極",俞樾曰:"至'西極'字亦疑有誤,五山隨波上下往還,安知其必流於西極也?下文云'岱輿、員嶠二山流於北極',可證其不必西流矣。'西極'似當作'四極'。"

彊，靈龜爲之使也。"使巨鰲十五舉首而戴之，○《離騷》曰："巨鰲戴山，其何以安也？"迭爲三番，六萬歲一交焉。五山始峙而不動。**盧曰**：夫形質者神明居也，若五根流浪而失所守，則仙聖無所居矣。《莊子》云："一受其成形，不亡以待盡。"若五根漂蕩，則隨妄而至死矣。一生虛過，豈不哀哉？故大聖作法設教以止之，五根於是有安矣；五塵以對之，五識以因之，故云十五也；因心以辯之，故云三番、六萬歲一交耳。自此知制五根之道也。而龍伯之國有大人，舉足不盈數步而暨五山之所，①一釣而連六鰲，合負而趣歸其國，灼其骨以數焉。②○以高下周圍三萬里山，③而一鰲頭之所戴，而此六鰲復爲一釣之所引，龍伯之人能並而負之，又鑽其骨以卜，計此人之形當百餘萬里，鯤鵬方之，猶蚊蚋蚤虱耳。④則太虛之所受，亦奚所不容哉？**盧曰**：伯者，長也；龍，有力之大者也。以喻俗中之嗜欲矜夸、愛貪縱情，求以染溺而爲鉤，負六情以自適，豈徒失其所守，乃更毁而用之也。於是岱輿、員嶠二山流於北極，沉於大海，仙聖之播遷者巨億計。**盧曰**：俗心所溺唯聲色爲重，君子、小人困於名利也，故曰二山流焉。愛溺深重，喻之大海；神識流浪，不可勝言。帝憑怒，○憑，大也。侵減龍伯之國使厄，侵小龍伯之民使短。至伏羲、神農時，其國人猶數十丈。○《山海經》云："東海之外，大荒之中，有大人之國。"《河圖玉板》云："從昆侖以北九萬里，得龍伯之國，人長四十丈，生萬八千歲始死。"**盧曰**：大聖惡夫嗜欲之爲害也，乃立法以制之。因聖智之教行，故其國漸小。然

---

① "數步"，王重民曰："《釋文》曰：'一本步作千。'案北宋本作'千'，與《釋文》所見一本同。《類聚》九十八引作'數十步'，疑《類聚》所引近是。蓋北宋本'千'爲'十'字之誤，下又脱'步'字耳。"王叔岷曰："其説是也，惟《類聚》九十八乃九十六之誤。《御覽》九三一、《事文類聚後集》三五引亦並作'數十步'。作'數步'者，'數'下脱'十'字。"

② "灼"上，王叔岷曰："案《初學記》十九、《草堂詩箋》三五、《錦綉萬花谷續集》五引'灼'上並有'因'字。"

③ "三"，原作"一"，據北宋本、南宋本、世德堂本、汪本改。

④ "虱"，原作"風"，據北宋本、南宋本、世德堂本、汪本改。

神農雖治，猶數十丈焉者，蓋人不能滅之，但減削而已。**范曰**：傳稱東海之外有大壑，即此所謂大壑也。其下無底，則傳所謂東注無底之谷是已。名曰歸墟，則所謂尾閭泄之是已。八紘九野之水，天漢之流，莫不注之，而無增無減，則又注焉而不滿，酌焉而不竭，不以頃久推移，不以多少進退。有如此者，嘗考太史公言"三神山在渤海中，諸仙人及不死之藥皆在焉。未至，望之如雲。及到，即引而去"，豈此所謂五山者耶？故非仙聖之種莫能居此。然五山之根無所連著，帝恐流於西極，乃命禺疆之神戴以巨鼇之首，①而五山始峙不動。龍伯之國有大人焉，數步而暨五山之所，一釣而負六鼇以歸，員嶠之山遂沉於大海，仙聖之種乃爲之播遷。帝大怒，於是侵減其國，侵小其民，至伏羲、神農時，其國人猶數十丈。然則傳所謂東海之外，大荒之中，有大人之國，得非此所謂大人者歟？從中州以東四十萬里得僬僥國，人長一尺五寸。② ○事見《詩含神霧》。東北極有人，名曰諍人，③長九寸。○見《山海經》。《詩含神霧》云："東北極有此人。"既言其大，因明其小耳。**范曰**：五山戴於巨鼇，一釣連於龍伯，以明物之巨者如此；僬僥國之短人一尺五寸，東北極之諍人九寸而已，以明物之細者如此。大智觀於遠近，故小而不寡，大而不多，又何以知毫末足以定至細之倪？又何以知天地足以窮至大之域？荆之南有冥靈者，以五百歲爲春，五百歲爲秋；上古有大椿者，以八千歲爲春，八千歲爲秋。朽壤之上有菌芝者，④生於

---

① "禺疆"，據正文當作"禺彊"。

② "五寸"，王叔岷曰："案《御覽》三七八引'五寸'作'六寸'，七百九十引《外國圖》亦云'其人長尺六寸'。"

③ "諍"，秦恩復曰："案《山海經》作'竫'。"王重民曰："案《御覽》三百七十八引'諍'作'竫'，竫當讀爲'靖'。《説文》：'靖，一曰細貌。'《山海經・大荒東經》曰：'東海之外，大荒之中有小人國，名靖人。'郭注曰：'靖，或作竫。'"王叔岷曰："案《御覽》引'諍'作'竫'，《法苑珠林》八引亦作'竫'。"

④ "上"，王重民曰："案《御覽》九百四十五引'上'作'土'。"

朝，死於晦；①春夏之月有蠓蚋者，②因雨而生，見陽而死。③**盧曰**：苟有嗜欲，失其真焉，則形巨者與形小，長壽者與促齡，亦何異也？故知上極神仙，下及螻蟻，迷真失道，情欲奔馳，其喪一也。**范曰**：冥靈、大椿，《莊子》所謂大年也；菌芝、蠓蚋，《莊子》所謂小年也。時有久近，數有多寡，覺此而冥焉者，遥而不悶，掇而不跂，則衆人安用知彭祖之爲久而匹之乎？終北之北〇《莊子》云："窮髮。"有溟海者，④天池也，有魚焉，其廣數千里，其長稱焉，⑤其名爲鯤；有鳥焉，其名爲鵬，翼若垂天之雲，其體稱焉。〇《莊子》云："鯤化爲鵬。"世豈知有此物哉？〇玩其所常見，習其所常聞，雖語之，猶將不信焉。大禹行而見之，伯益知而名之，夷堅聞而志之。〇夫奇見異聞，衆之所疑，禹、⑥益、堅豈直空言譎怪以駭一世？蓋明必有此物，以遣執守者之固陋，除視聽者之盲聾耳。夷堅，未聞，亦古博物者也。**范曰**：鱗炎舛乎下，能潛而不能飛，鯤者，潛也，麗乎陰者也；羽炎亢乎上，能飛而不能潛，鵬者，飛也，麗乎陽者也。鯤鵬雖大，尚未免乎陰陽之類。世之俗儒，拘耳目之近，遂以爲無是物也，又烏知所謂無極無盡者哉？故列子必托言於大禹、伯益、夷堅之徒者，以其説古固有之，非直肆空言以駭一世故

---

① "晦"，王叔岷曰："案《雲笈七籤》九十載此文'晦'作'夜'。"

② "春夏之月有蠓蚋"，王叔岷曰："案《雲笈七籤》九十'春夏之月'作'晴空之中'。《御覽》九四五、《廣韻》上聲三、《韻府群玉》九引'蠓蚋'並作'蠛蠓'。"

③ "見"，王叔岷曰："案《廣韻》上聲三'見'作'睹'。"

④ "終"下，原衍"髮"字，據北宋本、汪本刪。"終北之北"，《釋文》作"終髮之北"，云："一本作'終北之北'。"俞樾曰："樾謹按：《釋文》曰'一本無髮字'，當從之。終北，國名，下文曰'禹之治水土也，迷而失涂，謬之一國，濱北海之北，其國名曰終北'是也。終北之北謂在其國之北。今衍'髮'字者，蓋後人據《莊子·逍遥游》篇加之。不知彼自言窮髮之北，此自言終北之北，兩文不同。若據彼以增此，則既言終髮北，又言之北，文義復沓矣。"王叔岷曰："案道藏江遹本亦無'髮'字，《一切經音義》十八引同。《釋文》本作'終髮之北'，《初學記》三十引同，則與《莊子》合(《莊子》'終'作'窮'，'窮'、'終'聲義並通)。"

⑤ "長"，王叔岷曰："案《初學記》三十引'長'作'身'，下文'其體稱焉'，'身'、'體'互文。"

⑥ "衆之所疑禹"，原作"衆所疑焉"，據北宋本、南宋本、世德堂本、汪本改。

也。江浦之間生麼蟲，①〇麼，細也。其名曰焦螟，群飛而集於蚊睫，②弗相觸也；栖宿去來，蚊弗覺也。離朱、子羽方晝拭眥，揚眉而望之，弗見其形；③〇離朱，黄帝時明目人，能百步望秋毫之末。子羽，未聞。觚俞、師曠方夜擿耳，俯首而聽之，弗聞其聲。〇觚俞，未聞也。師曠，晋平公時人，夏革無緣得稱之，④此後著書記事者潤益其辭耳。夫用心智、賴耳目以視聽者，未能見至微之物也。唯黄帝與容成子居空桐之上，同齋三月，心死形廢：〇所謂心同死灰，形若枯木。徐以神視，〇神者，寂然玄照而已，不假於目。塊然見之，若嵩山之阿；〇以有形涉於神明之境，嵩山未足喻其巨。徐以氣聽，〇氣者，任其自然而不資外用也。砰然聞之，若雷霆之聲。〇以有聲涉於空寂之域，雷霆之音未足以喻其大也。**盧曰**：苟有形聲之礙也，則積壤成山，聚蚊成雷，塊然見之，砰然聞之，不足多怪。**范曰**：離朱、子羽，古之明目者，然視止於有形，而無形之上有所弗見；觚俞、師曠，古之聰耳者，然聽止於有聲，而無聲之表有所弗聞。唯黄帝、容成，居空桐，齋三月，心若死灰，其神凝矣，形若槁木，其容寂矣，視以神而不以目，聽以氣而不以耳。故江浦之間焦螟群集，向也離朱、子羽，方晝拭眥，揚眉而望之，弗見其形，今則塊然見之若嵩山；向也觚俞、師曠，方夜擿耳，俯首而聽之，弗聞其聲，今則砰然聞之若雷霆。細大之倪，孰知其所以然哉？且由衆人觀之，則鯤鵬也，麼蟲也，其相去之遠豈可勝言哉？由無極盡之際觀之，則二者均爲物耳，何足以相過與？吴、楚之國有

① "生"，王叔岷曰："案《爾雅翼》二六引'生'作'有'。《事文類聚後集》四九引作'海上有蟲'。今本'有'作'生'，疑誤，《晏子春秋·外篇》八作'東海有蟲'可爲旁證。"

② "集於蚊睫"，王叔岷曰："案《一切經音義》九九引'集'作'巢'，'睫'下有'之上'二字；《事文類聚後集》四九引'集'亦作'巢'，《晏子春秋·外篇》八同。"

③ "弗"下，王叔岷曰："案《御覽》九四五引'弗'下有'能'字。"

④ "得"下，原衍"而"字，據北宋本、南宋本、世德堂本、汪本删。

大木焉，①其名爲櫾，○音柚。② 碧樹而冬生，③實丹而味酸。食其皮汁，已憤厥之疾。齊州珍之，渡淮而北，而化爲枳焉；鸜鴿不逾濟，貉逾汶則死矣，地氣然也。④ ○此事義見《周官》。雖然，形氣異也，性鈞已，⑤無相易已，生皆全已，分皆足已。吾何以識其巨細？何以識其修短？何以識其同異哉？"○萬品萬形，萬性萬情，各安所適，⑥任而不執，則鈞於全足，不願相易也。豈智所能辯哉？**盧曰**：陰陽所生，土地所宜，神氣所接，習染所變，皆若是也。復何足以辯之哉？**政和**：巨細，形也；修短，數也。有形與數，同異之名立矣。四方之外，六合之裏，有萬不同，孰知其極？大禹、伯益見而名之，則猶接於耳目心知之間；黄帝、容成神視氣聽，則已造乎微妙玄通之表。睹道之人，不隨其所廢，不原其所起，有性皆鈞，有生皆全，有分皆足，知此而已，又何必識其巨細、修短、同異之所止哉？**范曰**：《考工記》曰"橘逾淮而北爲枳，鸜鴿不逾濟，貉逾汶則死，地氣然也"，其言蓋本乎此。夫物生天地間，盈虛異形，消息異氣，而性之所禀，有自然而不可易者。生皆全

---

① "吴楚之國"，王重民曰："又案'吴楚之國'，《類聚》八十七、《御覽》九百七十三引並作'吴楚之間'。"王叔岷曰："案《藝文類聚》八七、《記纂淵海》九二引並作'吴越之間'（王重民謂《類聚》引作'吴楚之間'，失檢）。《文選》謝玄暉《酬王晋安詩》注引'楚'亦作'越'。"

② "柚"，北宋本、汪本作"袖"。

③ "生"，王重民曰："'生'當作'青'，字之誤也。《中山經》'荆山多橘櫾'，郭注：'櫾似橘而大也。'《史記・司馬相如傳》：'橘柚芬芳。'正義曰：'小曰橘，大曰柚。樹有刺，冬不凋，葉青。'是櫾樹葉青，經冬不凋，故《列子》曰'碧樹而冬青'也。此蓋'青'字闕壞爲'主'，因誤爲'生'。《齊民要術》卷十引作'碧樹而冬青生'，雖衍一'生'字，而'青'字尚不誤。《類聚》八十七（引作'列傳'，當是'列子'之誤）、《御覽》九百七十三並引正作'冬青'，可證。'碧樹冬青'，'實丹味酸'，相對爲文。若作'生'，則不相偶矣。"王叔岷曰："案王説是也。《記纂淵海》九二引亦作'青'。"

④ "氣"下，原衍"使"字，據北宋本、南宋本、世德堂本、汪本删。《考工记》"橘逾淮而北爲枳，鸜鴿不逾濟，貉逾汶則死，地氣然也"，亦無"使"字可證。

⑤ "性鈞已"，王叔岷曰："《釋文》：'一本云'情性鈞已。'案有'情'字是，'情性鈞已'與上'形氣異也'對文。"

⑥ "適"，原作"識"，據北宋本、南宋本、世德堂本、汪本改。

已，一無或虧；分皆足已，一無或歉。巨細也，修短也，同異也，覺而冥之，曾無夸跂，奚必致知於其間耶？《莊子》之《逍遥游》，義與此合。

大形、王屋二山，○形，當作行。太行在河内野王縣，王屋在河東東垣縣。方七百里，高萬仞，本在冀州之南，河陽之北。北山愚公者，○俗謂之愚者，未必非智也。年且九十，面山而居。懲盧曰：形，尸剛反。懲，戒也，創也，草政也。山北之塞，出入之迂也，聚室而謀，曰："吾與汝畢力平險，指通豫南，達於漢陰，可乎？"雜然相許。○雜，猶僉也。其妻獻疑○獻疑，猶致難也。曰："以君之力，曾不能損魁父之丘，如大形、王屋何？○魁父，小山也，在陳留界。且焉置土石？"雜曰："投諸渤海之尾，隱土之北。"○《淮南》云："東北得州曰隱土。"①遂率子孫荷擔者三夫，叩石墾壤，箕畚運於渤海之尾。鄰人京城氏之孀妻○孀，寡也。有遺男，②始齔，跳往助之。寒暑易節，始一反焉。河曲智叟笑而止之，③○俗謂之智者，未必非愚也。曰："甚矣，汝之不惠！以殘年餘力，曾不能毁山之一毛，其如土石何？"北山愚公長息曰："汝心之固，固不可徹，曾不若孀妻弱子。雖我之死，有子存焉；子又生孫，孫又生子；子又有子，子又有孫，子子孫孫無窮匱也。④ 而山不加增，何苦而不平？"⑤河曲智叟亡以應。○屈其理而服其志也。操蛇之神聞之，○《大荒經》云："山海神皆執

---

① "得州"，王叔岷曰："案注引《淮南》，見《墜形》篇，惟'得州'作'薄州'。"

② "孀妻"下，王叔岷曰："案《記纂淵海》四三引'孀妻'作'孀婦'。《事類賦》七《地部》二引'妻'下有'者'字。"

③ "止"，王重民曰："案吉府本'止'作'正'。"

④ "子子孫孫"，王叔岷曰："案《事類賦》七《地部》二、《御覽》五一九引'子子孫孫'並作'孫孫子子'。"

⑤ "苦"，道藏白文本、秦本作"若"。《釋文》作"若"，云："一本作'苦'。"王重民曰："案《釋文》本、吉府本'苦'作'若'是也，蓋形近而訛。"

蛇。"懼其不已也,○必其不已,則山會平矣。世咸知積小可以高大,而不悟損多可以至少。夫九層起於累土,高岸遂爲幽谷。① 苟功無廢舍,不期朝夕,則無微而不積,無大而不虧矣。今砥礪之與刀劍相磨不已,則知其將盡。二物如此,則丘壑消盈無所致疑。若以小大遲速爲惑者,② 未能推類也。告之於帝。帝感其誠,○感愚公之至心也。命夸蛾氏二子○夸蛾氏,傳記所未聞,蓋有神力者也。負二山,③一厝朔東,一厝雍南。④ 自此,冀之南、漢之陰無隴斷焉。○夫期功於旦夕者,聞歲暮而致嘆;取美於當年者,在身後而長悲。此故俗士之近心,一世之常情也。至於大人,以天地爲一朝,億代爲瞬息,忘懷以造事,無心而爲功。在我之與在彼,在身之與在人,弗覺其殊别,莫知其先後。故北山之愚與嫠妻之孤,足以哂河曲之智,嗤一世之惑。悠悠之徒,可不察與? **盧曰**:此一章,興也。俗安所習而隨於衆,衆所共者則爲是焉。雖嗜欲所纏,從生至死,生既流蕩無已,死又不知所之。愚者營營於衣食以至終,君子營營於名色以至死,咸以爲樂天知命,自古而然。若夫至學之人,必至於求道忘生以契真,聞斯行諸,不計老少,窮生不聞,神或感而自通,故《易》曰"寂然不動,感而遂通",然後形礙之可忘,至平之理暢矣。**政和**:平險而達之者,去其有形之弊;帝感其誠者,造乎不形之妙。河曲之叟累乎形之有盡,而不知夫道之無窮,以智笑愚,曾不知純純之愚爲大智也。**范曰**:懸岩之溜穿石,單極之綆斷幹,水非石之鑽,繩非木之鋸,靡使然也。體道之人審燭厥理,以古今爲一息,以生死爲一條,篤強行之志,無期效於俄頃之間,持不息之誠,無要功於歲時之近,等視世間萬事,豈嘗所謂難者耶?故太行、王屋二山,峙冀州之南,跨河陽之北,方七百

---

① "高岸遂爲幽谷",《釋文》作"高峰墜爲幽谷",云:"一本作'高岸遂爲幽谷'。"

② "小大",北宋本、汪本、世德堂本作"大小"。

③ "夸娥氏",《釋文》云:"一本作'夸蟻氏'。"

④ "厝朔東一厝",王叔岷曰:"《釋文》:'厝音措。'案《六帖》五、《事類賦》七《地部》二、《事文類聚前集》十四、《合璧事類前集》五、《韻府群玉》四、五引皆作'措'。"

里，其崇萬仞，可謂高且大矣，然未離形數，可得而平焉。北山愚公者，年且九十，面山而居，懲山北之塞，出入之迂也，於是聚族合謀，畢力平險，荷箕畚，運土石，投諸隱土之北，置諸渤海之尾，所以去之可謂遠矣。許之者有雜然之衆，助之者有始齔之男，獻其疑者有所弗聽，笑而止者有所弗顧，以無窮匱之子孫，平不加增之土石，所以持之可謂久矣。彼其不已，若是其卒也，懼操蛇之神，感夸蛾之子，力負二山之險，俾無隴斷之登。嗚呼，愚而復智之極也，是其所以爲愚公者與？

卷之十三

湯問

夸父不量力，欲追日影。① 逐之於隅谷之際，○隅谷者，虞淵也，日所入。渴，欲得飲，赴飲河、渭。河、渭不足，將走北飲大澤。未至，道渴而死。棄其杖，尸膏肉所浸，生鄧林，鄧林彌廣數千里焉。② ○《山海經》云："夸父死，棄其杖而爲鄧林。"**盧曰**：夫人一至以祈道，則去有以契真；若將恃能以求勝，則步影而不及。及其契真也，則形盡平焉；及其追末也，則喪生以見迹。迹之著也，鄧林所以生；真之契也，丘隴所以平也。**政和**：變化推遷，莫知其極。鄭人之爲秋柏，夸父之生鄧林，其有機緘而不得已者耶？**范曰**：傳稱"夸父死，棄其杖而爲鄧林"，此所謂夸父是也。逐日於隅谷之際，赴飲於河渭之間，卒焉北走大澤，未至而死，豈非以太自累而不量其力者耶？大禹曰："六合之間，四海之内，照之以日月，經之以星辰，紀之以四時，要之

---

① "追日影"，陶光曰："《事類備要》一引'追'作'返'，《山海經》字作'逮'。按'追'字與下'逐之於隅谷之際'意復，疑作'返'者是。"王叔岷曰："案《草堂詩箋補遺》十、《記纂淵海》八、《事文類聚前集》二、《合璧事類前集》一引'影'皆作'景'，《山海經·大荒北經》同，當從之。'影'，俗字。下文'二曰承影'、'方晝則見影而不見光'，《庶物異名疏》八引並作'景'，亦當以作'景'爲正。"

② "鄧林鄧林"，王叔岷曰："《草堂詩箋補遺》十、《記纂淵海》九、《事文類聚前集》二引並不叠'鄧林'二字，疑衍。"

以大歲。① 神靈所生，其物異形，或夭或壽，唯聖人能通其道。”○聖人順天地之道，因萬物之性，任其所適，通其逆順，②使群異各得其方，壽夭咸盡其分也。③ **政和**：日月有明，故曰照；星辰成列，故曰經；四時有序，故曰紀；太歲總焉，故曰要。神靈所生，言天地之所生，蓋天神而地靈也。其物異形，或夭或壽，聖人游乎萬物之所終始，而通物之所造，故曰“唯聖人能通其道”。夏革曰：“然則亦有不待神靈而生，不待陰陽而形，不待日月而明，○夫生者自生，形者自形，明者自明，忽然自爾，固無所因假也。不待殺戮而夭，不待將迎而壽，○自夭者不由禍害，自壽者不由接養。不待五穀而食，不待繒纊而衣，不待舟車而行，其道自然，○自然者，都無所假也。非聖人之所通也。”○聖人不違自然，而萬物自運，豈樂通物哉？自此章以上，皆夏革所告殷湯也。**盧曰**：夫形動之物各有所宜，聖人能順其生以通其道也。然則神識至靈，更無所待，非群有之所資育，蓋獨運之自然，豈聖人所能通哉？**政和**：六合之外，聖人存而不論，豈物物而通之哉？其無待而然者耶？烏識所以然？任其自然，付之自爾，蓋樂通物，非聖人也。**范曰**：大禹所言則止於有極盡之間，夏革所言則造乎無極盡之外，故或曰“唯聖人能通其道”，或曰“非聖人所通”。概而論之，若物之外，若物之內，烏睹其所以異哉？

禹之治水土也，迷而失塗，謬之一國。○游絶垠之外者，非用心之所逮，故寄言迷謬耳。濱北海之北，不知距齊州幾千萬里，○距，去也。④ 其國名曰終北，**盧曰**：終北者，言其極幽極微，玄默之地。不知際畔之所齊限。無風雨霜露，不生鳥獸、蟲魚、草木

---

① “以”，原脱，據北宋本、南宋本、世德堂本、汪本補。

② “通其逆順”，王叔岷曰：“《治要》引注‘通其逆順’作‘通其所逆’，與上‘任其所適’相對。”

③ “咸”下，原衍“得”字，據北宋本、南宋本、世德堂本、汪本删。王叔岷曰：“道藏本注‘咸’下有‘得’字，疑涉上句‘得’字而衍。”

④ “去”，原作“至”，據北宋本、南宋本、世德堂本、汪本改。

之類。四方悉平，周以喬陟。○山之重巘也。① **盧曰**：玄默之境，無有際畔，風雨、鳥獸，群動所不至也，其中坦然至平而已矣。喬陟者，形器之礙。當國之中有山，山名壺領，②狀若甔○音擔。甀。○音埴。③ 頂有口，狀若員環，名曰滋穴。有水涌出，④名曰神瀵，○山頂之泉曰瀵。臭過蘭椒，⑤味過醪醴。**盧曰**：山中喻心，水爲慧用，蓋神所瀵出者。一源分爲四埒，注於山下，○山上水流曰埒。經營一國，無不悉遍。⑥ **盧曰**：通乎四支，遍乎百體，以周形器。土氣和，亡札厲。人性婉而從物，⑦不競不爭；柔心而弱骨，不驕不忌；長幼儕居，不君不臣；男女雜游，不媒不聘；緣水而居，不耕不稼；土氣温適，不織不衣；百年而死，不夭不病。其民孳阜亡數，有喜樂，⑧亡衰老哀苦。**盧曰**：百骸九竅，應事而用，不爭不競，不相矜誇，含陰含陽，隨運而用。其道至柔，不衣不食。衰老所不逐，夭壽所不拘。上士勤之，則至其國矣。其俗好聲，相攜而迭

---

① "重巘"，王重民曰："案注文'重巘'當作'重甗'，字之誤也。《爾雅·釋山》云：'山三甗，陟。'郭注：'甗，亦重也。'"

② "山山"，王重民曰："案《御覽》四百九十引'山'字不叠。"王叔岷曰："案《御覽》四百九十引叠'山'字，王氏失檢。《御覽》五八、《天中記》九引'山'字並不叠，疑衍。"

③ "埴"，北宋本、汪本作"搥"。

④ "涌"，原作"湧"，今據王叔岷校語正，下同。王叔岷曰："案《御覽》五八、七一、四百九十、《庶物異名疏》二引'湧'並作'涌'，當從之。'湧'，俗字。下文'澧泉涌'，盧重元本、道藏高守元本並作'湧'（《御覽》五七七引同），亦當以作'涌'爲正。"

⑤ "蘭椒"，王叔岷曰："案《事類賦》七《地部》二、《楚辭·離騷經》補注、《天中記》九引'蘭椒'並作'椒蘭'。"

⑥ "無"，北宋本、南宋本、世德堂本、汪本作"亡"。

⑦ "人"，王叔岷曰："案《御覽》四百九十引'人'上有'其'字。"

⑧ "孳阜亡數有喜樂"，俞樾曰："樾謹按：'孳阜'二字疑當在'喜樂'之上。'其民亡數，有孳阜喜樂，亡衰老哀苦'，蓋以'衰老'對'孳阜'，'哀苦'對'喜樂'。"陶光曰："光按：'喜樂'上當得二字，與下句'亡衰老哀苦'相對。"

謡，終日不輟音。饑惓則飲神瀵，力志和平；①過則醉，經旬乃醒。沐浴神瀵，膚色脂澤，香氣經旬乃歇。**盧曰**：人以氣爲生，故曰好聲也。出入之息，故云不輟。飲食真慧，無雜思，故云醉也。覺慮起，又沐其中，故云澤香。**政和**：謬之一國，以明非聖人之所通也。不知際畔之所齊限，則六合之内有不可窮者也。《易》曰："陰陽不測之謂神。"在天之時無風雨霜露，在地之氣無鳥獸草木。其民飲神瀵而沐浴焉，則能已饑惓而澤膚色，可以養生，可以盡年。謂之神瀵，是其所以爲不可測也。周穆王北游過其國，三年忘歸。既反周室，慕其國，慠然自失，不進酒肉、不召嬪御者數月乃復。"**盧曰**：周穆王亦曾至其國矣，不能常止其地，故云乃復焉。**范曰**：姒氏治水土，其迹之所及者遠，而殊陬異域，有非足迹之所可至者，故寄言迷謬也。濱北海之北，不知距齊州幾千萬里，其去人也遠矣。其國名曰終北，則造乎歸根復命之地；不知際畔之所齊限，則游乎廣漠無極之野。無風雨霜露，則陰陽之氣有所不交；不生鳥獸、蟲魚、草木，則散殊之類有所不育。四方悉平，則夷而未嘗陂也；周以喬陟，則高而不可逾也。國之中有山，山之頂有口，有水涌出，名曰神瀵，則傳所謂大出尾下者是已；一源分爲四埒，注於山下，則傳所謂山下有水者是已。經營一國，無不悉遍，則言其周流泛應而善利萬物也。夫然，故土無札傷，物無疵癘，婉而從者無競爭之心，柔而静者無驕忌之行。不君不臣，無長幼之序；不媒不娉，無男女之别。緣水而居，不待五穀而食；土氣温適，不待繒纊而衣。躋仁壽之域，無夭傷之苦。飲神瀵而力志和平，則疏瀹心智，蓋若飲之以和；浴神瀵而膚色脂澤，則滌除塵垢，蓋若洗之以善。周穆王北游，過其國，三年忘歸，既反周室，慕其國，慠然自失，數月乃復，是又造道未至者如此。管仲勉齊桓公因游遼口，俱之其國，幾剋舉。**盧曰**：管仲能説其處也，故云"游遼口"。欲往而不能得至，故曰"幾剋舉"也。隰朋諫曰："君舍齊國之廣，人民之衆，山川之觀，殖物之阜，禮義之盛，章服之美；妖靡盈

① "和平"，王叔岷曰："案《御覽》七一引'和平'作'平和'。"

庭，忠良滿朝；肆咤則徒卒百萬，○肆，疑作叱。視撝則諸侯從命。○視，疑作指。亦奚羨於彼，而棄齊國之社稷，從戎夷之國乎？此仲父之耄，奈何從之？”**盧曰**：夫俗之君子，心所言者，正在於人民、禮義、章服、聲色，是尊貴稱情也。桓公乃止，以隰朋之言告管仲。仲曰：“此固非朋之所及也。○朋之知極於齊國，豈知彼國之巨偉？故管仲孩之也。① 臣恐彼國之不可知之也。② 齊國之富奚戀？隰朋之言奚顧？”○此國自不可得往耳，③豈以朋之言故止也？**盧曰**：隰朋之所及者，不達於此耳。夷吾云：以我之所聞，但恐不得如所傳耳，故云恐不可知之也。所審如所傳說，往而能到者，則世俗聲色富貴何足戀？禮義忠良何足顧哉？**政和**：道惡乎往而不存？故在無者亦道也，在有者亦道也。解心釋形則蔽無廢有，勞形怵心則徇有棄無。④聖人之於道，一有一無，徼妙並觀，乃無不可。然則戀國之富者固不足以知道，而舍夫種種之民，慕夫不可測之國者，亦豈足以得道哉？穆王之意，管仲、隰朋之言，皆未爲得也。**范曰**：隰朋之爲人也，上忘而下不畔，愧不若黄帝，而哀不已若者，其於國有不聞，其於家有不見，仲父固嘗以是爲可以屬國哉？然其智適可以治齊而已，故終北之游遂以爲非而諫之。是篇所論，若大禹則深造乎道者，若穆王則涯而反者，若桓公是直望道而未之見者耳。

---

① “孩之”，盧文弨曰：“案‘孩之’當本《老子》。”北宋本、南宋本、世德堂本、汪本作“駭之”。

② “知”，王重民曰：“案《御覽》四百九十引‘知’作‘升’，與張注義相近。”王叔岷曰：“案《御覽》四百九十未引此文，王氏失檢。道藏白文本、林希逸本‘知’並作‘升’。”

③ “往”，原作“生”，據北宋本、南宋本、世德堂本、汪本改。

④ “怵”，原作“休”，據《黄帝》篇宋徽宗解“勞形怵心”改。

南國之人被髮而裸,①○力果反。② 北國之人鞨巾而裘,中國之人冠冕而裳。九土所資,或農或商,或田或漁,如冬裘夏葛,水舟陸車。默而得之,性而成之。○夫方土所資,自然而能,故吴越之用舟,燕朔之乘馬,得之於水陸之宜,不假學於賢智。慎到曰:"治水者茨防決塞,雖在夷貊,相似如一。學之於水,不學之於禹也。"**政和**:南方之氣熱,故被髮而裸,與《書》島夷卉服之義同也;北方之氣寒,故鞨巾而裘,與《書》島夷皮服之事同也。中國謂之夏,則文明盛大,故冠冕而裳,治辯而禮具。九土所資,農商田漁,冬裘夏葛,一人之身,百工之所爲備。然皆默而得之,性而成之,特異宜而已。**范曰**:南國之被髮,北國之鞨巾,中國之冠冕,習俗之不同也;九土所資,或農或商,或田或漁,智能之不同也。冬裘夏葛,服各異宜;水舟陸車,器各異用。蓋有自然而不可易者,孰知其所以然哉?默而得之、性而成之而已。越之東有輒休○又休。之國,其長子生,則鮮而食之,謂之宜弟。其大父死,負其大母而棄之,曰:"鬼妻不可與同居處。"③楚之南有炎人之國,④其親戚死,死其肉而棄之,然後埋其骨,乃成爲孝

---

① "被",道藏白文本、南宋本、世德堂本、汪本作"祝"。《釋文》作"祝",云:"祝,之六反。孔安國注《尚書》云:'祝者,斷截其髮也。'《漢書》云:'越人斷髮文身,以避蛟龍之害。'一本作'被',恐誤。"

② "反",原脱,據南宋本、世德堂本補。

③ "負其大母而棄之曰鬼妻",王叔岷曰:"案《意林》引'負'上有'則'字,'曰鬼妻'作'謂之鬼妻',與上文句法一律,當從之。《博物志》'負'上亦有'則'字。《新論・風俗》篇有'即'字,'即'猶'則'也。《新論》'曰鬼妻'作'云是鬼妻',猶'謂之鬼妻'也。"

④ "炎",《釋文》作"啖",云:"本作'炎'。"孫詒讓曰:"《魯問》篇亦作'啖人',《新論》同,《博物志》引作'炎',《后漢書》亦作'啖人國'。疑當從'啖'爲是。"王叔岷曰:"案《釋文》本'炎'作'啖'。盧文弨云:'《墨子・節葬》篇作啖。'《魯問》篇亦作'啖',《劉子新論》同,作'啖'者是也。《後漢書・南蠻傳》作'噉','噉'與'啖'同。"

子。秦之西有儀渠○又康。① 之國者，其親戚死，聚柴積而焚之，②熏則烟上，③謂之登遐，然後成爲孝子。此上以爲政，下以爲俗，而未足爲異也。○此事亦見《墨子》。**盧曰**：夫衆是則爲當，衆習則爲常，故至當至常，人所不辯。彼習俗者衆矣，寧知其至理哉？**政和**：越之東，楚之南，秦之西，上無禮，下無學，然且行以爲政，習以爲俗，此亂倫者也，不足爲教。**范曰**：越之東，楚之南，秦之西，皆遐陬異域，不能相通，故上之爲政，下之爲俗，有不可比而同者。

孔子東游，見兩小兒辯鬥，④問其故。⑤ 一兒曰："我以日始出時去人近，而日中時遠也。"⑥一兒曰："我以日初出遠，⑦

---

① "又康"，王叔岷曰："注'又康'，疑'康'即'渠'之誤。"

② "積"，陶鴻慶曰："愚案：既言'聚'，又言'積'，於文復矣。'積'當爲'簀'之假字。《詩·衛風》'緑竹如簀'，《毛傳》云：'積也。''積'、'簀'聲義皆同，例得通同。《說文》'簀，牀棧也'，朱氏駿聲以'簀'爲席藉之通稱。《史記·范睢列傳》'睢佯死，即卷以簀'，《索隱》云：'簀謂葦荻之薄也。''聚柴簀而焚之'，謂聚柴爲藉，以便其焚也。"

③ "熏"，原作"燻"，據王叔岷之校語改，下同。王叔岷曰："案《博物志》'燻'作'熏'，當從之。'燻'，俗字。"

④ "東游見兩小兒辯鬥"，王叔岷曰："案《事類賦》一《天部》一、《御覽》三引'東'並作'晨'，'辯'上並有'爭'字，'辯'下並有'而'字。……《御覽》三八五引'鬥'作'日'。"

⑤ "問其故"，王叔岷曰："案《事類賦》一《天部》一引'問'上有'孔子'二字，《御覽》三引'問'上有'孔某'二字。《初學記》一引'故'上有'何'字。"

⑥ "兒曰我以日始出時去人近而日中時遠"，王叔岷曰："案《法苑珠林》七引'兒'上有'小'字，《博物志》同，下文亦同。《御覽》三八五引'兒'上亦有'小'字，'我以'下有'爲'字。《意林》、《事類賦》一《天部》一、《御覽》三引'遠'上並有'去人'二字。'去人遠'與'去人近'對言。"陶光曰："光按：《金樓子》'始'作'初'。"

⑦ "曰我"，原脱，據俞樾校語、王叔岷校語、楊伯峻校語補。俞樾曰："樾謹按：'兒'下當有'曰我'二字，方與上句一律。"楊伯峻曰："《事類賦·天部》三、《御覽》三、又三八五引正有'曰我'二字，《類聚》一引有'曰'字而脱'我'字，可爲俞說之證。"王叔岷曰："案俞說是也。《事類賦》一《天部》一、《御覽》三、三八五引'兒'下並有'曰我'二字，'以'下並有'爲'字，'出'下並有'時'字。《錦綉萬花谷前集》一引'兒'下亦有'曰'字，《博物志》、《金樓子·立言上》篇並同。《意林》引'兒'下有'云'字。《法苑珠林》七引'以'下亦有'爲'字，'出'下亦有'時'字。"

而日中時近也。”一兒曰：“日初出大如車蓋，①及日中則如盤盂，②此不爲遠者小而近者大乎？”一兒曰：“日初出滄滄涼涼，③及其日中如探湯，④此不爲近者熱而遠者涼乎？”孔子不能決也。兩小兒笑曰：“孰謂汝多知乎？”⑤〇所謂六合之外，聖人存而不論。二童子致笑，未必不達此旨，或互相起予也。**盧曰**：聖人之生，所貴明道，達則兼濟天下，窮則獨善其身。獨善者，養道以全真；兼濟者，設教以利物。若進非全道，退非利生，一曲之辯，聖人所以未嘗説也。夫不決者，非不知也。世人但以問無不知爲多，聖人以辯之無益而不辯。若有理、無理一皆辯之，則聖人無益之勞實亦多矣。然則二童之爭也，事亦可明，何者？日之初升，光未遠，人居光外，見其大焉；日之既中，光備萬物，人居光内，見其質焉。亦如遠望燭光，更見其大；近窺，則焰乃更以小焉。物理則然，辯之何益？**范曰**：日出於東方而入於西極，以體圓則未離乎形，以園一則未離乎數。一墮於形數之域，則或遠或近，固得而測

---

① “一兒曰日初出大如車蓋”，王重民曰：“案《意林》、《初學記》一、《御覽》三引‘車蓋’並作‘車輪’。又《御覽》三引‘一兒’上有‘曰：爾何以知’五字。”王叔岷曰：“案《天中記》一引‘一兒’上亦有‘曰爾何以知’五字，《事類賦》一《天部》一引‘一兒’上有‘曰爾何以知之’六字。”

② “及日中”，王叔岷曰：“案《書鈔》一四九、《法苑珠林》七、《韻府群玉》十八引‘日’並作‘其’，《初學記》一引‘日’亦作‘其’，‘中’下有‘時’字。《博物志》‘中’下亦有‘時’字。”陶光曰：“光按：《北堂書抄》百四九、《類聚》一、《白帖》一、《初學記》一、《法苑珠林》七引作‘及其中’。按文上（德凌按：當作‘上文’）言‘日初出’，則此句不宜更斥言‘日’字，諸類書引字作‘其’者是。‘其’字壞爛，故訛爲‘日’也。”

③ “出滄滄”，王叔岷曰：“案《韻府群玉》十八引‘出’下有‘時’字。道藏白文本、林希逸本‘滄滄’上並有‘則’字。”

④ “其日”，王重民曰：“案‘日’字衍文，‘其’即指日也。若有‘日’字，則文詞贅矣。《類聚》一、《初學記》一、《御覽》三引並無‘日’字，可證。”王叔岷曰：“《法苑珠林》七、《事類賦》一《天部》一、《御覽》三八五、《韻府群玉》十八引亦並無‘日’字，《博物志》同。《意林》、《錦綉萬花谷前集》一引則並無‘其’字，《金樓子》同。疑一本‘日’作‘其’，傳寫因並竄入耳。”陶光説同。

⑤ “孰”，王叔岷曰：“案《意林》引‘孰’作‘誰’，‘誰’上有‘丘’字，‘誰’猶‘孰’也。《事類賦》一《天部》一、《天中記》一引‘孰’上亦並有‘丘’字。《御覽》三引‘孰’上有‘某’字，蓋避孔子諱也。”

度。然則孔子不能決者，豈真弗能決哉？是直存而不論耳。

均，天下之至理也，○物物事事皆平皆均，則理無不至也。連於形物亦然。○連，屬也。屬於器物者，亦須平焉。均髮均縣，輕重而髮絶，髮不均也。① ○髮甚微脆而至不絶者，至均故也。今所以絶者，猶輕重相傾有不均處也。均也，其絶也○若其均也，寧有絶理？莫絶，○言不絶也。人以爲不然，○凡人不達理也。自有知其然者也。○會自有知此理爲然者。《墨子》亦有此説。**盧曰**：夫理之至者，天下無不均，不待均之然後均也。有形之物亦然，當理則自均矣。猶如以髮懸重，雖微不絶。絶者不均，均則不絶。世人以爲不是，不知理之必然也。**政和**：一陰一陽之謂道，仁者見之謂之仁，智者見之謂之智。赫赫乎日月之光，群目所見各有不同。故以形見之，則以爲遠者小而近者大；以氣見之，則以爲近者熱而遠者涼。而所以爲日，固不可以遠近期也。**范曰**：髮引千鈞，勢至等也，義與此合。

詹何○詹何，楚人，以善釣聞於國。以獨繭絲爲綸，芒鍼爲鈎，荆篠爲竿，②剖粒爲餌，引盈車之魚○《家語》曰："鯤魚，其大盈車。"於百仞之淵、汩流之中，綸不絶，鈎不伸，竿不橈。③ ○夫飾芳餌，挂微鈎，下沉青泥，上乘驚波，因水勢而施舍，頡頏委縱，與之沉浮，及其弛絶，故生而獲也。楚王聞而異之，召問其故。詹何

---

① "髮絶髮"，王叔岷曰："案下'髮'字疑涉上而衍。林希逸《口義》'故曰：輕重而髮絶，不均也'，是所見本正無下'髮'字。《墨子·經説下》篇同。"

② "篠"，原作"蓧"，據北宋本、南宋本、汪本改。王叔岷曰："案'篠'，《説文》作'筱'，云：'筱，箭屬，小竹也。'盧重元本、元本、世德堂本、道藏白文本、林希逸本、高守元本'篠'並從艸，誤。"

③ "橈"，王叔岷曰："道藏白文本、林希逸本、江遹本'橈'並作'撓'。《御覽》八三四、《天中記》五六引並同。《御覽》八三四引'撓'下更有'因水勢而施舍之'七字。《草堂詩箋》二十引《尸子》同(惟'之'下更有'也'字)。據注'因水勢而施舍'，是所見本有此七字。"

曰:“臣聞先大夫之言:蒲且子之弋也,○蒲且子,古善弋射者。弱弓纖繳,乘風振之,①連雙鶬於青雲之際。②用心專,動手均也。臣因其事,放而學釣,五年始盡其道。當臣之臨河持竿,心無雜慮,唯魚之念,投綸沈鈎,手無輕重,物莫能亂。魚見臣之鈎餌,③猶沉埃聚沫,吞之不疑,所以能以弱制彊、以輕致重也。大王治國,誠能若此,則天下可運於一握,將亦奚事哉?”楚王曰:“善。”○善其此論者,以諷其用治國矣。**盧曰**:夫聖人之理俗也,必審萬物之情,而設教化以運之,則百姓日用而不知,靡然無不應。亦猶弱弓纖繳,乘風而振之,輕鈎微餌,因波而運之,則不得不爲我所制也。道者之養生全真,含生靡然以向化,則理天下者亦由兹道焉。**政和**:刑名而降,大則制小,彊則制弱。道以懦弱爲表,以小而妙之爲玄,此物所以不得遁而皆存也。百仞之淵,其深可測;青雲之際,其高可及,而道則覆載之者也。與道同體,則守小樸而萬物自賓。以細綸而引盈車之魚,以弱弓而連雙鶬於青雲之際,其喻在此。聖人之治天下,如斯而已。**范曰**:楚王聞詹何之釣而知所以治國,黄帝問童子之牧而知所以爲天下,其理一也。

---

① “振”上,王叔岷曰:“案《文選》張平子《西京賦》注、王子淵《四子講德論》注引‘振’上並有‘而’字,文意較完。盧重元注‘亦猶弱弓纖繳,乘風而振之’,是所見本亦有‘而’字。”

② “鶬於青雲之際”,王叔岷曰:“案《藝文類聚》九十、《御覽》九一六引‘鶬’並作‘鶴’,《文選》張平子《南都賦》注、司馬長卿《子虚賦》注引‘際’並作‘上’。”

③ “沈鈎手無輕重物莫能亂魚見臣之鈎餌”,王重民曰:“案吉府本兩‘鈎’字並作‘釣’,是也。‘釣’即‘鈎’也。今本作‘鈎’者,後人但知釣爲釣魚之釣,而不知其又爲鈎之異名,故以意改之耳。《廣雅》曰:‘釣,鈎也。’《莊子·田子方》篇:‘文王觀於臧,見一丈夫釣,而其釣莫釣,非持其釣,有釣者也,常釣也。’(以上六‘釣’字,惟‘其釣’與‘持釣’兩‘釣’字指鈎而言,餘四‘釣’字皆讀爲釣魚之釣)。《淮南·説山》篇:‘操釣上山,揭斧入淵。’《説林》篇:‘無餌之釣,不可以得魚。’東方朔《七諫》:‘以直鍼而爲釣兮,又何魚之能得?’是均以鈎爲釣之證。《韻府群玉》‘釣’字下引《列子》‘投綸沉釣’,則所見本尚作‘釣’也。説詳王氏《讀書雜志餘編》(王氏云:‘詹何以芒鍼爲釣’,後人改‘釣’爲‘鈎’,不知《御覽》所引亦作‘釣’也。案鮑刻本《御覽》八三四引作‘鈎’,但仍以作‘釣’者爲得也)。”

魯公扈、趙齊嬰二人有疾，同請扁鵲求治。扁鵲治之，既同愈，謂公扈、齊嬰曰："汝曩之所疾，自外而干府藏者，固藥石之所已。今有偕生之疾，與體偕長。今爲汝攻之，何如？"二人曰："願先聞其驗。"扁鵲謂公扈曰："汝志彊而氣弱，故足於謀而寡於斷；○志謂心智，氣謂質性。智多，故多慮；性弱，故少決也。齊嬰志弱而氣彊，故少於慮而傷於專。○智少而任性，則果敢而自用。① 若換汝之心，則均於善矣。"扁鵲遂飲二人毒酒，迷死三日，剖胸探心，易而置之；投以神藥，既悟如初。二人辭歸，於是公扈反齊嬰之室，而有其妻子，妻子弗識；齊嬰亦反公扈之室，而有其妻子，妻子亦弗識。② ○二子易心，乘其本識，故各反其家；各非故形，故妻子不識也。二室因相與訟，求辯於扁鵲。扁鵲辯其所由，訟乃已。○此言恢誕，乃書記少有。然魏世華他能刳腸易胃，湔洗五藏。天下理自有不可思議者，信亦不可以臆斷，故宜存而不論也。**盧曰**：夫形體者，無知之物也；神識者，有知之主也。守乎本則真全而合道，滯乎質則失性而徇情。俗人徒見形之有憎愛，不知神之爲主宰也。今言易其心而各有妻子者，明心爲情主，形實無知耳，所以道者貴乎養神也。**政和**：形失其平爲疾，性失其平亦爲疾。治形之疾，藥石攻之；治性之疾，則有道術存焉。志，氣之帥也；氣，體之充也。志主謀慮，氣主果斷，一失其平，強弱相反，故志強而氣弱者足於謀而寡於斷，志弱而氣強者少於慮而傷於專。心者，五官之主也。易其心，使強弱適平，③是以無疾。妙物之謂神，投以藥，妙物深矣。聖人以神道妙天下，舉平與陂，通而爲一，何以異於是？**范**

① "敢"，北宋本、南宋本、世德堂本、汪本無。

② "識"，王叔岷曰："案《御覽》三七六、《天中記》二三引'識'下並有'也'字。"

③ "強弱適平"，原作"強弱適乎"，據《義解》上文所云"形失其平爲疾，性失其平亦爲疾"和"一失其平，強弱相反"改。

曰：《孟子》曰："志至焉，氣次焉。"又曰："持其志，無暴其氣。"志者，心之所之也；氣者，志之所役也。一有或偏，則性失其平而爲疾矣，故志譬則帥也，氣譬則衆也。志強而氣弱，雖有帥，而莫爲之用，其失也疑而不決；志弱而氣強，則雖有衆，而莫爲之至，其失也果而自用。儻不爲之發藥，又烏足以化其心，易其慮，而庶幾其有瘳乎？嘗觀魏世華佗有刳腸易胃、濯洗五藏之術，則是篇所言亦無足怪。

瓠巴鼓琴而鳥舞魚躍，○瓠巴，古之善鼓琴人也。鄭師文聞之，○師文，鄭國樂師。棄家從師襄游。[①] ○師襄，亦古之善琴人也，從其游學。柱指鈞弦，三年不成章。○安指調弦，三年不能成曲。師襄曰："子可以歸矣。"○嫌其難教。師文舍其琴，嘆曰："文非弦之不能鈞，非章之不能成。文所存者不在弦，所志者不在聲。○遺弦聲，然後能盡聲弦之用也。[②] 内不得於心，外不應於器，故不敢發手而動弦。○心、手、器三者互應，[③]不相違失，而後和音發矣。**盧曰**：人知以形習聲，不知辯聲運形者神也。若心不應器，雖成而不精；若極聲之能，盡形之妙，理須神契而心自得也。且小假之，以觀其後。"無幾何，復見師襄。師襄曰："子之琴何如？"師文曰："得之矣。[④] 請嘗試之。"**盧曰**：得於心，應乎器，然後習其聲以通乎神矣。於是當春而叩商弦以召南吕，○商，金音，屬秋。南吕，八

---

① "游"，王叔岷曰："案《事類賦》十一《樂部》引'游'作'學'。"

② "聲弦"，原誤倒，據北宋本、南宋本、世德堂本、汪本乙正。

③ "互"，北宋本、南宋本、世德堂本、汪本作"玄"。

④ "得"上，王叔岷曰："案《事類賦》十一《樂部》、《御覽》五七七、《記纂淵海》七八引'得'上並有'文'字。"

月律。涼風忽至,①草木成實。○得秋氣,故成熟。及秋而叩角弦以激夾鐘,○角,木音,屬春。夾鐘,二月律。温風徐迴,②草木發榮。○得春氣,故榮華。當夏而叩羽弦以召黄鐘,○羽,③水音,屬冬。黄鐘,十一月律。霜雪交下,川池暴沍。○得冬氣,故凝陰水凍。及冬而叩徵弦以激蕤賓,○徵,火音,屬夏。蕤賓,五月律。陽光熾烈,堅冰立散。○得夏氣,故消釋。此一時彈琴,無緣頓變四節,④蓋舉一時之驗,則三時可知,且欲并言其所感之妙耳。將終,命宫而總四弦,則景風翔,慶雲浮,甘露降,醴泉涌。○至和之所致也。⑤ 師襄乃撫心高蹈曰:"微矣,子之彈也!雖師曠之《清角》,○師曠爲晋平公奏《清角》,一奏之,時有白雲從西北起;⑥再奏之,大風至而雨隨之;三奏之,裂帷幕,破俎豆,飛廊瓦,左右皆奔走,平公恐伏。晋國大旱,赤地三年。平公得聲者,⑦或吉或凶也。鄒衍之吹律,

---

① "忽",北宋本作"揔",汪本作"總",《釋文》云:"'忽至',一本作'總至',誤也。"王叔岷曰:"案《記纂淵海》五八、七八引並作'總至',《文選》成公子《安嘯賦》注、《御覽》五七七引並作'揔至'。'揔'即'總'之俗。"陶光曰:"各本'揔'作'忽',《釋文》同,云:'一本作總至,誤也。'光按:《釋文》説非是,字當作'總',俗書爲'揔',壞爛其半,傳抄遂誤爲'忽'。《吕氏春秋·季秋紀》、《禮記·月令》及《淮南子·時則》篇'季秋之月'並曰'乃命有司曰:寒氣總至,民力不堪,其皆入室',鄭注《禮記》云'總,猶猥卒也',則以'總'假爲'怱',未審。《説文·糸部》'總,聚束也',引申有概括之義。《廣雅·釋詁》:'總,皆也。''總至',猶言皆至也。《東京賦》'總風雨之所交',薛注'總,猶括也',義與此近。《文選》十八《成公子安嘯賦》注引字正作'揔',與此本同,是李善所見本不誤也。"

② "迴",王叔岷曰:"案道藏白文本、林希逸本'迴'並作'回',《御覽》五七七引同。當以作'回'爲正,《説文》無'迴'字。下文'迴旋進退莫不中節',《錦綉萬花谷别集》二五引亦作'回'。"

③ "羽",原在正文"當夏"上,據北宋本、汪本、世德堂本乙正。

④ "節",世德堂本作"時"。

⑤ "至和之所致也",原脱"之"、"也"兩字,據北宋本、南宋本、世德堂本、汪本補。

⑥ "時",北宋本、南宋本、世德堂本、汪本無。

⑦ "平公得聲者",當從《釋文》所云或本作"故曰得聲者"。

○北方有地,美而寒,不生五穀。鄒子吹律暖之,而禾黍滋也。① 亡以加之。彼將挾琴執管而從子之後耳。"**盧曰**:成性所行動,然而應陰陽之數、四時之序,水火且不能焚溺,況風雨寒燠之氣哉?故《易》曰"先天而天弗違,況於人乎,況於鬼神乎",此之謂也。謂之聲律而變者,不因四時也。**政和**:夫至樂者,調理四時,大和萬物,而四時迭起,萬物循生。至其妙也,二類相合,兩者交通,或謂之死,或謂之生,或謂之實,或謂之榮,行留散徙,不主常聲,故以聲感氣,隨感而應,亦理之必至者耳。春叩商弦以召南吕,而秋氣應之;秋叩角弦以激夾鐘,而春氣應之;夏叩羽弦以召黄鐘,而冬氣應之;冬叩徵弦以激蕤賓,而夏氣應之。則樂之感有至於易四時之序而奪造化之機者,其妙若此。至於總而調之,則交通而成和,是以景風翔,慶雲浮,甘露降,醴泉涌。蓋通天下一氣耳,聲合於氣,其應也自然而已,鳥舞魚躍乃其餘事。**范曰**:琴者,君子常御之樂,其制詳而義深,其聲妙而功大,始乎防心以自禁,終乃出器以入覺,故聲作於跬步之間,而感應乎太清之上。昔者黄帝鼓《清角》之琴以大合鬼神,而鳳凰蔽日,堯鼓琴而天神格,舜歌《南風》而天下化,又豈直瓠巴之鳥舞魚躍而已哉?然琴之制,絲托於木,其音乃發。蓋火得木而有聲,神因形而應世,殆有不測之妙存乎其間。苟拘拘然溺於形器之近,蔽於聲音之末,烏能樂得其道哉?師文之學,始也柱指而鈞弦,終也舍琴而興嘆,所存者不在弦,所志者不在聲,可謂得乎此矣。夫然,故叩弦召律,四氣變移,及命宫而總四弦,景風翔,慶雲浮,甘露降,醴泉涌,其聲和而致祥若是。彼師曠之《清角》,奏之而風雨應,鄒衍之律,暖之而禾黍滋,詎能進此哉?是宜師襄子爲之撫心而高蹈也。

薛譚學謳於秦青,○二人,薛、秦國之善歌者。② 未窮青之技,自謂盡之,遂辭歸。秦青弗止,餞於郊衢,撫節悲歌,聲振林木,響遏行雲。薛譚乃謝求反,終身不敢言歸。秦青顧謂

① "而"上,原衍"意"字,據北宋本、南宋本、汪本、世德堂本删。王叔岷曰:"道藏本'暖之'下衍'意'字。"

② "薛秦國",南宋本、世德堂本作"並秦國"。

其友曰："昔韓娥○韓國善歌者也。① 東之齊，匱糧，過雍門，鬻歌假食。既去，而餘音繞梁欐，三日不絶，②左右以其人弗去。過逆旅，逆旅人辱之。韓娥因曼聲哀哭，○曼聲，猶長引也。一里老幼悲愁，垂涕相對，③三日不食。遽而追之。④ 娥還，復爲曼聲長歌，一里長幼喜躍抃舞，⑤弗能自禁，忘向之悲也。乃厚賂發之。○發，猶遣也。故雍門之人至今善歌哭，效娥之遺聲。"⑥○六國時有雍門子，名周，善琴，又善哭，以哭干孟常君。**盧曰**：夫六根所用，⑦皆能獲通，通則妙應無方，非獨心識而已。故魯公扈章直言心用，瓠巴以下乃從聲通焉。**政和**：聲振林木，響遏行雲，則其出音之勁、餘韻之遠而已。曼聲歌哭，而一里老幼或喜或悲，則動蕩人之精神，變易人之思慮，此其謳歌之造乎妙者也。**范曰**：秦青之撫節振林木而遏行雲，韓娥之曼聲變一里之老幼，誠動於中，而感應於外，不得

---

① "歌"，原作"謳"，據北宋本、南宋本、汪本、世德堂本改。"國善歌"，王叔岷曰："案《文選》陸士衡《擬古詩》注引注'國'下有'之'字。道藏本注'歌'作'謳'。"

② "音"，王叔岷曰："案《書鈔》百六、《藝文類聚》四三、《文選》陸士衡《擬古詩》注、謝靈運《擬魏太子鄴中集詩》注、《古文苑》王融《奉和秋夜長詩》注引'音'皆作'響'，《博物志》、《金樓子·志怪》篇並同。"

③ "悲愁垂涕"，王叔岷曰："案《記纂淵海》六十引'愁'作'怨'。《事文類聚續集》二四引'愁'作'啼'，'垂涕'作'涕泣'，《博物志》亦作'涕泣'。"

④ "遽而追之"，陶光曰："光按：'遽而追之'不詞。周書倉云：'《永樂大典》別卷載《金樓子》文作"遽追而謝之"。'"王叔岷曰："案《書鈔》百六引'追'作'止'。"

⑤ "長幼"，王叔岷曰："案道藏白文本、林希逸本、元本、世德堂本'長幼'並作'老幼'，《書鈔》百六、《六帖》十一、《文選》潘安仁《藉田賦》注、《初學記》十五、《記纂淵海》六十、《事文類聚續集》二四引皆同，與上文一律。《博物志》亦作'老幼'。"

⑥ "哭效"，北宋本同，王重民曰："案北宋本、吉府本'放'並作'效'，《初學記》十五引'歌'下無'哭'字，'放'亦作'效'。"王叔岷曰："案《釋文》本、元本、世德堂本'效'並作'放'，作'放'是故書。"陶光曰："《釋文》出'放娥'一條。光按：字作'放'者疑是，'放'假爲'仿'。"

⑦ "六"，秦恩復曰："案'六'字當作'五'。"

不然,又況夫誠己而發者耶?

伯牙善鼓琴,鐘子期善聽。伯牙鼓琴,志在登高山。①鐘子期曰:"善哉,峨峨兮若泰山!"志在流水。鐘子期曰:"善哉,洋洋兮若江河!"②伯牙所念,鐘子期必得之。伯牙游於泰山之陰,卒逢暴雨,止於巖下,心悲,乃援琴而鼓之。初爲霖雨之操,更造崩山之音。曲每奏,鐘子期輒窮其趣。伯牙乃舍琴而嘆曰:"善哉,善哉,子之聽夫志,想象猶吾心也。○言心闇合,與己無異。吾於何逃聲哉?"○發音,鐘子期已得其心,則無處藏其聲也。**盧曰**:夫聲之所成,因而感之,心之所起,聲則隨之,所以五根皆通,盡爲識心所傳。③ 善於聽者,謦咳猶知之,況復聲成於文,安可不辯耶?**政和**:在心爲志,凡音之起,由人心生也;感於物而後動,則心之所之可得而審矣。然聽止於耳,則知聲而不知音;聽合於心,則審音以知其意。此子期聽所以造乎微也。**范曰**:道不可聞,聞而非也。則無聲之表,固有聽之弗及者。伯牙之所鼓,子期之所聽,未離乎形聲之間。高山流水,每奏而輒窮其趣,復何聲之可逃哉?

---

① "登",王叔岷曰:"案'登'字疑衍。'志在高山'與下'志在流水'相對。《記纂淵海》五二、七八、《合璧事類前集》五七、《韻府群玉》八引皆無'登'字。《吕氏春秋·本味》篇、《韓詩外傳》九、《説苑·尊賢》篇並同。"

② "江河",王叔岷曰:"《合璧事類前集》五八、《韻府群玉》八引'江河'下並有'子期死,伯牙絶絃,以無知音者'十二字,與下文不相含接。如古本有此十二字,亦當在下文'吾於何逃聲哉'下。《吕氏春秋·本味》篇、《説苑·尊賢》篇'江河'並作'流水',下文云'鍾子期死,伯牙破琴絶絃,終身不復鼓琴,以爲世無足復爲鼓琴者'(《説苑》無'復'字),《韓詩外傳》九'江河'下亦云'鍾子期死,伯牙擗琴絶絃,終身不復鼓琴,以爲世無足與鼓琴也',咸與此引所述相合。"

③ "識心",秦恩復曰:"案'識心'當作'心識'。"

卷之十四

湯問

周穆王西巡狩，越昆侖，不至弇山。① 反還，未及中國，道有獻工人名偃師，②○中道有國獻此工巧之人也。穆王薦之，○薦，當作進。問曰："若有何能？"偃師曰："臣唯命所試。然臣已有所造，願王先觀之。"穆王曰："日以俱來，○日，謂别日。吾與若俱觀之。"**盧曰**：神用之妙，豈唯聲哉？色，香，滋味，咸及其理矣，故此章言刻象之盡微。越日，③偃師謁見王。王薦之，曰："若與偕來者何人邪？"④對曰："臣之所造能倡者。"○倡，俳優也。穆

---

① "不"，于鬯曰："鬯案：'不'字疑衍。《穆天子傳》云'天子遂驅，升於弇山。乃紀丌迹於弇山之石'，則曾至弇山矣。"王重民曰："案'不'字疑衍。《穆天子傳》云'天子遂驅，升於弇山'，《周穆王》篇亦云'迺（當作西，説見前）觀日之所入'，亦指登弇山事也，是穆王曾至弇山。若有'不'字，則與事實不合矣。"

② "反還未及中國道有獻工人名偃師"，王叔岷曰："案《金樓子·志怪》篇'偃師'作'優師'。"楊伯峻曰："伯峻案：依張《注》云云則原文當作'反還，未及，中道國有獻工人名偃師'。今本'國道'二字誤倒，遂以'未及中國'爲句，文義雖通，失其本真矣。"

③ "越日"，南宋本、世德堂本作"翌日"。《釋文》同，云："'越日'，一本作'翌日'。"王重民曰："案《釋文》本作'越日'，北宋本、吉府本、《御覽》七百五十二引並作'越日'。"

④ "若與偕來者何人邪"，陶光曰："江本'若與'作'與若'。道藏白文本、林本無'邪'字。"

王驚視之，趣步俯仰，信人也。① 巧夫鎮其頤，則歌合律；②捧其手，則舞應節。千變萬化，惟意所適。③ 王以爲實人也，與盛姬、内御並觀之。○《穆天子傳》云："盛姬，穆王之美人。"技將終，倡者瞬其目而招王之左右侍妾。④ 王大怒，立欲誅偃師。⑤ 偃師大懾，立剖散倡者以示王，皆傅會革、木、膠、漆、白、黑、丹、青之所爲。王諦料之，内則肝、膽、心、肺、脾、腎、腸、胃，外則筋骨、支節、皮毛、齒髮，皆假物也，而無不畢具者。合會，復如初見。○如向者之始見王也。王試廢其心，則口不能言；廢其肝，則目不能視；⑥廢其腎，則足不能步。○此皆以機關相使，去其機關之主，則不能相制御。亦如人之五藏有病，皆外應七孔與四支也。**盧曰**：夫内肝、膽、心、肺，所以能外爲視、聽、行步，神識運之，乃爲生物耳。苟無神，則不能用其五根矣。今造化之生物，亦何異於偃師之所造耶？若使無神，自同於草木；神苟在也，動用何足奇耶？木人用偃師之神，故宜類彼生物也。神工造極化何遠哉？穆王始悦而

---

① "人"上，王叔岷曰："案《御覽》七五二引'人'上有'皆'字。"

② "鎮"，原作"頷"，據北宋本、南宋本、世德堂本、汪本、《釋文》本改。王重民曰："案《文選》郭璞《游仙詩》注、《御覽》七百五十二並引'鎮'作'頷'。'鎮'、'頷'二字形義均相近，淺人多見'頷'，少見'鎮'，作'頷'者皆後人所改也。襄二十六年《左傳》'逆於門者頷之而已'，《説文》引作'鎮'。《漢書・楊雄傳》'鎮頤折頞'，宋祁曰：'頞，一作鎮。'《説文》：'鎮，低頭也。'《玉篇》：'鎮，曲頤也。'案古語以曲爲欽，低（當作氐）與曲皆有摇動之義。'鎮'釋爲低頭，'鎮頤'釋爲曲頤。蓋'鎮'字從頁，皆隨文以立義也。'鎮'自是正字，作'頷'者訛。"

③ "萬化惟意所適"，王叔岷曰："案《御覽》七五二引'萬化'作'百化'，'適'作'造'。"

④ "瞬"，王叔岷曰："案《釋文》本'瞬'作'瞚'，《御覽》七五二引同（有注云：與'瞬'同），《金樓子・志怪》篇亦作'瞚'。'瞬'即'瞚'之俗。下文'爾先學不瞬，而後可言射矣'，《御覽》三四七、七四五、八二五引並作'瞚'（下同），亦當以作'瞚'爲正。"

⑤ "立"下，王叔岷曰："案《御覽》七五二引'立'下有'便'字。"

⑥ "視"，陶光曰："光按：《金樓子》'視'作'瞚'，疑是。'瞚'即'瞬'之異體字，形於外，故人得而見之也，且與上文'瞬其目而招王之左右侍妾'相應。"

嘆曰："人之巧乃可與造化者同功乎？"詔貳車載之以歸。○近世人有言人靈因機關而生者，何者？造化之功至妙，故萬品咸育，運動無方。人藝粗拙，但寫載成形，塊然而已。至於巧極，則幾乎造化，似或依此言而生此説，而此書既自不爾，所以明此義者，直以巧極，思之無方，不可以常理限，故每舉物極以袪近惑，豈謂物無神主耶？斯失之遠矣。夫班輸之雲梯，墨翟之飛鳶，自謂能之極也。○班輸作雲梯，可以淩虛仰攻。墨子作木鳶，飛三日不集。弟子東門賈、禽滑釐聞偃師之巧，以告二子，二子終身不敢語藝，而時執規矩。○時執規矩，言其不敢數之也。**盧曰**：夫偃師之精微，神合造物，班輸之輩但巧盡機關，以明至妙之功，不可獨循規矩也。**政和**：假於異物，托於同體，寓百骸，象耳目，視聽言貌，趣步俯仰，若性之自爲而不知爲之者，則其巧妙，其功深，獨成其天，有人之形，豈特幾乎以其真哉？偃師之造，信乎與造化同功者矣。雖然，生者，假借也，道與之貌，天與之形，亦奚以異於此？**范曰**：昆侖者，安靜之丘；弇山者，日入之所。越昆侖而不至弇山，則雖欲戾動而之靜，未能去明而即幽，故反還而已。偃師之倡，功同造化。頷其頤則歌合律，若天籟之自鳴；捧其手則舞應節，若天機之自動。千變萬化，惟意所適。穆王驚而視之，信以爲實人也，曾不知其傅會革、木、膠、漆、白、黑、丹、青之所爲而已。彼進乎技者然耳，又況體道之人通乎物之所造者，宜如何哉？

甘蠅，古之善射者，彀弓而獸伏鳥下。① ○箭無虛發，而獸鳥不敢逸。②《戰國策》云："更嬴虛發而鳥下也。"弟子名飛衛，學射於甘蠅，而巧過其師。紀昌者，又學射於飛衛。飛衛曰："爾

---

① "彀"，王叔岷曰："案《錦綉萬花谷别集》二五、《事文類聚前集》四二、《合璧事類前集》五七引'彀'並作'彎'。"

② "獸鳥"，原誤倒，據北宋本、南宋本、世德堂本、汪本乙正。

先學不瞬，而後可言射矣。”①紀昌歸，偃卧其妻之機下，②以目承牽挺。○牽挺，機躡。③ 二年之後，雖錐末倒眥而不瞬也。④ 以告飛衛，飛衛曰：“未也。**盧曰**：夫虚弓下鳥者，藝之妙也；巧過其師者，通於神也。妙在所習，神在精微也；先學不瞬，精之至也。以目承躡而不動者，神定之矣，定而未能用，故曰猶未也。亞學視而後可。**盧曰**：此用不瞬以爲視也。視小如大，⑤視微如著，而後告我。”**盧曰**：視，審也，則見小如大矣。昌以氂懸虱於牖，⑥南面而望之，旬日之間浸大也，⑦三年之後如車輪焉。⑧ 以睹餘物，⑨皆

---

① “可”，王叔岷曰：“案《藝文類聚》六十、《事類賦》十三《服用部》二、《御覽》三四七引‘可’並作‘能’。”

② “卧”，王重民曰：“案《御覽》七百四十五又八百五十二引‘卧’並作‘坐’。”“其”，原脱，據北宋本、南宋本、世德堂本、汪本補。

③ “躡”，盧文弨曰：“疑‘纑’。”王叔岷曰：“案《六帖》八、《御覽》七四五引注‘躡’下並有‘也’字。”

④ “二年之後雖錐末倒”，王重民曰：“案《御覽》七百四十五引‘二年’作‘三年’，‘倒’作‘到’，又八百二十五引亦作‘到’，作‘到’者是也。”陶光曰：“光按：《御覽》七四五引‘二’作‘三’，疑是。古書多言三年，下文亦言‘三年之後’。”

⑤ “亞”，原作“必”，據南宋本、世德堂本改。《釋文》作“亞”，云：“一本作‘必學’，非也。”王叔岷曰：“道藏白文本、林希逸本、元本、世德堂本並作‘亞學’。”

⑥ “虱”，《釋文》本、世德堂本作“蝨”。“昌以氂懸虱於牖”，陶光曰：“光按：《御覽》七四五引‘昌’上有‘紀’字，是。上下文並兼姓言之，此亦當一致。”王叔岷曰：“案《書鈔》一二五、《藝文類聚》六十、《事文類聚後集》四九引‘昌’上並有‘紀’字，《御覽》九五一引‘昌’上亦有‘紀’字，‘昌’下有‘乃’字。……《事文類聚前集》四二、《合璧事類前集》五七引‘懸’並作‘垂’，‘虱’並作‘蝨’，下同，‘牖’下並有‘間’字。《釋文》本、世德堂本‘虱’正作‘蝨’，《御覽》三四七、七四五、九五一、《事文類聚後集》四九引皆同。‘虱’即‘蝨’之俗。《錦綉萬花谷别集》二五、《天中記》四一引‘牖’下亦並有‘間’字。”

⑦ “日”，王叔岷曰：“案《錦綉萬花谷别集》二五、《合璧事類前集》五七引‘日’並作‘月’。”

⑧ “三年”，王叔岷曰：“案《御覽》九五一、《事文類聚後集》四九、《韻府群玉》四引‘三年’並作‘二年’。”

⑨ “睹”，王叔岷曰：“案《書鈔》一二五、《事文類聚後集》四九引‘睹’並作‘觀’。”

丘山也。○視虱如輪，則餘物稱此而大焉。乃以燕角之弧、朔蓬之簳射之，①貫虱之心而懸不絶。○以彊弓勁矢貫虱之心，言其用手之妙也。以告飛衛，飛衛高蹈拊膺曰："汝得之矣！"**盧曰**：視小如大，貫之不足爲難。紀昌既盡衛之術，②計天下之敵己者，一人而已，乃謀殺飛衛。**盧曰**：欲摧其能，擬過其師法耳。欲滅飛衛之名，非謂斷其命也矣。相遇於野，③二人交射，中路矢鋒相觸，而墜於地，④而塵不揚。飛衛之矢先窮。○窮，盡者也。⑤ 紀昌遺一矢，⑥既發，飛衛以棘刺之端扞之，而無差焉。**盧曰**：二矢同道相及而勢盡，故墜地而塵不飛者，微之甚也；以棘刺扞之不差，審之至也。於是二子泣而投弓，相拜於塗，請爲父子，剋臂以誓，不得告術於人。○秘其道也。此一章義例已詳於《仲尼》篇也。**盧曰**：此所謂神交而意得也，非矢之藝，故投弓而誓焉；神契方傳矣，故不得以術告之也。**政和**：内有所定，然後在外者能有所應；微有所審，然後於其著者能無所遺。伯昏瞀人謂列子曰"汝怵然有恂目之志於中也，殆矣夫"，蓋謂其内不能有所定也。紀昌先學不瞬，而以目承牽挺者以此。《莊子》曰"自大視細者不明"，蓋謂其微不能有所審也。昌以氂毛垂虱，而望之浸

---

① "朔"，楊伯峻曰："伯峻案：'朔'字當爲'荆'，形近而誤。《考工記》'燕之角，荆之幹，此材之美者也'，即此文所本。且'荆'與'燕'對舉，似非泛指朔方而言。《御覽》三四七及七四五及九五一所引已誤。"

② "衛"上，王叔岷曰："案《酉陽雜俎續集》四引'衛'上有'飛'字，《御覽》三六九引亦有'飛'字，惟脱'衛'字。"

③ "相"上，王叔岷曰："案《事文類聚前集》四二、《合璧事類前集》五七、《天中記》四一引'相'上並有'一日'二字，當從之。"

④ "路矢鋒相觸而墜"，王叔岷曰："案《記纂淵海》四十引'路'作'途'，'墜'上無'而'字。《酉陽雜俎續集》四、《事文類聚前集》四二、《合璧事類前集》五七引亦並無'而'字。今本'而'字疑涉下'而'字而衍。"

⑤ "窮盡者也"，王叔岷曰："案道藏本注作'窮，盡者也'，'盡者'疑'者盡'之誤倒。"

⑥ "紀昌遺一矢"，王叔岷曰："案《御覽》七四五引作'紀昌之矢唯一'，三六九引'遺一'亦作'唯一'。"

大者以此，蓋不通乎此而善射者寡矣。**范曰**：夫射於百步之外，其至爾之力也，其中非爾力也，故教人射者必志於彀，而學之者亦必志於彀，豈非力分之内可學而能，力分之外不可勉而至故耶？飛衛學射於甘蠅，而術過其師，固有得於自然之天性者。夫人之身居於内則心爲之主，接於物則目爲之先，故神舍於心而其機常寓於目。紀昌學射於飛衛，必告之先學不瞬者，蓋欲其神全於内，然後忤物而不懾故也。然不瞬而已，猶非其至。古之養勇，亦有所謂不目逃者。若夫視小如大，視微如著，栖睫之蟲，見若嵩山，則又庶夫徐以神視者矣，故能彀燕弧，貫懸虱，而不射之射得之在我焉。迨其久，既盡穿楊之巧，乃彎射羿之弓，抑何虛矯恃氣而以爭術尚勝爲心耶？故始而相遇於野，則交射而矢鋒相觸；已而相拜於塗，則投弓而剋臂以誓。夫學射之賤，猶且不得告術於人，又況夫體道在己而進於不傳之妙者耶？

造父之師曰泰豆氏，○泰豆氏見諸雜書記。造父之始從習御也，執禮甚卑，泰豆三年不告。① 造父執禮愈謹，乃告之曰："古詩言：'良弓之子，必先爲箕；良冶之子，必先爲裘。'○箕、裘者皆須柔屈補接而後成器，爲弓冶者調筋角、和金鐵亦然。故學者必先攻其所易，然後能成其所難，所以爲諭也。**盧曰**：箕者，所以造弓之具也；裘者，所以扇冶之具也。《老子》以爲橐籥，今之鞴袋也。彼以約弓之牀，此以扇火之鞴，非弓冶，而弓冶必資之也。汝先觀吾趣，○趣，行也。趣如吾，然後六轡可持，六馬可御。"造父曰："唯命所從。"泰豆乃立木爲塗，僅可容足，○纔得安脚。計步而置，○疏概如其步數。② 履之而行，趣走往還，無跌失也。造父學之，三日盡其巧。泰豆嘆曰："子何其敏也！得之捷乎！○敏，疾也。

---

① "豆"下，王叔岷曰："案《御覽》七四六、《天中記》四一引'豆'下並有'氏'字，下同，當從之。"

② "疏概如其步數"，王叔岷曰："案《釋文》本注'疏數'作'疏稧'，云：'稧，稠也。'世德堂本注亦作'疏稧'，當從之。'數'字涉下'步數'而誤。道藏本作'疏概'，'概'亦當作'稧'。"

捷，速也。凡所御者，亦如此也。**盧曰**：立木如足，布之如步。《莊子》云：側足之外皆去其土，則不能履之者，必不定也。若御馬者亦如使其足，則妙矣。曩汝之行，得之於足，應之於心。推於御也，齊輯乎轡銜之際，而急緩乎脣吻之和，正度乎胸臆之中，而執節乎掌握之間，内得於中心，而外合於馬志，是故能進退履繩而旋曲中規矩，①取道致遠而氣力有餘。誠得其術也，得之於銜，應之於轡；得之於轡，應之於手；得之於手，應之於心，則不以目視，不以策驅，心閒體正，六轡不亂，而二十四蹄所投無差，迴旋進退，莫不中節。○與和鸞之聲相應也。然後輿輪之外可使無餘轍，馬蹄之外可使無餘地，未嘗覺山谷之險，原隰之夷，視之一也。吾術窮矣，汝其識之。"○夫行之所踐容足而已，②足外無餘而人不敢踐者，此心不夷、體不閒故也。心夷體閒，即進止有常數，遲疾有常度。苟盡其妙，非但施之於身，乃可行之於物。雖六轡之煩，馬足之衆，調之有道，不患其亂，故輪外不恃無用之轍，蹄外不賴無用之地，可不謂然也。**盧曰**：莊生解牛云"其骨也有間，其刀刃也無厚，無厚入有間，恢恢然有餘地也"，言其理則多暇也。不視足外之地則其志專，志專則運足如其心矣。③ 若移之於轡銜，易之於駬駿，當轍應足，何所傾危？世人皆求其末而不知其本，識真之士必求其本，然後用之，故射御之末藝猶須合道焉。**政和**：中無主而不止，外無正而不行，此性習相成之道也；故致道者必始之以習，及其得道也，乃能成之於性。良弓之子必學爲箕，良冶之子必先爲裘，所以喻習也；立木爲塗，僅可容足，計步而

---

① "矩"，陶鴻慶曰："愚案：'矩'字衍文。本作'進退中繩，而旋曲中規'，言直者中繩、曲者中規也。《淮南子・主術訓》引此文無'矩'字。"王重民曰："案陶説是也。《莊子・達生》篇'東野畢以御見莊公，進退中繩，左右旋中規'，與《列子》此文義同而無'矩'字，可證。蓋'履繩'、'中規'相對爲文，若有'矩'字，不但義有不合，詞亦爲贅矣。《御覽》七百四十六引正無'矩'字。"

② "行"下，原衍"已"字，據北宋本、南宋本、世德堂本、汪本删。

③ "則"，原作"利"，據汪本改。

置,履之而行,所以使之習也。蓋立木爲塗,僅可容足,推之於御,故輿輪之外可使無餘轍,馬蹄之外可使無餘地;計步而置,履之而行,推之於御,故山谷之險,原隰之夷,可使視之如一。齊輯乎轡銜之際,而急緩乎脣吻之和,所謂外合於馬志者也;正度乎胸臆之中,而執節乎掌握之間,所謂内得於中心者也。進退履繩而旋曲中規矩,言其服御如此;取道致遠而氣力有餘,言其順適如此。轡繫銜者也,故得之於手,應之於轡;手執轡者也,故得之於轡,應之於手;心運手者也,故得之於手,應之於心。至於不以目視,不以策驅,而迴旋進退莫不中節,則若性之自然而不知爲之者,此之謂善御。**范曰**:紀昌學射於飛衛,飛衛不教之以射,而教之以先學不瞬;造父學御於泰豆氏,泰豆氏不教之以御,而教之以先觀吾趣。蓋引而不發,開而弗達,使之深造乎自得之妙而已。射御末技,猶且然爾,矧夫道可傳而不可受?則示於此者正容而悟,觀於彼者目擊而存,所謂自得其得,宜如何哉?觀泰豆之御,方其始也,齊輯乎轡銜之際,急緩乎脣吻之和,正度乎胸臆之中,而執節乎掌握之間,内得於中心,外合於馬志,故能進退履繩而旋曲中規矩,取道致遠而氣力有餘,則由於法度之中,未嘗敢越,有如此者。迨其久也,得之於銜,應之於轡;得之於轡,應之於手;得之於手,應之於心,不以目視,不以策驅,心閒體正,六轡不亂,二十四蹄所投無差,迴旋進退莫不中節,則超乎法度之外,不勉而中,有如此者。① 若夫要其終而言之,則輿輪之外無餘轍,②馬蹄之外無餘地,未嘗覺山谷之嶮、原隰之夷,視之一也,則又無適而非行,無行而非道,舉平與陂,道通爲一,奚往而不暇哉?道乎進其至此,進乎技矣。

魏黑卵以暱嫌殺丘邴章,③○暱嫌,私恨。**盧曰**:夫以私嫌而殺傷、嗜欲而夭物者,皆世俗之常情,非有道之士也。丘邴章之子來

---

① “有如此者”,原作“有如此耆”,據上文“未嘗敢越,有如此者”改。
② “轍”,原作“徹”,據正文“輿輪之外可使無餘轍”改。
③ “卵以暱嫌殺丘邴章”,王叔岷曰:“案《書鈔》一二二、《御覽》三四四、三八六、四八二引‘卵’並作‘卯’,下同。下文元本亦作‘卯’。”陶光曰:“光按:《事類賦》十三引‘暱’作‘匿’,句下有‘也’字。”

丹謀報父之讎。① 丹氣甚猛，形甚露，②計粒而食，順風而趨。雖怒，③不能稱兵以報之。○有膽氣而體羸虛，不能舉兵器也。恥假力於人，誓手劍以屠黑卵。④ 黑卵悍志絶衆，力抗百夫。筋骨皮肉，非人類也。延頸承刃，披胸受矢，鋩鍔摧屈，而體無痕撻。⑤ 負其材力，視來丹猶雛鷇也。來丹之友申他曰："子怨黑卵至矣，黑卵之易子過矣，將奚謀焉？"來丹垂涕曰："願子爲我謀。"申他曰："吾聞衛孔周其祖得殷帝之寶劍，一童子服之，⑥却三軍之衆，奚不請焉？"**盧曰**：天地至精之物，但以威制於三軍。若以斷割爲功，非至精者也。來丹遂適衛，見孔周，執僕御之禮，請先納妻子，後言所欲。孔周曰："吾有三劍，唯子所擇，皆不能殺人，且先言其狀。一曰含光，視之不可見，運之不知有。其所觸也，泯然無際，經物而物不覺。二曰承影，

---

① "報"，王重民曰："案《御覽》三百四十四，又三百八十六，又四百八十二引'報'並作'復'。"王叔岷曰："案《書鈔》一二二、《事類賦》十三《服用部》二、《庶物異名疏》八引'報'亦並作'復'。"

② "丹氣甚猛形甚露"，王叔岷曰："案《事類賦》十三《服用部》二、《御覽》三四四引'丹'上並有'而'字，《御覽》三四四、《海録碎事》七上引'形'上並有'其'字。《御覽》三四四引'露'下有注云'露，羸'，《事類賦》十三《服用部》二亦引此注，'羸'下更有'也'字。"

③ "怒"，王重民曰："案《御覽》四百八十二引'怒'作'怨'，下文'來丹之友申他曰：子怨黑卵至矣'，疑作'怨'者近是。"

④ "恥假力於人誓手劍以"，王叔岷曰："案《事類賦》十三《服用部》二引'恥'上有'又'字，'以'字在'手'字上。《御覽》三四四引'以'字亦在'手'字上。"

⑤ "痕撻"，胡懷琛曰："按'痕撻'二字疑倒。"王重民曰："案'撻'字與上文義不相合，《御覽》三百八十六又四百八十二引並無'撻'字，疑是衍文。"德凌按：王説可從。

⑥ "衛孔周其祖得殷帝之寶劍一"，王叔岷曰："案《編珠》二引'衛'作'魏'，'殷帝'作'殷氏'。《事類賦》十三《服用部》二、《御覽》三四四、《庶物異名疏》八引'一'並作'三'，則'三'字當屬上絶句。《玉海》、《小學紺珠》十引'一'亦作'三'，惟'三'字在'寶劍'上。"

將旦昧爽之交，日夕昏明之際，①北面而察之，②淡淡焉若有物存，莫識其狀。③ 其所觸也，竊竊然有聲，經物而物不疾也。三曰宵練，方晝則見影而不見光，○與日月同色也。方夜見光而不見形。④ ○言其照夜。⑤ 其觸物也，騞然而過，○騞，休壁切。⑥ 隨過隨合，覺疾而不血刃焉。此三寶者，傳之十三世矣，而無施於事。⑦ ○不能害物。匣而藏之，未嘗啓封。”來丹曰：“雖然，吾必請其下者。”孔周乃歸其妻子，與齋七日，晏陰之間，○晏，晚暮也。跪而授其下劍。來丹再拜，受之以歸。○以其可執可見，故受其下者。⑧ **盧曰**：器珍者則害物深，至道至精無所傷物。來丹遂執劍從黑卵，時黑卵之醉偃於牖下，⑨自頸至腰三斬之。⑩ 黑卵不覺。來丹以黑卵之死，趣而退。遇黑卵之子於門，擊之三下如投虛。黑卵之子方笑曰：“汝何蚩而三招予？”來丹知劍之不能殺人也，嘆而歸。黑卵既醒，怒其妻曰：“醉而露我，使我嗌疾而腰急。”其子曰：“疇昔來丹之來，遇我

---

① “日”，陶光曰：“道藏白文本、林本‘日’作‘旦’。”

② “北”，原作“此”，據北宋本、南宋本、汪本、世德堂本改。

③ “莫識其狀”，陶光曰：“光按：《御覽》三四四、《事類賦》十三引作‘莫有其狀’，言莫得其狀。”

④ “夜”下，陶光曰：“江本引‘方夜’下有‘則’字，疑是，與上文‘方晝則見影而不見光’相對。”

⑤ “夜”，汪本、世德堂本作“也”。

⑥ “騞休壁切”，原作“騞伏墮切”，據北宋本、南宋本、世德堂本、汪本改。王叔岷曰：“《事類賦》十三《服用部》二引注作‘騞，音休伯反’，《御覽》三四四引作‘騞，音休蘗’，‘蘗’下蓋脱‘反’字或‘切’字。”

⑦ “施”上，王叔岷曰：“《庶物異名疏》八引‘施’上有‘所’字，文意較完。”

⑧ “受”，原作“授”，據北宋本、南宋本、世德堂本、汪本改。

⑨ “偃於牖下”，王叔岷曰：“案《書鈔》一二二、《事類賦》十三《服用部》二、《御覽》三四四引‘偃於’並作‘偃卧’。”楊伯峻曰：“以上文‘偃卧其妻之機下’例之，則作‘偃卧’者是也。”

⑩ “腰”，《釋文》作“要”，陶光曰：“光按：‘要’，本字。”王叔岷曰：“《釋文》本‘腰’作‘要’，當從之。”

於門，三招我，①亦使我體疾而支彊。彼其厭我哉？”**盧曰**：夫道至之人無傷於萬物，萬物之害亦所不能傷焉，故毒蟲不螫，猛獸不攫，故物之至精者亦無傷。《老子》曰：“其神不傷人。”是以聖人貴夫知者何？以其不傷於萬物者也。**政和**：含光者，襲明而不燿；承影者，處陰而不移；宵練，晦之時，練有形之質。含光則無有也，故視之不見，運之不有，經物而不覺。承影則若有若無，故雖莫識其狀，而且或聞其聲。② 宵練則既有矣，爲其有形之質也，故晝見影焉；爲其處晦之時也，故夜見光焉。道以無爲上，若有若無次之，而囿於有者爲下，故三劍含光爲上，承影次之，宵練爲下。來丹之所受者，其宵練與？然是三者不以斬決爲勝，亦皆劍之神者矣。天下有常勝之道，直之無前，運之無旁，而天下服，豈在於擊鬥爲哉？故莊子以斬領決肺爲庶人之劍也。惜乎來丹不通乎此，知劍之不能殺人而後嘆，何以爲常胜之道乎？**范曰**：黑卵則道之復乎至幽者，邴章則道之顯於至明者，來丹則又至陽之色也，故以父之讎而謀報黑卵，請劍於衛孔周焉。夫有千越之劍者，匣而藏之，不敢用也，寶之至也。道之利用若是，故直之無前，舉之無上，按之無下，運之無旁，決浮雲，絶地紀，恢恢然其於游刃有餘地矣。來丹受劍於孔周，徒用之以復讎而已，故因黑卵之醉，自頸至腰三斬之，則與夫上斬頸領、下決肝肺者無以異矣，豈知所以用之道哉？

周穆王大征西戎，西戎獻錕鋙之劍、③火浣之布。其劍長尺有咫，練鋼赤刃，④用之切玉如切泥焉。火浣之布，浣之

① “招”，《釋文》云：“一本作‘拈’，奴兼切，指取物也。又音點。”陶光曰：“光按：‘招’字不可解，當從《釋文》所云‘一本作拈’。《説文・手部》：‘拈也。’《廣雅・釋詁》三：‘搤，拈持也。’此文意謂劍不能傷，但覺拈持之而已，與下文黑卵所云‘使我嗌疾而腰急’、又其子云‘亦使我體疾而支強’之意正合。下同。”

② “且”，據上下文意，當爲衍文。

③ “錕鋙”，陶光曰：“光按：《類聚》六十、《白帖》十三、《初學記》二十、《事類賦》十三、《錦綉萬花谷後集》十八引‘錕鋙’並作‘昆吾’。”

④ “練”，陶光曰：“江本引‘練’作‘鍊’。”“鋼赤”，原作“綱亦”，據北宋本、南宋本、世德堂本、汪本改。

必投於火,①布則火色,垢則布色,出火而振之,皓然疑乎雪。○此《周書》所云。皇子以爲無此物,傳之者妄。蕭叔曰:"皇子果於自信,果於誣理哉!"○此一章斷後,而説切玉刀、②火浣布者,明上之所載皆事實之言,因此二物無虚妄者。**盧曰**:夫金之不能切玉者,非器之利也;布之不能澣於火、火不燒者,物之異也。③ 天地之内,萬物之多,有可以理求者,亦有非理所及者。然則玉雖堅,有可刻之理;劍雖鐵,有必斷之鋒也。以必斷之鋒當可刻之物,不入者,自非至利耳,非無可切之理焉;況已有之,何所疑也?又動植之類,其性不同,有因水火而生者,有因水火而殺者,故火山之鼠得火而生,風生之獸得風而活,人約空立,魚約水存。然則火浣之纑非紵非麻,布名與中國等,火與鼠毛同,④此復何足爲怪也?果於自信,不達矣夫!**政和**:世之人以耳目所接者爲有,而以其所不及者爲無。然八荒之外不可窮詰,安可以耳目所不及者遂以爲無哉?**范曰**:切玉之刀,火浣之布,理固有之,而拘耳目之用者必以爲無是物焉,又烏能知極盡之際哉?是篇必終之以此,以明前之所載皆即當至理,非徒侈空言以駭世故也。

---

① "火浣之布浣之必投於火",王叔岷曰:"案《御覽》八百二十引'火浣之布'作'其布',與上文'其劍長尺有咫'句法一律,'火'下有'中'字。"

② "刀",原作"劍",據北宋本、南宋本、世德堂本、汪本改。

③ "物之異也"上,德凌按:當有"非"字,上下文方一致。"金之不能切玉者,非器之利也"與"布之不能澣於火、火不燒者,非物之異也"皆爲雙重否定句,用以證兩物之神奇。楊伯峻以爲"《解》'夫金之不能切玉者'及'布之不能澣於火'兩'不'字疑衍",其説不可據。

④ "布名與中國等火與鼠毛同",秦本作"用火鼠毛布名與中國等與"。

卷之十五

和光散人高守元集

力命

張曰：命者，必然之期，素定之分也。雖此事未驗，而此理已然。若以壽夭存於御養，窮達繫於知力，[1]此惑於天理也。**盧曰**：命者，必定之分，非力不成；力者，進取之力，非命不就。有其命者必資其力，有其力者或副其命。亦有力之不能致者，無命也；恃命而不力求者，候時也。信命不信力者，失之遠矣；信力不信命者，亦非當也。**政和**：力有智愚，命有窮達，得喪之差，莫相爲對，不貳其心，所以立命。**范曰**：古人有常言曰："莫知致而至者，命也。"又曰："不知吾所以然而然者，命也。"夫命之在天，未形有分，且然無間，固豈力之所能制哉？唯知其無可奈何而安之，乖有德者不能與此。

力謂命曰："若之功奚若我哉？"命曰："汝奚功於物而欲比朕？"力曰："壽夭、窮達、貴賤、貧富，我力之所能也。"命曰："彭祖之智不出堯舜之上，而壽八百；顏淵之才不出衆人之

① "知"，北宋本、南宋本、世德堂本、汪本作"智"。

下，而壽四八。① 仲尼之德不出諸侯之下，而困於陳蔡；殷紂之行不出三仁之上，而居君位。季札無爵於吴，田恒專有齊國；夷、齊餓於首陽，季氏富於展禽。若是汝力之所能，奈何壽彼而夭此、窮聖而達逆、賤賢而貴愚、貧善而富惡邪？”力曰：“若如若言，②我固無功於物而物若此邪？此則若之所制邪？”命曰：“既謂之命，奈何有制之者邪？朕直而推之，曲而任之。自壽自夭，自窮自達，自貴自賤，自富自貧。○不知所以然而然者，命也，豈可以制也？朕豈能識之哉？朕豈能識之哉？”○此篇明萬物皆有命，則智力無施；《楊朱》篇言人皆肆情，則制不由命。義例不一，似相違反，然治亂推移，愛惡相攻，情僞萬端，故要時競，其弊孰知所以？是以聖人兩存而不辯。將以大扶名教，而致弊之由不可都塞。或有恃詐力以干時命者，則楚子問鼎於周，無知亂適於齊；或有矯天真以殉名者，則夷、齊守餓西山，仲由被醢於衛。故列子叩其二端，使萬物自求其中。苟得其中，則智動者不以權力亂其素分，矜名者不以矯抑虧其形生。發言之旨，其在於斯。嗚呼，覽者可不察哉！**盧曰**：命者，天也；力者，人也。命能成之，力能運之，故曰運命也。《莊子》曰“知不可奈何，安之若命”，是力不能運也；孔子曰“五十而知天命”，“不知命，無以爲

---

① “四八”，北宋本、南宋本、世德堂本、汪本作“十八”，洪頤煊曰：“頤煊案：《淮南・精神訓》高誘注：‘顔回十八而卒。’《后漢書・郎顗傳》：‘昔顔子十八，天下歸仁。’《抱朴子・逸民》篇：‘昔顔回死，魯定公將躬弔焉，使人問仲尼。’《抱朴子》亦以顔淵年十八，故卒當魯定公時。”楊伯峻曰：“伯峻案：顔淵之壽，古代傳説不一，雖曰短命，若以《左傳》及《史記》諸可以憑信之資料證之，其年不僅十八，可以斷言。但此文既屬寓言，無妨從其最短者。”王叔岷曰：“案盧重元本、世德堂本、道藏白文本、江遹本、高守元本‘十八’並作‘四八’，四八三十二也。《記纂淵海》八七引作‘三十’，疑舉成數也。洪頤煊以作十八爲是，道藏林希逸本、元本並作‘十八’，《記纂淵海》五九、《天中記》三九引並同。”陶光曰：“道藏白文本、江本、《集解》引‘十’作‘四’。光按：字作‘四’是，四八三十二歲也。”德凌按：陶光之説可從，洪、楊之説不可據。

② “若如若言”，王叔岷曰：“案道藏白文本、林希逸本‘若言’並作‘是言’，《齊東野語》九引同，疑當從之。作‘若言’者蓋涉上‘若’字而誤。”

君子也”，然歷國應聘而思執鞭之士，是不忘力也。**政和**：命在天，力在人。力若可致也，然在天者有非人所能勝，則君子不謂力；命在所聽也，然在人者有非天所能違，則君子不謂命。壽夭、窮達、貴賤、貧富，萬物之所受，蓋有制之者矣。爲其不敢迕也，故直而推之；爲其不可遏也，故曲而任之。既非力之所能使，亦非命之所能違，自然而已，孰弊弊然以多識爲事？故曰“朕豈能識之哉”。**范曰**：時無止也，故年有大小，彭祖、顔淵壽夭之所不同也；分無常也，故勢有得失，仲尼、殷紂窮達之所以不同也。季札無爵於吴，田恒專有齊國，其貴賤固異矣，自道觀之，有所謂等貴賤者；夷、齊餓於首陽，季氏富於展禽，其貧富固異矣，自道觀之，有所謂同貧富者。自然之分，殆不可得而致知。故直而推之，俾其各正而無私；曲而任之，俾其委順而無迕。壽夭、窮達、貴賤、貧富咸其自取，使之者其誰耶？惟達命之情者不務知之所無奈何，故死生亦大矣，不得與之變，而況得喪、禍福之所介夫？孰足以患心已？

北宫子謂西門子曰：“朕與子並世也，而人子達；並族也，而人子敬；並貌也，而人子愛；並言也，而人子庸；並行也，而人子誠；並仕也，而人子貴；並農也，而人子富；並商也，而人子利。朕衣則裋褐，食則粢糲，居則蓬室，出則徒行。子衣則文錦，食則粱肉，①居則連欐，出則結駟。在家熙然有棄朕之心，在朝謣然有傲朕之色，②請謁不相及，③遨游不同行，④固有年矣。子自以德過朕邪？”西門子曰：“予無以知其實。汝造事而窮，予造事而達，此厚薄之驗歟？○謂德有厚薄也。**盧**

① “粱”，原作“梁”，據北宋本、汪本改，下同。

② “傲”，北宋本、南宋本、汪本、世德堂本作“敖”，王叔岷曰：“《釋文》：‘敖音傲。’案盧重元本、道藏高守元本並作‘傲’。作‘敖’是故書。”

③ “及”，于鬯曰：“鬯案：‘及’當‘反’字之誤，謂但有我請謁於子，而子不反請謁於我，猶今人言不答拜也。若作‘及’，則無義矣。”

④ “遨”，王叔岷曰：“案《經濟類編》二五引‘遨’作‘敖’，當從之。‘遨’，俗字。”

曰：吾所造皆達，汝所造皆窮，德之厚薄可見矣。而皆謂與予並，汝之顔厚矣。"北宫子無以應，自失而歸，中塗遇東郭先生。先生曰："汝奚往而反，偊偊而步，①有深愧之色邪？"北宫子言其狀。東郭先生曰："吾將舍汝之愧，與汝更之西門氏而問之。"曰："汝奚辱北宫子之深乎？固且言之。"西門子曰："北宫子言世族、年貌、言行與予並，而賤貴、貧富與予異。予語之曰：'予無以知其實。汝造事而窮，予造事而達，此將厚薄之驗歟？而皆謂與予並，汝之顔厚矣。'"東郭先生曰："汝之言厚薄不過言才德之差，吾之言厚薄異於是矣。夫北宫子厚於德，薄於命；汝厚於命，薄於德。汝之達非智得也，北宫子之窮非愚失也，皆天也，非人也。○此自然而然，非由人事巧拙也。而汝以命厚自矜，北宫子以德厚自愧，皆不識夫固然之理矣。"②西門子曰："先生止矣，予不敢復言。"○聞理而服。**盧曰**：西門子求之而遂，命也；北宫子求之不遂，亦命也。不知命則有自矜之色，自知命則無憂愧之心。得與不得，非智愚，非才德也。西門子不敢復言者，知命之遂，不敢恃德也。北宫子既歸，衣其裋褐，有狐貉之温；進其茙菽，有稻粱之味；庇其蓬室，若廣厦之蔭；乘其蓽輅，若文軒之飾。終身逌然，不知榮辱之在彼也，在我也。○一達於理，則外物多少不足以概意也。**盧曰**：知命則不憂不愧，亦不知德之厚薄也。東郭先生聞之曰："北宫子之寐久矣，一言而能寤，

---

① "偊"，《釋文》云："本或作'踽'。"

② "矣"，原脱，據道藏白文本、北宋本、南宋本、世德堂本補。"固然"，楊伯峻曰："'固然'疑當作'自然'。"

易怛也哉。”①**盧曰**：寐者，言未覺也；及其寤也，乃怛之常耳。**政和**：世族、言行、年貌相若，而貴賤、貧富、窮達相異，北宫子非愚失也，西門子非智得也。失者以德厚自愧，得者以命厚自矜，皆在物一曲，不通乎道，非東郭其孰覺之？予不敢復言，特知其非是而已。悟則其意也，消於道也，其庶幾乎？**范曰**：命在天，德在己。古之君子修其在己者，俟其在天者，雖造事而達，吾不以命厚而有所矜，雖造事而窮，吾不以德厚而有所愧，安時處順，哀樂不能入也。北宫子衣則裋褐，食則粢糲，居則蓬室，出則徒行，可謂窮矣，彼不知其厚於德也，乃以是而自愧；西門子衣則文錦，食則粱肉，居則連欐，出則結駟，可謂達矣，彼不知其薄於德也，乃以是而自矜，詎識夫固然之理哉？東郭先生辭而闢之，然後聞言而悟者無深愧之色，聞理而服者去躬矜之行。施於身者，不願人之文綉也，衣其裋褐，有狐貉之温，豈固以惡衣爲恥哉？飽於内者，不願人之膏粱也，進其茂菽，有稻粱之味，豈固以惡食爲恥哉？堂高數仞，我得志弗爲也，雖庇其蓬室，若廣厦之蔭矣；從車千乘，我得志弗爲也，雖乘其蓽輅，若文軒之飾矣。終身逌然，不知榮辱之在彼也，在我也，則又游劵之内，行乎無名，其視物之儻來適去，猶觀雀蚊蚋蝱之相過乎前耳，詎足以易吾之素履邪？非知命不能進此。

管夷吾、鮑叔牙二人相友甚戚，同處於齊。管夷吾事公子糾，鮑叔牙事公子小白。齊公族多寵，嫡庶並行。○齊僖公母弟夷仲年生公孫無知，僖公愛之，令禮秩同於太子也。國人懼亂。管仲與召忽奉公子糾奔魯，○糾，襄公之次弟。鮑叔奉公子小白奔莒。○小白，糾之次弟。既而公孫無知作亂，○襄公立，絀無知秩服，遂殺襄公而自立。國人尋殺之。齊無君，二公子爭入。管夷吾與小白戰於莒，道射中小白帶鉤。小白既立，○小白即桓

---

① “怛”，道藏白文本、北宋本、汪本作“悟”。《釋文》同，云：“怛，當割切。或作‘悟’者，非。”陶光曰：“光按：作‘怛’義不可通，疑當作‘悟’。”德凌按：據《義解》“悟則其意也”、范解“然後聞言而悟者無深愧之色”，則其所見本均作“悟”，其義更長，陶説可從。

公也。脅魯殺子糾，①召忽死之，管夷吾被囚。○齊告魯曰："子糾，兄弟，弗忍加誅，請殺之。召忽、管仲，讎也，請得而甘心醢之。不然，將滅魯。"魯患之，遂殺子糾。召忽自殺，管仲請囚也。鮑叔牙謂桓公曰："管夷吾能，可以治國。"桓公曰："我讎也，願殺之。"鮑叔牙曰："吾聞賢君無私怨，且人能爲其主，亦必能爲人君。如欲霸王，非夷吾其弗可。君必舍之！"遂召管仲，魯歸之齊。鮑叔牙郊迎，釋其囚。桓公禮之，○鮑叔親迎管仲於堂阜而脱其桎梏，於齊郊而見桓公也。而位於高國之上，鮑叔牙以身下之，○高國，齊之世族。任以國政，號曰仲父。桓公遂霸。管仲嘗嘆曰："吾少窮困時，嘗與鮑叔賈，分財多自與，鮑叔不以我爲貪，知我貧也。吾嘗爲鮑叔謀事而大窮困，鮑叔不以我爲愚，知時有利不利也。吾嘗三仕三見逐於君，鮑叔不以我爲不肖，知我不遭時也。吾嘗三戰三北，②鮑叔不以我爲怯，知我有老母也。公子糾敗，召忽死之，吾幽囚受辱，鮑叔不以我爲無恥，知我不羞小節，而恥名不顯於天下也。③生我者父母，知我者鮑叔也！"此世稱管鮑善交者，小白善用能者，然實無善交，實無用能也；實無善交、實無用能者，非更有善交、更有善用能也。④○此明理無善交用能，非但管、鮑、桓公而已。**盧曰**：言其命之所應用，則因交而獲申，非是更别有善交用能也。然則恃才獲用者，命也；因交而達者，力也。非唯天時，抑有人謀。人力而遂者，皆歸於命。命之來也，鮑叔不得不盡力，桓公不得不用之，皆命矣夫！召忽非

---

① "脅"，《釋文》作"撸"。

② "三北"，王叔岷曰："案《草堂詩箋》七引'三北'作'三走'。《史記·管子列傳》同。"

③ "名"上，王叔岷曰："案《草堂詩箋》七引'名'上有'功'字，當從之。《史記·管子列傳》、劉向《上〈管子〉序》亦並有'功'字。"

④ "更有善用能"下，楊伯峻曰："疑當有'者'字。"

能死，不得不死；鮑叔非能舉賢，不得不舉；小白非能用讎，不得不用。○此皆冥中自相驅使，非人力所制也。**盧曰**：皆命成於力，力成於命，非有私焉。**范曰**：管仲之於齊，其視鮑叔則友也，其視桓公則君也。分財自與而不以爲貪，謀事窮困而不以爲愚，仕而三逐不以之爲不肖，戰而三北不以之爲怯，幽囚受辱不以爲無恥，則鮑叔之於夷吾，固得夫善交之道矣。始有莒道之戰而射中帶鉤，終有堂阜之迎而釋其桎梏，位居高國之上，號稱仲父之尊，九合諸侯，一匡天下，則桓公之於夷吾，固得夫用能之道矣。管鮑善交而實無善交者，桓公善用能而實無善用能者，舍是而求，豈更有善交、更有善用能者哉？是則莫之爲而常自然，殆有不可得而致知者。及管夷吾有病，小白問之，曰："仲父之病病矣，①可不諱。云○言病之甚，不可復諱而不言也。**盧曰**：將死，不可諱言。至於大病，②則寡人惡乎屬國而可？"夷吾曰："公誰欲

---

① "仲父之病病矣"，世德堂本作"仲父之病疾矣"，陶光曰："光按：《莊子》作'仲父之病病矣'，劉叔雅先生曰：'病病'連文不詞，當作'疾病'。《説文・疒部》'病，疾加也'，《論語・子罕》'子疾病'，《春秋・桓五年傳》正義引鄭注'病謂疾甚益困'，是其義。《吕氏春秋・知接》篇正作'仲父之疾病矣'。光按《管子・戒》篇作'仲父之疾甚矣'，文雖不同，義則相近。"楊伯峻曰："伯峻案：北宋本、《藏》本、吉府本、《四解》本皆作'病'，《晏子》及《治要》引同。疑本作'疾病'。《説文》：'疾，病也。''病，疾加也。'古書凡疾劇皆謂疾病，如《論語・子罕》篇云：'子疾病，子路使門人爲臣(鄭注'病謂疾益困也')。'《儀禮・既夕禮》記云：'疾病外内皆埽(鄭注'疾甚曰病')。'《左傳・宣十五年》云：'疾，命顆曰：必嫁是！疾病，則曰：必以爲殉！及卒，顆嫁之。曰：疾病則亂，吾從其治也。'又襄十九年《傳》云：'齊侯疾，崔杼微逆光；疾病，而立之。'又桓五年《傳》云：'公疾病而亂作。'皆疾病連文之證也。《吕覽・知接》篇亦云'仲父之疾病矣，將何以教寡人'，更爲確證。世德堂本作'病疾'，是其倒文，淺人不察，遽改爲'病病'。"

② "可不諱云"，王重民曰："張注曰：'言病之甚，不可復諱而不言也。'案據張注，則正文'可不'二字當倒乙。《管子・戒》篇、《小稱》篇並作'不可諱'。又案張氏以'可不諱云'四字爲句，因釋云'不可復諱而不言也'，亦非是。'云'字當下屬爲句。云猶如也，云至於大病，猶如至於大病也。説見《釋詞》。《治要》引無此四字者，以不達其意而削之也。"楊伯峻曰："王説甚是。《禮記・檀弓》云：'成子高寢疾，慶遺入請曰：子之病革矣，如至乎大病，則如之何？'此云'云至於大病'，即《檀弓》之'如至乎大病也'。"

歟?”小白曰:“鮑叔牙可。”曰:“不可。其爲人也,潔廉善士也。○清己而已。其於不己若者不比之人,①○欲以己善齊物也。一聞人之過,終身不忘。○不能棄瑕録善。使之治國,②上且鈎乎君,下且逆乎民。③○必引君令,其道不弘;道苟不弘,則逆民而不能納矣。其得罪於君也,將弗久矣。”小白曰:“然則孰可?”對曰:“勿已,則隰朋可。○非君,然而可也。其爲人也,上忘而下不叛,④○居高而自忘,則不憂下之離散。愧其不若黄帝而哀不己若者。⑤○慚其道之不及聖,矜其民之不逮己,故能無棄人也。**盧曰**:自忘其高,自愧無德,則進善之志深矣。不如己者,哀而憐之,則下人不離叛矣。以德分人,謂之聖人;○化之使合道,而不宰割也。以財分人,謂之賢人。○既以與人,己愈有也。以賢臨人,未有得人

---

① “不比之人”,陶光曰:“光按:‘不比之人’不詞。《莊子》‘人’字作‘又’,當從之。‘又’字連下讀,張注云‘欲以己善齊物也’,則於不己若者不與之親,比是不比之之義也。”

② “治國”,本作“理國”,王重民曰:“案《莊子·徐無鬼》篇‘理國’作‘治國’,此亦當作‘治’,避諱所改也。《治要》引正作‘治’。”下同。

③ “乎”,原作“子”,據北宋本、南宋本、世德堂本、汪本改。

④ “上忘而下不叛”,王重民曰:“張注曰:‘居高而自忘,則不憂下之離散。’案張説非也。《莊子》作‘上忘而下畔’,衍一‘不’字。‘畔’與‘叛’通,叛謂叛諺也。叛諺爲叠韻字,古時常語,《詩·大雅·皇矣》作‘畔援’,《漢書·敘傳》注引作‘畔换’,《文選·魏都賦》作‘叛换’。或單言‘諺’,《書·無逸》‘乃逸乃諺’,僞《孔傳》‘叛諺不恭’;《論語·先進》篇‘由也喭’,鄭注曰‘子路之行失於叛諺’,是也。或單言‘畔’,《論語·雍也》篇‘君子博學於文,約之以禮,亦可以弗畔矣夫’(此從俞曲園《群經平議》説)及《列子》‘上忘而下叛’,是也。《詩》鄭箋云‘畔援,跋扈也’,《韓詩》云‘武強也’,《魏都賦》劉淵林注云‘叛换,猶恣睢也’,是‘上忘而下不叛’謂於上則忘其高,於下又不自亢也,故下文云‘以賢下人者,未有不得人者也’。郭注《莊子》云‘高而不亢’,得其旨矣。”王叔岷曰:“案王説非也。‘上忘而下不叛’,《管子·戒》篇作‘好上識而下問’,《吕氏春秋·貴公》篇作‘上忘而下求’。‘識’與‘志’同,此文‘忘’字乃‘志’之形誤,‘不’字乃淺人妄加。”

⑤ “其”,王重民曰:“案《治要》引‘愧’下無‘其’字,是也。《莊子·徐無鬼》、《吕覽·貴公》篇並無,可證。”

者也；①○求備於人，則物所不與也。以賢下人者，未有不得人者也。○與物升降者，物必歸。② 其於國有不聞也，③其於家有不見也。○道行則不煩聞見，故曰："不瞽不聾，不能成功。"勿已，則隰朋可。"○郭象曰："若有聞見，則事鍾於己，而群下無所措其手足，④故遺之可也；未能盡其道，故僅之可也。"**盧曰**：不責物之常情，是不聞於國也；不求人之小過，是不見於家也。然則管夷吾非薄鮑叔也，不得不薄；非厚隰朋也，不得不厚。厚之於始，或薄之於終；薄之於終，或厚之於始。⑤ 厚薄之去來，弗由我也。○皆天理也。**盧曰**：夷吾之情，非有厚薄，此公薦也。薦之則爲厚，不薦則爲薄，此皆力也。桓公既不用鮑叔，鮑叔之命也；用隰朋，隰朋之命也。使鮑叔無命，而夷吾不施力焉；而隰朋無命，夷吾雖施力，亦無益也。**政和**：謂之有者，以别於所無；而謂之無者，蓋以名其莫之有也。世稱管鮑善交，而曰"實無善交"，蓋言其善與人交不可跂及，其爲交也莫之或有矣，故曰"實無善交者"，而又繼之曰"非更有善交也"。稱小白善用能者，而曰"實無善用能"，蓋言其善用能不可跂及，其善用能也莫之或有矣，故曰"實無善用能"，而又繼之曰"非更有善用能也"。天下之事，時勢適然者，不得不然。

---

① "人未有得人"，王重民曰："案《治要》引上'人'字下有'者'字，是也。此與下文'以賢下人者，未有不得人者也'句相對。下句有'者'字，則上句本有'者'字甚明。《莊子》並無兩'者'字，此《莊》、《列》不同處，然亦可爲上句當有'者'字之反證。"王叔岷曰："案王説是也，《管子·戒》篇作'以善勝人者，未有能服人者也'亦有'者'字，可爲旁證。"

② "歸"下，王重民曰："案《治要》引注文'歸'下有'之也'二字。"

③ "有不聞也"下，楊伯峻曰："伯峻案：《吕覽·貴公》篇'有不聞也'下有'其於物也有不知也'一句。"

④ "群下"，楊伯峻曰："《治要》引《注》文'群下'作'群生'。"

⑤ "薄之於終或厚之於始"，陶鴻慶曰："當作'薄之於始，或厚之於終'。如今本，則與上二句意復。"

召忽之死子糾，勢不得不死也；①小白之用夷吾，時不得不用也。鮑叔舉夷吾於小白，至夷吾屬齊國之事，則違鮑叔而薦隰朋，是皆視時與勢，非私我與彼者。當其時，順其勢，厚薄終始，吾何容心焉耳？鮑叔之與人則和而同，故於交友之際則能全之；鮑叔之行己則清而失之隘，故於理國之事則不足以有任。管仲厚之於始而薄之於終，亦何有於我哉？曰賢君無私怨者，明人君以天下爲公；曰不羞小節而恥不顯於天下者，明人臣當自重以天下之任。以德分人者，善貸且成，故謂之聖人，然聖人之實不盡於此；以財分人者，利下之事，故謂之賢人，然賢人之實不盡於此。**范曰**：老氏曰："容乃公，公乃王。"公也，王也，名生於實。惟公則可以爲公，惟王則可以爲王。若鮑叔之爲人，不己若者有所不比，一聞人之過，終身不忘，豈所謂能容者哉？若隰朋之爲人，上忘而下不叛，愧不若黄帝，而哀不己若者，其於國有不聞，其於家有不見，則得夫容乃公之道矣。管仲之對桓公，以鮑叔爲不可以屬國，非固薄之也，不得不薄；以隰朋爲可以屬國，非固厚之也，不得不厚。薄厚之去來，詎可容心於其間哉？一本乎自然而已。

鄧析操兩可之説，設無窮之辭。當子產執政，作《竹刑》。○竹刑，簡法。鄭國用之，數難子產之治。子產屈之。子產執而戮之，俄而誅之。○此傳云"子產誅鄧析"，《左傳》云："駟歂殺鄧析而用其《竹刑》。子產卒後二十年而鄧析死也。"然則子產非能用《竹刑》，不得不用；鄧析非能屈子產，不得不屈；子產非能誅鄧析，不得不誅也。○此章義例與上章同也。**盧曰**：作法者，力也；受戮者，命也。用其法者，亦力也；誅其身者，亦命也。力其事者，才也；才不遇者，亦命也。**政和**：不得不用《竹刑》者，時也；不得不誅鄧析者，勢也。**范曰**：謹按《左氏春秋・昭公二十年》子產卒，《定公九年》駟歂殺鄧析而

---

① "勢"上，原誤衍"之"字。德凌按："之"字衍文，"召忽之死子糾，勢不得不死也"與下句"小白之用夷吾，時不得不用也"，相對成文，上句説勢，下句説時，正照應上文"天下之事，時勢適然者，不得不然"。

用其《竹刑》。此則言子産殺鄧析者，是直寓言以明理而已。

可以生而生，○或積德履仁，或遇時而通，得當年之歡，騁於一己之志，似由報應，若出智力也。天福也；○自然生耳，自然泰耳，未必由仁德與智力。然交履信順之行，①得騁一己之志，終年而無憂虞，非天福如之何也？可以死而死，○或積惡行暴，或饑寒窮困，故不顧刑戮，不賴生存，而威之以死，似由身招，若應事而至者也。② 天福也。○自然死耳，自然窮耳，未必由凶虐與愚弱。然肆凶虐之心，居不賴生之地，而威之以死，是之死得死者，故亦曰天福者也。**盧曰**：居可生之時而得其生者，爲天福也；居可死之時而得其死者，亦天福也。如夷吾求生於齊桓之時，而得遂其生者，信爲天福也；如鉏麑之觸槐以取喪，不辱君命，不傷賢才，得遂其死，垂名不朽，亦天福也。可以生而不生，○居榮泰之地，願獲長年而早終。天罰也；○願生而不得生者，③故曰天罰。可以死而不死，○居困辱之地不願生，④而更不死也。天罰也。○輕死而不之死，復是天罰。**盧曰**：居榮泰之地，處崇高之位，是可以生而不得生，如董賢之類是也；居困辱之地，處屯苦之中，是可以死而不得死，如人彘之類是也。求之不遂，皆爲天罰也。可以生，可以死，得生得死，有矣；○此之生而得生，此之死而得死。不可以生，不可以死，或死

① "履"，原作"復"，據北宋本、南宋本、世德堂本、汪本改。

② "者"，北宋本、南宋本、世德堂本、汪本無。

③ "者"，北宋本、汪本、世德堂本無。

④ "不願"上，原衍"而"字；"不願"下，原衍"久"字，據北宋本、南宋本、世德堂本、汪本删。

或生，有矣。[1] ○此義之生而更死，之死而更生者也。此二句上義已該之而重出，[2]疑書誤。然而生生死死，非物非我，皆命也，智之所無奈何。○生死之理既不可測，則死不由物，生不在我，豈智之所如？[3] **盧曰**：不由於物，亦不由我，知不能運，力不能成，然後可以任命矣。**政和**：以順而至者謂之福，以逆而降者謂之罰。可以生而生，可以死而死，皆順其常然，故謂之天福，言天之所福，應順而至也；可以生而不生，可以死而不死，皆逆其固然，故謂之天罰，言天之所罰，緣類而降也。然或可以生而死，或可以死而生，若是者，命之行也，孰知其故哉？故雖智者大迷，而唯達者知通焉。**范曰**：生也死之徒，死也生之始，孰知其紀？惟原始反終而知死生之説者達命之情，不務智之所無奈何。故曰：窈然無際，天道自會；漠然無分，天道自運。○無際無分者，是自然之極；自會自運者，[4]豈有役之哉？天地不能犯，○天地雖大，不能違自然也。聖智不能干，○神聖雖妙，[5]不能逆時運也。鬼魅不能欺。[6] ○鬼魅雖妖，不能詐真正也。自然者，默之成之，○默，無也。平之寧之，○平、寧，無所施爲。將之迎之。○功無遺喪，似若將迎。

---

① "不可以生不可以死或死或生有矣"，陶鴻慶曰："愚案：兩'不'字衍文，本作'可以生，可以死，或死或生，有矣'，言可以生而或死，可以死而或生也。張注云'此義之生而更死，之死而更生者也'，是其所見本無兩'不'字。上文云'可以生而不生，天罰也；可以死而不死，天罰也'，意與此同，故張注又疑其重出也。"陶光曰："光按：此文當作'不可以死，不可以生，或死或生，有矣'。上句'可以生，可以死，得生得死，有矣'承'可以生而生，天福也；可以死而死，天福也'言。此句'不可以死，不可以生，或死或生，有矣'承'可以生而不生，天罰也；可以死而不死，天罰也'言。今作'不可以生，不可以死，或死或生，有矣'，猶言'可以死，可以生，或死或生，有矣'，與上句'可以生，可以死，得生得死，有矣'相復，故張注云'此二句上義已該之而重出，疑書誤也'。"德凌按：陶光説可從。

② "句"，原作"者可"，據北宋本、南宋本、世德堂本、汪本改。王叔岷曰："案道藏本注'此二句'作'此二者可'，'可'蓋'句'之誤，'者句'又'句者'之誤到也。"

③ "如"，王叔岷曰："案元本、世德堂本注'如'並作'必'。"

④ 兩"者"，北宋本、南宋本、世德堂本、汪本無。

⑤ "神聖"，原誤倒，據北宋本、汪本乙正。

⑥ "魅"，《釋文》作"媚"，云："或作魅。"

盧曰:若合道成命,天地不能違,聖智不能干;運用合理,應變如神,鬼魅所不能欺,何況於人事乎? **政和**:窈者,言深而難見;漠者,言蕩而難名。妙體無體,故窈然無際,而其道以自然而會;妙用無用,故漠然無分,而其道以自然而運。若是,則生死之變,孰知其故哉?天地不能犯者,言天地雖大,而自然之理所不能違也;聖智不能干者,言聖智雖妙,而自然之理所不能逆也;鬼魅不能欺者,言鬼魅雖幽,而自然之理所不能罔也。蓋自然者,默而成之,有乎不言,其無爲也,寂然不動,故平之寧之,則處靜息迹而不累於有;其有爲也,感而遂通天下之故,故將之迎之,則應物不藏而不蔽於無。**范曰**:窈者,幽之極;漠者,定之至。言天道窈然至幽,而物莫能窺,故曰自會而已,無有際限;天道漠然至定,而物莫能撓,故曰自運而已,無有分别。天地雖大,有所不能犯;聖智雖妙,有所不能干;鬼魅雖妖,有所不能欺。生生死死,咸有自然。默之者不假乎辯説也,成之者無事於贅虧也。平之而已,則無欠無餘;寧之而已,則勿攖勿擾。有以將之,斯能處適去之順;有以迎之,斯能安適來之時。知其不可奈何而安之若是,非至命者疇克爾。

卷之十六

和光散人高守元集

力命

楊朱之友曰季梁。季梁得疾,①七日大漸。② ○漸,劇也。其子環而泣之,請醫。③ 季梁謂楊朱曰:"吾子不肖如此之甚,汝奚不爲我歌以曉之?"楊朱歌曰:"天其弗識,人胡能覺?匪祐自天,弗孽由人。我乎汝乎,其弗知乎?醫乎巫乎,其知之乎?"○言唯我與汝識死生有命耳,非醫巫所知也。其子弗曉,終謁三醫。○不解楊朱歌旨,謂與己同也。**盧曰**:其子謁醫,夫天命不能識乎?人亦何能覺之耶?天不别加福,人亦不爲過,而遇病者,此其命也。夫我與汝尚不能知,醫與巫何能知乎?又將歌意,④我與爾能此疾,我不能疾,巫能之也。一曰矯氏,二曰俞氏,三曰盧氏,診其所

---

① "疾",汪本作"病"。陶光曰:"光按:《文選》孫子荆《爲石仲容與孫皓書》注引'疾'作'病'。"

② "七日",北宋本、汪本作"十日"。

③ "請"下,王重民曰:"案《御覽》七百三十八引'請'下有'謁'字。謁亦請也,蓋謂請於其父而請醫,下文'終謁三醫'即其事也。若無'謁'字,則語義不明。"王叔岷曰:"案《文選》孫子荆《爲石仲容與孫皓書》注引亦有'謁'字。"

④ "歌意"下,秦恩復曰:"案'歌意'下注有脱誤。"

疾。矯氏謂季梁曰："汝寒温不節，①虛實失度，病由飢飽色欲，精慮煩散，非天非鬼。雖漸，可攻也。"季梁曰："衆醫也，亟屏之。"俞氏曰："汝始則胎氣不足，乳湩有餘。病非一朝一夕之故，其所由來漸矣，弗可已也。"季梁曰："良醫也，且食之。"**盧曰**：矯氏所説之病，皆人事之失，關乎力者也。俞氏所説之病，與形俱生，受氣不足，不可差也。盧氏曰："汝疾不由天，亦不由人，亦不由鬼。稟生受形，既有制之者矣，亦有知之者矣。○夫死生之分，修短之期，咸定於無爲，天理之所制矣，但愚昧者之所惑，玄達者之所悟也。藥石其如汝何？"季梁曰："神醫也，重貺遣之。"俄而季梁之疾自瘳。**盧曰**：盧氏所説之病，乃由乎神。神之所造，有功有過。形者，②報神之器也，神以制之矣；未受於形，神以知之矣。神既不足，形乃隨之；長短美醜，質形已定矣。藥石豈能愈之？季梁以爲神醫，修神養德而病自愈。**范曰**：動與過，疾所生也，醫能已此有疾，而待治者不如吾，聞而藥之可也。然無妄之疾，勿藥有喜，雖病者能言其病，庶幾其有瘳，然則非藥石之所能攻者。季梁得疾，七日大漸，其子環而泣之，則常人之所昏迷而顧惜之也；季梁謂楊朱曰"吾子不肖如此之甚，汝奚不爲我歌以曉之"，則欲其推死生之理以警悟之也。奈何樸鄙之心終焉而弗去故，於是爲之謁三醫焉。矯氏則逆性命之理而有所攻，故曰衆醫；俞氏則順性命之情而無所治，故曰良醫。若夫盧氏則原始反終，知其默有制之者，而湯劑砭石無所復加，非進乎技而與乎神，孰能至此？故季梁以是爲神醫也。古之人有疾入靈府、病在膏肓者，而神醫皆以爲不可治而信之，殆亦盧氏之類歟？

① "節"，原作"接"，據北宋本、南宋本、世德堂本、汪本改。陶光曰："《集解》'節'誤作'接'。"

② "形"，原作"神"，據秦本改。

生非貴之所能存，身非愛之所能厚；生亦非賤之所能夭，身亦非輕之所能薄。故貴之或不生，賤之或不死，愛之或不厚，輕之或不薄。此似反也，非反也。此自生自死，自厚自薄。或貴之而生，或賤之而死，或愛之而厚，或輕之而薄。此似順也，①非順也。此亦自生自死，自厚自薄。**范曰**：生非汝有，是天地之委和也；身非汝有，是天地之委形也。或生或死，或厚或薄，豈人之所能違哉？咸其自然耳。鬻熊語文王曰：○鬻熊，文王師也。“自長非所增，自短非所損，算之所亡若何？”○算，猶智也。**盧曰**：若知形報爲，②則無以其私情。私情者，有貴有愛，有賤有薄者也。形骸不由情之所厚薄，則得之似順，③違之似反，其實非反非順也，亦猶長短好醜，豈由情愛所遷耶？智算所無可奈何也。**范曰**：鶴脛雖長，斷之則憂，非固增之也；鳬脛雖短，續之則悲，非固損之也。長短相形，有數存焉，於其間雖巧歷不能計，而況其凡乎？是以大椿、朝菌久近不齊，彭祖、殤子壽夭不等，冥冥之中咸有定分，詎可以差數睹哉？老聃語關尹曰：“天之所惡，孰知其故？”④○王弼曰：“孰，誰也。言誰能知天之意耶？其唯聖人也。”言迎天意，揣利害，不如其已。○夫順天理而無心者，則鬼神不能犯，人事不能干。若迎天意，料倚伏，處順以去逆，就利而違害，此方與逆害爲巨對，用智之精巧者耳，未能使吉凶不生、禍福兼盡也。**盧曰**：夫不知道者，寧知天之所愛惡乎？若預迎天意，揣度利害，以徇私情，不知順理而任命也。此章言力不能違命，命不可預知，任之則後時，力之則違命，所以愧夫知道之修神養真、⑤造業之始創，力轉

---

① “此”，原作“比”，據北宋本、南宋本、世德堂本、汪本改。
② “爲”，秦恩復曰：“‘爲’字疑誤。”
③ “得之似順”，原作“得之以順”，據下文“違之似反”改。
④ “孰”下，陶光曰：“世德堂本‘孰’下有‘能’字。”
⑤ “知道”下，秦恩復曰：“案‘知道’下疑有脱誤。”

命以我乎天者也。① **政和**:命有所制,則天且不能知也,而況於人乎?②匪祐自天,弗孽由人,則禍福唯所召,而災祥以類應,非天之所私,而亦非人之所能爲也。巫醫,技之賤者爾。命之所制,雖智所不能知,病而求醫,謂彼乃能知此耶?三醫,曰矯氏,曰俞氏,曰盧氏,矯言拂而治之,俞言順而理之,盧言總一其理而冥之也。蓋曰寒溫不節,虛實失度,則知其疾之在人而已,不通乎命,是拂而治之者也;曰胎氣不足,乳湩有餘,則知疾之所受於天而已,安之若命,是順而理之者也。若夫疾不由天,則非俞氏之所治;疾不在人,則非矯氏之所攻。莫知所以然而然,是命之行也,雖有藥石,將焉用之?此之謂總一其理而冥之者,謂之神醫,不亦宜乎?貴生者養形以存生,愛身者不以養傷身,然非所以完身養生也。蓋徇物既不免於危身,生而憂戚不得者又不免於愁身傷生,惟無以生爲者是賢於貴生也。蓋生非貴之所能存,而亦非賤之所能夭故也,唯忘身者乃能無患。蓋身非愛之所能厚,而亦非輕之所能薄故也,故貴之或不生,賤之或不死,愛之或不厚,輕之或不薄,由理之常觀之,此似反也,而安之命則非反也。或貴之而生,或賤之而死,或愛之而厚,或輕之而薄,由理之變觀之,此似順也,而制於命則非順也。凡此皆其自然,故皆曰"自生自死,自厚自薄"。鬻熊之言曰"自長非所增,自短非所損",言自然者不可得而增損;經曰"天之所惡,孰知其故",言自然者不可得而窺測,此古之真人所以不以故滅命。**范曰**:畸於人者侔於天,人之所利,天之所惡,人孰從而知之耶?迎天意,揣利害,則智有時而困矣,乃前識者所以爲道之華、愚之始也。上天之載,無聲無臭,豈可俄而度哉?故曰"不如其已"。

---

① "天",原作"夭",據秦本改。

② "況",原作"也"。德凌按:古漢語常使用"且……不……況……"句式,如本書正文"且猶不欲死,而況吾君乎"、盧解"兼有仁、辯、嚴、勇,吾且不與之易,況不能兼之"、"水火且不能焚溺,況風雨寒燠之氣哉",此句亦然,當作"命有所制,則天且不能知也,而況於人乎"。

楊布〇楊朱弟也。問曰："有人於此，年兄弟也，言兄弟也，①才兄弟也，貌兄弟也，而壽夭父子也，貴賤父子也，名譽父子也，②愛憎父子也。③ 吾惑之。"**盧曰**：年、言、才、貌相似也，故云兄弟也；壽夭、貴賤隔懸也，故云父子也。此命之難知也，故疑惑也。楊子曰："古之人有言，吾嘗識之，將以告若：'不知所以然而然，命也。'〇自然之理，故不可以智知。今昏昏昧昧，紛紛若若，隨所爲，隨所不爲，日去日來，孰能知其故？④ 皆命也夫。**盧曰**：衆人所不知，以爲自然，昏昏昧昧，日去日來，運行無窮者，人以是爲命也乎？信命者亡壽夭，〇有壽夭，則非命。信理者亡是非，〇有是非，則非理。信心者亡逆順，〇有逆順，則非心。信性者亡安危，〇有安危，則非性。則謂之都亡所信，亡所不信，⑤〇理亦無信與不信也。真矣慤矣。奚去奚就？奚哀奚樂？奚爲奚不爲？〇理苟無心，則無所不爲，亦無所爲也。**盧曰**：壽夭者，命也；是非者，理也；逆順者，心也；安危者，性也。使夫信命者亡壽夭，信理者亡是非，信心者亡逆順，信性者亡安危，則謂之都亡所信，亡所不信，然後至於真道也。亦何去何就？何哀何樂？何所爲、何所不爲哉？此之謂至道也。**范曰**：兄弟，天倫也，所以言其同；父子，天屬也，所以言其異。有人於此，年

---

① "言"，《釋文》作"訾"，云："'訾'，即移切，當作'貲財'字。一本作'言'。"俞樾曰："樾謹按：'言'字無義，當從《釋文》作'訾'。《管子·君臣上》篇'吏嗇夫盡有訾程事律'，即此'訾'字之義。官秩貴賤必視訾程爲準。'訾兄弟也'，正與下文'貴賤父子也'相應。殷敬順不達'訾'字之義，而以爲當作'貲財'字，則下當言貧富，不當言貴賤矣。"

② "名譽"，于鬯曰："鬯案：從舅氏姚藝諳廣文云，'名譽'與上下文不合，當作'毁譽'。"

③ "愛憎"，原誤倒，據北宋本、南宋本、世德堂本、汪本乙正。

④ "能"，原脱，據北宋本、南宋本、世德堂本、汪本補。

⑤ "亡所不信"，陶光曰："道藏白文本、林本、世德堂本作'都亡所不信'。"王叔岷曰："案道藏白文本、林希逸本、元本、世德堂本下'亡'字上並有'都'字，與上句一律，當從之。"

均也，而壽夭則異；言均也，而貴賤則異；才均也，而名譽則異；貌均也，而憎愛則異。孰使之然哉？自然而已矣。自然之理，不可致知。故昏昏昧昧，則冥而已，無所用見；紛紛若若，則順而已，無所於逆。隨所爲，隨所不爲，吾無容心也。知去來之非我，無變亂於心慮，又孰知其故哉？莫知致而至者，宜在於此，故歸之於命也。夫信命者亡壽夭，則彭、殤定分等之爲一條；信理者亡是非，則堯、桀自然同之爲一貫；信心者亡逆順，未嘗背逆而向順也；信性者亡安危，未嘗去危而即安也。道其至此，信與不信亦將泯矣，故真則止一而不妄，慤則完實而不毁，去就哀樂無所復分。何爲乎？何不爲乎？固將自化。黄帝之書云：'至人居若死，動若械。'○此舉無心之極。亦不知所以居，亦不知所以不居；亦不知所以動，亦不知所以不動；亦不以衆人之觀易其情貌，亦不謂衆人之不觀不易其情貌。① ○不爲外物視聽改其度也。獨往獨來，獨出獨入，孰能礙之？"② ○物往亦往，物來亦來，任物出入，故莫有礙。**盧曰**：居若死，無心也；動若械，用機關也。如木人之運動，有何知哉？不在乎情，不在乎貌也，神游而已矣，誰能礙之耶？③ **政和**：兄弟，以言先後之倫；父子，以言上下之等。才、貌、言、年，在己者也；壽夭、貴賤、名譽、愛憎，在外者也。年同而壽夭異，言同而名譽異，才同而貴賤異，貌同而愛憎異，凡以在己者出於固然，而在外者蓋有不可得而必者也。理有自然，有使然。所謂莫知所以然而然命也者，既莫知其爲自然，又莫知其爲使然也。昏昏昧昧，言不可明；紛紛若若，言莫之能定。隨所爲，隨所不爲，言其應而不藏；日去日來，言其運而無積。夫如是，孰能知之？故曰"孰知其故？皆命也"。夭壽不貳，修身以俟之，所以立命，故信

---

① "亦不謂衆人之不觀不易其情貌"，《義解》云"亦不以衆人之不觀不易其情貌"，則其所據本"謂"作"以"。陶鴻慶曰："愚案：'亦不以衆人之不觀不易其情貌'，當作'亦不以衆人之觀不易其情貌'。今作'不觀'者，乃後人妄增也。張注云'不爲外物視聽改其度也'，是其所見本二句並作'衆人之觀'。今衍'不'字，文雖變而意反復也。"

② "礙"，《釋文》作"硋"。

③ "誰"，秦本作"孰"。

命者亡壽夭；是是非非之謂智，而智所以窮理，故信理者亡是非；人心順之則喜，逆之則怒，故信心者亡逆順；人之性得之則安，失之則危，故信性者亡安危。信者，任其自然之謂也。雖然，一於信，猶有所繫也。惟亡所信，亡所不信，然後爲至真矣，則無妄；慤矣，則著誠。若是者，無入而不自得也，故曰"奚去奚就？奚哀奚樂？奚爲奚不爲"。至人居若死者，寂然不動之謂；動若械者，若機械之運。亦不知所以居，亦不知所以不居，謂其雖靜而居，亦未嘗滯於靜，而所以爲靜者，有不知也；亦不知所以動，亦不知所以不動，謂其雖動而出，亦未嘗流於動，而所以爲動者，有不知也。亦不以衆人之觀易其情貌，亦不以衆人之不觀不易其情貌，則萬態不能變於己，獨往獨來，獨出獨入，其運無乎不在者也，夫孰能礙之？**范曰**：古之得道者，冥然而止，若立槁木；成然而行，若曳槁枝。居而無所繫，動而無所逐，固未嘗以外物之變遷而芥蒂於胸中也。出入六合，游乎九州，獨往獨來，獨出獨入，無得而偶之者，是遺物而立獨也，是朝徹而見獨也，又孰有與道大蹇而觸途生患者哉？

墨○音眉。杘、①○敕夷。**盧曰**：默詐佯愚之狀。單○音戰。至、○音咥。**盧曰**：輕動之狀也。嘽○齒然。咺、○許爰。**盧曰**：迂緩之狀也。憋○妨滅。② 懯，③○音敷。此皆默詐、輕發、迂緩、急速之貌。四人相與游於世，胥如志也；窮年不相知情，④自以智之深也。**盧曰**：同游於世，⑤終年不相知名，自以爲善也。巧佞、**盧曰**：辯

---

① "杘"，陶光曰："'杘'當作'屎'，《廣雅·釋詁》二'趍，屎猝也'，王念孫云：'趍，屎，一字也。《説文》趍，倉卒也。卒與猝同。'今按詐獪多出倉卒，故字作'屎'，形誤爲'杘'。"

② "敕夷齒然許爰妨滅"，王叔岷曰："案元本、世德堂本注'敕夷'下、'齒然'下、'許爰'下、'妨滅'下並有'反'字。《容齋四筆》一引'敕夷'下亦有'反'字。"

③ "墨杘單至嘽咺憋懯"，秦恩復曰："案此節似缺盧注。"

④ "年"下，陶光曰："江本'年'下有'而'字。光按：下文'窮年不相曉悟'、'窮年不相謫發'、'窮年不相顧盼'，江本於'窮年'之下各有'而'字，與'窮年而不相語術'句法一律，當是古本如此。今各本於諸句下脱去'而'字，惟'窮年而不相語術'未脱，其迹尚可案也。"

⑤ "世"，原脱，據秦本補。

諂之狀也。愚直、**盧曰**:質朴之狀也。婩○魚略。斫、①○齒略。② 婩斫,不解悟之貌。**盧曰**:憨騃之狀也。便辟,**盧曰**:折旋之狀。四人相與游於世,胥如志也;窮年而不相語術,自以巧之微也。**盧曰**:同游於世,終年不相訪,各自以爲巧妙也。㺐○苦交。③ 忄牙、○苦牙。**盧曰**:頑戾強愊之狀也。情露、**盧曰**:不隱之狀也。謇○音蹇。極、④**盧曰**:訥澀之狀也。凌誶,○音碎。此皆多誶、訥澀、辯給之貌。⑤ **盧曰**:尋間語責之狀也。四人相與游於世,胥如志也;窮年而不相曉悟,自以爲才之得也。**盧曰**:各自以爲才能。眠○莫典。娗、⑥○徒藺。**盧曰**:無精采之狀也。諈○止累。諉、○如僞。⑦ **盧曰**:並煩重之貌。勇敢、**盧曰**:雄健之狀也。⑧ 怯疑,○眠娗,不開通之貌。諈諉,煩重之貌。**盧曰**:懦弱不決之狀。四人相與游於世,胥如志也;窮年不相讁發,⑨自以行無戾也。**盧曰**:各自以爲適宜得中之道也。多偶、**盧曰**:和同之狀也。自專、**盧曰**:獨任之狀也。乘權、**盧曰**:用勢之狀也。隻立,**盧曰**:孤介之狀也。四人相與游於世,胥如志也;

---

① "婩斫",陶光曰:"光按:'婩斫'二字聲義相去並遠,當有訛誤。《方言》十:'婩嫧,鮮好也,南楚之外通語也。'疑字當作'婩嫧',脱去'嫧'字,又闌入異文也。"

② "魚略齒略",王叔岷曰:"案元本、世德堂本注'魚略'下、'齒略'下並有'反'字。"

③ "苦交",王叔岷曰:"案元本、世德堂本注'苦交'下並有'反'字。"

④ "極",南宋本、世德堂本作"悈",下有注"音棘"二字。

⑤ "給",原作"治",據北宋本、南宋本、汪本、世德堂本改。

⑥ "眠娗",陶光曰:"江本'娗'作'娗'。光按:字作'娗'是。《方言》十:'眠娗,欺謾之語也。''眠'與欺謾之義遠,當作'婚'。《方言》十:'凡小儿多詐而獪謂之央亡,或謂之嘽尿,或謂之婚,婚娗也,或謂之猾,皆通語也。''婚'即獪也,'婚'與'眠'相近,故致誤,《列子》即襲此誤文。"

⑦ "莫典止累如僞",王叔岷曰:"案元本、世德堂本注'莫典'下、'止累'下、'如僞'下並有'反'字。"

⑧ "健",原作"徤",據秦本改。

⑨ "窮年"下,王叔岷曰:"案道藏江遹本'窮年'下有'而'字。下文'窮年不相顧眄','窮下'(德凌按:'下'當作'年')下亦有'而'字。"

窮年不相顧眄，自以時之適也。此衆態也，其貌不一，①而咸之於道，命所歸也。**盧曰**：變詐、巧辯、愚拙、佞直，衆態不同，而皆以爲命者，理不然矣。今説者言受氣有厚薄，故如此不同，一皆委之於天，更無可奈何者，此不知者也。故知道之士，養其神，含其真，易其慮，變其身，彼形骸自我而造也；力其行，移其命，此皆生生者之功美矣。然則因形以辯命，則力不如命；因力以徵形，則命不如力也。**政和**：墨杘言其質無所通，單至言其行有所達，嘽咺以言性之緩，憋懯以言其心之急，自以爲智之深者，蓋各以其所知者如此也。巧佞者詐，愚直者誠，婩斫者剛立之稱，便辟者柔從之貌，自以爲巧之微者，蓋各以其所能者如此也。𠍽伢者心有所藏，情露者事無所隱，謇極者吃訥之至，凌誶者辯説之給，自以爲才之得者，蓋各以其所得者如此也。眠娗者若不力於行，諈諉者若不敏於言，勇敢則爭先，怯疑則就後，自以爲行無戾，蓋各以其所行者如此也。多偶者同乎衆，自專者異於衆，乘權者則依勢而行，隻立則獨居而處，自以爲時之適，蓋以其所遇者如此也。是衆態者，各生於心之所能，故心既不同，則貌亦不一，此所以自徇殊面而名聲異號也。雖然，有所行者必由於道，由於道者必聽於命。是衆態者，或有所止，或有所差，而均由於道，聽於命，故曰"咸之於道，命所歸也"。**范曰**：衆志異慮，有所止者有所差；群趣殊方，有所拂者有所宜。然自以智之深者，窮年不相知情；自以巧之微者，窮年不相語術；自以才之得者，窮年不相曉悟；自以行無戾者，窮年不相謫發；自以時之適者，窮年不相顧眄。紛紛之衆態，貌各不同，然皆相與游於世，胥如志也，殆亦任其真性而然耳。

佹佹○姑危。成者，②俏成也，③○俏，音肖。俏，似也。**盧曰**：魏魏者，幾欲之狀也。俏者，似也。初非成也；佹佹敗者，俏敗者也，初非敗也。○世有幾得幾失之言，而理實無幾也。**盧曰**：已欲成

---

① "其"，原脱，據道藏白文本、南宋本、世德堂本補。陶光曰："道藏白文本、林本'貌'上有'其'字。"

② "佹佹"，秦恩復曰："案盧注作'魏魏'，與張湛本不同。"

③ "也"，王叔岷曰："《六書故》八引'也'上有'者'字，與下文一律，當從之。"

而不成者，似於成而非成也；垂欲敗而不敗者，似於敗而非敗也。故迷生於俏，○惑其以成敗而不能辯迷之所由也。俏之際昧然。於俏而不昧然，○際，猶會也，言冥昧而難分耳。① **盧曰**：人之所迷，生於似者也，不了也；不了，則昧然矣。若相似而不昧然，斯謂明也。則不駭外禍，不喜内福，○禍福豈有内外？皆理之玄定者也。見其卒起，因謂外至；見其漸著，因謂内成也。隨時動，隨時止，智不能知也。○動止非我，則非智所識也。② **盧曰**：所謂明者，了於性，通於神，力之所以生，命之所以成，故無外禍可駭懼，無内福可忻喜，動止隨時，不須智度也。**政和**：佹者，幾欲之貌。俏者，肖似之稱。佹佹成者，幾欲成而非成也，故曰"俏成也，初非成也"，言似成而非也；佹佹敗者，幾欲敗而非敗也，故曰"俏敗也，初非敗也"，言似敗而非也。自迹觀之，成敗之幾，間不容髮；自理觀之，毫釐之差，速以千里。此昧者所以生迷於疑似之際而終莫能悟也，故曰"迷生於俏，俏之際昧然"。若夫達人之觀，則朝徹見獨，所以於俏而不昧然。成敗之端，無變於己，所以不駭外禍，不喜内福；動止不違其時，而未嘗留情焉，所以隨時動，隨時止。若是則非智所能識也，故曰"智不能知也"。信命者於彼我無二心。○無喜懼之情也。於彼我而有二心者，不若揜目塞耳，背坂面隍，③亦不墜仆也。○此明用智計之不若任自然也。④ **盧曰**：若能彼我無二心，則吉凶悔吝不生矣。苟不能知命任理，則全身遠害，且免傾墜顛仆也。是以世人不忘於力求，而不能委於命也。**范曰**：天下萬物，迭廢迭興，倏起倏滅，成敗之機相尋於無窮。故幾於成者，初非成也，俏成而已；幾於敗者，初非敗也，俏敗而已。俏似之際，疑而弗決，迷之所由生也。聖人睹變化之

---

① "而"，北宋本、南宋本、汪本、世德堂本無。

② "智"，原作"謂"，據北宋本、南宋本、世德堂本、汪本改。

③ "坂"，《釋文》云："城，一本作阪。"王叔岷曰："案世德堂本'坂'作'阪'，'阪'與'坂'同。《釋文》本作'城'，當從之。'坂'蓋'城'之形誤。'城'誤爲'坂'，因復有作'阪'者耳。"

④ "若"，北宋本、南宋本、世德堂本、汪本作"如"。

無窮,識盈虚之有數,超然自得,不累於物,禍亦不至,福亦不來,動止隨時,一無所迕,豈容私智於其間哉?信於命而彼我無二心,莫之爲而常自然而已。故曰:死生自命也,○若其非命,則仁智者必壽,凶愚者必夭,而未必然也。貧窮自時也。① ○若其非時,則勤儉者必富,而奢惰者必貧,亦未必然也。**盧曰**:子夏曰:"死生有命,富貴在天。"天者,時也。陽和布氣,群物皆生;聖人利見,含靈俱暢。自我而定謂之命,因化所及謂之時也。怨夭折者,不知命者也;怨貧窮者,不知時者也。○此皆不識自然之理。當死不懼,在窮不戚,知命安時也。② **盧曰**:知命安時,德之大也。時來不可俱,③命至不可却,故曰"安時而處順,憂樂不能入"。迷生於肖似,戚生於不知時焉。④ **政和**:直然無間之謂命,故信命者於彼我無二心,於彼我而有二心則爲有間矣。有心者不能致夫道,而致道者忘心,故有二心者不若揜目塞耳、背坂面隍而不墜仆。蓋揜目塞耳者,黜其聰明;背坂面隍者,無所顧望。若是者,驚懼不入於胸次,所以亦不墜仆也。此雖未通乎命,然猶愈於彼。死生自命者,言制之於彼;貧窮自時者,言所遇不在我。命在彼而夭壽不貳,君子俟命而已,則怨夭折者豈知命者哉?時在彼而貧達不同,君子待時而已,則怨貧窮者豈知時者哉?惟當死不懼,則以死生爲晝夜,⑤此知命者也;在窮不戚,

---

① "貧窮自時也",《釋文》同,云:"一本作'富貴自時也'。"于鬯曰:"鬯案:'貧窮'似當作'貧富',與上句'死生'義對,蓋涉下文'貧窮'字而誤。張注云'若其非時,則勤儉者必富,而奢惰者必貧',則其本當原作'貧富'矣。"陶鴻慶曰:"愚案:'貧窮'當作'貧富',與上句'死生自命也'語意一律。張注云'若其非時,則勤儉者必富,而奢惰者必貧,亦未必然',是其所見本正作'貧富'。今本涉下文'怨貧窮者'而誤。"德凌按:于説、陶説可從。

② "也"上,陶光曰:"光按:江本'也'上多'者'字。"

③ "俱",德凌按:當作"拒"。

④ "迷生於肖似戚生於不知時焉",原作"戚生於肖似迷生於不知時焉",據秦本乙正。

⑤ "晝夜"下,德凌按:當有"之常"二字。"惟當死不懼,則以死生爲晝夜之常,此知命者也"與"在窮不戚,則以窮通爲寒暑之序,此安時者也"相對爲文。其下范解云"故視死生爲晝夜之常"亦可證。

則以窮通爲寒暑之序，此安時者也。其使多智之人量利害，料虛實，度人情，得亦中，亡亦中；○中，半也。其少智之人不量利害，①不料虛實，不度人情，得亦中，亡亦中。量與不量，料與不料，度與不度，奚以異？**盧曰**：凡料天下之事十得五中者，必爲善料也；而少智不料，亦得半矣，有何異也？唯亡所量，○不役智也。亡所不量，○任智之所知也。② 則全而亡喪，亦非知全，亦非知喪，自全也，自亡也，③自喪也。○自全者，非用心之所能；自敗者，非行失之所致也。**盧曰**：假使勤心苦志，料得其半，則不如無料而全其生。勞思慮者不知命，無所料者不知力，不知力者乃近於道矣，故去彼取此而已。**政和**：事有利害，理有虛實，人之情有誠僞，非多智所能度，非少智所不能度，玆所以失得各半也。必以多智爲必得，是無天也；必以少智爲必亡，是無人也，故曰"量與不量，料與不料，度與不度，奚以異"。唯冥而一之，付之自爾，則幾乎以其真。**范曰**：命可聽而不可逆，時可因而不可違。怨夭折者，非知命也；怨貧窮者，非知時也。唯君子爲能知命安時，故視死生爲晝夜之常，當死不懼，未嘗惡死；視窮通爲寒暑之序，在窮不戚，未嘗醜窮。豈嘗弊精神，妄億度，以鑿爲智哉？

齊景公游於牛山，④北臨其國城而流涕曰："美哉國乎！

---

① "其"下，德凌按：當有"使"字，"其使少智之人不量利害"正與上句"其使多智之人量利害"對言。

② "任"，北宋本、汪本同，南宋本、世德堂本作"在"。

③ "自亡也"，俞樾曰："樾謹按：'自亡也'三字疑爲衍文。上文云'唯亡所量，亡所不量，則全而亡喪。亦非知全，亦非知喪'，皆以'全'、'喪'對言，此云'自全也，自喪也'，文義已足。增出'自亡也'三字，則與上文不合矣。蓋涉上有三'亡'字而誤衍此句，不知上三字皆'有無'之'無'，非'喪亡'之'亡'也。"

④ "牛山"，王叔岷曰："案《韓詩外傳》十'牛山'下有'之上'二字，文意較完。"

鬱鬱芊芊，若何滴滴去此國而死乎？① 使古無死者，寡人將去斯而之何？②”史孔、③梁丘據皆從而泣曰：“臣賴君之賜，疏食惡肉可得而食，④駑馬稜車可得而乘也，⑤且猶不欲死，而況吾君乎？”晏子獨笑於旁。⑥ 公雪涕而顧晏子曰：“寡人今日之游悲，孔與據皆從寡人而泣，子之獨笑，何也？”晏子對曰：“使賢者常守之，則大公、⑦桓公將常守之矣；使有勇者而常守之，⑧則莊公、靈公將常守之矣。數君者將守之，吾君方

---

① “滴滴”，《釋文》云：“滴滴，或作滂滂，並音普郎切，流蕩貌。”陶光曰：“世德堂本‘滴滴’作‘滂滂’。《釋文》曰：‘滴滴，一本作滂滂，並皆（德凌按：當作音）普郎切，流蕩貌。’光按：《晏子春秋》一第十七章字作‘滂滂’。‘滂滂’義不可通，疑當作‘堂堂’，形誤爲‘旁’，後人以‘旁旁’無義，因增水邊爲‘滂’。‘旁’字故書作‘啇’，故‘滴’又誤爲‘滴’。《釋文》所據之本，‘滴’當作‘滴’，故與‘滂’並音普郎切也。字當作‘堂’者，從《晏子春秋》七‘寡人將去此堂堂國者而死乎’之文。然《晏子》文‘堂堂’當訓如揚雄《劇秦美新》，堂堂有新之義，謂齊國之盛也。此文‘若何堂堂去此國而死乎’，‘堂堂’猶言‘皇皇’。杜詩‘堂堂歲月除’，與此‘堂堂’義同。”

② “之何”，盧文弨曰：“《韓詩外傳》作‘何之’。”王叔岷曰：“案《韓詩外傳》十‘之何’作‘何之’，當從之，此文誤到。”

③ “史”，陶光曰：“《釋文》‘史’作‘艾’。光按：作‘艾’是也，《晏子春秋》一第十七章字作‘艾’。”

④ “疏”，原作“跪”，據南宋本、世德堂本改。《釋文》云：“‘跪’，當作‘疏’。《韓詩外傳》全有此章，云：‘疏食惡肉可得食。’疏食，菜食。”王叔岷曰：“其說是也，盧重元本、元本、世德堂本、道藏江遹本皆作‘疏’。”陶光曰：“江本引‘跪’作‘疏’。”

⑤ “稜”，《釋文》云：“‘稜’，當作‘棧’。《晏子春秋》及諸書皆作棧車，謂編木爲之。”秦恩復曰：“案《釋文》當作‘棧’，《晏子春秋》亦作‘棧’。”

⑥ “晏子”，《釋文》作“晏嬰”。

⑦ “則”，原脱，據道藏白文本、北宋本、南宋本、世德堂本、汪本補。

⑧ “有勇者而”，王叔岷曰：“案《晏子春秋内篇·諫上》無‘有’、‘而’二字，與上文句法一律。”

將被蓑笠而立乎畎畝之中，唯事之恤，行假念死乎？① ○行假，當作何暇。**盧曰**：死而復生者，人咸歸於釋論道書，與儒教仿佛而不明言之。今此云吾君方將被蓑笠而立乎畎畝之中者，②則死生之理灼然可詳矣。是知力以成命，成命而後生，則生生之功可見矣。則吾君又安得此位而立焉？以其迭處之，迭去之，至於君也，而獨爲之流涕，是不仁也。見不仁之君，見諂諛之臣。③ 臣見此二者，臣之所爲獨竊笑也。”景公慚焉，舉觴自罰，罰二臣者各二觴焉。**政和**：晏子曰“善哉，古之有死也，仁者息焉”，故以流涕爲不仁。**范曰**：天與地無窮，人死者有時。操有時之具，托無窮之間，忽然無異騏驥之馳隙也，然則有國之君雖欲長守，得乎哉？景公泣於牛山，蓋不知此，宜乎晏子之竊笑也。

魏人有東門吳者，其子死而不憂。④ 其相室曰：“公之愛子，⑤天下無有。今子死不憂，⑥何也？”東門吳曰：“吾常無

---

① “行假”，胡懷琛曰：“竊疑‘假’應作‘暇’，‘行假’猶‘登暇’，謂死也。《黃帝》篇‘而帝登假，百姓號之’亦作‘假’，張注‘假，當爲遐’是也。此篇‘行暇’指上文太公、桓公、莊公、靈公而言，‘念死’謂以死爲念也，‘乎’字是未定口吻。‘行暇念死乎’猶言如已死之數公而惜死如此，方與下文‘則吾君又安得而立焉’貫通。又按《晏子春秋・諫上》記此事無‘行假’之語。”王重民曰：“《釋文》曰：‘行假，音何暇。’案《韓詩外傳》作‘何暇’。”

② “此”，原作“比”，據秦本改。

③ “諂”，陶光曰：“光按：‘諂’當作‘讇’，《説文・言部》：‘讇，諛也。’”

④ “其子死而不憂”，王叔岷曰：“案《御覽》五一八、《記纂淵海》四八、五一、《事文類聚後集》七、《合璧事類前集》三二引‘者’下並有‘年四十’三字，‘其子死而不憂’並作‘有一子，喪之而不憂’。《六帖》十八引‘憂’作‘哭’。”

⑤ “愛子”下，王叔岷曰：“案《文選》陸士衡《弔魏武帝文》注、《御覽》五一八、《記纂淵海》四八、五一、《事文類聚後集》七、《合璧事類前集》三二引‘愛子’下並有‘也’字。”

⑥ “死不憂”，王叔岷曰：“案《六帖》十八引‘死’下有‘而’字，‘憂’作‘哭’。”

子，無子之時不憂。今子死，乃與向無子同，詎奚憂焉？”①**政和**：子孫非汝有，是天地之委蜕也，其來不能却，其去不能止，則有子非所喜，而亡子非所患。非達性命之情，何以與此？

農赴時，商趣利，工追術，仕逐勢，勢使然也；然農有水旱，商有得失，工有成敗，仕有遇否，命使然也。○自然冥運也。**盧曰**：夫士、農、工、商，各趣利而逐勢者，力所爲也；水旱、成敗、否泰者，力所不能成，則委命以自安之，是收其樔榆而不損護也。② 世人皆以無可奈何，乃推之於命耳；不能力求者，迷於似得者也。東門吴善安於命者也，非謂善於知命者也。若生者有生生者，是得夫所以造吾命者，復安肯委命於生者？是得夫所以迭處迭去也。若知命者，當委命而任力焉。**政和**：勢在人，命在天。在人者可以力爲，在天者不可以力致。士、農、工、商，舉天下之民，不過此四者。赴時、趣利、追術、逐勢，我所能也；水旱、得失、成敗、遇否，我所不可能也。所可能者在人，所不可能者在天，人之不勝天也久矣，故列子論力命之説，以此終篇。**范曰**：赴者，趣之緩也；追者，逐之緩也。闢土殖穀曰農，故所赴者時；通財鬻貨曰商，故所趣者利。工相與議技巧於官府，則追術而已；士相與言仁義於宴閒，則逐時而已。朝夕從事，不見異物而遷焉，勢使之然也；若夫農有水旱，商有得失，工有成敗，士有遇否，則非勢之有也，蓋亦有命存焉。

---

① “詎”，原作“臣”，據道藏白文本改。王重民曰：“案吉府本‘臣’作‘詎’，疑本作‘奚巨憂焉’。‘奚巨’復詞，讀者不達其義，遂以意移於‘奚’字之上也。”王叔岷曰：“案道藏白文本‘臣’亦作‘詎’，林希逸本作‘巨’，云：‘巨與詎同。’‘臣’即‘巨’之誤。”

② “樔榆而不損護”，孫詒讓曰：“‘樔’當作‘桑’，‘損護’當作‘隕穫’，見《禮記·儒行》。”

卷之十七

楊朱

張曰：夫生者，一炁之暫聚，一物之暫靈，暫聚者終散，暫靈者歸虚。而好逸惡勞，物之常性，故當生之所樂者厚味、美服、好色、音聲而已耳。而復不能肆性情之所安，耳目之所娱，以仁義爲關鍵，用禮樂爲衿帶，①自枯槁於當年，求餘名於後世者，是不達乎生生之趣也。② **盧曰**：夫君子殉名，小人殉利。唯名與利，皆情之所溺，俗人所爭焉。故體道之人也，爲善不近名，不趨俗人之所競；爲惡不近刑，不行俗人之所非。違道以求名，溺情以從欲，俱失其中也，故有道者不居焉。此言似反，學者多疑，然則《楊朱》之篇亦何殊於《盜跖》也？**政和**：聖王不作，處士横議，察焉以自好。列禦寇知邪説之蔽於一曲，而世之學者不幸，不見天地之大全，道術爲天下裂，故辭而闢之。**范曰**：恃智詐以干時者，或以權力亂其素分；拂天真以殉僞者，或以矯抑虧其形生。惟兹二者，皆非中道，故《力命》之篇一推分命，③《楊朱》之篇惟貴放逸。或以爲二義乖背，不似一家之書，豈知至人立言之旨兩存而不廢也？

---

① “禮樂”，北宋本、南宋本、世德堂本、汪本作“禮教”。

② “趣”，南宋本、世德堂本作“極”。

③ “分命”，原誤倒，據書前所録劉向《列子書録》“至於《力命》篇一推分命”乙正。

楊朱游於魯，舍於孟氏。孟氏問曰：①“人而已矣，奚以名爲？”曰：“以名者爲富。”“既富矣，奚不已焉？”曰：“爲貴。”“既貴矣，奚不已焉？”曰：“爲死。”“既死矣，奚爲焉？”曰：“爲子孫。”○夫事爲無已者，②故情無厭足。“名奚益於子孫？”曰：“名乃苦其身、燋其心。③ ○夫名者，因僞以求真，假虚以招實，矯性而行之，有爲而爲之者，豈得無勤憂之弊邪？乘其名者，澤及宗族，利兼鄉黨，況子孫乎？”**范曰**：名，公器也，不可多取，故殘生損性以身爲殉者，至人之所以深悲也。然有名則尊榮，亡名則卑辱，没世不稱，君子疾之，故求生前之富貴，貽身後之子孫，則名有不可已者。“凡爲名者必廉，④廉斯貧；爲名者必讓，讓斯賤。”⑤○此難家之辭也。今有廉讓之名而不免貧賤者，此爲善而不求利也。**盧曰**：夫人之生世也，唯名與利。聖人以名利鈞之，則小人死於利，君子死於名，無有不至者也。善惡雖殊，俱有求也。然而求名而遂者，豈唯取富貴，乃榮及子孫，利兼鄉黨矣。雖苦身燋心、勤於廉讓者，志有所望而情有所忘，俱失中也。曰：“管仲之相齊也，君淫亦淫，君奢亦奢。○言不專美惡於己。志合言從，道行國霸。死之後，管氏而已。**盧曰**：實名之利薄也。田氏之相齊也，君盈則已降，君斂則已施。○此推惡於君也。

---

① “孟氏問”，于鬯曰：“鬯案：‘孟氏問’當作‘問孟氏’，‘人而已矣，奚以名爲’正楊朱之言，非孟氏之言。蓋孟氏爲人，必好名而貪富者，觀下文義可見，故楊朱以是問之。倒‘問’字在‘孟氏’下，則‘人而已矣，奚以名爲’爲孟氏問辭矣。誠孟氏問辭，楊子當引爲同道，而下文之義胥不可通。”

② “者”，北宋本、南宋本、汪本、世德堂本無。

③ “名乃苦其身燋其心”，陶鴻慶曰：“愚案：‘名乃苦其身、燋其心’八字當在上文‘孟氏問曰：“人而已矣，奚以名爲”’之下，以見名之害而爲名者之愚。又云‘既富矣，奚不已焉’，‘既貴矣，奚不已焉’，正謂其苦身燋心而不止也。今誤脱在此，則上文詞意不足。而此文方論爲名之益，乃先舉爲名之害，語氣爲不倫矣。”

④ “凡爲名者必廉”上，于鬯曰：“鬯案：句上當有‘曰’字，楊朱語。”

⑤ “貧爲名者必讓讓斯賤”，王叔岷曰：“案《初學記》十八引‘貧’下有‘矣’字，據此，則下文‘讓斯賤’下亦當有‘矣’字，文乃一律。”

民皆歸之，因有齊國，子孫享之，至今不絶。**盧曰**：僞名之利深也。若實名貧，僞名富。①”○爲善不以爲名而自生者，②實名也；爲名以招利而世莫知者，僞名也。③ 僞名則得利者也。曰：“實無名，名無實。名者，僞而已矣。○不僞則不足以招利。④ **盧曰**：行實者無其名，求名者無其實，故不僞則利不彰也。昔者堯、⑤舜僞以天下讓許由、善卷而不失天下，享祚百年；○僞實之迹因事而生，致僞者由堯、舜之迹，而聖人無僞也。伯夷、叔齊實以孤竹君讓而終亡其國，⑥餓死於首陽之山。實僞之辯，如此其省也。”○省，猶察也。**盧曰**：僞者取名而無實，真者實行而忘名。堯、舜之與夷、齊，炳然如此，真僞之迹耳，不易察哉？世人若不殉名利而失真，則溺情欲而忘道矣。天下善人少，不善人多，則殉名者稀，從欲者衆，雖有智者，亦無可奈何，蓋俱失中也。**政和**：聖人無名，而人與之名，故所謂名者皆賓其實；賢士殉名，而名或過於實，故所謂名者多取以僞。雖然，古之聖人無爲名尸，惟恐名之累己也。名亦既有，則實僞奚辯？故有以實而得名者，有以僞而得名者，有以實而爲僞者，有以僞而爲實者。而管仲、田氏方且與堯、舜、夷、齊爭名實僞之間，此《莊子》之論養生所以欲爲善無近名也。**范曰**：廉而無求，則不免於貧；遜而無爭，則不免於賤。若是，則名何益

---

① “若實名貧僞名富”，俞樾曰：“樾謹按：此下當有‘實名賤，僞名貴’二句。上文曰‘凡爲名者必廉，廉斯貧；爲名者必讓，讓斯賤’，故此引管仲、陳氏事證爲實名則貧賤、爲僞名則富貴也。”陶鴻慶曰：“愚案俞氏云‘此下當有“實名賤，僞名貴”二句’，其説是已；而以此與上言管仲、田氏事爲一人之辭，則非也。上文云‘凡爲名者必廉，廉斯貧；爲名者必讓，讓斯賤’，張注以爲難家之辭，是也。”王叔岷曰：“案《御覽》四八五引‘富’下有‘也’字。”

② “而自生者”，王叔岷曰：“道藏本注‘名自生者’作‘而自生者’。疑‘名’上原有‘而’字，此脱‘而’字，彼脱‘名’字耳。”

③ “也”，原脱，據北宋本、南宋本、世德堂本、汪本補。

④ “則”，原脱，據北宋本、南宋本、世德堂本、汪本補。

⑤ “者”，楊伯峻曰：“伯峻案：《御覽》四二四、《類聚》二十一引並無‘者’字。”

⑥ “君”，楊伯峻曰：“伯峻案：《御覽》四二四、《類聚》二十一引並無‘君’字，是也。”

哉？然名一也，有實僞之不同。實名貧，管仲是也；僞名富，田成是也。推而上之，若堯、舜之遜天下，若夷、齊之遜國，或不失天下而享禄百年，或終亡其國而至於飢死，殆亦實與僞之間歟？

楊朱曰："百年，壽之大齊。得百年者，千無一焉。設有一者，孩抱以逮昏老，幾居其半矣；夜眠之所弭，晝覺之所遺，又幾居其半矣；痛疾哀苦，①亡失憂懼，又幾居其半矣。量十數年之中，逌然而自得，亡介焉之慮者，亦亡一時之中爾。則人之生也，奚爲哉？奚樂哉？爲美厚爾，爲聲色爾，而美厚復不可常厭足，聲色不可常玩聞。乃復爲刑賞之所禁勸，名法之所進退，遑遑爾競一時之虚譽、規死後之餘榮，偊偊爾順耳目之觀聽、惜身意之是非。徒失當年之至樂，不能自肆於一時，重囚纍梏，何以异哉？○异，異也，古字。**盧曰**：舉俗之人咸以百年爲一生之期，而復晝夜哀苦之所減矣，泰然稱情者無多時焉；稱情之事不過稱聲色美味，而復以刑賞名教之所束縛，不得肆其情，亦何以異乎囚繫桎梏者？此皆滯情之言也。**政和**：《莊子》曰："至樂治身，唯無爲幾存。人之生也，與憂俱生。"所樂身安、厚味、美服、好色、音聲也。身不得安逸，口不得厚味，形不得美服，目不得好色，耳不得音聲，則大憂以懼，終身役役，以求至樂，其爲樂也亦疏矣，故唯無以樂爲者是爲至樂。今且勸禁於刑賞，進退於名法，順耳目之觀聽，惜身意之是非，以求吾樂，乃與重囚纍梏者無以異，惡足活身哉？太古之人知生之暫來，知死之暫往，○生實暫來，死實長往，是世俗常談；而云死復暫往，卒然覽之，有似字誤。然此書大旨，自以爲存亡往復，②形氣轉續，生死變化，未始絶滅也。注《天瑞》篇中已具詳其義矣。故從心而動，不違自然所好，當

① "痛疾"，盧文弨曰："《意林》作'疾病'。"王叔岷曰："案《文選》陸士衡《長歌行》注引亦作'疾病'。"

② "爲"，原脱，據北宋本、南宋本、世德堂本、汪本補。

身之娱非所去也，①故不爲名所觀；②○爲善者不近名者。③ 從性而游，不逆萬物所好，④死後之名非所取也，故不爲刑所及。○爲惡者不近刑者。⑤ 名譽先後，年命多少，非所量也。”**盧曰**：舉太古之人者，適其中也。夫有生有死者，形也；出生入死者，神也。知死生之暫來暫往也，則不急急以求名；知神明之不死不生也，則不遑遑以爲道。故從心而動，不違自然所好也，娱身而已矣，何用於名焉？故從性而游，不逆萬物所嗜也，適意而已矣，何懼於刑焉？是以名譽、年命，非所料量也；娱身適意者，動與道合，非溺於情也。**政和**：死於此，未必不生於彼，則死生特往來之暫耳。心有起滅，性無加損，故從心而動者不去當身之娱，從性而游者不取死後之名。從心而動，不違自然所好，言在己者因其固然；從性而動，不違萬物所好，言在外者順其自爾。不爲名所觀，此《莊子》所謂無近名也；不爲刑所及，此《莊子》所謂無近刑也。若是者，身後之名固非所觀，而當身之娱亦曾不足累，則名譽先後，年命多少，豈遑恤之哉？**范曰**：人生天地間，譬猶一漚之在水也。生化而死，成已俄壞；死化而生，壞已俄成。惟原始反終，故知死生之説，從心而動，從性而游，當身之娱非所去也。爲善無近名而已，故不爲名所勸，死後之名非所取也；爲惡無近刑而已，故不爲刑所及，名譽先後，年命多少，未嘗容心於其間，又曷嘗拘迫遑遽，措一身於重囚纍梏之間爲哉？

楊朱曰：“萬物所異者，生也；所同者，死也。生則有賢愚、貴賤，是所異也；死則有臭腐、消滅，是所同也。雖然，賢愚、貴賤非所能也，臭腐、消滅亦非所能也，故生非所生，死非

---

① “當身”，俞樾曰：“樾謹按：‘當身’乃‘當生’之誤。下云‘死後之名非所取也’，‘當生’與‘死后’正相對，下文云‘且趣當生，奚遑死后’是其證。”

② “觀”，吉府本、道藏白文本、南宋本、世德堂本作“勸”。《釋文》作“勸”，云：“‘勸’，一本作‘觀’。”德凌按：范致虛所據本作“勸”，故云“故不爲名所勸”。

③ “者”，北宋本、南宋本、世德堂本、汪本無。

④ “不違自然所好”、“不逆萬物所好”，陶光曰：“疑原作‘不違自然之所好’、‘不逆萬物之所好’，脱去兩‘之’字。”

⑤ “者”，北宋本、南宋本、世德堂本、汪本無。

所死，賢非所賢，愚非所愚，貴非所貴，賤非所賤。① ○皆自然爾，非能之所爲也。然而萬物齊生齊死，齊賢齊愚，齊貴齊賤。○皆同歸於自然。十年亦死，百年亦死，仁聖亦死，凶愚亦死。生則堯、②舜，死則腐骨；生則桀、紂，死則腐骨。腐骨一矣，孰知其異？③ 且趣當生，奚遑死後？"○此譏計後者之惑也。夫不謀其前，不慮其後，無戀當今者，德之至也。**盧曰**：生者，一身之報也；死者，一報之盡也。賢愚、貴賤，生物之殊也，故爲異焉；臭腐、消滅，死物之常也，故爲同焉。世人皆指形以爲死生，不知形外之有神。神之去也，一無知耳，故賢愚、貴賤、臭腐、消滅皆形所不自能也；不自能，則含生之質未嘗不齊。人皆知其所齊，不知其所以異，且競當生，不暇養所生，故有道者不同於兹矣。**政和**：達生之情者知生暫來，況於爲死而不已者乎？知有生必有死，有始必有終，齊死生，同賢愚，等貴賤，則百慮一致爾。爲死後之計，是惑也。**范曰**：役於陰陽之機緘，範於造化之鑪冶，以身爲大患，以生爲有涯，不能悦其志意，養其壽命，皆非通道者也。何者？貴賤、賢愚，以生則異；臭腐、消滅，以死則同。十年亦死，百年亦死，彭祖、殤子無久近之分也；仁聖亦死，凶愚亦死，仲尼、盜跖無善惡之間也。又孰以身爲殉，而規死後之餘榮哉？

楊朱曰："伯夷非亡欲，矜清之郵，○音尤。以放餓死；○守餓至死。展季非亡情，矜貞之郵，④以放寡宗。清貞之誤善之

---

① "故生非所生"至"賤非所賤"二十五字，楊伯峻曰："伯峻案：'故生非所生'諸'所'字下疑皆脱'能'字，此數語緊承'賢愚、貴賤非所能也，臭腐、消滅亦非所能也'而言。細繹張《注》及下文盧《解》，似其所見本俱有'能'字。"

② "生"上，王叔岷曰："案《慎子·外篇》'生'上有'故'字。"

③ "異"下，王叔岷曰："案《慎子·外篇》'異'下有'哉'字。"

④ 兩"郵"，原作"卸"，據世德堂本改。王叔岷曰："案'卸'無尤音，林希逸云'卸字恐是郵字傳寫之訛，郵與尤同'，其説是也。元本、世德堂本'卸'並作'郵'，下同。"陶光曰："光按：'矜清之卸'義不可解，張注於'卸'字下'音尤'，'卸'當作'郵'。'郵'、'尤'音近，得相假也。《周穆王》篇'而況魯之君子迷之郵者'，亦假'郵'爲'尤'，説詳《穆王》篇。下文'矜貞之卸'同此。"

若此!”○此誣賢負實之言,然欲有所抑揚,不得不寄責於高勝者耳。**盧曰**:殉名之過實以至於此,非所以體真全道、忘名證實者也。**政和**:人不能無欲,既謂之人,惡得無情?則欲與人情之有也,伯夷矜清非無欲,展季矜貞非無情,以放於餓死,以放於寡宗,非所謂不以好惡内傷其身,常因自然而不益生者也。**范曰**:伯夷之餓死,展季之寡宗,皆未免於有所矜者,是直論其制行之迹以矯好名之弊而已。讀是書者,必得意忘言,然後可。

楊朱曰:“原憲寠於魯,①子貢殖於衛。○寠,貧也。殖,貨殖。原憲之寠損生,子貢之殖累身。”“然則寠亦不可,殖亦不可,其可焉在?”曰:“可在樂生,可在逸身,故善樂生者不寠,○足己之所資,不至乏匱也。善逸身者不殖。”○不勞心以營貨財也。**盧曰**:固窮而不力求,損於生者也;貨殖而爲命,累於身者也。唯有道者不貨殖以逸其身,不守窮以苦其生,樂道全真,應物無滯也。**政和**:能尊生者,雖富貴不以養傷身,雖貧賤不以利累形。原憲之寠損生,爲其以利累形也;子貢之殖累身,爲其以養傷身也。愁身傷生,以憂戚不得,非所謂樂生者,故善樂生者不寠;苦身疾作,多積財而不盡用,非所謂逸身,故善逸身者不殖。**范曰**:原思塊坐於環堵之室,其寠可知;子貢鬻財於齊魯之間,其殖可知。斯二者,一則損生,一則累身,吾未知其可也。

楊朱曰:“古語有之:‘生相憐,死相捐。’此語至矣。相憐之道,非唯情也,勤能使逸,飢能使飽,寒能使温,窮能使達也;相捐之道,非不相哀也,不含珠玉,不服文錦,不陳犧牲,不設明器也。**盧曰**:知相憐相捐之道爲至矣,皆人不能至焉。何則?相憐在於贍濟乎生,相捐在於無累乎形,此爲至當矣。若生不能贍之令安,死則徒埋珠寶以眩名,招寇盜以重傷,是失其宜矣。**政和**:天下之事,唯實與誠。勤能使逸,飢能使飽,寒能使温,窮能使達,此相憐之實也;不含珠玉,不服文彩,不陳犧牲,不設明器,此相捐之誠也。**范曰**:生相憐者

---

① “寠”,楊伯峻曰:“伯峻案:‘寠’當從‘宀’作‘寠’。”

疑若悦生，死相捐者疑若惡死，死生異道，固未能以是爲一體也。楊子於此殆亦有爲而言耶？晏平仲問養生於管夷吾，管夷吾曰：'肆之而已，勿壅勿閼。'晏平仲曰：'其目奈何？'夷吾曰：'恣耳之所欲聽，恣目之所欲視，恣鼻之所欲向，恣口之所欲言，恣體之所欲安，恣意之所欲行。○管仲，功名人耳，相齊致霸，動因威謀。任運之道既非所宜，且於事勢不容此言。又上篇復能勸桓公適終北之國，恐此皆寓言也。夫耳之所欲聞者音聲，而不得聽，謂之閼聰；○閼，塞。目之所欲見者美色，而不得視，謂之閼明；鼻之所欲向者椒蘭，而不得嗅，謂之閼顫；○鼻通曰顫。顫，音舒延切。口之所欲道者是非，而不得言，謂之閼智；體之所欲安者美厚，而不得從，謂之閼適；意之所欲爲者放逸，而不得行，謂之閼性。凡此諸閼，廢虐之主。○廢，大也。去廢虐之主，熙熙然以俟死，一日、一月、一年、十年，吾所謂養。○任情極性，窮歡盡娛，雖近期促年，且得盡當生之樂也。拘此廢虐之主，録而不舍，戚戚然以至久生，百年、千年、萬年，非吾所謂養。'○惜名拘禮，内懷於矜懼憂苦以至死者，長年遐期，非所貴也。① **盧曰**：夷吾之才足以相霸主、振頹綱，而布奢淫之情足以忤將來、敗風俗。故夫子賞其才也，則曰"微管仲，吾其被髮左衽矣"；惡其失理也，②則曰"管仲之器小哉！管氏而知禮，孰不知禮"。列子因才高之人以極其嗜欲之志，令有道者知其失焉。然縱耳目之情、窮聲色之欲者，俗人之常心也，故極而肆之，以彰其惡耳，非所以垂訓來世、法則後人者也。管夷吾曰：'吾既告子養生矣，送死奈何？'晏平仲曰：'送死略矣，將何以告焉？'管夷吾曰：'吾固欲聞之。'平仲曰：'既死，豈在我哉？③ 焚之亦

---

① "所"下，原衍"謂"字，據北宋本、南宋本、世德堂本、汪本删。

② "恶"，原作"忽"，據秦本改。

③ "既死豈在我哉"，陶光曰："光按：《意林》二引作'吾一死之後，豈關我耶'。"

可，沉之亦可，瘞之亦可，露之亦可，衣薪而棄諸溝壑亦可，衮文綉裳而納諸石椁亦可，唯所遇焉。’○晏嬰，墨者也，自以儉省治身，①動遵法度，非達生死之分。② 所以舉此二賢，以明治身者唯取其奢儉之異乎？③ **盧曰**：俗人殉欲之志深，送死之情薄，薄則易爲節，深則難爲情，故厚其生則衆心之所喜，薄其死則群情所易從。列子乃因侈者以肆情，因儉者以節禮，故王孫之輩，良吏譏之，失其中道也。管夷吾顧謂鮑叔、黄子曰：‘生死之道，吾二人進之矣。’”○當其有知，則制不由物；及其無知，則非我所聞也。**盧曰**：既不由我矣，則任物以處之，此世人謂死爲無知者也；若由我者，肆情以樂之，此世人謂順情爲貴者也。若然者，堯、舜、周、孔不足爲俗人重，桀、紂、盜跖可爲後代師矣，豈有道者所處也？至人忘情，聖人制禮。情忘也，則嗜欲不存矣，何聲色之可耽耶？禮制也，則生死迹著矣，何焚露之可薄耶？縱情之言，皆失道也。**政和**：貴生者不足以養生，唯樂生者乃能養生；哀死者不足以送死，唯捐死者乃能送死。肆之而無所拘，而視聽言行勿違吾之心，此養生而肆之之道也；任之而無所繫，而沉瘞焚露勿異吾之情，此送死而捐之之道也。達死生之分如此，是之謂盡其道。**范曰**：管仲以其君伯，晏子以其君顯，是直尊主强國之人，其於生死之道未必能達。列子記此，蓋寓言救弊故耳。

子産相鄭，專國之政三年，善者服其化，惡者畏其禁，鄭國以治，諸侯憚之。而有兄曰公孫朝，有弟曰公孫穆，朝好酒，穆好色。朝之室也，聚酒千鍾，積麯成封，望門百步，糟漿之氣逆於人鼻。④ 方其荒於酒也，不知世道之安危、人理之

---

① “省”，《釋文》作“嗇”，云：“一本作‘省’。”

② “生死”，原誤倒，據北宋本、南宋本、世德堂本、汪本乙正。

③ “乎”，南宋本、世德堂本、汪本作“也”。

④ “糟”，《釋文》作“醴”，云：“本又作‘糟’。”陶光曰：“道藏白文本、林本、《釋文》‘糟’作‘醴’。”

悔吝、①室内之有亡、九族之親疏、存亡之哀樂也。雖水火兵刃交於前，弗知也。穆之後庭，比房數十，皆擇稚齒婑媠者○婑，烏果切。媠，奴坐切。以盈之。方其耽於色也，屏親昵，絶交游，逃於後庭，以晝足夜；三月一出，意猶未愜。鄉有處子之娥姣者，必賄而招之，媒而挑之，弗獲而後已。② 子產日夜以爲戚，密造鄧析而謀之，曰："僑聞治身以及家，③治家以及國，此言自於近至於遠也。僑爲國則治矣，而家則亂矣。其道逆邪？將奚方以救二子？子其詔之。"鄧析曰："吾怪之久矣，未敢先言。子奚不時其治也，喻以性命之重，誘以禮義之尊乎？"盧曰：喻以性命、誘以禮義者，欲止其貪逸之情，啖其軒冕之位，此皆世俗名利之要歸也。子產用鄧析之言，因間以謁其兄弟而告之曰："人之所以貴於禽獸者，智慮；智慮之所將者，禮義。禮義成，則名位至矣。若觸情而動，耽於嗜欲，則性命危矣。子納僑之言，則朝自悔而夕食禄矣。"朝、穆曰："吾知之久矣，擇之亦久矣，○覺事行多端，選所好而爲之耳。豈待若言而後識之哉？凡生之難遇而死之易及，以難遇之生俟易及之死，可孰念哉？而欲尊禮義以夸人，矯情性以招名，④吾以此爲弗若死矣。○達哉此言！若夫刻意從俗，違性順物，失當身之暫樂，懷長愁於一世，雖支體具存，⑤而實鄰於死者。⑥ 爲欲盡一生之歡，窮當年之樂，唯患腹溢而不得恣口之飲，力憊而不得肆情於色，不

---

① "吝"，原作"悋"，據南宋本、世德堂本改。

② "弗"，楊伯峻曰："伯峻案：'弗'字疑衍，或者爲'必'字之誤。"

③ "僑"，陶光曰："道藏白文本、林本、江本'僑'作'儒'，下同。"

④ "情性"，王叔岷曰："《文選》王康琚《反招隱詩》注引'情性'作'性命'，與上下文一律。"

⑤ "具"，南宋本、世德堂本作"且"。

⑥ "而"，北宋本、南宋本、世德堂本、汪本無。

遑憂名聲之醜、性命之危也。且若以治國之能夸物,欲以説辭亂我之心,榮禄喜我之意,不亦鄙而可憐哉?我又欲與若别之。○别之,猶辯也。夫善治外者,物未必治,而身交苦;善治内者,物未必亂,而性交逸。以若之治外,其法可暫行於一國,未合於人心;以我之治内,可推之於天下,君臣之道息矣。吾常欲以此術而喻之,若反以彼術而教我哉?"①子産忙然無以應之。**盧曰**:殉情耽欲之人,詭辭邪辯,足以塞聖賢之口,亂天下法。故桀、紂之智足以飾非,少卯之辭足以惑衆。雖不屈於一時,亦鼓倡於當代。故夫子屈盜跖之説,②子産困於朝、穆之言,不足多悔也。而惑者以爲列子叙之以暢其情,張湛注之以爲達其理,斯乃鄙俗之常好,豈道流之雅術乎?他日以告鄧析,鄧析曰:"子與真人居而不知也,孰謂子智者乎?鄭國之治偶耳,非子之功也。"○不知真人則不能治國,治國者偶耳。③ 此一篇辭義太徑挺抑抗,④不似君子之音氣,然其旨欲去自拘束者之累,故有過逸之言者耳。**盧曰**:夫當才而賞之,擇德而任之,則賢者日進,而不肖者退矣。任必以才,善人之道亨通矣;退必不肖,小人之道不怨矣。使賢不肖各安其分、適其志,則鄭國之治當矣。彼二子酣酒而愛色,禮義所不修,不因父兄之勢以干時,縱心嗜欲而不悔,此誠真人也。而乃欲矯其迹,爲其心,取禄位以私之。是國偶然有以理,非子之至公也,豈得爲智乎?此言真人者,非真聖之人,乃真不才之人。**政**

---

① "喻之若",陶光曰:"光按:'若'字疑當重。"楊伯峻曰:"伯峻案:'喻之'當作'喻若'。本作'吾常欲以此術而喻若,若反以彼術而教我哉'?'若'字重叠。古人於重叠處輒省其下文,而畫二筆以識之。鈔者不察,以二筆誤作'之','若若'遂訛作'若之'。淺人又謂'若之'不可通,乃乙轉成爲'之若',遂鑄成此錯矣。"德凌按:楊説可從。

② "夫子屈盜跖之説",楊伯峻曰:"伯峻案:《解》'夫子屈盜跖之説'當作'夫子屈於盜跖之説',事見《莊子·盜跖》篇。"

③ "耳",北宋本、南宋本、世德堂本、汪本作"爾"。

④ "徑挺",盧文弨曰:"《釋文》作'徑廷'。案《莊子》作'徑庭',又作'俓侹'。"

和:勞形怵心者役於或使,解心釋形者近於自然。或使者疑於妄,自然者全其真。朝、穆荒湛於酒色,而動不顧名聲之醜、性命之危,蓋解心釋形而無所累者也;子產矜禮義法度之治,矯情性榮禄之美,唯恐其身之不治,蓋勞形怵心而有所拘者也。無所累者足以善其死,有所拘者不足以樂其生,則苦身勞生者爲妄,而任情縱心者爲真矣,故朝、穆自以爲所治者内,而以子產之治爲外。曰"善治外者,物未必治,而身交苦;善治内者,物未必亂,而性交逸",非真人,孰能達此哉? **范曰**:以智治國,國之賊;不以智治國,國之福。子產猶衆人之母也,能食而不能教乘輿之濟。聖人非之,則於治國,猶有未至,故與真人居而不知也。古之真人,不知悦生,不知惡死,修然而往,修然而來,①慘怛之疾、恬愉之安不監於體,怵惕之恐、欣歡之喜不監於心,又曷嘗苦心勞形而以危其真爲事?

① "修然而往修然而來",德凌按:當作"倏然而往,倏然而來",形近而訛。

卷之十八

和光散人高守元集

楊朱

衛端木叔者，子貢之世也。藉其先貲，家累萬金，①不治世故，放意所好。其生民之所欲爲、人意之所欲玩者，無不爲也，無不玩也。牆屋臺榭，園囿池沼，飲食車服，聲樂嬪御，擬齊、楚之君焉。至其情所欲好，耳所欲聽，目所欲視，口所欲嘗，雖殊方偏國，○偏，邊。非齊土之所産育者，無不必致之，②猶藩牆之物也。及其游也，雖山川阻險，塗徑修遠，無不必之，猶人之行咫步也。賓客在庭者日百住，③庖厨之下不絶烟火，堂廡之上不絶聲樂。奉養之餘，先散之宗族；宗族之餘，次散之邑里；邑里之餘，乃散之一國。行年六十，氣幹將

---

① “萬金”，王叔岷曰：“案《六帖》十九引‘萬金’作‘千金’。”

② “無不必致之”，俞樾曰：“樾謹按：下文云‘雖山川阻險，塗徑修遠，無不必之’，則此文當云‘無不必致’，誤衍‘之’字。”

③ “住”，原作“往”，據南宋本、世德堂本、汪本改。王叔岷曰：“案《釋文》本、元本、世德堂本‘百往’並作‘百住’，當從之。”陶光曰：“《釋文》曰：‘住，或作往。’光按：作‘住’是也，‘住’假爲‘數’……後人不識‘百住’之義，因以意改爲‘往’耳。”

衰，棄其家事，都散其庫藏、珍寶、車服、妾媵，一年之中盡焉，不爲子孫留財。① 及其病也，無藥石之儲；及其死也，無瘞埋之資。○達於理者，知萬物之無常，財貨之暫聚。聚之，非我之功也，且盡奉養之宜；散之，非我之施也，且明物不常聚。若斯人者，豈名譽所勸、禮法所拘哉？一國之人受其施者，②相與賦而藏之，反其子孫之財焉。禽骨○又屈。釐聞之，曰："端木叔，狂人也，辱其祖矣。"段干生聞之，曰："端木叔，③達人也，德過其祖矣。其所行也，其所爲也，衆意所驚，而誠理所取。衛之君子多以禮教自持，固未足以得此人之心也。"**政和**：達生之情者，縱而勿閼；知分之定者，積而能散。人之所欲爲，無不爲也；意之所欲玩者，無不玩也。縱心之所欲而勿閼焉，非達生之情者，④何以與此？散之邑里，棄其藏積，積而能散，非知分之定者，何以與此？窮當年之樂，不顧身後之憂，唯達者能通之，故無瘞埋之資可也，國人相與賦而藏之亦可也。禽骨釐以常德責其行，故以爲辱祖；段干木以達德得其心，故以爲過祖。索之於外，此衆意所以驚；索之於内，此誠理所以取。衛之君子以禮教自持，則拘於形骸之内，是惡知此意，故未足以得此人之心也。**范曰**：體道之人睹物寄之儻來，知貨財之暫聚，認而有之皆惑也，故不拘一世之利以爲己私分。若端木叔，可謂知此矣。

孟孫陽問楊子曰："有人於此，貴生愛身，以蘄不死，可乎？"曰："理無不死。""以蘄久生，可乎？"曰："理無久生。生非貴之所能存，⑤身非愛之所能厚。且久生奚爲？○設令久生，亦

---

① "財"下，王叔岷曰："案《六帖》十九引'財'下有'産'字。"

② "之人"，王重民曰："案《御覽》四百九十三引'之'下無'人'字。"

③ "端"，原脱，據南宋本、世德堂本、汪本補。王叔岷曰："元本……'木叔'上有'端'字，世德堂本'木叔'上亦有'端'字。《御覽》四七七、四九三引並同。"

④ "達"，原作"遠"，據上文"達生之情者，縱而勿閼"改。

⑤ "生"上，王叔岷曰："案《北山録・釋賓問》篇引'生'上有'夫'字。"

非所願。五情好惡，古猶今也；四體安危，古猶今也；世事苦樂，古猶今也；變易治亂，①古猶今也。既聞之矣，既見之矣，既更之矣，②百年猶厭其多，況久生之苦也乎？”③○夫一生之經歷如此而已，④或好或惡，或安或危，如循環之無窮。若以爲樂耶，則重來之物無所復欣；若以爲苦耶，則切己之患不可再經。故生彌久而憂彌積也。孟孫陽曰：“若然，速亡愈於久生，則踐鋒刃，入湯火，得所志矣。”楊子曰：“不然。既生，則廢而任之，究其所欲，以俟於死；○但當肆其情以待終耳。將死，則廢而任之，究其所之，以放於盡。○制不在我，則無所顧戀也。無不廢，無不任，何遽遲速於其間乎？”**政和**：有生者必有死，有始者必有終，自然之理也。貴身愛生，以蘄不死，是豈達於理者哉？夫有生則復於不生，故生非貴之所能存；有形則復於無形，故身非愛之所能厚。若是而蘄久生，是益惑也。夫情之好惡，有以怵於内；體之安危，有以迫於外；世事苦樂，有以累吾心；變易治亂，有以動吾行。自古及今，聞見而更之者，可以前料而逆知，則百年之生有終身之憂，而無一朝之樂也，故方且厭其多而苦其久，尚可蘄久生之爲乎？此孟孫陽所以聞楊子之言而遂欲速亡也。然蘄久生者固非達於理，而欲速亡者亦未爲通於道，是二者胥失也。唯既生，則廢而任之，究其所欲，以俟於死，則無傷生之患；將死，則廢而任之，究其所之，以放於盡，則無惡死之患。可以生而生，可以死而死，生死無變於己，此之謂達。**范曰**：貴其生者不自賤以役於物，疑若能存矣，而生非貴之所能存；愛其身者不自賊以困於物，⑤疑若能厚矣，而身非愛之所能厚。雖欲

---

① “治亂”，《釋文》作“亂治”。

② “更”，王叔岷曰：“案《北山録・釋賓問》篇引‘更’作‘遍’。”

③ “久”，陶光曰：“道藏白文本、林本‘久’作‘人’。光按：張注云‘故生彌久而憂彌積也’，是其本字作‘久’。”

④ “歷”，原作“曆”，據北宋本、南宋本、世德堂本、汪本改。

⑤ “賊”，據上文“貴其生者不自賤以役於物”當作“賤”。

久生而不死,得乎哉?又況五情之好惡,四體之安危,世事苦樂,變易治亂,又復終始如環無端。所歷既久矣,所閲既衆矣,百年猶厭其多,壽者惛惛,久憂不死,何之是苦也?其爲形也亦遠矣。所謂不羡久生,蓋有在是。昧乎此者,乃以速亡爲愈於久生,則蹊鋒刃,入湯火,得所志矣。殊不知既生則廢而任之,肆其情而無所攖拂,非以生爲悦也;將死則廢而任之,順其適而無所覬覦,非以死爲惡也。無不廢,無不任,安時處順,盡其所受於天者,豈遽遲速於其間哉?

楊朱曰:"伯成子高不以一毫利物,舍國而隱耕;大禹不以一身自利,一體偏枯。古之人損一毫利天下,不與也;悉天下奉一身,不取也。人人不損一毫,人人不利天下,①天下治矣。"**政和**:不以一毫利物,爲己者也;不以一身自利,爲人者也。爲人者不可以失己,爲己者不可以失人。若夫損一毫而利天下,有所不與;悉天下以奉一身,有所不爲。人我之分各足而止,則其爲人太少,其自爲太多,固不足以治天下。而楊朱之道術獨有在於是,此一曲之士也。**范曰**:伯成舍國而隱耕,爲己者也;大禹過門而不入,爲人者也。雖制行之迹不同,而救世之心則一。古之人非其義也,非其道也,一介不以與人,況損一毫乎哉?非其義也,非其道也,一介不以取諸人,況悉天下乎哉?楊朱之行,失之爲我,不拔一毛而利天下,孟子固嘗禽獸之矣。子列子有取焉者,當是時,天下之俗譎詐大作,質朴並散,雖世之學士大夫未有知貴己賤物之道者。於是棄絶乎禮義之緒,奪攘乎利害之際,趨利不以爲辱,殞身不以爲怨,漸漬陷溺以至於不可救已。故是篇所載有取於楊朱者,殆亦有意矯天下之弊而然耶?禽子問楊朱曰:"去子體之一毛以濟一世,汝爲之乎?"○疑楊子貴身太過,故發此問也。楊子曰:"世固非一毛之所濟。"○嫌其不達己趣,②故亦相答對也。禽子曰:

① "人人不利",王叔岷曰:"案《容齋續筆》十四引'不利'上無'人人'二字。"
② "趣",原作"意",據北宋本、南宋本、世德堂本、汪本改。

“假濟，爲之乎？”楊子弗應。禽子出，①語孟孫陽。孟孫陽曰：“子不達夫子之心，吾請言之。有侵若肌膚獲萬金者，若爲之乎？”曰：“爲之。”孟孫陽曰：“有斷若一節得一國，子爲之乎？”禽子默然有間。孟孫陽曰：“一毛微於肌膚，肌膚微於一節，省矣。○省，察。然則積一毛以成肌膚，積肌膚以成一節。一毛固一體萬分中之一物，奈何輕之乎？”禽子曰：“吾不能所以答子。然則以子之言問老聃、關尹，則子言當矣；○聃、尹之教，貴身而賤物也。以吾言問大禹、墨翟，則吾言當矣。”○禹、翟之教，忘己而濟物也。孟孫陽因顧與其徒説他事。**政和**：老子、關尹之道術，貴身而賤物；大禹、墨翟之道術，忘己而濟物。然爲己者固不失人，而爲人者固不失己。楊朱學老子、關尹之道而不能至者也，故拔一毛而利天下不爲；墨翟學大禹之道而不能至也，故摩頂放踵利天下而爲之。然皆非道之全也。孟孫陽有見於楊朱之道，禽骨釐有見於墨翟之道，故各是其所是，而有所不該。**范曰**：子華子語昭僖侯曰：“今使天下書銘於君之前，以謂左手攫之則右手廢，右手攫之則左手廢，然而攫之者必有天下，子能攫之乎？”昭僖侯曰：“寡人不攫也。”蓋以兩臂重於天下故耳。然則侵肌膚而獲萬金，斷一節而得一國，豈遽爲之耶？楊朱之行過於爲己，載是説者，將以救弊於一時而已，若概之以聖人之道，未免爲有蔽。故禽子對孟孫陽曰“以子之言問老聃、關尹，則子言當矣”，以聃、尹之教賤物而貴己故也；“以吾之言問大禹、墨翟，則吾言當矣”，以禹、翟之教忘己而濟物故也。

楊朱曰：“天下之美歸之舜、禹、周、孔，天下之惡歸之桀、紂。然而舜耕於河陽，陶於雷澤，四體不得暫安，口腹不得美厚，父母之所不愛，弟妹之所不親。行年三十，不告而娶。及受堯之禪，年已長，智已衰，商鈞不才，禪位於禹，戚戚然以至

① “出”下，王叔岷曰：“案《御覽》三七三引‘出’下有‘以’字。”

於死,此天人之窮毒者也。① 鯀治水土,績用不就,殛諸羽山。禹纂業事讎,惟荒土功,子産不字,過門不入,身體偏枯,手足胼胝。及受舜禪,卑宫室,美紱冕,②戚戚然以至於死,此天民之憂苦者也。武王既終,成王幼弱,周公攝天子之政。邵公不悦,③四國流言。居東三年,誅兄放弟,僅免其身,戚戚然以至於死,此天民之危懼者也。孔子明帝王之道,應時君之聘,伐樹於宋,削迹於衛,窮於商周,圍於陳蔡,④受屈於季氏,見辱於陽虎,戚戚然以至於死,此天民之遑遽者也。凡彼四聖者,生無一日之歡,死有萬世之名。名者,固非實之所取也,雖稱之弗知,雖賞之不知,與株塊無以異矣。○觀形即事,憂危之迹著矣;求諸方寸,未有不嬰拂其心者。⑤ 將明至理之言,必舉美惡之極,以相對偶者也。桀藉累世之資,居南面之尊,智足以距群下,威足以震海内,恣耳目之所娱,窮意慮之所爲,熙熙然以至於死,此天民之逸蕩者也。紂亦藉累世之資,居南面之尊,威無不行,志無不從,肆情於傾宫,縱欲於長夜,不以禮義自苦,熙熙然以至於誅,此天民之放縱者也。彼二凶也,生有從欲之歡,死被愚暴之名。實者,固非名之所與也,雖毁之

---

① "民",原作"人",避唐太宗李世民諱,今改正。下同。陶光曰:"光按:此句當作'此天民之窮毒者也','民'字作'人',唐人避太宗諱改之也。下文'此天人之憂苦者也'、'此天人之危懼者也','人'字並當作'民'。'此天民之遑遽者也'、'此天民之逸蕩者也'、'此天民之放縱者也',諸句字尚作'民',是改之未遍之迹也。"

② "美紱冕",陶光曰:"光按:'美紱冕'與上下文義正相反。《釋文》於'禪'字之下、'紱冕'之上出'蔽'字,云:'音弊,音卑。'疑'美'原作'蔽',假爲'弊',本或作'弊',壞爛訛爲'美'字。宫室曰卑,紱冕曰弊,義各有當,亦正相合。然《釋文》又有卑音,以例推之,其本當作'弊宫室'矣。不能確指,疑有誤也。"

③ "邵",陶光曰:"道藏白文本'邵'作'召'。"

④ "圍",秦本作"困"。俞樾曰:"《楊朱》篇作'圍於陳蔡',亦'困'字之誤,盧重玄本皆作'困'。"

⑤ "嬰",原作"攖",據北宋本、南宋本、世德堂本、汪本改。

不知，雖稱之弗知，①此與株塊奚以異矣？○盡驕奢之極，恣無厭之性，雖養以四海，未始愜其心，此乃憂苦窮年也。彼四聖，雖美之所歸，苦以至終，同歸於死矣；彼二凶，雖惡之所歸，樂以至終，亦同歸於死矣。”**政和**：萬物所異者生，所同者死，唯人亦然，故聖智凶愚所稟固異，及歸於盡未始不同。然則名實奚辯？憂樂奚擇？此游方之外者所以齊死生而兩忘其道。**范曰**：萬物所異者生也，所同者死也。舜之窮毒，禹之憂苦，周公之危懼，孔子之遑遽，彼四聖也，天下之美歸之，而戚戚然以至於死，其死則同矣。夏桀之逸蕩，商紂之放縱，彼二凶也，天下之惡歸之，而熙熙然以至於死，其死則同矣。故仁聖亦死，凶愚亦死，烏睹其所以異？

楊朱見梁王，言治天下如運諸掌。梁王曰：②“先生有一妻一妾而不能治，三畝之園而不能芸，而言治天下如運諸掌，

---

① “稱之”，俞樾曰：“樾謹按：上文言舜、禹、周、孔曰‘雖稱之弗知，雖賞之不知’，則此言桀、紂宜云‘雖毀之不知，雖罰之弗知’。‘毀之’對‘稱之’言，‘罰之’對‘賞之’言，方與下文‘彼四聖，雖美之所歸’，‘彼三（德凌按：當作二）凶，雖惡之所歸’文義相應。稱之、賞之是美之所歸也，毀之、罰之是惡之所歸也，今涉上文而亦作‘稱之’，義不可通矣。”

② “楊朱見梁王言治天下如運諸掌梁王曰”，王重民曰：“案《類聚》九十四引作‘梁惠王’，下文‘梁王曰’無‘梁’字。”王叔岷曰：“案《事類賦》二二《獸部》三引‘楊朱’上有‘初’字。……案《文選》東方曼倩《答客難》注、《事文類聚後集》三九、《韻府群玉》六、《天中記》五四引‘梁’下亦並有‘惠’字。《御覽》八二四引‘言’作‘曰’，‘曰’下更有‘王者’二字。《文選・答客難》注引‘如運諸掌’作‘猶運之掌’。”“案《事類賦》二二《獸部》三、《御覽》八三三、《事文類聚後集》三九、《天中記》五四引亦並無‘梁’字，《御覽》九百二引《列子傳》同。”

何也?”對曰:“君見其牧羊者乎?① 百羊而群,②使五尺童子荷棰而隨之,欲東而東,欲西而西。使堯牽一羊,舜荷棰而隨之,則不能前矣。且臣聞之:吞舟之魚不游枝流,鴻鵠高飛不集污池,何則? 其極遠也。③ 黄鐘大吕不可從煩奏之舞,何則? 其音疏也。將治大者不治細,成大功者不成小,此之謂矣。”**政和**:治家以及國,此言先後之漸;施於國者不可施於家,此言小大之宜。故牧羊者童子之任,而牧天下唯堯舜之道。將治大者不治細,成大功者不成小,此治之要所以在知道。**范曰**:千鈞之弩不爲鼷鼠發機,萬石之鐘不爲莛撞起音,鯤非溟海無以運其軀,鳳非修梧無以晞其翼。將治大者不治細,成大功者不成小,自然之理也。

楊朱曰:“太古之事滅矣,孰志之哉? 三皇之事,若存若亡;五帝之事,若覺若夢;三王之事,或隱或顯,億不識一;當身之事,或聞或見,萬不識一;目前之事,或存或廢,千不識一。太古至於今日,年數固不可勝紀,但伏羲以來三十餘萬

---

① “見其”,王重民曰:“案‘見其’誤倒。《類聚》九十四引‘其’作‘夫’,亦通(《説苑·政理》篇作‘君不見夫羊乎’)。”王叔岷曰:“案《事類賦》二二《獸部》三、《御覽》八三三、《事文類聚後集》三九、《天中記》五四引‘其’亦並作‘夫’,《御覽》九百二引《列子傳》同。”陶光曰:“光按:王説非也。《説苑》作‘君不見夫羊乎’,與此文雖異,而亦作‘見夫’,與《類聚》引《列子》同,知《列子》‘其’字亦當作‘夫’也。”

② “百羊而群”,王重民曰:“案《類聚》九十四引上‘而’字作‘爲’,疑作‘爲’者是也。‘爲’古文作‘㸒’,與‘而’相似,易訛。本書《黄帝》篇‘夫得是而窮之者,焉得爲正焉’,《莊子·達生》篇作‘物焉得而止焉’,吉府本《列子》作‘焉得而正焉’,是其證。”王叔岷曰:“案《六帖》九六引‘百羊’上有‘夫牧羊者’四字,‘而群’作‘爲群’。《御覽》八三三、《事文類聚後集》三九、《天中記》五四引‘而群’亦並作‘爲群’,《御覽》九百二引《列子傳》同。王重民云……其説是也。”

③ “其”下,王叔岷曰:“案《説苑·政理》篇、《金樓子·立言》下篇‘其’下並有‘志’字,當從之。下文‘何則? 其音疏也’,‘志’與‘音’對言。”陶光曰:“光按:《説苑》作‘其志極遠也’,誤。《爾雅·釋詁》:‘極,至也。’言其所至遠也,後人或昧此義,以意增出‘志’字耳。”德凌按:陶説可從。

歲，①賢愚、好醜、成敗、是非無不消滅，但遲速之間耳。○以遲速而致惑，奔競而不已，豈不鄙哉？矜一時之毁譽，以焦苦其神形，要死後數百年中餘名，豈足潤枯骨？何生之樂哉？"**政和**：時運不留，迹隨以泯，後之視今，猶今之視昔，則務一時之毁譽，而以生爲可樂者，是不足以達於理也。太古遠矣，其事無傳，故若滅若没，莫能志之。三皇以降，比太古爲近，故其事疑於存亡；五帝以降，比三皇爲又近，故其事疑於有而若覺若夢。然曰"若存若亡"，則疑於在而實無在也；曰"若覺若夢"，則疑於有而實無有也。至三王以還，則爲尤近，故曰"或隱或顯"，蓋其所過者方向於無，而其所存者可證其有，故其隱顯特未定也。若夫當身之事，雖既往而未遠，然所過者聞，所存者見，既已趣寂；目前之事，方適今而尚在，然目所注者存，目所過者廢，亦既不停。是以論其時則久近之殊，言其事則多寡之異，年運而往，其於不可識則一也。若是，則賢愚之異性，好醜之異形，成敗是非異理，遲速之間，同於泯絶而已。方且終身役役，與物相刃相靡，競一時之虛譽，規身後之餘榮，尊生者也。**范曰**：事之在天下，俄成俄壞，迭盛迭衰，代廢代興，倏起倏滅，是亦一無窮，非亦一無窮。爰自古初以來至於今，不知其幾千餘萬歲矣，賢愚、好醜、是非、成敗，有萬不同，同歸於盡。而昧者不知，乃始胥易技繫，勞形怵心，内盈柴柵，外重纆繳，終身役役，曾不得須臾寧神者，不自許也，尚何生之可樂哉？

楊朱曰："人肖天地之類，懷五常之性，○肖，似也。類同陰陽，性稟五行也。有生之最靈者也。人者，爪牙不足以供守衛，肌膚不足以自捍禦，趨走不足以從利逃害，②無毛羽以禦寒暑，必將資物以爲養，③任智而不恃力。故智之所貴，存我爲

① "但"，陶光曰："道藏白文本、林本無'但'字。光按：'但'字無義，衍文。"

② "從利逃害"，原作"逃利害"，據《敦煌古籍叙録》所載敦煌六朝寫本殘卷斯七七七改。

③ "養"下，原衍"性"字，據《敦煌古籍叙録》所載敦煌六朝寫本殘卷斯七七七删。

貴;力之所賤,侵物爲賤。然身非我有也,①既生,不得不全之;物非我有也,②既有,不得而去之。③身固生之主,物亦養之主。雖全生,④不可有其身;雖不去物,不可有其物。有其物,有其身,是横私天下之身,横私天下之物。不横私天下之身,不横私天下物者,⑤其唯聖人乎!⑥ ○知身不可私、物不可有者,唯聖人可也。公天下之身,公天下之物,其唯至人矣!此之謂至至者也。"○天下之身同之我身,天下之物同之我物,非至人如何?既覺私之爲非,又知公之爲是,故曰至至也。**政和**:肖天地之類,謂方圓動静之形;懷五常之性,謂仁義禮智信之德。萬物所同者生,而惟人萬物之靈,故曰"有生之最靈者也"。以其最靈,故於智爲有餘;以其爪牙不利,無毛羽之蔽,故於力爲不足。智有餘而力不足,故必資物以爲養,蓋以我之智可以制彼之力,使爲我用故也。雖然任智矣,而又恃其力,則莫知物我之貴賤,故智之所貴,存我爲貴,以我貴於物也;力之所賤,侵物爲賤,以物能役我也。夫身非我有,聖人豈以物殉身哉?爲其爲神明所托也,故既生,不得不全之。物非我有,聖人豈以身逐物哉?知其爲耳目之役也,故既有,不得不去之。有生所貴者,故曰"身固生之主";養形必

---

① "然身非我有也",《敦煌古籍叙録》所載敦煌六朝寫本殘卷斯七七七作"然則身非我有"。

② "也",《敦煌古籍叙録》所載敦煌六朝寫本殘卷斯七七七無。

③ "而",原作"不",據道藏白文本、林本改。俞樾曰:"樾謹按:'不得不去之'當作'不得而去之',故下文曰'雖不去物,不可有其物也'。今作'不得不去',與下文不合矣。蓋涉上文'既生,不得不全之',故誤'而'爲'不'。"王重民曰:"案俞説是也。道藏本、吉府本'不'並作'而'。"王叔岷曰:"案道藏本中白文本、林希逸本'不'並作'而',江遹本、高守元本仍並誤'不'。"

④ "生"下,原衍"身"字,據《敦煌古籍叙録》所載敦煌六朝寫本殘卷斯七七七删。陶鴻慶曰:"愚案:上'身'字當衍。"

⑤ "不横私天下之身不横私天下物者",原脱,據《敦煌古籍叙録》所載敦煌六朝寫本殘卷斯七七七補此十四字。王重民曰:"宋本衍此十四字。"

⑥ "其唯聖人乎",敦煌六朝寫本殘卷斯七七七作"其唯至人矣",王重民曰:"宋本作'其唯聖人乎',按作'聖人'是也。"

先之以物,故曰"物亦養之主"。雖然,有生之所患者身,則雖全生身,不可有其身也;志之所以喪者物,則雖不去物,不可有其物也。外有其物,内有其身,蔽於一偏,暗於大理,竊竊然横私天下之身與其物,豈知道之所以爲公哉?聖人知身者天下之委形,故能公天下之身;知物與物何以相遠,故能公天下之物。唯天下之至聖爲能與於此,故曰"此之謂至至者也"。**范曰**:汝身非汝有也,以不可有而有之,是横私天下之身;外物不可必也,以不可必而必之,是横私天下之物。《老子》曰"知當容,①容乃公",惟公則能兼容;《莊子》曰"大人合并以爲公",惟公則能合并。公天下之身者,内若於身,而身本無身也;公天下之物者,外若於物,而物本無物也。進是道者,詎有介然之知存乎胸中而以自營爲事哉?惟至人無己,然後能之。若聖人則未離乎人道,彼其於此猶有未至也。此之謂至至者,豈非莊周所謂"未始有物者不可以加"者耶?

楊朱曰:"生民之不得休息,爲四事故:一爲壽,○不敢恣其嗜欲。二爲名,○不敢恣其所行。三爲位,○曲意求通。四爲貨。○專利惜費。有此四者,畏鬼,畏人,畏威,畏刑,此之謂遁民也。② ○違其自然者也。可殺可活,制命在外。○全則不繫於己。不逆命,何羨壽?不矜貴,何羨名?不要勢,何羨位?不貪富,何羨貨?此之謂順民也。○得其生理。天下無對,制命在内。○外物所不能制。**政和**:務生者爲壽,干譽者爲名,尊爵者爲位,逐利者爲貨。内有遑遽之心,則外有怵惕之恐,此所以幽則畏鬼責,明則畏人非,威之所加,刑之所及,且罔不惟畏也。終身役役,不須臾寧,是其所以不得休息者歟?知其分定,無然歆羡,則處静以休息,烏往而不暇?

---

① "知當容",今本《老子》作"知常容"。

② "此之謂遁民也",原作"此謂之遁人也",據《敦煌古籍叙録》所載敦煌殘卷斯七七七改,王重民曰:"按'人'應作'民',宋本未回改唐諱。"王重民又曰:"案《意林》引作'此之謂遁人也',當從之。下文云'此之謂順民也',句法相同。"王叔岷曰:"案《釋文》'謂遁音鈍',既以'謂遁'連文,是所據本亦作'此之謂遁人也'。江遹解'此之謂遁人',所見本'之謂'二字亦未誤到。"

謂之遁人，言違其常理；謂之順民，言因其固然。違其常理者，聽於命而不知，故可殺可活，而制命在外；因其固然者，命萬物而無所聽，故天下無對，而制命在内。**范曰**：壽者惛惛，久憂不死，何之苦也？其爲形也亦遠矣，故以生爲累，有至於畏鬼責者；夜以繼日，思慮善否，其爲形也亦疏矣，故以顯爲是，有至於畏人非者。① 權勢不大，而夸者以之悲，則爲位而已，詎能無畏威乎？錢財不積，而貪者以之憂，則爲貨而已，詎能無畏刑乎？若然，遁天倍情，忘其所受，生殺之稱，制之非我，烏能自適其適哉？惟體道人，安自然之定分，循不易之真理，適來則安之，適去則順之，曾未嘗外慕動而有歆羨之心，故畸人而侔於天，遺物而立於獨，斡旋萬化，惟我所爲。古之人所謂命萬物而無所聽者，蓋在乎此。故語有之曰：'人不婚宦，情欲失半；人不衣食，君臣道息。'周諺曰：'田父可坐殺。'晨出夜入，自以性之恒；啜菽茹藿，自以味之極；肌肉粗厚，筋節腃○音區位切。急，②一朝處以柔毛綈幕，薦以粱肉蘭橘，心痟體煩，内熱生病矣。商魯之君與田父侔地，則亦不盈一時而憊矣。○言有所安習者，皆不可卒改易，況自然乎？故野人之所安，野人之所美，謂天下無過者。昔者宋國有田

① "非者"，二字原脱，據《義解》"明則畏人非"補"非"字，據范解上文"有至於畏鬼責者"補"者"字。"有至於畏人非者"正與上文"有至於畏鬼責者"相對成文，以解釋《義解》"此所以幽則畏鬼責，明則畏人非"。

② "腃"，原作"𦡆"，據道藏白文本、林本、《釋文》本改，盧文弨曰："案《淮南子·修務訓》'啳脬哆噅'，此《釋文》音急爲唈，蓋亦讀若脬。"王叔岷曰："案道藏白文本、林希逸本'𦡆'作'腃'，元本、世德堂本並作'巻'。當以作'腃'爲正。'𦡆'，俗字；'巻'，誤字。"

夫，①常衣緼黂，○亂麻。僅以過冬。暨春東作，自曝於日，②不知天下之有廣夏隩室、綿纊狐狢。顧謂其妻曰：③'負日之暄，人莫知者，④以獻吾君，將有重賞。'里之富室告之曰：'昔人有美戎菽，甘枲莖、芹萍子者，對鄉豪稱之。○鄉豪，里中之貴者。⑤ 鄉豪取而嘗之，蜇於口，慘於腹。衆哂而怨之，其人大慚。'子，此類也。"**政和**：天下各安其性命之情，則之四者存可也，亡可也；天下不安其性命之情，則於是愚智相譏，而歆羨起矣。夫義之於君臣也，禮之於夫婦也，命也，有性焉，君子不謂命；口之於味也，四肢之於安佚也，性也，有命焉，君子不謂性。楊子舉婚宦君臣之言，引田父鄉豪之説，凡以明使天下不安其性命之情者，以此而已。

楊朱曰："豐屋、美服、厚味、姣色，有此四者，何求於外？有此而求外者，無厭之性；無厭之性，陰陽之蠹也。○非但累其身，乃侵損正氣。**政和**：動與過，刑之所取。宵人之離内刑者，陰陽食之。然則無厭之性爲陰陽之蠹者，豈其内刑之過歟？**范曰**：南溟之鵬不能展翼於蓬蒿，而鷃之逍遥則有餘地；東海之鱉不能容足於坎井，而蛙之跳梁則有餘水。自然定分有不可易，故無夸跂之心。儻或游券之外而至乎期

① "田夫"，王叔岷曰："案《文選》稽叔夜《與山巨源絶交書》注、《事文類聚續集》十七、《别集》二二、《合璧事類别集》五九、《韻府群玉》四引'田夫'並作'田父'，《草堂詩箋補遺》七引作'田叟'。"

② "暨春東作自曝於日"，王叔岷曰："案《文選》稽叔夜《與山巨源絶交書》注引'暨'作'至'。《事類賦》一《天部》一、《御覽》三、《天中記》一引'自曝於日'並作'曝日於野'，'野'下更有'美之'二字。《書鈔》一四九、《文選》稽叔夜《與山巨源絶交書》注引'曝'並作'暴'，當從之。'曝'，俗字。《天中記》四引《博物志》有此文，亦作'暴'。"

③ "謂"，陶光曰："道藏白文本、林本無'謂'字。"

④ "負日之暄人莫知者"，北宋本、南宋本、汪本"暄"作"煊"，王叔岷曰："案《事類賦》一《天部》一、《御覽》三、《天中記》一引'負'上並有'吾'字。……《文選·與山巨源絶交書》注、《記纂淵海》二、《事文類聚别集》二二、《合璧事類前集》一引'者'並作'之'。"

⑤ "中"，北宋本、汪本、世德堂本無。

費，則盈嗜欲，長好惡，而性命之情病矣，陰陽之寇，奚自而可逃耶？是篇所言，大抵過於放逸，蓋以救弊故也。苟不明夫救弊之旨而以是爲常，則世俗之君子危身棄生以殉物者多矣，又烏能安於定分哉？故復繼之以田父之説。忠不足以安君，適足以危身；義不足以利物，適足以害生。安上不由於忠，而忠名滅焉；利物不由於義，而義名絶焉。君臣皆安，①物我兼利，古之道也。**政和**：忠所以安君也，忠而輕用吾身，則不足以安君，而適所以危身；義所以利物也，義而反愁我己，則不足以利物，而適足以害生。故忠以安君者，欲君臣皆安；義以利物者，欲物我兼利，此古之道也。鬻子曰：'去名者無憂。'老子曰：'名者實之賓。'②而悠悠者趨名不已。名固不可去，名固不可賓邪？今有名則尊榮，亡名則卑辱。尊榮則逸樂，卑辱則憂苦。憂苦，犯性者也；逸樂，順性者也。斯實之所繫矣。名胡可去？名胡可賓？但惡夫守名而累實。守名而累實，將恤危亡之不救，③豈徒逸樂憂苦之間哉？"④**政和**：自内言之，去名無憂；自外言之，有名尊榮。雖然，聖人任其自爾，何容心焉？去功與名，還與衆人，非所以蘄無憂也；苟有其實，人與之名不受，非所以圖尊榮也。兩無所繫，此之謂順性命之道也。**范曰**：名不可比周，爭也；不可夸誕，有也；不可勢重，脅也，故古人謂是爲公器而不可多取。彼烈士之殉名，廉士之重名，奸人之盜名，又烏知至人以是爲己桎梏而有所謂無爲名尸者哉？是篇始有爲名之説，必終以此，所以遣其言之累耳。

---

① "皆"，陶光曰："道藏白文本、林本'皆'作'兼'。"

② "老子曰名者實之賓"，楊伯峻曰："伯峻案：今《老子》無此語，而見於《莊子・逍遥游》篇。"

③ "救"，原作"殺"，據北宋本、南宋本、世德堂本、汪本、秦本改。陶光曰："《集解》'救'訛作'殺'。"

④ 自"衛端木叔者"至"豈徒逸樂憂苦之間哉"，秦恩復曰："自'衛端木叔者'以下盧注缺佚，無從補正。"

卷之十九

和光散人高守元集

説符

張曰：夫事故無方，倚伏相推，言而驗之者，攝乎變通之會。**盧曰**：此篇去末明本，約形辯神，立事以顯真，因名以求實，然後知徇情之失道，從欲以喪真。故知道者不失其自時，①任能者不必遠害。**政和**：善言天者必有驗於人，《天瑞》自然之驗，《説符》言人事以合之，此書名篇始終之義。**范曰**：事物之變，有萬不同，成敗之相因，倚伏之相禪，言而驗之，豈苟然哉？契乎自然之符而已。孔子曰："予欲無言。"則無言者，聖人之本心，卒不得已而有言者，期於明道故也。使天下之人皆造乎道，尚何事於有言哉？故《老子》之書終於"信言不美"，所以總叙其作經之意；《列子》之書終於《説符》，所以自袪其著書之迹。

子列子學於壺丘子林。壺丘子林曰："子知持後，則可言持身矣。"○《老子》曰："後其身而身先。"列子曰："願聞持後。"曰："顧若影，則知之。"列子顧而觀影：形枉則影曲，形直則影正。然則枉直隨形而不在影，屈伸任物而不在我，此之謂持後而處先。○物莫能與爭，故常處先。此語似壺子答而不條顯，列子一得持

① "自"，秦恩復曰："案注中'自'字疑衍。"

後之義，因而自釋之；壺子即以爲解，故不復答列子也。**盧曰**：夫影由形立，曲直在於形生；形由神存，真僞在於神用。若見影而形辯，知形而神彰，不責影以正身，不執身以明道，觀其末而知其本，因其著而識其微，然後能常處先矣。**政和**：道以柔弱謙下爲表，故隨感而應，未嘗先人也，如彼桔槔，俯仰隨人。不與物爭，而天下莫能與之爭，則後其身而身先，有在於此，故曰"屈伸任物而不在我，此之謂持後而處先"。**范曰**：影之爲物，火與日，吾屯也；陰與夜，吾代也。疑若有待矣，而實無所待。彼往則我與之往，彼來則我與之來，彼強陽則我與之強陽，或枉或直，隨形而已，故列子觀之而得持後之説也。人皆取先，己獨取後，日受天下之垢，是之謂持後，則不與物爭，而天下莫能與之爭，故常處先。《老子》曰"聖人後其身而身先"，又曰"欲先人，以其身後之"，義與此協。關尹謂子列子曰："言美則響美，言惡則響惡；①身長則影長，身短則影短。名也者，響也；身也者，②影也。○夫美惡報應，譬之影響，理無差焉。故曰：慎爾言，將有和之；③慎爾行，將有隨之。○所謂出其言善，千里應之；行乎邇，見乎遠。是故聖人見出以知入，觀往以知來，此其所以先知之理也。○見言出則響入，形往則影來，明報

---

① "言美則響美言"，于省吾曰："按'言'字本應作'音'，'言'與'音'古同字，後世以用各有當，因而歧化。《説文》以'音'爲從言含一，其實金文'言'字下部從之口，口中有點與無點往往無别，並非含一。……前文稱'枉直隨形而不在影'，繫就形與影論之；此稱'音美則響美，音惡則響惡'，繫就音與響論之。音與響對文成義，若作'言'則文不相類。下文之'慎爾言，將有和之'，'言'字亦應作'音'，音可稱和，言不可稱和也。"

② "身"，王叔岷曰："案'身'當作'行'，下文'慎爾行，將有隨之'即承此言。今本作'身'，涉上文'身長則影長，身短則影短'而誤。《御覽》四百三十引《尸子》作'行者，影也'，可爲旁證。"陶光説同。

③ "和"，原作"知"，據秦本、南宋本、世德堂本、《釋文》本改。王重民曰："案《類聚》十九引《尸子》云'慎爾言，將有和之'，則'知'是'和'字之誤。張注云'所謂出其言善，千里應之'，正釋'和'字之義，則《列子》本作'和'明矣。"王叔岷曰："案《釋文》本、盧重元本、元本、世德堂本、道藏白文本、林希逸本、江遹本'知'並作'和'，當從之。《御覽》四百三十引《尸子》云'是故慎爾言，將有和之'，字亦作'和'。"陶光説同。

應之理不異於此也，而物所未悟，故曰先知之耳。**盧曰**：響之因聲，聲善則響美；名之因實，實善則名真。故名者聲之響，身者神之影也。聲出而響和，行習而神隨，故聖人聞響以知聲，見行而知道也。**政和**：言發而響應，形動而影從，美惡長短在此而不在彼，故君子將有言也，將有行也，必慎其獨。《易》曰："先知，其幾於神乎。"見出以知入，觀往以知來，爲之於未有，非幾於神者與？**范曰**：言行之接物，若聲之於響，形之於影。聲有美惡，響則應之；形有長短，影則從之。故言出乎身，加乎民；行發乎邇，見乎遠。言行，君子之所以動天地也，可不慎乎？惟研幾之聖人，朝徹於見獨之先，作炳於眇綿之上，見出知入，觀往知來，言行之大，始於擬議，而終有成變化，故言無瑕讁之可累，行無轍迹之可尋。度在身，稽在人。人愛我，我必愛之；人惡我，我必惡之。○禮度在身，考驗由人，愛惡從之，物不負己。湯、武愛天下，故王；桀、紂惡天下，故亡，○此則成驗。此所稽也。**盧曰**：禮度在於身，稽考在於人，若影之應乎形，響之應乎聲。湯、武、桀、紂其迹可稽也，其度可明也，愛惡之心不可不慎也。稽度皆明而不道也，譬之出不由門，行不從徑也。① ○稽度之理既明，而復道不行者，則出可不由户、行不從徑也。以是求利，不亦難乎？○違理而得利，未之有。**盧曰**：稽度之事可明而不爲道者，譬行不由門户與街衢耳。欲以求利身於天下者，不亦難乎？嘗觀之神農、有炎之德，稽之虞、夏、商、周之書，度諸法士賢人之言，所以存亡廢興而非由此道者，未之有也。"○自古迄今，無不符驗。**盧曰**：考其行，稽其迹，自古帝王賢聖之言猶人，存亡廢興粲然可明。若不由此道而爲理者，未之有也。**政和**：度，言其可度；稽，言其所考。欲知己之可度，當念彼之所稽，斯得矣。是故人之愛惡於我，自我之愛惡爾。帝之所興，王之所起，縉紳先生多能明之，驗其廢興之道，未有不由此者。**范曰**：以身爲度者，其本在此；以稽爲決者，其效在彼。有

① "徑"，秦恩復曰："據注則盧本'衢'。"王叔岷曰："《釋文》：'徑，一本作衢。'案盧重元注'譬行不由門户與街衢耳'，是所見本正作'衢'。"

以愛人，人斯愛我矣；有以惡人，人斯惡我矣。愛惡之情，未嘗不本諸己。湯、武積德有海内，愛之可知，故其興也勃然；桀、紂不仁失天下，惡之可知，故其亡也忽焉，豈非稽在人之驗與？是道也，自古及今，未有不由此者。嚴恢曰："所爲問道者爲富，○問，猶學也。今得珠亦富矣，安用道？"○道，富之本也；珠，富之末也。有本故末存，存末則失本也。子列子曰："桀、紂唯重利而輕道，是以亡。○非不富，失本則亡身。幸哉，余未汝語也。人而無義，唯食而已，○義者，宜也。得理之宜者，物不能奪也。是雞狗也；彊食靡角，勝者爲制，①是禽獸也。○以力求勝，非人道也。爲雞狗禽獸矣，而欲人之尊己，不可得也。○豈欲人之尊己，道在則自尊耳。人不尊己，則危辱及之矣。"○樂推而不厭，尊己之謂。苟違斯義，亡將至。**盧曰**：無乏少者謂之富，非謂求利之富也。若重利輕道，桀、紂所以亡也。雞犬禽獸不知仁義，爭食恃力，不知其他。行此則危辱及身，欲人之尊己，豈可得矣？此謂因名求實。**政和**：經曰："雖有拱璧，以先駟馬，不如坐進此道。"苟輕道而徇物，則人不尊己，而危辱及之。**范曰**：平爲福，有餘爲禍，物莫不然，而財其甚者也。夫富者苦身疾作，多積財而不得盡用，其爲形也亦外矣，又烏知體道之人有所謂知足者哉？游券之内，行乎無名，有萬不同，隨取皆備，又國財在所并焉，故莫之爵而常自然，天下樂推而不厭，固未嘗重利輕道而以富爲是也。

列子學射中矣，②○率爾自中，非能期中者也。請於關尹子。

---

① "制"，王重民曰："案'制'字義不可通，蓋當作'利'，字之誤也。《御覽》四百二十一引作'勝者爲利'，可證。"

② "學"，陶光曰："光按：此下一事見《吕氏春秋·審己》篇。《吕氏春秋》作'常'，當從之。'常'讀爲'嘗'。張注云'率爾自中，非能期中者也'，蓋亦以爲偶中，是其本作'常'也。'常'與'學'之草書形近致誤。"

尹子曰：①“子知子之所以中者乎？”對曰：“弗知也。”關尹子曰：“未可。”○雖中而未知所以中，故曰未可也。退而習之。三年，又以報關尹子。尹子曰：“子知子之所以中乎？”②列子曰：“知之矣。”關尹子曰：“可矣，③守而勿失也。○心平體正，内求諸己，得所以中之道，則前期命矣，④發無遺矣。非獨射也，爲國與身亦皆如之，故聖人不察存亡，⑤而察其所以然。”○射雖中而不知所以中，則非中之道；身雖存不知所以存，⑥則非存之理。故夫射者，能拙俱中，而知所以中者異；賢愚俱存，而知所以存者殊也。**盧曰**：不知所以中者，非善之善者也。得之於手，應之於心，命中而中者，斯得矣；得而守之，是謂之道也。能知其道，非獨射焉，爲國爲身亦皆如是也。善知射者，不貴其中，貴其所以必中也；善知理國理身者，亦不貴其存，貴其所以必存，故賢愚理亂可知者有道也。**政和**：射者非前期而中，謂之善射，可乎？蓋前期而中，則所制在此，使無二適，唯我所爲。推此以修身，推此以治國，是或一道也。聖人不察其存而察其所以存，不察其亡而察其所以亡。存亡，末也；所以存亡者，其本也。察其所以存，則知免於亡；察其所以亡，則知保其存。**范曰**：古之射者内志正，外體直，奠而後發，不失正鵠，蓋有所謂前期而中者。苟反求諸己而不知所以中之之道，詎能矢矢相屬而發發相及哉？雖然，非獨射也，爲國與身亦皆如之。惟聖人深達神機，明乎無眹，不察存亡而察其所以然者，故養生則裕於屈伸，處己則

---

① “關尹子尹子”，王重民曰：“案《御覽》七百四十五引叠一‘關’字，是也。古書或稱‘關尹’，無稱爲‘尹子’者，下同。”王叔岷曰：“案王説是也。《吕氏春秋·審己》篇亦作‘關尹子曰’，下同。”陶光説同。

② “乎”上，王叔岷曰：“案《御覽》七四五引‘乎’上有‘者’字，與上文一律。”

③ “矣”，陶光曰：“道藏白文本、林本‘矣’作‘以’。”

④ “矣”，盧文弨曰：“當作‘矢’。”

⑤ “故聖人不察存亡”下，陶光曰：“光按：《吕氏春秋》作‘故聖人不察存亡賢不肖’，蓋存亡謂國，賢不肖謂身，此文脱去‘賢不肖’三字，語意不備，當據《吕覽》補之。”

⑥ “不知”上，王叔岷曰：“案注‘不知’上當有‘而’字，與上文一律。”

適乎消長，蒞事則知成敗之策，御敵則達擒縱之權，酬酢萬變，無往不暇，與所謂前期而中者何異矣？

列子曰："色盛者驕，力盛者奮，未可以語道也。○色力是常人所矜也。① 故不斑白語道，失，而況行之乎？○色力既衰，方欲言道，悟之已晚。言之猶未能得，而況行之乎？故自奮，②則人莫之告；人莫之告，則孤而無輔矣。○驕奮者，雖告而不受，則有忌物之心，耳目自塞，誰其相之？賢者任人，故年老而不衰，智盡而不亂。○不專己智，則物願爲己用矣。故治國之難，在於知賢，而不在自賢。"○自賢者，即上所謂孤而無輔。知賢則智者爲之謀，能者爲之使，物無棄才，則國易治也。**盧曰**：俗之所恃者色與力也，恃色則驕怠之心厚，恃力則奮擊之志多，不可以語其道也。色力衰者爲班白，③白首聞道猶不能得，④況能行之乎？故守卑弱者道必親之，自強奮者人不肯告。人不肯告，寧有輔佐者乎？賢者任於人，故窮年而神不衰，盡智而心不亂。以此理國者，知賢而任之，則賢才爲之用。自賢而無輔。則失人矣。**政和**：道以素朴爲質，以懦弱謙下爲表，故以色驕人而不鋤其色，以力尚人而不能不負其力，皆未足以語大道之方也。傳曰："行賢而去自賢之行，烏往而不愛哉？"故不自奮，則人樂告以善道矣。於是聞道，則有年雖長而色若孺子者，此之謂年老而不衰；⑤於是知道，則有達理而不以物害己者，此之謂智盡而不亂。此治國之道所以在於其身下人而惟驕矜之是去。**范曰**：汝惟不伐，乃能無以色驕人；汝惟不矜，乃能無以力勝人。以體道者不能進此，⑥又況天下之理自用則小，好問則裕。善爲國者以

---

① "矜"，原作"務"，據北宋本、南宋本、世德堂本、汪本改。

② "自奮"上，陶鴻慶曰："愚案：'自奮'上奪'自驕'二字。'自驕自奮'承上'色盛者驕，力盛者奮'而言，張注云'驕奮者雖告而不受'，是其所見本不誤。"

③ "班"，秦本作"斑"。

④ "得"，原作"行"，據秦本改。

⑤ "而不"，原脱，爲兩空格，據下文"此之謂智盡而不亂"補。

⑥ "以體道者不能進此"，據本書卷十五范解"非知命不能進此"，則此處亦爲雙重否定，當作"非體道者不能進此"。

賢下人，未嘗以賢臨人，故聰明者竭其視聽，智力者盡其謀能。行賢而去自賢之行，豈容有不治者哉？

宋人有爲其君以玉爲楮葉者，三年而成。① 鋒殺莖柯，② 毫芒繁澤，亂之楮葉中而不可别也。此人遂以巧食宋國。子列子聞之，曰："使天地之生物，三年而成一葉，則物之有葉者寡矣。故聖人恃道化，而不恃智巧。"○此明用巧能不足以贍物，③因道而化則無不周。**盧曰**：夫斫雕爲朴，還淳之道也，故曰"善約者不用膠漆，善閉者不用關鑰"，是以大辯若訥，大巧若拙耳。若三年成一葉，與真葉不殊，豈理國全道之巧乎？是以聖人恃其道化，如和氣布而萬物生，不恃智巧也。若違天理而僞巧出，此之爲未明本末也。**政和**：道雕刻衆形而不爲巧，竊竊然恃智力而爲之，安得物物而給諸？故匪雕匪琢，運量萬物而不匱，此聖人所以任道化而不任智巧。**范曰**：大制不割，刻雕衆形，彼盈於天地之間者，幹而實，條而蔓。匪規匪矩而有形者，剸裁自我；匪丹匪青而有色者，藻飾自我。有萬不同，一無不備，豈固以人助天而有刻楮之勞哉？聖人者，天地而已矣，故以道爲化，無爲而天下助，孰弊弊然以智巧爲事乎？

子列子窮，容貌有飢色。客有言之鄭子陽者，曰："列禦寇蓋有道之士也，居君之國而窮，君無乃爲不好士乎？"鄭子陽即令官遺之粟。④ 子列子出見使者，再拜而辭。使者去，

---

① "玉爲楮葉者三年而"，王叔岷曰："案《韓非子・喻老》篇、《淮南子・泰族》篇'玉'並作'象'（《淮南》高注：'象，象牙也。'），《御覽》七五二引'而'下有'後'字。"

② "鋒"，王叔岷曰："案《韓非子・喻老》篇'鋒殺'作'豐殺'。王先慎云：'作豐是，豐殺謂肥瘦也。'"

③ "巧"，原作"功"，據北宋本、汪本、世德堂本改。

④ "粟"下，王叔岷曰："案《吕氏春秋・觀世》篇'粟'下有'數十秉'三字，疑此文脱之。《新序・節士》篇、《高士傳》並作'數十乘'，'乘'乃'秉'之形誤。"

子列子人，其妻望之而拊心曰：①“妾聞爲有道者之妻子皆得佚樂。今有飢色，君遇而遺先生食，②先生不受，豈不命也哉？”子列子笑謂之曰：“君非自知我也，以人之言而遺我粟；至其罪我也，又且以人之言。此吾所以不受也。”其卒，民果作難而殺子陽。**盧曰**：夫食人之禄，憂人之事。君不知我，因人之言而賜之；若罪我也，亦因人之言而責我也。吾所貴夫知我者，真悟道之士也；及子陽難作而不見害，此真所謂不爲外物之所傷累者也。**政和**：尊生者不以養傷身，列子於是蓋有先知之理焉。**范曰**：古之善爲士者，三旌之位不足易其介，萬鐘之禄不足遷其守。苟可以無與而與焉，固未嘗受而喜之也。其曰“民果作難而殺子陽”，又以明聖人之知幾如此。

魯施氏有二子，其一好學，其一好兵。好學者以術干齊侯，齊侯納之，以爲諸公子之傅；好兵者之楚，以法干楚王，王悦之，③以爲軍正。禄富其家，爵榮其親。施氏之鄰人孟氏同有二子，④所業亦同，而窘於貧，羨施氏之有，○有，猶富也。因從謂進趣之方。⑤二子以實告孟氏。孟氏之一子之秦，以術干秦王。秦王曰：“當今諸侯力爭，所務兵食而已。若用仁義治吾國，是滅亡之道。”遂宫而放之。其一子之衛，以法干衛侯。衛侯曰：“吾弱國也，而攝乎大國之間。大國吾事之，

---

① “之”，王重民曰：“案‘之’字衍文。《漢書·汲黯傳》‘黯褊心不能無稍望’，師古曰：‘望，怨也。’其妻怨望，故拊心。《吕覽·觀世》篇、《新序·節士》篇並無‘之’字可證。《莊子·讓王》篇有‘之’字者，疑亦後人據《列子》誤增也。”

② “遇”，王叔岷曰：“《釋文》：‘遇，一本作過，或作適。’案道藏白文本、林希逸本、江遹本‘遇’並作‘過’。《莊子·讓王》篇、《吕氏春秋·觀世》篇、《新序·節士》篇、《高士傳》並同。‘遇’即‘過’之誤，‘適’亦‘過’之誤。”陶光曰：“光按：當從一本作‘過’，《莊子》、《吕氏春秋》、《新序》字並作‘過’。”楊伯峻曰：“其義較長。”

③ “王”上，王重民曰：“案《御覽》六百四十八引‘王’上有‘楚’字，是也。上文‘以術干齊侯，齊侯納之’，句法相同。”

④ “同”，王重民曰：“案《御覽》六百四十八引無上‘同’字。”

⑤ “謂”，當從《釋文》作“請”，《釋文》云：“‘請’，一本作‘謂’，恐誤。”

小國吾撫之，是求安之道。若賴兵權，滅亡可待矣。若全而歸之，適於他國，爲吾之患不輕矣。”遂刖之而還諸魯。既反，孟氏之父子叩胸而讓施氏。施氏曰：“凡得時者昌，失時者亡。子道與吾同，而功與吾異，失時者也，非行之謬也。且天下理無常是，事無常非。○應機則是，失會則非。先日所用，今或棄之；今之所棄，後或用之。此用與不用，無定是非也。投隙抵時，應事無方，屬乎智。○雖有仁義禮法之術，而智不適時，則動而失會者矣。智苟不足，使若博如孔丘，術如吕尚，焉往而不窮哉？”○二子之所以窮，不以其博與術，以其不得隨時之宜。孟氏父子舍然無慍容，曰：“吾知之矣。子勿重言。”**盧曰**：學仁義之道，善韜略之能，文武雖殊，同歸於才行之用，必因智之適時。智者道之用，任智則非道矣。夫投必中隙，抵必適時，應變無方，皆爲智也，故適時者無窘才，明道者無乏智。智若不足也，雖文若孔丘，武若吕尚，不免乎窮困也。孟氏既悟，故曰勿重言耳。**政和**：理無常是，當時者爲是；事無常非，不適時者爲非。當時命而大通乎天下，則所棄者或用；不當時命而大窮乎天下，則所用者或棄。君子知窮之有命，知通之有時，則安時順命而已，豈以其遇不遇而恃區區之智以投隙抵時爲哉？① **范曰**：物無常宜，宜在隨時，一是一非，特未定也。孟氏之二子，其道與施氏同，而功與施氏異，豈行之謬哉？此所謂非遭時也。

晋文公出會，②欲伐衛，公子鋤仰天而笑。③公問：“何

---

① “投隙抵時”，原作“投隙抵事”，據正文“投隙抵時，應事無方，屬乎智”、盧解“投必中隙，抵必適時，應變無方，皆爲智也”改。

② “出會”，王重民曰：“《意林》引無‘出會’二字。”

③ “仰天而笑”，陶光曰：“光按：此文當從《御覽》三〇五引作‘公子鋤御而笑之’。御，御車也，形誤爲‘仰’，後人以‘仰而笑之’不辭，因删‘之’字，又以意增‘天’字也。”

笑?”曰:“臣笑鄰之人有送其妻適私家者,①道見桑婦,悦而與言。② 然顧視其妻,亦有招之者矣。臣竊笑此也。”公寤其言,③乃止,引師而還,未至,而有伐其北鄙者矣。○夫我之所行,人亦行之,而欲騁己之志,謂物不生心,惑於彼此之情也。**盧曰**:夫貪於得而不知得有所守者,④俗人之常情也,故嗜欲無窮而真道日喪矣。所以貴夫知道者,内守其道而不失,外用於物而不遺。世人則不然矣,外貪欲色,他婦是悦也;内失於道者,而己妻見招矣。**政和**:察乎盈虚,知分之無常,則於去就安能獨以其身尚人哉?此聖人所以睹蟬鵲之相累而不以物害己。**范曰**:侔物者,物亦侔之;害人者,人亦復之。物固相累,二類相召也。此栗林虞人以吾爲戮、古之真人所以三月不庭與?傳稱吴王欲伐荆,孺子諫之,義與此協。

晋國苦盜。有郄雍者,⑤能視盜之眼,⑥察其眉睫之間,而得其情。晋侯使視盜,千百無遺一焉。晋侯大喜,告趙文

---

① “曰臣笑鄰之人有送其妻適私家者”,陶光曰:“光按:此文當從《類聚》二四、《御覽》三〇五引作‘笑臣鄰之人也,鄰之人有送其妻適私家者’。”王叔岷曰:“案《藝文類聚》二四、《意林》、《御覽》三百五引‘曰’上並有‘對’字。《意林》引‘鄰’上有‘臣’字,‘適’作‘歸’。《藝文類聚》二四、《御覽》四五七引‘臣笑鄰之人有送其妻適私家者’並作‘笑臣之鄰人也,臣之鄰人有送其妻適私家者’,文意較完。”

② “言”上,王重民曰:“案《意林》、《御覽》三百零五引‘言’上並有‘之’字。”王叔岷曰:“案《藝文類聚》二四引‘言’上亦有‘之’字。”

③ “寤”,王重民曰:“案《類聚》八十八、《御覽》三百零五又四百五十七引‘寤’並作‘悟’。”

④ 下“得”,秦恩復曰:“案注中‘得有所守’,‘得’字疑是衍文。”

⑤ “郄”,王叔岷曰:“案《治要》引‘郄’作‘郤’,下同,當從之。‘郄’即‘郤’之俗。”

⑥ “眼”,道藏白文本、南宋本、世德堂本作“貌”。《釋文》云:“‘貌’,一本作‘眼’。”陶光曰:“光按:字作‘貌’是。晋唐人書‘貌’字或作‘貇’,形與‘眼’近,因致訛誤。”王叔岷曰:“《釋文》本、道藏白文本、林希逸本、江遹本、元本、世德堂本‘眼’並作‘貌’,《治要》引同。”楊伯峻曰:“《御覽》四百九十九引亦作‘貌’。”德凌按:作“眼”義長,下文“察其眉睫之間,而得其情”即其解。

子曰："吾得一人，而一國盗爲盡矣，①奚用多爲？"文子曰："吾君恃伺察而得盗，盗不盡矣，且郄雍必不得其死焉。"俄而群盗謀曰："吾所窮者，②郄雍也。"遂共盗而殘之。③ ○殘，賊殺之。晉侯聞而大駭，立召文子而告之曰："果如子言，郄雍死矣！然取盗何方？"④文子曰："周諺有言：'察見淵魚者不祥，智料隱匿者有殃。'○此答所以致死。且君欲無盗，莫若舉賢而任之，使教明於上，化行於下，民有恥心，則何盗之爲？"○此答所以止盗之方。於是用隨會知政，而群盗奔秦焉。○用聰明以察是非者，群詐之所逃；用先識以擿奸伏者，⑤衆惡之所疾。智之爲患，豈虛言哉？**盧曰**：教者，迹也，衆人所以履而行焉；化者，道也，衆人所以日用而心伏。心伏則有恥，迹明則教成。舉賢任才，盗斯奔矣。或問曰："《莊子》云'聖人生而大盗起'，此云舉賢任才而群盗去，何謂耶？"答曰："求虛名而喪其實者，大盗斯起矣；得其實而去爲名者，群盗斯去矣。故舉賢而任才者，求名也；用隨會者，得實也。理不相違，何疑之有耶？"**政和**：道之以德，有恥且格。聖人所以教民而化之以道，雖賞之，不竊也。以苛爲明，抑末矣，剋核太至，必有不肖之心應之，郄雍視盗，所以見殺；舉賢而不仁者遠矣，隨會知政，所以群盗去而他適。**范曰**：鑑水之與形接也，不設智，故而物之方圓曲直不能逃也。善爲國者，藏其利器，不以示人，無爲而民自化，無欲而民自樸，又曷嘗務機巧，滋法令，飾智驚愚，恃明察物，而期以得盗爲哉？若郄雍者，不足以知此。

---

① "爲"下，王叔岷曰："案《御覽》四九九引'爲'下有'之'字，文意較完。"

② "所"下，王重民曰："案《御覽》四百九十九引'所'下有'以'字，是也。"

③ "殘"，《釋文》作"戕"，云："音牆，注同。一本作'殘'。"王重民曰："案《治要》、《御覽》四百九十九引'殘'並作'戕'，疑作'戕'者近是。《説文》'它國臣來弒君曰戕'，故張注曰'賊殺之'。"王叔岷曰："案《釋文》本'殘'亦作'戕'，云'音牆，注同'，是所據本注文亦作'戕'也。《六帖》九一、《御覽》三七四引'殘'並作'殺'。"

④ "盗"，原脱，據道藏白文本、北宋本、南宋本、世德堂本、汪本補。

⑤ "先"，楊伯峻曰："注'用先識'，《治要》引'先'作'少'，近是。"

孔子自衛反魯，息駕乎河梁而觀焉。有懸水三十仞，圜流九十里，魚鱉弗能游，①黿鼉弗能居。有一丈夫方將厲之，孔子使人並涯止之，曰："此懸水三十仞，圜流九十里，魚鱉弗能游，黿鼉弗能居也。意者難，可以濟乎？"丈夫不以錯意，遂度而出。孔子問之曰："巧乎？② 有道術乎？所以能入而出者，何也？"丈夫對曰："始吾之入也，先以忠信；及吾之出也，又從以忠信。忠信錯吾軀於波流，③而吾不敢用私。所以能入而復出者，以此也。"孔子謂弟子曰："二三子識之！水且猶可以忠信誠身親之，④而況人乎？"⑤○《黄帝》篇中已有此章，而小不同，所明亦無以異，故不復釋其義也。**盧曰**：夫忠者同於物，信者無所疑。同而不疑，不私其己，故能入而復出也。然則同而不疑，不私其己，知道矣夫！《黄帝》篇中已有此章。**政和**：至誠之道，無所不通。忠而不欺，信而不疑，誠心行之，可以感物，則動天地，感鬼神，横六合而無逆者，故游金石，蹈水火，皆可也。**范曰**：游於吕梁者，必順性命之理；濟於河梁者，必體忠信之道，其旨一也。

白公問孔子曰：⑥"人可與微言乎？"孔子不應。○白公，楚

---

① "弗能游"，陶光曰："光按：《群書治要》三四引無'弗能游'三字，《家語》同，疑涉上文而衍。"

② "巧乎"上，王叔岷曰："案《家語·致思》篇、《説苑·雜言》篇'巧乎'上並有'子'字，文意較完，當從之。本書《黄帝》篇'子巧乎？有道邪'，《莊子·知北游》篇'子巧與？有道與'，並與此文例同。"

③ "忠信"，俞樾曰："樾謹按：'忠信'字涉上句而衍。"王叔岷曰："案俞説是也。《治要》引正無'忠信'二字。"

④ "誠身"，楊伯峻曰："伯峻案：此章專以'忠信'二字爲主，'誠身'二字疑衍。《治要》引正無'誠身'二字可證也。"

⑤ "況"，王叔岷曰："案《家語·致思》篇、《説苑·雜言》篇'況'下並有'於'字，文意較完。"

⑥ "問"下，王重民曰："案《吕覽·精諭》篇、《淮南·道應》篇並'問'下有'於'字，《御覽》五十八引'問'下亦有'於'字，今本脱誤。"

平王之孫，太子建之子也。其父建因費無極所譖，①出奔鄭，鄭人殺之。勝欲令尹子西、司馬子期伐鄭，許而未行。晋伐鄭，子西、子期將救鄭。勝怒曰："鄭人在此，讎不遠矣。"欲殺子西、子期，故問孔子。孔子知之，故不應。微言，猶密謀也。**盧曰**：微言者，密言也，令人不能知也。白公，楚平王之孫，太子建之子。建出奔鄭，白公欲亂，故孔子不應耳。白公問曰：②"若以石投水，何如？"孔子曰："吴之善没者能取之。"③○石之投水則没，喻其微言人不能覺，④故孔子答以善没者能得之，明物不可隱者也。曰："若以水投水，何如？"孔子曰："淄澠之合，易牙嘗而知之。"○復爲善味者所别也。**盧曰**：以石投水，喻迹不可見；以水投水，喻合不可隱也。味者分淄澠，不可合也；唯神契理會，然後得也。白公曰："人故不可與微言乎？⑤"孔子曰："何爲不可？唯知言之謂者乎！○謂者所以發言之旨趣，發言之旨趣則是言之微者，形之於事則無所隱。夫知言之謂者，不以言言也。○言言則無微隱。**盧曰**：夫情生而事彰，味殊而可嘗，唯神之無方。知言之謂者，神會也。爭魚者濡，逐獸者趨，非樂之也。○自然之勢，自應濡走。故至言去言，○理自明，化自行。至爲無爲。○理自成，物自從。夫淺知之所爭者末矣。"○失本存末，事著而後爭解，鮮不及也。**盧曰**：魚在於水，爭之者濡；獸走於野，逐之者趨，非樂之也，其勢使然也。故至言者不在言，至爲者無所爲也。淺智逐末，常失其理；道之所行，物

---

① "其父建因"，世德堂本、南宋本、汪本作"其父爲"。

② "問"，王叔岷曰："案'問'字涉上文'白公問孔子曰'而衍。《事類賦》七《地部》二、《御覽》五八、《記纂淵海》一、《天中記》九引皆無'問'字，《吕氏春秋·精諭》篇、《淮南·道應》篇並同。"

③ "吴之善没"，王叔岷曰："案《淮南·道應》篇'吴'下有'越'字。《事類賦》七《地部》二、《記纂淵海》一、《天中記》九引'没'並作'游'。"

④ "人不能覺"，北宋本、南宋本、汪本、世德堂本作"不可覺"。

⑤ "故"，王重民曰："案道藏本、吉府本、《淮南·道應》篇、《御覽》五十八引'故'並作'固'。"王叔岷曰："案道藏白文本、林希逸本並作'固'，江遹本、高守元本並作'故'。"楊伯峻曰："伯峻案：作'固'者是。"

無不當者矣。白公不得已，①遂死於浴室。② ○不知言之所謂，遂便作亂，故及於難。**盧曰**：忿而非理，死以快意，下愚之所以亂常也。**政和**：以石投水，既有形矣，若形形者未嘗形，則非善没者所能取也；淄澠之合，既有味矣，若味味者未嘗呈，則非易牙所能嘗而知之也。微言固隱而未彰，然言亦既有，唯目擊道存，殆弗容聲，則知言之謂而不以言言者也。爭魚逐獸，所爭末矣。故至言必去言，然後爲言之至；至爲必去爲，然後爲爲之至。白公何足以與此？**范曰**：以石投水，而善没者能取之；以水投水，而善味者能嘗之。③ 一涉於物，固有不得而逃者矣。然不知言之人，烏可與言；知言之人，默焉而意已傳。將欲微言，非知言之謂者不可也，又況天下之理，爭魚者濡，逐獸者趨，豈固樂之哉？意之所至，有不知所以然而然者，何則？物有感觸，皆從意生，意所偏繫，隨念而易。發於言者一或不慎，則幾事不密而至於害成者有矣。故至言去言，則雖言而未嘗言；至爲去爲，則無爲而無不爲。夫淺智之所爭者末矣，白公爭而滅，殆謂是與？

趙襄子使新稚穆子攻翟，○穆子，襄子家臣新稚狗也。翟，解虞也。勝之，取左人、中人，○左人、中人，解虞二邑名。使遽人來謁之。○遽，傳也。謁，告也。**盧曰**：急來告捷也。襄子方食而有憂色。左右曰："一朝而兩城下，此人之所喜也。今君有憂色，何也？"襄子曰："夫江河之大也，不過三日；○謂潮水有大小。

---

① "已"，俞樾曰："樾謹按：'已'字乃'也'字之誤。《淮南子·道應》篇作'白公不得也'，《吕氏春秋·精諭》篇作'白公弗得也'，並其證也。張注曰'不知言之所謂，遂便作亂，故及於難'，正解'不得'之義。"

② "浴"，陶光曰："光按：《吕氏春秋》'浴'作'法'，疑是。《左·哀十六年傳》第言白公奔山而縊，然《淮南》後一節言十有九日而擒白公，則以爲罹於法也，蓋所傳不同。若作'浴室'，不當無説，'法'、'浴'形近而誤也。《淮南》此節字作'浴'。《列子》此一節前半與《吕覽》同，後半與《淮南》同，並合之迹，灼然可見，'浴'字蓋亦承《淮南》之誤也。"

③ "味"，原作"喊"，據正文"淄澠之合，易牙嘗而知之"、張注"復爲善味者所别也"、盧解"味者分淄澠，不可合也"改作"味"。"以水投水，而善味者能嘗之"指易牙可辨别淄澠之水。

飄風暴雨不終朝，①日中不須臾。○勢盛者必退也。今趙氏之德行無所施於積，②○無積德而有重功，不可不戒懼也。一朝而兩城下，亡其及我哉！”○不忘亡，則不亡之也。**盧曰**：不能積德累行，而以強力下二城。夫物盛必衰，不亡何待耶？故貪不以忻，賢者所以懼。知苟得之所以懼也，然後能積其德矣。孔子聞之曰：“趙氏其昌乎！”夫憂者所以爲昌也，○戒之深也。喜者所以爲亡也。③○將致矜伐。勝，非其難者也；持之，其難者也。賢主以此持勝，故其福及後世。齊、楚、吴、越皆嘗勝矣，④然卒取亡焉，⑤不達乎持勝也。唯有道之主爲能持勝。○勝敵者皆比國，而有以不能持勝，故危亡及之。**盧曰**：矜功伐能，所以亡也；憂得誡強，所以昌也。賢者以此福及後代，道者以此澤被含生，此之謂持勝。持勝者，持此誡慎，勝彼強梁，唯有道者所能行也。孔子之勁能拓國門之關，而不肯以力聞；○勁者，力也。拓者，舉也。孔子能舉門關而力名不聞者，⑥不用其力也。墨子爲守攻，公輸般服，而不肯以兵知。○公輸般善爲攻器，墨子設守能却之，爲般所服，而不稱知兵者，不有其能也。故善持勝者以彊爲弱。○得爲攻之母也。**盧曰**：夫子之力能舉關，墨子之善能制敵，不以力謀顯，而以道德聞者，善此持勝，以彊爲弱也。

---

① “不終朝”，陶光曰：“光按：《吕覽》、《淮南》並無‘不終朝’三字，此文蓋用《老子》文增益之耳。”

② “無所施於積”，盧文弨曰：“《吕氏》無‘施’字，《淮南》並無‘於’字。”“施”，俞樾曰：“樾謹按：‘施’衍字，蓋即‘於’字之誤而復者。《吕氏春秋·慎大》篇亦有此文，正無‘施’字。”王重民曰：“案俞説是也。《淮南·道應》篇亦有此文，亦無‘施’字。”陶光曰：“光按：《淮南》並無‘施於’字，‘於積’亦不可解，疑原作‘施積’也。”

③ “者所以爲昌也喜者”，陶光曰：“光按：《吕覽》、《淮南》並無二‘者’字，當從之。”

④ “嘗”，陶光曰：“道藏白文本、林本引‘嘗’作‘常’。”

⑤ “然卒”，《釋文》作“卒然”。

⑥ “孔子”，北宋本、南宋本、世德堂本作“孔力”。

夫藝成者必爲人所役，好勝者必遇於彊敵，唯道德仁義者可以役物而興化者也。**政和**：盈而處之以沖，成而處之以缺，持勝之道也；剛而守之以柔，彊而守之以弱，常勝之道也。江河之大也，有損焉；風雨之聚也，有息焉；日之中也，有昃焉。觀諸天地，尚不能久，而況於人乎？惟始於憂勤者，終於逸樂，此憂者所以爲昌；般樂怠敖者是自求禍，此喜者所以爲亡。知此則福及後世，此之謂持勝之道。力足以制衆而無勇功，兵足以勝敵而無威名，柔弱處下，而攻堅強者莫之能先，此之謂常勝之道。然常勝之道，是乃所以持勝也。**范曰**：戰勝易，守勝難，故非有道之主不能持勝。

卷之二十

和光散人高守元集

説符

宋人有好行仁義者，三世不懈。家無故黑牛生白犢，①以問孔子。孔子曰："此吉祥也，以薦上帝。"居一年，其父無故而盲。其牛又復生白犢，②其父又復令其子問孔子。其子曰："前問之而失明，又何問乎？"父曰：③"聖人之言，先迕後合。其事未究，姑復問之。"其子又復問孔子。孔子曰："吉祥也。"復教以祭。其子歸致命，其父曰：④"行孔子之言也。"居一年，其子又無故而盲。其後楚攻宋，圍其城，民易子而食之，析骸而炊之；丁壯者皆乘城而戰，死者太半。此人以父子

---

① "黑牛"上，王叔岷曰："案《御覽》八九九、《事文類聚後集》三九引'黑牛'上並有'而'字，《淮南・人間》篇同。"

② "其牛"，王叔岷曰："案《事文類聚後集》三九引'其牛'作'黑牛'。《御覽》八九九、《記纂淵海》九八、《韻府群玉》十七引並無'其'字。《淮南・人間》篇、《論衡・福虚》篇並同。今本'其'字疑涉上下文而衍。"

③ "父"上，王叔岷曰："案《淮南・人間》篇'父'上有'其'字，與上下文一律，當從之。"

④ "其父"，王叔岷曰："案《淮南・人間》篇叠'其父'二字，當從之。"

有疾皆免，①及圍解而疾俱復。○此所謂禍福相倚也。**盧曰**：夫仁者愛人，義者濟物。三世不息，其於積善深矣。若有其才則招禄，無其才則致福，此餘慶之所鍾也。吉祥之應，爲善之徵，克全其生而獲其利。積行之報，豈虚言也哉？**政和**：昭昭生於冥冥，有倫生於無形，禍兮福所倚，福兮禍所伏，孰知其極？則倚伏之理何常之有？唯德厚者福衍，故福生有基而禍亦不來，此宋人之行仁義所以能因禍致福。**范曰**：福之兆乎物謂之祥，禍之兆乎物亦謂之祥，所謂吉祥者，豈非吉之先見者與？然梱之祥也，其父以爲不祥；巫祝所以爲不祥者，神人以爲大祥。蓋憂喜聚門，吉凶同域，而禍福之相爲倚伏，特未可知也，唯聖人爲能知其所以然。

宋有蘭子者，○凡人物不知生出者謂之蘭也。② 以技干宋元。③ 宋元召而使見。其技以雙枝，長倍其身，屬其脛，並趨並馳，弄七劍迭而躍之，五劍常在空中。元君大驚，立賜金帛。又有蘭子又能燕戲者○如今之絶倒投狹者。聞之，④復以干元君。元君大怒，曰："昔有異技干寡人者，○謂先僑人。技無庸，適值寡人有歡心，故賜金帛。彼必聞此而進，復望吾賞。"拘而擬戮之，經月乃放。⑤ ○此技同而時異，則功賞不可預要也。**盧曰**：夫積仁義以守道者，福可全也；恃力技以僥倖，不常禄也。列子兩舉其事，以彰德行之爲益耳。**政和**：理無常是，事無常非，顧所遇之時如何耳。乃若執技而不通乎道，尤非所謂可常之道也。君子知分之無常，所以謹於去就。**范曰**：得時者昌，失時者亡。苟騁徼利之心，而昧適時之

---

① "疾"上，王重民曰："案《御覽》七百四十引'疾'上有'盲'字。"

② "者"，原作"主"，據世德堂本改。王叔岷曰："案世德堂本注'主'作'者'，當從之。'主'，誤字。"

③ "宋元"下，王重民曰："案《類聚》六十、《御覽》三百四十四、又四百八十三引'宋元'下並有'君'字。"王叔岷曰："《書鈔》一二二、《六帖》三三、六一、《御覽》五六九引亦並有'君'字。《事類賦》十三《服用部》二引《列子傳》同。"

④ 下"又"，王重民曰："案下'又'字當衍，《御覽》四百八十三引無。"王叔岷曰："案《六帖》三三、《御覽》五六九引亦並無下'又'字。"

⑤ "放"，原作"故"，據北宋本、南宋本、世德堂本、汪本改。

道，鮮不及矣。

秦穆公謂伯樂曰："子之年長矣，○伯樂，善相馬者。子姓有可使求馬者乎？"①○問伯樂之種姓有能相馬繼樂者不？伯樂對曰："良馬，可形容筋骨相也。②○馬之良者，可以形骨取也。天下之馬者，若滅若没，若亡若失。○天下之絶倫者，不於形骨毛色中求，故彷彿恍惚，若存若亡，難得知也。若此者，絶塵弭蹤。○言迅速之極。臣之子皆下才也，③可告以良馬，不可告以天下之馬也。臣有所與共擔纆薪菜者，④○負索薪菜，蓋賤役者。有九方皋，⑤此其於馬，⑥非臣之下也。請見之。"○非臣之下，言有過於己。**盧曰**：擔纆薪菜者，賤役者也。子姓者，子弟之同姓者也。穆公見

---

① "子"下，王叔岷曰："案《文選》顏延年《赭白馬賦》注引'子'下有'之'字。"

② "良馬可"下，王重民曰："案《類聚》九十三引'可'下有'以'字，是也。《淮南・道應》篇同。"王叔岷曰："案《天中記》五五引'良馬'下有'者'字，'可'下有'以'字，《淮南・道應》篇同，當從之。"陶光曰："光按：《文選》顏延年《赭白馬賦》注引'可'下有'以'字，《淮南子》亦有'以'字，當從之。"

③ "子"下，汪萊曰："據注上文'臣之子'下脱'姓'字。"

④ "纆"，原作"纏"，據北宋本、南宋本、汪本改，下盧解同。王念孫曰："'纏'當爲'纆'字之誤也。"俞樾曰："'纏'乃'纆'字之誤。"

⑤ "皋"，原作"單"，據北宋本、南宋本、世德堂本、汪本改。"有九方皋"，王叔岷曰："《淮南・道應》篇'九方皋'作'九方堙'，'九'上無'有'字。此文'有'字，疑涉上'有'字而衍。《藝文類聚》九三、《事類賦》二一《獸部》二、《御覽》八九六、《記纂淵海》九八、《事文類聚後集》三八引'九'上皆無'有'字。"

⑥ "此"，原作"比"，據道藏白文本、南宋本、世德堂本改。《釋文》作"此"，云："一本作'比'。"盧文弨曰："案'比'，發語辭。《孟子》'比天之所以與我者'，賈誼'比物此志也'，皆同。"王重民曰："張注曰（按當作《釋文》）：'此，一本作比。'案北宋本作'比'，與一本同。《類聚》九十三引此文作'其相馬，非臣之比也'。"王叔岷曰："案《釋文》本、道藏白文本、林希逸本、元本、世德堂本'比'皆作'此'。《世説新語・輕詆》篇注、《埤雅》十五、《天中記》五五、《經濟類編》九八引並同。《淮南・道應》篇亦作'此'。……盧重元本、道藏江遹本、高守元本並作'比'，但作'此'較長，'比'疑'此'之壞字。"德凌按：王叔岷説可從。

之,使行求馬。三月而反,報曰:“已得之矣,在沙丘。”[①]○地名。穆公曰:“何馬也?”對曰:“牝而黄。”使人往取之,牡而驪。[②] 穆公不説,召伯樂而謂之曰:“敗矣,子所使求馬者。[③]○謂九方臯。色物、[④]牝牡尚弗能知,又何馬之能知也?”伯樂喟然太息曰:“一至於此乎!是乃其所以千萬臣而無數者也。○言其相馬之妙乃如此也,是以勝臣千萬而不可量。**盧曰**:臯之相馬,相其神,不相其形也。形者,常人之所辯也。伯樂嘆其忘形而得神,用心一至於此,自以爲不及臯之無數倍也。故穆公以爲敗,伯樂以爲能也。若臯之所觀,[⑤]天機也。○天機,形骨之表所以使蹄足者,得之於心,不顯其見。得其精而忘其粗,[⑥]在其内而忘其外。○精内,謂天機;粗外,謂牝牡、毛色。見其所見,○所見者,惟天機也。不見其所不

---

① “沙丘”上,王叔岷曰:“案《事文類聚後集》三八引作‘已得之於沙丘’,疑‘沙丘’上原有‘於’字,《淮南·道應》篇作‘已得馬矣,在於沙丘’可爲旁證。”

② “牝而黄使人往取之牡”,王叔岷曰:“案《事類賦》二一《獸部》二、《御覽》八九六引‘牝’上並有‘馬’字。”陶光曰:“光按:《世説新語》注引‘牝’、‘牡’字相反,與《淮南子》同。”

③ “子”下,王叔岷曰:“案《藝文類聚》九三、《事類賦》二一《獸部》二、《御覽》八九六、《記纂淵海》九八、《事文類聚後集》三八引‘子’下並有‘之’字,《淮南·道應》篇同,當從之。”

④ “色物”,盧文弨云:“《御覽》八百九十六作‘物色’。”陶光曰:“光按:《世説新語》注引‘色’作‘毛’,與《淮南子》同。按《世説》注成於齊梁,所引此節文多與《淮南》同,並當從之。”

⑤ “觀”,王叔岷曰:“案《世説新語·輕詆》篇注引‘觀’下有‘馬者’二字。《淮南·道應》篇‘觀’下亦有‘者’字。”

⑥ “而”,原脱,據道藏白文本、林希逸本、南宋本、世德堂本補,陶光曰:“各本‘忘’上有‘而’字。光按:當從各本及《淮南子》增‘而’字,與下文‘在其内而忘其外’諸句一致。”王叔岷曰:“案‘忘其粗’上當有‘而’字,乃與下句相耦。道藏白文本、林希逸本、江遹本、元本、世德堂本皆有‘而’字。《藝文類聚》九三、《埤雅》十五、《事文類聚後集》三八、《韻府群玉》三、《天中記》五五、《經濟類編》九八引並同。《淮南·道應》篇亦有‘而’字。”

見;①○所不見,毛色、牝牡也。視其所視,○視其所宜視者,不忘其所視。而遺其所不視。○所不應視者,不以經意也。若皋之相者,②乃有貴乎馬者也。"○言皋之此術,豈止於相馬而已,神明所得,必有貴於相馬者,言其妙也。馬至,果天下之馬也。**盧曰**:夫形質者,萬物之著也;神氣者,無象之微也。運有形者,無象也;用無象者,形物也。終日用之而不知其功,終年運之而不以爲勞,知而養之者,道之主也。皋之見乎所見者以神也,契其神者而貴於馬也,代人皆不知所貴矣。**政和**:道在體無體,若滅若没,視之不可見;若亡若失,搏之不可得;絶塵弭轍,逐之不能及。中人以下才士也,豈足以識此?可以言論者物之粗,可以意致者物之精,得其精、忘其粗者,言之所不能論也;知之外矣,不知内矣,在其内、忘其外者,知之所不能知也。見其所見,不見其所不見,此其見之所以獨;視其所視,不視其所不視,此其視之所以神。惟其所索者不在於形骸之内,故其所得者非見於形骸名聲之末,是乃進乎聖人之道。良馬以喻才,天下馬以喻聖人之道。**范曰**:牝而黄,牡而驪,相去遠矣。九方之相馬也,得其精而忘其粗,在其内則忘其外,造天機之妙,而色物、牝牡無所致知。此伯樂所以喟然而嘆,以爲千萬臣而無數也。

楚莊王問詹何曰:"治國奈何?"○詹何,蓋隱者也。詹何對曰:"臣明於治身而不明於治國也。③"楚莊王曰:④"寡人得奉宗廟社稷,願學所以守之。"詹何對曰:"臣未嘗聞身治而國亂

---

① "見其所見不見其所不見",陶光曰:"光按:《淮南子》'見其(德凌按:'其'下當補'所'字)見'之下有'而'字,當從之,與上下文一致。"

② "相者",原作"相馬",據北宋本、南宋本改。王重民曰:"案北宋本、道藏本、吉府本上'馬'字並作'者',疑作'者'是也。因上下文諸'馬'字而誤。《淮南·道應》篇作'若彼之所相者,乃有貴乎馬者'。"王叔岷曰:"道藏本中高守元本作'相馬',王氏失檢。白文本、林希逸本、江遹本皆作'相者',《埤雅》十五引同。"陶光曰:"《集解》'相者'作'相馬'。光按:字作'者'不誤,《淮南》正作'者'。"

③ "臣",王叔岷曰:"案《治要》引'臣'作'何'。《吕氏春秋·執一》篇、《淮南·道應》篇並同。"

④ "莊",王叔岷曰:"案'莊'字衍文。上文已言'楚莊王',此不必更出'莊'字,乃與下文一律。《治要》引正無'莊'字,《淮南·道應》篇同。"

者也，又未嘗聞身亂而國治者也。故本在身，不敢對以末。”楚王曰：“善。”**盧曰**：損物以厚生，小人之常情也；損生以利物，好名之詭行也。安社稷者，後其身也；善理身者，國自理之矣。君者國之主，神者形之主。理國在乎安君，理身在乎安神。神安則道崇，道崇則國理。神者身之本，道者神之功，故不敢以末對。**政和**：國之本在身，是以明明德於天下者，欲治其國，先修其身，所謂治其本而末從之也。① 古之人以道之真治身，其緒餘以爲國家，豈有身治而國亂？**范曰**：國之本在家，家之本在身。善爲國者，豈有他哉？蓋亦反其本矣。詹何之釣魚也，以弱制強也，以輕致重，而曰治國誠能若此，則天下可運於一握。由是觀之，舉斯心以加諸彼，固其所慢爲也。

狐丘丈人謂孫叔敖○楚大夫也。曰：“人有三怨，子知之乎？”○狐丘，邑名。丈人，長老者。孫叔敖曰：“何謂也？”對曰：“爵高者，人妒之；官大者，主惡之；禄厚者，怨逮之。②”孫叔敖曰：“吾爵益高，吾志益下；吾官益大，吾心益小；吾禄益厚，吾施益博。③ 以是免於三怨，可乎？”④**盧曰**：夫心益下者，道之用也；施益博者，德之用也。用道以下身者，無怨惡也；用德以周施者，主恩惠也。向之三怨復從何而生哉？**政和**：君子不欲多尚人，爵益高，心益下，此所以免於人之妒而無失；其爲高官益大，心益小，此所以免於上之忌而無失；其爲大禄益厚，施益博，此所以免於怨之逮而無失。其爲厚，

---

① “而”，原作“面”，形近而訛。

② “逮”，俞樾曰：“樾謹按：《淮南子・道應》篇作‘禄厚者，怨處之’，是也。‘怨處之’，謂怨讎之所處也，猶曰爲怨府也。處與妒惡爲韻。若作‘逮’，則失其韻矣。蓋由淺人不達‘處’字之義而臆改。”王重民曰：“案俞説是也，《御覽》四百五十九引‘逮’正作‘處’。北宋本作‘遠’，誤（《意林》引作‘禄厚者，人怨之’）。”王叔岷曰：“《册府元龜》七八八引《韓詩外傳》、《藝文類聚》三五引《文子》並作‘禄厚者，怨處之’，亦可證此文‘逮’字之誤。”

③ “博”，王重民曰：“案《意林》引‘博’作‘溥’，疑作‘溥’者是也。”王叔岷曰：“案《慎子・外篇》亦作‘溥’，作‘溥’是故書。”

④ “以是免於三怨可乎”，王叔岷曰：“案此處叙事未畢，疑有脱文。《韓詩外傳》七此下更有‘狐丘丈人曰：善哉言乎！堯舜其猶病諸’十五字，疑當從之。”

是謂持後而處先。**范曰**：孫叔敖三爲令尹而不榮華，三去之而無憂色，以是而期免於怨，固無往而不可矣。孫叔敖疾，將死，戒其子曰："王亟封我矣，吾不受也。爲我死，王則封汝。汝必無受利地！楚越之間有寢丘者，①此地不利而名甚惡，楚人鬼而越人禨，○信鬼神與禨祥。**盧曰**：禨字，巨衣切，又居希切。《淮南傳》曰："吴人鬼，越人禨。"禨，祥也。可長有者唯此也。"孫叔敖死，王果以美地封其子。子辭而不受，請寢丘，與之，至今不失。○漢蕭何亦云"子孫無令勢家所奪"，即此類也。**盧曰**：人所爭者，有力必取之；利之薄者，人所不用焉。不爭之物則久有其利，必爭之物則不能常保。人知利厚而共爭，不知長有而利深。故嗜欲者，必爭之地也；全道者，長久之方也。善於道者，觸類而長之，何適而非道？**政和**：天下皆知美之爲美，斯惡矣。唯處衆人之惡而不爭者，爲幾於道而可以長久。**范曰**：古之得道者，處衆人之所惡，不以自好累乎其心。以寢丘之封，孫叔敖所以戒其子也。

牛缺者，上地之大儒也，下之邯鄲，遇盜於耦沙之中，盡取其衣裝車。牛步而去，②視之歡然，無憂吝之色。盜追而問其故。曰："君子不以所養害其所養。③"盜曰："嘻！賢矣

---

① "寢"，王叔岷曰："案舊鈔本《文選》王仲寶《褚淵碑文》注引'寢'下有'之'字，下同，當從之。《吕氏春秋·異寶》篇亦有'之'字，《淮南·人間》篇下'之'字未脱。"

② "盡取其衣裝車牛步而去"，俞樾曰："樾謹按：此當作'盡取其衣裝車馬，牛缺步而去'，《吕氏春秋·必己》篇作'求其車馬，則與之；求其衣被，則與之。牛缺出而去'是其證也。'出'即'步'字之誤耳。此文脱'馬'字、'缺'字，遂以'車牛'連文，失之矣。"

③ "君子不以所養害其所養"，陶鴻慶曰："愚案：下'所'字衍，《淮南·人間訓》作'聖人不以所養害其養'，可據正。"王重民曰："案陶説恐非是，疑上'所'字下脱'以'字耳。《莊子·讓王》篇云'且吾聞之，不以所用養害所養'，《吕覽·審爲》篇'用'作'以'，'用'猶'以'也。《御覽》四百九十九引作'君子不以所養害其所以養'，義不可通。疑下'所'字下'以'字本在上'所'字之下，引者誤移也。"王叔岷曰："案陶、王説並通。《淮南·道應》篇'不以其所養害其養'，亦可爲陶説之證。《淮南·説林》篇'夫所以養而害所養'、《説苑·至公》篇'不以所以養而害其養'，亦可爲王説之證。"

夫!”既而相謂曰:“以彼之賢,往見趙君,使以我爲,①必困我。不如殺之。”乃相與追而殺之。燕人聞之,聚族相戒,曰:“遇盜,莫如上地之牛缺也。”皆受教。俄而其弟適秦,至關下,②果遇盜,憶其兄之戒,因與盜力爭。既而不如,③又追而以卑辭請物。盜怒曰:“吾活汝弘矣,而追吾不已,迹將著焉。既爲盜矣,仁將焉在?”遂殺之,又傍害其黨四五人焉。④ ○牛缺以無忝招患,燕人假有惜受禍,安危之不可預圖皆此類。**盧曰**:夫知時應理者,事至而不惑,時來而不失,動契其真,運合於變矣。若見名示迹,不適其時,則無往不敗也。牛缺不知時,其弟亦過分,亦猶孟氏之二子出於文武哉。矯名過當者,未嘗不如此也。**政和**:生非貴之所能存,身非愛之所能厚,牛缺之見殺是已;富貴者以養傷身,貧賤者以利累形,燕人之見殺是已。然則輕生固所不免,而重生者亦未離於有累,聖人所以有身爲大患。⑤ **范曰**:牛缺以無忝招辜,燕人以力爭遇害,禍福之理不可預圖有如此者。

---

① “使”,原作“便”,據道藏白文本、世德堂本改。《釋文》作“往見趙君,以我爲事,必困我”,云:“爲句。一本云‘往見趙君,便以我爲,必困’。”王叔岷曰:“案道藏白文本、林希逸本、元本、世德堂本‘便’並作‘使’。《御覽》四百二引同。‘便’疑‘使’之形誤。”“使以我爲”下,陶鴻慶曰:“愚案:‘使以我爲’下脱‘事’字。《淮南・人間訓》云‘以此而見王者,必且以我爲事也’,可據補。”王重民曰:“案陶説是也。《御覽》四百零二、又四百九十九引‘爲’下並有‘事’字。”陶光曰:“光按:《釋文》云‘往見趙君,以我爲事,必困我’爲句,是殷本亦有‘事’字而脱‘使’字。”

② “關”,原作“闕”,據道藏白文本、林希逸本、江遹本、南宋本、世德堂本、《釋文》改。《釋文》作“關”,云:“一本作闕。”王叔岷曰:“案《釋文》本、道藏白文本、林希逸本、江遹本、元本、世德堂本‘闕’並作‘關’。”楊伯峻曰:“《韓非子・存韓》篇‘韓反與諸侯先爲雁行,以向秦軍於關下矣’,乾道本‘關’作‘闕’,王先慎曰:‘闕乃關字形近而訛,即函谷關。’”

③ “如”,楊伯峻曰:“伯峻案:‘如’當作‘與’。”

④ “又”,原脱,據北宋本、汪本、世德堂本補。

⑤ “所以”下,德凌按:當復有“以”字,文意較完。

虞氏者，梁之富民也，①家充殷盛，錢帛無量，財貨無訾。② 登高樓，臨大路，設樂陳酒，擊博樓上。俠客相隨而行樓上，③博者射，明瓊張中，反兩㯓○吐合切。魚而笑，④○明瓊，齒五白也。射五白得之，反兩魚獲勝，故大笑。飛鳶適墜其腐鼠而中之。俠客相與言曰："虞氏富樂之日久矣，⑤而常有輕易人之志。吾不侵犯之，⑥而乃辱我以腐鼠。此而不報，⑦無以立慬於天下。○慬，勇。請與若等勠力一志，率徒屬，必滅其家爲等倫。"皆許諾。至期日之夜，聚衆積兵，以攻虞氏，大滅

---

① "民"，原作"人"，避諱改。陶光曰："《類聚》三三引'人'作'民'。今本字作'人'者，唐人避太宗諱改之也。"

② "家充殷盛錢帛無量財貨無訾"，王重民曰："案《類聚》三十三、《御覽》四百七十二引並作'家既充盛，錢金無量，財貨無比'。"王叔岷曰："案《御覽》四七三引'家充殷盛，錢帛無量'亦作'家既充盛，錢金無量'。今本'充殷'二字疑'殷充'之誤到，'殷'又'既'之形誤也。"楊伯峻曰："伯峻案：《淮南·人間訓》'充'下有'盈'字。"

③ "俠客相隨而行樓上"，王重民曰："案'樓上'當作'樓下'，此謂虞氏於高樓設樂陳酒，擊博賭勝之時，俠客相隨，行經樓下，適有飛鳶墜腐鼠而中之，因疑虞氏在樓上所故爲而以爲辱也。若俠客已行至樓上，則不得有此誤會矣。此蓋因上文'擊博樓上'句而誤。《類聚》九十五引作'游俠相隨行樓下，博者射中而笑'，文雖簡略，而'樓下'字固不誤也。"王叔岷曰："《事文類聚後集》四二、《合璧事類續集》五五引亦並作'而游俠相隨行樓下，博者射中而笑'，並約舉之詞，而'樓下'字不誤。《六帖》二一、《天中記》五九引亦並作'樓下'。"陶光曰："光按：王説是，《淮南》正作'游俠相隨而行樓下'，疑'俠客'字亦當從《類聚》引及《淮南》作'游俠'也。"

④ "㯓魚而笑"，《釋文》曰："凡戲爭能取中皆曰射，亦曰投。裴駰曰：'報采獲魚也。''㯓'字，案真經本或作'魚'，案《六博經》作'鰈'，比目魚也。蓋謂兩魚勇之比目也。此言報采獲中，翻得兩魚，大勝而笑也。鰈，他獵反。今本云'㯓魚'者，是多一字也。據義，用'鰈'不用'魚'，用'魚'不用'鰈'字。"王叔岷曰："案其説是也，據注'射五白得之，反兩魚獲勝，故大笑'，是張本原無'㯓'字。《藝文類聚》三三引'而笑'作'大笑'，注言'故大笑'，疑張本原作'大笑'。"

⑤ "久"上，王叔岷曰："《六帖》十、《合璧事類別集》十六、《天中記》十四引'久'上並有'已'字。"

⑥ "吾"，王叔岷曰："案《六帖》二一引'吾'作'我'，與下句一律。"

⑦ "此而"，原誤倒，據道藏白文本、北宋本、汪本、世德堂本乙正。

其家。〇驕奢之致禍敗,不以一塗。虞氏無心於凌物而家破者,亦由謙退之行不素著故也。**盧曰**:前章言學仁義,三代以致祥;此章言積驕奢,一朝以招禍。行之不著,飛災所鍾;禍福無門,惟人所召。此之雙舉,誡之深焉。**政和**:禍福之來,惟人所召,而天之所惡,孰知其故?**范曰**:道者去奢去泰。奢則淫於德,泰則侈於性,豈道也哉?虞氏富樂日之久矣,肆輕易之心,亡謙恭之行,故其亡也,立而待也。

東方有人焉曰爰旌目,①將有適也,②而餓於道。狐父之盜曰丘,見而下壺餐以餔之。③ 爰旌目三餔而後能視,曰:"子何爲者也?"曰:"我狐父之人丘也。"爰旌目曰:"譆!汝非盜邪?胡爲而餐我?④ 吾義不食子之食也。"兩手據地而歐之,不出,喀喀然,遂伏地而死。⑤ 狐父之人則盜矣,而食非盜也。以人之盜,因謂食爲盜而不敢食,是失名實者也。**盧曰**:求名失實,違道喪生,其爰旌目之謂乎?有道者不然矣,使盜者變其心,成乎仁也;身行其道,人沐其化,君子濟危,食之兩全也。歐則雙失,又喀喀而吐,僞愚也哉。**政和**:賢者過之,道之所以難行也。此伯夷之隘,君子所以不由。**范曰**:呼爾之與,乞人弗屑;嗟來之食,餓者弗受。矧

---

① "人焉曰爰旌",王叔岷曰:"案《呂氏春秋·介立》篇、《新序·節士》篇、《金樓子·雜記上》篇'人'並作'士'。《後漢書·張衡傳》注、《劉子新論·妄瑕》篇袁孝政注、《北山録·釋賓問》篇注、《異學》篇注引'旌'並作'精'(下同)。'旌'、'精'古通。"

② "適"上,王叔岷曰:"案《御覽》四九九引'適'上有'所'字,文意較完。《新序·節士》篇亦有'所'字。"

③ "餐",《釋文》作"飧",云:"飧音孫,水澆飯也。"

④ "餐",南宋本、世德堂本、《釋文》本作"食"。王重民曰:"案北宋本、道藏本、吉府本上'食'字並作'餐'。"王叔岷曰:"案《釋文》本、世德堂本'餐'並作'食'。《御覽》四九九、七四三引並同。《呂氏春秋·介立》篇、《新序·節士》篇亦並作'食'。"陶光曰:"世德堂本及《釋文》'餐'作'食'。光按《御覽》四九九引字亦作'食',《呂氏春秋》同。"

⑤ "地",原脱,據《釋文》本補。《釋文》有"地"字,云:"一本無'地'字。"王叔岷曰:"案《釋文》本'伏'下有'地'字,當從之。《呂氏春秋·介立》篇、《新序·節士》篇、《金樓子·雜記上》篇亦並有'地'字。"

夫所謂盜者哉？然有禦人於國門之外者，其交也以道，其饋也以禮，雖孔子受之，詎曰以其人之盜而不食其食乎？

柱厲叔事莒敖公，自以爲不知己，去居海上，①夏日則食菱芰，②冬日則食橡栗。莒敖公有難，柱厲叔辭其友而往死之。其友曰："子自以爲不知己，故去。今往死之，③是知與不知無辯也。"柱厲叔曰："不然，自以爲不知，④故去；今死，⑤是果不知我也。吾將死之，以醜後世之人主不知其臣者也。"凡知則死之，不知則弗死，此直道而行者也。柱厲叔可謂懟以忘其身者也。**盧曰**：彼終不知己也，乃死其身，以明彼之不知己，豈有道者所處乎？名之累愚，多若是矣，與夫全生寶道者遠矣。**政和**：君子有殺身以成仁者，仁不可去也；有捨生而取義者，義不可辭也。忿誠無由，適足以殺其軀而已。不能懲忿窒欲，而刻意異俗以喪其生，此未聞君子之大道也。**范曰**：死或重於泰山，或輕於鴻毛，顧所以處之如何耳。死者非難，處死者難。公子糾之難，召忽死而管仲不死，古之人未嘗不非子

---

① "自以爲不知己去"，原作"自爲不知己者"，據《釋文》本補"以"字，據道藏白文本、林本、江本改"者"爲"去"。《釋文》作"自以爲不知己者"，云："'居海上'，一本作'而去海上'。"陶鴻慶曰："愚案：'自'下當有'以'字，'者'當作'去'，以草書相似而誤。其文云'自以爲不知己，去居海上'，下文'其友曰：子自以爲不知己，故去'，又'柱厲叔曰：不然，自以爲不知，故去；今死，是果不知我也'，並其證。"王重民曰："案道藏本、吉府本'者'正作'去'。"陶光曰："道藏白文本、林本、江本、吉府本'者'作'去'（王重民云）。……光按：此下一事見《吕氏春秋·恃君》篇，'自'下有'以'字，'者'作'去'，陶説是也。"

② "芰"，陶光曰："《釋文》云：'"芰"，一本作"芡"。'光按：字作'芡'是。《方言》三：'芡，雞頭也。'《吕氏春秋》字作'芡'。"

③ "今"，王叔岷曰："案《吕氏春秋·恃君》篇'今'下有'又'字，文意較完。"

④ "知"下，陶鴻慶曰："又案：下文'自以爲不知'下亦當有'己'字，而寫者脱之。"

⑤ "今死"，王叔岷曰："案《釋文》本'今死'下有'而弗死'三字，云：'一本無而弗死三字。'今本並無'而弗死'三字，有'而弗死'三字是也。《吕氏春秋·恃君》篇作'今死而弗往死'，《説苑·立節》篇作'今君死而我不死'，可爲旁證。"

糾而多管仲，①矧夫所謂不知己者哉？以懟忘身，君子不貴也。

楊朱曰："利出者實及，②怨往者害來。○利不獨往，怨不偏行，③自然之勢。發於此而應於外者唯請，○請，當作情。情所感，無遠近幽深。是故賢者慎所出。"○善著則吉應，惡積則禍臻。**盧曰**：唯請者，若自召之也。禍福之來，若影與響耳，故賢者慎其所出也。今之慕道者，皆脱略名教，輕棄禮法，放情任己，以爲達生，以仁義爲桎梏，以屋宅爲裩褌，忽彼報應，人事不修。故嵇康之徒死亡而不暇，嗣宗之輩世疾如仇讎，而不知真理乎？**政和**：言出乎身，加乎人；行發乎邇，見乎遠。言有招禍，行有招辱，君子不可不慎也。曰"發於此而應於外者唯請"，蓋言禍福榮辱之來，唯人所召。**范曰**：禍福無門，惟人所召；榮辱之來，各象其德。出乎爾者，反乎爾者也，可不慎乎？

楊子之鄰人亡羊，④既率其黨，又請楊子之豎追之。楊子曰："嘻！亡一羊，何追者之衆？"鄰人曰："多歧路。"既反，問："獲羊乎？"曰："亡之矣。"曰："奚亡之？"曰："歧路之中又有歧焉，吾不知所之，所以反也。⑤"楊子戚然變容，不言者移時，不笑者竟日。門人怪之，請曰："羊，賤畜，又非夫子之有，而損言笑者，何哉？"楊子不答，門人不獲所命。弟子孟孫陽出，以告心都子。心都子他日與孟孫陽偕入，而問曰："昔有昆弟三人，游齊魯之間，同師而學，進仁義之道而歸。其父

---

① "多"下，德凌按：當補"是"字。此文當作"公子糾之難，召忽死而管仲不死，古之人未嘗不非子糾而多是管仲"，"非子糾"與"是管仲"上下文相對，文意始完。

② "及"，《釋文》作"反"，云："反，一本作及，非也。"俞樾曰："樾謹按：'及'乃'反'字之誤。'出'與'反'猶'往'與'來'，相對成文，《孟子》曰：'出乎爾者，反乎爾者也。'"德凌按：俞説是也。

③ "偏"，原作"徧"，據北宋本、南宋本、世德堂本、汪本改。

④ "人亡羊"，王叔岷曰："案《意林》引'羊'上有'一'字。"楊伯峻曰："伯峻案：《御覽》一九五引無'人'字。"

⑤ "所以"，王叔岷曰："案《鶡冠子・天權》篇注引'所以'作'是以'。"

曰：‘仁義之道若何？’伯曰：‘仁義使我愛身而後名。’○身體髮膚不敢毁傷也。仲曰：‘仁義使我殺身以成名。’○無求生以害仁，有殺身以成仁。叔曰：‘仁義使我身名並全。’○既明且哲，以保其身。彼三術相反，而同出於儒，孰是孰非邪？”楊子曰：“人有濱河而居者，習於水，勇於泅，操舟鬻渡，利供百口。裹糧就學者成徒，而溺死者幾半。本學泅，不學溺，而利害如此。若以爲孰是孰非？”心都子嘿然而出。① 孟孫陽讓之曰：“何吾子問之迂，夫子答之僻？吾惑愈甚。”心都子曰：“大道以多歧亡羊，學者以多方喪生。學非本不同，非本不一，而末異若是。唯歸同反一，爲亡得喪。子長先生之門，習先生之道，而不達先生之况也，哀哉！”**盧曰**：羊以喻神，②守神不失爲道也。一失其羊，而奔波歧路，不可得矣。但守其神，爲無喪無得，而爲無待也。多方於仁義者，亦若是矣。**政和**：自道術爲天下裂，百家往而不反，故天下之人各自爲方，判離涣散，而不見古人之大全，此多歧所以亡羊，多方所以喪生也。仁義使我愛身而後名，蓋若微子之去；使我殺身以成名，蓋若比干之死；使我身名俱全，蓋若箕子之智，然是三仁者同歸於道。使天下之人雖殊塗而同歸，則無得喪矣。**范曰**：道不欲雜，雜則多，多則擾。體道者一以貫之，豈以多爲貴哉？會殊塗而同歸，該百慮而一致，則於道幾矣。

楊朱之弟曰布，衣素衣而出。天雨，解素衣，衣緇衣而反。③ 其狗不知，迎而吠之。楊布怒，將扑之。楊朱曰：“子

---

① “而”，原脱，據北宋本、汪本、世德堂本補。
② “喻”，原作“逾”，據秦本改。
③ “緇衣”，王叔岷曰：“案《藝文類聚》九四、《六帖》九八、《事文類聚後集》四十、《韻府群玉》十二引‘緇衣’並作‘黑衣’。”

無扑矣！子亦猶是也。向者使汝狗白而往，①黑而來，豈能無怪哉？”②○此篇明己身變異，則外物所不達，故有是非之義。不内求諸己而厚責於人，③亦猶楊布服異而怪狗之吠也。**盧曰**：夫守真歸一，則海鷗可馴；若失道變常，則家犬生怖矣。**政和**：君子之行，内守之而外不變，或知白守黑，或以黑尚白，衆人固不識也。若喪其質之真，而外變於白黑，又豈能使物之不怪乎？**范曰**：物變無常，是非各異，知其然不知其所以然者，妄也。真僞強生分别，名實震乎朝暮，毁譽迷於再三，豈不惑哉？

楊朱曰：“行善不以爲名，而名從之；名不與利期，而利歸之；利不與爭期，而爭及之，故君子必慎爲善。”○在智則人與之訟，在力則人與之爭，此自然之勢也，未有處利名之中而患難不至者也。④語有之曰“爲善無近名”，豈不信哉！**盧曰**：求名之善，人所必爭，故曰“爲善無近名”者，不與人爭利也。行人之所不能行而不伐者，慎爲善也。**政和**：善不與名期而名自至，名不與利期而利自至。貨財聚而睹所爭，則其流生禍也。聖人見出以知入，觀往以知來，故言行之發，必慎其獨也。《莊子》曰：“爲善無近名。”**范曰**：善者，人之所欲也。一有所欲，則或殉名而不息，或逐利而無厭，泱性命之情以爭之，而攘奪誕謾無所不至矣，故伯夷餓於首陽之下，盜跖暴於東陵之上，豈不惑哉？

---

① “使汝”，王叔岷曰：“《釋文》本‘使汝’下有‘見’字（云：‘一本無見字。’今本並無‘見’字。《韓非子·説林下》篇同）。林希逸《口義》：‘人若見白狗而爲黑’，疑所見本亦有‘見’字。”

② “豈能無怪哉”，許維遹曰：“《韓非子·説林下》‘豈’上有‘子’字，於義較長。”王叔岷曰：“案《六帖》九八引作‘爾能無怪乎’，‘爾’下疑略‘豈’字，‘乎’猶‘哉’也。《韓非子·説林下》篇作‘子豈能毋怪哉’。”

③ “厚”，原作“專”，據北宋本、南宋本、世德堂本、汪本改。王叔岷曰：“道藏本注‘厚’作‘專’，疑‘厚’之形誤。”

④ “利名之中”，北宋本、南宋本、世德堂本、汪本作“名利之沖”。“而”，北宋本、汪本、世德堂本無。

昔人言有知不死之道者,①燕君使人受之,不捷,而言者死。燕君甚怒其使者,將加誅焉。幸臣諫曰:"人所憂者,莫急乎死;己所重者,莫過乎生。彼自喪其生,安能令君不死也?"乃不誅。有齊子亦欲學其道,聞言者之死,乃撫膺而恨。富子聞而笑之曰:"夫所欲學不死,其人已死而猶恨之,是不知所以爲學。"胡子曰:"富子之言非也。凡人有術不能行者有矣,能行而無其術者亦有矣。衛人有善數者,臨死,以決喻其子,其子志其言而不能行也。② 他人問之,以其父所言告之。問者用其言而行其術,與其父無差焉。若然,死者奚爲不能言生術哉?"○物有能言而不能行,能行而不能言,才性之殊也。**盧曰**:或人有非術者云,徒能説虚詞以辯理,未有自能行而證之者,故疑其所言以爲不實耳。故此章言有知之者,有能知而未能行者,有能行而不知者。然則知而不行,行而不知,不行不知,雖俱能悟,非無差别矣,況聞斯行諸,因知而獲悟者,豈不賢於不知言者乎?**政和**:卜梁倚有聖人之才而無聖人之道,③女偊有聖人之道而無聖人之才,或有其才,或有其道,所以未能俱至於聖也。有術而不能行者,有道之謂;能行而無術者,有才之謂。以聖人之道告聖人之才,庶幾則其果爲聖人矣,孰謂死者不能言生術哉?**范曰**:言人之才性不同有如此者。

邯鄲之民以正月之旦獻鳩於簡子,簡子大悦,厚賞之。

---

① "人言有",陶鴻慶曰:"愚案:'言有'二字誤倒。"王重民曰:"案陶説非是,'人'下脱'有'字耳。道藏本、吉府本'人'下並有'有'字。"王叔岷曰:"案道藏白文本、林希逸本'人'下並有'有'字。江遹本、高守元本並無'有'字。"陶光曰:"道藏白文本、林本、吉府本(王重民云)'人'下多'有'字。"楊伯峻曰:"伯峻案:依王説,若作'昔人有言有知不死之道者',則知不死之道者爲一人,言者又爲一人。如此則與下文'言者死'云云文義不相合矣。恐非。陶説近是。"

② "其子其子",原脱一"其子",據道藏白文本、林本、世德堂本補。陶光曰:"道藏白文本、林本重'其子'字。光按:'其子'二字當重,與《天瑞》篇'不化者往復,其際不可終'例同。"

③ "卜",原作"小",據《莊子·大宗師》"夫卜梁倚有聖人之才而無聖人之道"改。

客問其故，簡子曰："正旦放生，示有恩也。"客曰："民知君之欲放之，故競而捕之，①死者衆矣。君如欲生之，不若禁民勿捕。捕而放之，恩過不相補矣。"簡子曰："然。②"**盧曰**：夫人知所以善者，皆事之末也。若理其本則衆所不能知，而功倍於理末者，皆若此也，故小慈是大慈之賊耳。名教之迹，理其末也；大道之功，理其本也。衆人皆睹其小而不識其大者焉，故略舉放鳩以明此大旨也。**政和**：天地之於萬物形色智力，使其自遂而已。聖人好生之德，蓋亦以臣。

齊田氏祖於庭，食客千人。中坐有獻魚雁者，田氏視之，乃嘆曰："天之於民厚矣，殖五穀，生魚鳥，以爲之用。"衆客和之如響。鮑氏之子年十二，預於次，進曰："不如君言。天地萬物與我並生，類也。類無貴賤，○同是生類，但自貴而相賤。徒以小大智力而相制，迭相食，非相爲而生之。人取可食者而食之，豈天本爲人生之？且蚊蚋噆膚，虎狼食肉，非天本爲蚊蚋生人、③虎狼生肉者哉？"**盧曰**：夫食肉之類，更相吞啖，滅天理也，豈天意乎？鮑子之言，得理之當也。嘗有俗士言伏羲爲網罟，燧人熟肉而食，彼二皇者皆聖人也，聖人與虎食肉何遠耶？釋氏之經，非中國聖人，約人爲教，利人而已矣；釋氏是六通聖人，約識爲教，通利有情焉。今

---

① "故"，原脱，據道藏白文本、林希逸本、江遹本、北宋本補。王重民曰："案北宋本、道藏本、吉府本、《御覽》二十九引'競'上並有'故'字。"王叔岷曰："案道藏白文本、林希逸本、江遹本並有'故'字。……有'故'字，文意較完。《玉燭寶典》一、《書鈔》一五五、《記纂淵海》二、《事文類聚前集》六、《天中記》四引皆有'故'字。""競而捕之"，王重民曰："按《玉燭寶典》卷一引叠'競而捕之'四字。"陶光曰："《玉燭寶典》正月孟春引'競而捕之'四字重。"

② "然"，王重民曰："《御覽》二十九引'然'作'善'，《玉燭寶典》一引作'諾'。"王叔岷曰："案《天中記》四引'然'亦作'善'，《事文類聚後集》四五、《合璧事類別集》七一、《天中記》五九引《孔叢子》亦並作'善'。"

③ "非"，盧文弨曰："疑'豈'。"王叔岷曰："林希逸云：'非字合作豈字。'案林說是也。盧文弨亦云：'非疑豈。'盧重元注'夫食肉之類，更相吞啖，滅天理也，豈天意哉'，是所見本'非'正作'豈'。今本'非'字，疑涉上文'非相爲而生之'而誤。"

列子之書乃復宣明此指，則大道之教未嘗不同也。**政和**：天地與我並生，萬物與我爲一，則類與不類相與爲類。然形名而降，大則制小，遠近之相取，高下之相傾，智力消息，皆其自爾，故聖人之道，任萬物之自然而不爲。**范曰**：人之於物，無所不愛也，所謂放生以示有恩者，豈其然哉？天之於物，無所不生也，所謂生物以爲民用者，豈其然哉？

齊有貧者，常乞於城市。城市患其亟也，衆莫之與。遂適田氏之廄，從馬醫作役而假食。郭中人戲之曰："從馬醫而食，不以辱乎？"乞兒曰："天下之辱，莫過於乞。乞猶不辱，豈辱馬醫哉？"○不以從馬醫爲恥辱也。此章言物一處極地，分既以定，則無復廉恥，況自然能夷得失者乎？**盧曰**：士有折支舐痔而取進用者，亦求衣食也；役於賤醫之門者，亦求衣食也。獲多利則以爲榮，獲少利則以爲恥，代人亦孰知榮恥之實者乎？**政和**：以道觀之，物無貴賤；以俗觀之，貴賤不在己。明乎此，則天下之辱不足以辱其身，此有道者之所貴也。

宋人有游於道得人遺契者，①○遺，棄。歸而藏之，密數其齒，○刻處似齒。告鄰人曰："吾富可待矣。"○假空名以求實者，亦如執遺契以求富也。**盧曰**：舉俗之人，迷於空名，失於真理，皆如拾遺失之木契，計刻齒之數以待富焉，亦猶不恥乞丐於市而恥受役於人矣，亦何異乎人間逃奴，棄其主而別事於人，執勞不異也，而自以爲不繫屬於人？隨妄情而失實義，其類皆如是矣。**政和**：世之所貴道者書也，道雖書之所傳，而亦非書之所能得其真。彼載之空言而因以求道，則去道遠矣。執遺契以待富，凡以明此。**范曰**：以内觀爲務者，安至足之分，故從馬醫而不以爲辱；以外慕爲心者，肆無窮之欲，故執遺契而期以獲富。

---

① "宋人有游於道"，《釋文》云："'宋人有游於道'，一本作'宋人有於道'。"王重民曰："案《御覽》四百九十九引無'游'字。"

人有枯梧樹者，其鄰父言枯梧之樹不祥，其鄰人遽而伐之。① ○言之雖公，而失厝言之所也。鄰人父因請以爲薪。② ○又踐可疑之塗。其人乃不悦，曰："鄰人之父徒欲爲薪，而教吾伐之也。○在可疑之地，物所不信也。與我鄰，若此其險，豈可哉？"**盧曰**：勸之伐樹，公言也；請以爲薪，理當也。勸伐而請，疑過生焉，③故曰"人之所畏，不可不畏。勿謂無傷，其禍將長"，此之謂也。**政和**：處嫌疑之域，則觸類而生疑，道之所以不行也。**范曰**：宋有富人，天雨牆壞。其子曰："不築且有盜。"其鄰人之父亦云。暮而果大亡其財，其家甚知其子而疑鄰人之父。然則踐可疑之地，失措言之所，詎能使人之不疑哉？

人有亡鈇者，意其鄰之子。④ 視其行步，⑤竊鈇也；顔色，竊鈇也；言語，竊鈇也；動作態度，無爲而不竊鈇也。俄而扣其谷而得其鈇。⑥ ○扣，音掘字。他日復見其鄰人之子，⑦動作

---

① "鄰"，俞樾曰："樾謹按：'鄰'字衍文也。上云'人有枯梧樹者'，此云'其人'，即此人也。上下文所云'鄰父'，謂此人之鄰也，豈得又就鄰人言之，而謂此人爲鄰人乎？下文'其人乃不悦曰'，亦無'鄰'字，可證此'鄰'字之衍。"

② "人"，王叔岷曰："案《六帖》十六引無'人'字，今本'人'字疑涉上下文而衍。《吕氏春秋·去宥》篇亦無'人'字。"

③ "過"，楊伯峻曰："伯峻案：《解》'疑過生焉'，'過'疑'遂'字之誤。"

④ "鄰之子"，王叔岷曰："案《意林》引'子'下有'盜之'二字。"楊伯峻曰："伯峻案：'鄰'下當有'人'字，下文亦作'鄰人之子'可證。《御覽》七六三引作'鄰人子'，雖脱'之'字，'人'字固未奪也。"

⑤ "行"，原脱，據道藏白文本、北宋本、南宋本、汪本、世德堂本、秦本補。

⑥ "扣"原作"相"，下張湛注同；"得"下無"其"字，據道藏白文本、北宋本、汪本、世德堂本改作"扣"，補"其"字。"扣"，王叔岷曰："《釋文》：'扣，古掘字，一本作相，非也。'案盧重元本、道藏高守元本'扣'並誤'相'，《吕氏春秋·去尤》篇同。'扣'正作'搰'，《説文》：'搰，掘也。'盧重元本、道藏高守元本並無下'其'字。"陶光曰："《集解》'扣'訛作'相'，無下'其'字。"

⑦ "人"，王叔岷曰："案《御覽》七六三、《記纂淵海》五五、五九、《事文類聚别集》十八、《合璧事類續集》三三引並無'人'字，與上文一律。《吕氏春秋·去尤》篇亦無'人'字。"陶光曰："光按：《吕覽》無'人'字，與上文'意其鄰之子'一致，當從之。此文涉上節'鄰人之父'衍'人'字也。"

態度無似竊鈇者。① ○意所偏惑，則隨想念而轉易，②及其甚者，則白黑等色，方圓共形，豈外物之所能變乎？故語有之曰：③"萬事紛錯，皆從意生。"**盧曰**：事有疑似而招禍者多矣，自飛鳶墜鼠，皆疑似成患。唯積德守道、無情不私者，乃能無患焉。故失鈇疑鄰，其事一也。**政和**：藏猜慮之心，則隨在而有蔽，故道之所以不明也。**范曰**：萬物紛錯，皆從意生；意所偏繫，隨念而易。又況虛明之中，有物采之，沉淪性真，迷著外好，則事之物變蓋有甚於竊鈇者。

白公勝慮亂，○慮者，猶度也。謀度作亂者。④ 罷朝而立，倒杖策，錣上貫頤，○錣，杖末鋒。血流至地而弗知也。鄭人聞之曰："頤之忘，將何不忘哉？"意之所屬著，⑤其行足躓株坎、頭抵植木而不自知也。**政和**：意有所至，形有所忘。

昔齊人有欲金者，⑥清旦衣冠而之市，適鬻金者之所，⑦因攫其金而去。吏捕得之，問曰："人皆在焉，子攫人之金

---

① "者"，王叔岷曰："案《御覽》七六三引'者'作'矣'，疑'者'下原有'矣'字。《長短經·忠疑》篇引《吕氏春秋·去尤》篇'者'下有'也'字，'也'猶'矣'也。"

② "惑"，世德堂本作"感"。"想念"，世德堂本作"念想"，北宋本、南宋本、汪本作"志念"。

③ "曰"，原作"也"，據北宋本、南宋本、世德堂本、汪本改。

④ 兩"者"，北宋本、南宋本、世德堂本、汪本無。

⑤ "著"，道藏白文本作"者"。

⑥ "欲"下，陶光曰："光按：《意林》二引'欲'字下多'有'字，與《吕氏春秋》同，當從之。"

⑦ "清旦衣冠而之市適鬻金者"，王叔岷曰："案《意林》引'之'作'往'，'適鬻金者'作'適見貨金者'，《六帖》八引'適'下亦有'見'字。"陶光曰："光按：《意林》二引作'清旦往市'，《説郛》八引《意林》作'清旦衣冠往市'，《吕氏春秋》作'清旦被衣冠往鬻金者之所'，疑此文'而之市'當作'往市'。"

何？①”對曰：“取金之時，不見人，徒見金。”○嗜欲之亂人心如此之甚也，故古人有言：“察秋毫之末者，不見泰山之形；調五音之和者，②不聞雷霆之聲。”夫意萬物所繫迷著外物者，③雖形聲之大而有遺矣，況心乘於理、檢情攝念、泊然凝定者，豈因萬物動之所能亂者乎？④ **盧曰**：張湛云：“嗜欲之亂人心如此之甚也，故曰：‘察秋毫之末者，不見泰山之形；聽五音之和者，不聞雷霆之聲。’”心有所存，形有所忘，皆若此者也。此章言嗜欲不可縱，喪身滅性之大也。今以喪其身之物，意欲厚其身也。若能無其身，復何用金爲？所言無身，非謂滅身也，⑤蓋不厚而已矣。**政和**：見得而忘形，見利而忘真，此世俗之人所以喪己於物也。是篇終之以攫金，蓋亦符《天瑞》爲盜之説。**范曰**：白公慮亂而杖策貫頤，齊人攫金而衣冠之市，意有所至而形有所忘，可不慎歟？

---

① “何”下，《釋文》有“故”字，云：“一本無‘故’字。”王重民曰：“案《類聚》八十三、《御覽》八百一十引‘何’下並有‘故’字，《吕氏春秋》同。”王叔岷曰：“《釋文》本‘何’下正有‘故’字，《六帖》八、《事類賦》九《寶貨部》一、《記纂淵海》一、五五、《事文類聚續集》二五、《天中記》五十引亦皆有‘故’字。《淮南・氾論》篇‘何故’作‘何也’。”陶光曰：“光按：《類聚》八三引、《白帖》八引、《御覽》八一〇引及《吕氏春秋》並有‘故’字，當從之。”

② “調”，據盧解“聽五音之和者”，似其所據本作“聽”。

③ “迷”，原作“速”，據南宋本、世德堂本、汪本改，王叔岷曰：“《釋文》本、世德堂本注‘速著’作‘迷著’，‘速’即‘迷’之誤。”

④ “因萬物動之”，北宋本、南宋本、世德堂本、汪本無“因”字，楊伯峻曰：“注‘豈’下四解本有‘因’字，恐誤。”“物”，盧文弨曰：“疑衍。”楊伯峻曰：“伯峻案：盧説未確。疑‘萬物動之’當作‘萬物之動’，‘動之’兩字倒。”

⑤ “謂”，原作“誰”，據秦本改。